2018

上海商贸年鉴

SHANGHAI BUSINESS YEARBOOK

《上海商贸年鉴》编纂委员会　编

上海科学普及出版社

年鉴历程

YEARBOOK PROGRESS

《上海商贸年鉴》（以下简称《年鉴》）是一部大型的上海商贸专业工具书，由上海商贸年鉴编纂委员会负责组织编纂。其主要任务是全面收集上海每一年的商贸发展情况及资料信息，并编辑整理，汇集成册。

《年鉴》的前身为《上海对外经济贸易年鉴》，创刊于1995年，每年编纂出版1卷，其中包含《上海商务年鉴》7卷，2016年起改名为《上海商贸年鉴》。

《年鉴》充分反映上海商贸新的特色以及商贸系统在"创新驱动、转型发展"中出现的新成果和新经验。全书约100万字，收集图照200余幅，国内外公开发行。回顾年鉴历程，展望未来，以展示上海商贸的崭新风貌为己任，更好地为广大读者服务。

《上海商贸年鉴》编纂委员会

2017年5月9日，“一带一路”中泰宝石联盟合作签约仪式在兰生大厦举行

2017年4月21日，新领域、新模式、新机遇“一带一路”合作论坛隆重举行

2017年10月19日，“共商发展机遇、共建‘一带一路’”外交官与民营企业家交流活动举行

2017中国（上海）自由贸易试验区、浦东新区贸易便利化措施暨国际贸易中心建设示范企业发布会

2017年6月30日，上海跨境电子商务行业协会年会暨“互联网+创新”跨境电商高峰会议举行

2017年11月22日，第九届中国（上海）国际农产品贸易对接会暨2017年中国农产品批发市场行业年会在国家会展中心举办

2017年8月30日，首届上海国际商业年会在国家会展中心举行

2017年4月27日，市商务委召开上海市进出口公平贸易工作站座谈会

2017年10月27日，第三届中国（上海）互联网+外贸高峰论坛在宝山区举行

2017年6月5日，浦东国际机场及佛罗伦萨小镇战略签约暨免费穿梭巴士首航仪式在沪举行

2017年5月19日，亚太示范电子口岸网络第三次公私对话会在越南河内召开

2017年8月，商务部来沪调研加工贸易及贸易便利化

2017年4月7日，市商务委副巡视员桑琦会见葡萄牙经贸投资促进局主席弗朗斯格罗(Miguel Frasquilho)、葡萄牙驻沪总领事芬斯多拉戈(JoãoFins-do-Lago)一行

2017年9月20日，上海市政府举行第二十七批跨国公司地区总部颁证仪式

2017年11月8日，市商务委、市经济信息化委联合召开“上海制造业外商投资大会暨外资百强企业发布会”

中国（上海）自由贸易试验区

上海化学工业区

上海漕河泾国际科技创新嘉年华

上海建工一建集团施工人员对建筑进行最后2米平移

东方国际集团上海市纺织品进出口有限公司外销员在（122届）秋季广交会与客户洽淡

2017年上海丝绸集团股份有限公司举行“迎国庆”趣味运动会

2017年10月31日，上海外贸品牌推介会——纺织服装专场成功举行

2017年3月30日，哈萨克斯坦世博会举行中国品牌暨中国美食与文化馆发布会

2017年1月13－15日，上海举行国际时尚消费品博览会

捷普科技上海（有限）公司的1.681MWp分布式光伏发电项目

紫尊农业公司的紫尊大米

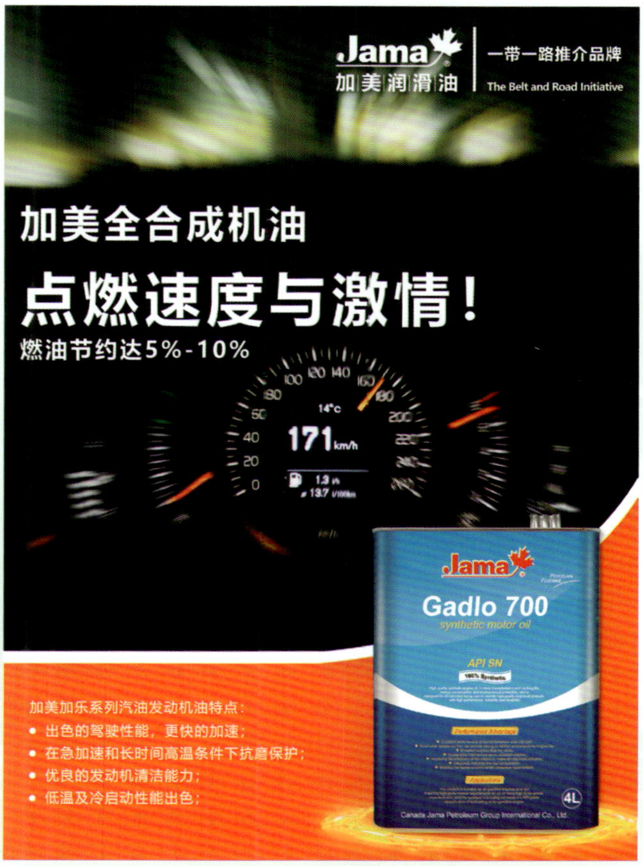

“一带一路”推荐品牌“加美全合成机油”

2017上海购物节启动

2017年9月17日，第十三届上海酒节在虹口新地标——星荟中心盛大开启

2017年11月16日，第十二届光明食品节在上海展览中心举办

2017年9月10日，2017年上海旅游节花车巡游活动举行

2017年3月3日，上海首届家政节开幕式正式启动

2017年9月13日，金山海鲜文化节在金山嘴渔村拉开帷幕

《上海商贸年鉴》理事会

会长单位

东方国际（集团）有限公司

副会长单位

中国（上海）自由贸易试验区管理委员会保税区管理局

上海化学工业区管理委员会

上海漕河泾新兴技术开发区发展总公司

东方国际集团上海纺织品进出口公司

上海丝绸集团股份有限公司

东方国际集团上海市利泰进出口有限公司

上海建工集团股份有限公司

《上海商贸年鉴》理事会

理事单位

（排名不分先后）

上海外经贸商务展览有限公司

上海现代国际展览有限公司

上海市国际展览有限公司

上海新国际博览中心有限公司

恩智浦（中国）管理有限公司

上海紫尊农业科技股份有限公司

捷普科技（上海）有限公司

普华永道中天会计事务所

安莉芳（上海）有限公司

金佰利（中国）有限公司

◆◆◆《上海商贸年鉴》编辑部◆◆◆

主　　任　王垂芳（兼主编）

副主任　陈家祥

编　　辑　吴　钟　董明勇　俞　瑾　夏来清　王茂景

◆◆◆《上海商贸年鉴》特约撰稿人◆◆◆

（按姓氏笔画排序）

王　永　王　静　任　朕　李　琳　陈永久　张玉肖

禹　忠　赵路易　查昱华　高　莹　缪　栋　戴　霞

编 辑 说 明

一、《上海商贸年鉴》(以下简称《年鉴》)是一部大型的上海商贸专业工具书,由上海商贸年鉴编纂委员会负责组织编纂。其主要任务是全面收集上海每一年的商贸发展情况及资料信息,并编辑整理,汇集成册。

二、《年鉴》的前身为《上海对外经济贸易年鉴》,创刊于1995年,每年编纂出版1卷,已出版23卷,其中包含《上海商务年鉴》7卷。2016年起更名为《上海商贸年鉴》。2018版《年鉴》是其第二十四卷,主要记载2017年上海内贸、外贸、利用外资、对外经济合作、服务贸易、技术贸易、商贸体制改革等方面的发展情况,重点反映上海商贸企业改革及经营情况。

三、《年鉴》主要采用记叙文体及图表并茂形式,全面记述和真实反映上海商贸情况。其编纂体例在突出上海商贸地方特色的前提下,力求同国家行政部门主办的商贸类年鉴相衔接,与海内外编辑的经济类年鉴接轨。

四、《年鉴》设置的编目,随着上海每一年商贸的发展,编目有增有减。本卷年鉴设总述,互联网+商贸,企业和自贸试验区、开发区与区商贸,企业与企业家,专集,专记,商贸统计和商贸便览九大编。

五、《年鉴》互联网+商贸编:着重反映传统商贸企业结合互联网技术,整合电子支付手段,建立线上线下联动,实现商贸企业战略转型的新业态。企业编:着重反映企业在扩大改革开放和转型升级做出的新成就,适当增加部分中小企业发展情况和上海老字号企业的介绍。中国(上海)自由贸易试验区、开发区与区商贸编:重点介绍中国(上海)自由贸易试验区和外高桥保税区、洋山保税港区、浦东机场综合保税区的运转情况。专集编:继续保留国内外有影响的展览会和现代服务业集聚区。专记编:介绍部分著名商圈、特色商业街发展情况、最新商贸法律法规和协会选登栏目。商贸统计、商贸便览编:增加上海与“一带一路”沿线国家的进出口贸易情况、共建“一带一路”和“一带一路”沿线65个国家与地区概况的资料,供读者需要时阅览。本卷年鉴充分反映上海商贸新的特色以及商贸系统在“创新驱动、转型发展”中出现的新成果和新经验。全书约100万字,收集图照200余幅。

(一) 总述。总体介绍2017年上海商贸发展情况。

(二) 互联网+商贸。介绍传统商贸企业利用互联网技术,促转型求发展的情况,共7篇。

(三) 企业。收录上海内外贸集团、公司发展情况,共77篇。

1. 内贸企业:介绍上海一些代表性的内贸企业和机制转换及贸易发展情况,共6篇。
2. 外贸企业:介绍上海市对外贸易有影响的外贸企业,共5篇。

3. 外资、外经企业：介绍上海市知名的外资、外经企业，共5篇。

4. 展览企业：介绍对上海展览行业有贡献的企业，共4篇。

5. 民营企业：介绍上海民营企业排行榜名列前茅的企业1篇。

6. 上海老字号企业：介绍上海著名老字号企业，共11篇。

7. 知名企业：刊登长期对年鉴大力支持的知名企业简介，共45家。

（四）自贸试验区、开发区与区商贸。其中介绍自贸试验区、上海地区的国家级和市级开发区经营发展情况以及上海市奉贤区的商贸情况，共7篇。

（五）企业与企业家：介绍为上海经济发展做出贡献的知名企业和自强创新的优秀企业家，共2篇。

（六）专集。现代服务业集聚区，国内外有影响的展览会，共2个栏目。

1. 国内外有影响的展览会：介绍内外贸最具规模，且有较大影响的展览会和交易会，共11篇。

2. 现代服务业集聚区：介绍上海部分有代表性的现代服务业集聚区，共8篇。

（七）专记。介绍8个著名商圈和6个特色商业街的商贸发展情况。协会选登，介绍5家行业协会。商贸法律法规，收录国家及上海市最新商贸法律和法规文件名录。

（八）商贸统计。

1. 对外贸易往来国家（地区）贸易情况分析。共16类。

2. 收录上海与65个“一带一路”沿线国家（地区）进出口贸易统计资料。

3. 内外贸统计图表：收录上海市2017年国内贸易、对外贸易、利用外资和主要经济指标等统计资料，共19类。

（九）商贸便览。收录上海与全国有关商贸及主要经济数据对比资料，共22类。

六、本卷年鉴有关编目中的数据，由于统计口径不同、方法不一，如有差异，均以统计编中的数据为准。另外有些资料及数据来自网上及相关报纸和杂志，仅供读者参考。

七、本卷年鉴在编纂过程中，得到各撰稿单位及有关人员的大力支持，在此谨表谢意，并请海内外读者对不足之处提出批评。联系地址：上海市四川中路49号101室，邮政编码：200002，电话：(021)63218539，传真：(021)63218539。

《上海商贸年鉴》编辑部

2018年5月

上海商贸年鉴(2018)
总　目　录

部首图片

《上海商贸年鉴》理事会

《上海商贸年鉴》编辑部

《上海商贸年鉴》特约撰稿人

编辑说明

分编目录

分 编 目 录

第一编 总 述

总 述 …………………………………………………………………………………………（3）

第二编 互联网+商贸

互联网+商贸 ………………………………………………………………………………（11）
百联集团与阿里巴巴集团达成战略合作 …………………………………………………（11）
盒马鲜生 ……………………………………………………………………………………（12）
洋码头 ………………………………………………………………………………………（14）
网易考拉海购 ………………………………………………………………………………（17）
1 药网 ………………………………………………………………………………………（18）
亿欧 e 购 ……………………………………………………………………………………（19）
春秋旅游网 …………………………………………………………………………………（20）

第三编 企 业

一、内贸企业 ………………………………………………………………………………（25）
百联奥特莱斯广场（上海・青浦）…………………………………………………………（25）
跨越三个世纪的经典与时尚——老凤祥 …………………………………………………（27）
上海领鲜物流有限公司 ……………………………………………………………………（28）
上海华氏大药房有限公司 …………………………………………………………………（30）
上海永冠众诚新材料科技（集团）股份有限公司…………………………………………（32）
上海市外高桥国际贸易营运中心有限公司 ………………………………………………（33）
二、外贸企业 ………………………………………………………………………………（35）
东方国际（集团）有限公司…………………………………………………………………（35）
上海丝绸集团股份有限公司 ………………………………………………………………（39）
东方国际集团上海利泰进出口有限公司 …………………………………………………（42）
东方国际集团上海市纺织品进出口有限公司 ……………………………………………（47）

东方国际集团上海家纺有限公司　东方国际商业(集团)有限公司 …………………… (51)

三、外资、外经企业 …………………………………………………………………… (54)

上海建工集团股份有限公司 ………………………………………………………… (54)
三井化学(中国)管理有限公司 ……………………………………………………… (58)
格朗吉斯铝业(上海)有限公司 ……………………………………………………… (60)
养乐多(中国)投资有限公司 ………………………………………………………… (61)
太古地产 ……………………………………………………………………………… (63)

四、展览企业 ……………………………………………………………………………… (65)

上海市国际展览有限公司(SIEC) …………………………………………………… (65)
东浩兰生集团上海外经贸商务展览有限公司 ……………………………………… (70)
上海现代国际展览有限公司 ………………………………………………………… (72)
上海新国际博览中心(SNIEC) ……………………………………………………… (76)

五、民营企业 ……………………………………………………………………………… (79)

上海众人网络安全技术有限公司 …………………………………………………… (79)

六、上海老字号企业 ……………………………………………………………………… (82)

邵万生南货店 ………………………………………………………………………… (82)
上海立丰食品有限公司 ……………………………………………………………… (83)
上海冠生园食品有限公司 …………………………………………………………… (83)
朵云轩 ………………………………………………………………………………… (84)
上海培罗蒙西服公司 ………………………………………………………………… (85)
杏花楼 ………………………………………………………………………………… (85)
上海广茂香经贸发展有限公司 ……………………………………………………… (86)
上海白猫股份有限公司 ……………………………………………………………… (87)
红房子西餐厅 ………………………………………………………………………… (87)
上海鼎丰酿造食品有限公司 ………………………………………………………… (88)
新雅粤菜馆 …………………………………………………………………………… (88)

七、知名企业(共 45 家) ……………………………………………………………… (90)

第四编　自贸试验区、开发区与区商贸

一、中国(上海)自由贸易试验区 ……………………………………………………… (113)

中国(上海)自由贸易试验区保税区域 ……………………………………………… (113)
外高桥保税区 ………………………………………………………………………… (120)
洋山保税港区 ………………………………………………………………………… (124)
浦东机场综合保税区 ………………………………………………………………… (127)

二、开发区、工业区 …… (130)

上海化学工业区 …… (130)
漕河泾新兴技术开发区 …… (136)

三、区商贸 …… (139)

奉贤区商贸 …… (139)

第五编　企业与企业家

企业与企业家 …… (147)

康成投资(中国)有限公司 …… (147)
"一"生万物　"达"兼天下
——上海美设国际货运有限公司经营理念 …… (150)

第六编　专　　集

一、国内外有影响的展览会 …… (155)

第二十七届中国华东进出口商品交易会 …… (155)
第十九届中国国际工业博览会 …… (156)
第五届中国(上海)国际技术进出口交易会 …… (157)
第十七届中国(上海)国际跨国采购大会 …… (159)
2017 中国国际食品博览会 …… (160)
第十七届上海国际汽车工业展览会 …… (161)
第三十二届中国·上海国际婚纱摄影器材展览会 …… (162)
第十七届中国·上海国际染料展暨数码印花展 …… (163)
2017 第十一届中华老字号博览会 …… (164)
2017 中国(上海)国际技术进出口交易会南欧(希腊)展 …… (165)
"一带一路"名品展 …… (167)

二、现代服务业集聚区 …… (169)

虹桥涉外商务区 …… (169)
大连路总部研发集聚区 …… (170)
上海国际汽车城现代服务业集聚区 …… (172)
长风生态商务区 …… (173)
奉贤南桥中小企业总部商务区 …… (175)
北外滩航运服务集聚区 …… (175)
南京西路专业服务商务区 …… (178)

太平桥国际商务集聚区 …………………………………………………………… (179)

第七编 专 记

一、著名商圈 ……………………………………………………………………… (183)

浦东保税区迪士尼商圈 …………………………………………………………… (183)
古北商圈 ………………………………………………………………………… (184)
中山公园龙之梦商圈 ……………………………………………………………… (185)
新天地商圈 ……………………………………………………………………… (186)
不夜城商圈 ……………………………………………………………………… (187)
豫园商圈 ………………………………………………………………………… (188)
浦东新上海商业城商圈 …………………………………………………………… (189)
静安南京路智慧商圈 ……………………………………………………………… (190)

二、上海特色商业街 ……………………………………………………………… (192)

南京路步行街 …………………………………………………………………… (192)
迪士尼小镇 ……………………………………………………………………… (193)
福州路文化街 …………………………………………………………………… (194)
东台路古玩街 …………………………………………………………………… (195)
张家浜创意街 …………………………………………………………………… (196)
七宝小吃一条街 ………………………………………………………………… (197)

三、商贸协会选登 ………………………………………………………………… (199)

上海市蛋品行业协会 ……………………………………………………………… (199)
上海钻石行业协会 ………………………………………………………………… (200)
上海市国际货运代理行业协会 …………………………………………………… (201)
上海市茶叶行业协会 ……………………………………………………………… (203)
上海古玩经营协会 ………………………………………………………………… (205)

四、商贸法律、法规 ……………………………………………………………… (206)

（一）国家商贸法律、法规 ………………………………………………………… (206)
（二）上海商贸法律、法规 ………………………………………………………… (210)

第八编 商贸统计

一、对外贸易往来的国家和地区 …………………………………………………… (213)

2017 年上海对外贸易往来国家(地区)一览表 ……………………………………… (213)
2013—2017 年上海与中国香港贸易情况表 ………………………………………… (214)
2013—2017 年上海与中国澳门贸易情况表 ………………………………………… (214)

2013—2017 年上海与中国台湾贸易情况表 …………………………………………… (214)
2013—2017 年上海与日本贸易情况表 ………………………………………………… (214)
2013—2017 年上海与韩国贸易情况表 ………………………………………………… (215)
2013—2017 年上海与东盟贸易情况表 ………………………………………………… (215)
2013—2017 年上海与中东贸易情况表 ………………………………………………… (215)
2013—2017 年上海与非洲贸易情况表 ………………………………………………… (216)
2013—2017 年上海与欧盟(28 国)贸易情况表 ………………………………………… (216)
2013—2017 年上海与俄罗斯贸易情况表 ……………………………………………… (216)
2013—2017 年上海与美国贸易情况表 ………………………………………………… (216)
2013—2017 年上海与加拿大贸易情况表 ……………………………………………… (217)
2013—2017 年上海与拉丁美洲贸易情况表 …………………………………………… (217)
2013—2017 年上海与澳大利亚贸易情况表 …………………………………………… (217)
2013—2017 年上海与新西兰贸易情况表 ……………………………………………… (217)

二、上海与“一带一路”沿线国家进出口贸易 …………………………………………… (218)

(一) 中国、蒙古、东盟 12 国 ……………………………………………………………… (218)
(二) 西亚 18 国 …………………………………………………………………………… (220)
(三) 南亚 8 国 ……………………………………………………………………………… (223)
(四) 中亚 5 国 ……………………………………………………………………………… (225)
(五) 独联体 7 国 …………………………………………………………………………… (226)
(六) 中东欧 16 国 ………………………………………………………………………… (227)

三、商业、服务业 ………………………………………………………………………… (231)

2013—2017 年上海社会消费品零售总额情况表 ……………………………………… (231)
2017 年上海社会消费品零售总额商品类别占比示意图 ……………………………… (232)
2013—2017 年上海社会消费品零售总额增长情况示意图 …………………………… (232)
2017 年上海各区社会消费品零售总额情况表 ………………………………………… (232)
2017 年上海社会消费品零售总额及其增长速度表 …………………………………… (233)
2017 年上海居民消费价格指数表 ……………………………………………………… (233)
2017 年上海旅游设施情况表 …………………………………………………………… (234)
2013—2017 年上海国际旅游入境人数增速图 ………………………………………… (234)
2016—2017 年国际会展情况表 ………………………………………………………… (234)

四、上海关区及市区进出口贸易 …………………………………………………………… (235)

2014—2017 年按国别(地区)分的上海关区出口总额情况表 ………………………… (235)
2014—2017 年按国别(地区)分的上海关区进口总额情况表 ………………………… (236)
2013—2017 年上海关区出口总额分类情况表 ………………………………………… (237)
2013—2017 年上海关区进口总额分类情况表 ………………………………………… (237)
2013—2017 年上海市进出口总额情况表 ……………………………………………… (238)
2013—2017 年上海外贸进出口贸易额及其增长速度情况表 ………………………… (238)

2016—2017 年上海与世界各地进出口贸易往来情况表 …………………………………（238）
2014—2017 年上海外贸出口贸易方式情况表 …………………………………………（239）
2014—2017 年上海外贸出口市场构成情况表 …………………………………………（240）
2014—2017 年上海外贸进口市场构成情况表 …………………………………………（241）

第九编　商贸便览

一、上海商贸资料 ……………………………………………………………………（245）

2017 年中国・上海商贸情况对照表 ……………………………………………………（245）
2013—2017 年上海市生产总值及其增长速度图 ………………………………………（246）
2013—2017 年上海社会消费品零售总额增长情况图 …………………………………（246）
2017 年中国(上海)自由贸易试验区主要经济指标及其增长速度表 ……………………（247）
2017 年上海市进出口贸易往来前 20 位国别(地区)一览表 ……………………………（247）
历届中国华东进出口商品交易会一览表 ………………………………………………（247）
2017 年上海企业 100 强名单 ……………………………………………………………（248）
2017 年上海制造业企业 100 强名单 ……………………………………………………（250）
2017 年上海服务业企业 100 强名单 ……………………………………………………（251）
2017 年上海民营企业 100 强名单 ………………………………………………………（253）
2017 年“上海市荣誉市民”称号、“白玉兰奖”和“白玉兰纪念奖”名录 …………………（254）

二、中国商贸资料 ……………………………………………………………………（259）

（一） ………………………………………………………………………………………（259）
2006—2017 年中国进出口贸易额情况表 ………………………………………………（259）
1998—2017 年中国利用外资情况表 ……………………………………………………（259）
2017 年中国对外贸易往来前 5 位国别(地区)情况表 …………………………………（260）
2017 年中国对主要国家和地区货物进出口额及其增长速度表 ………………………（260）
2013—2017 年国内社会消费品零售总额增长情况图 …………………………………（261）
2013—2017 年国内生产总值及其增长速度图 …………………………………………（261）
2013—2017 年三次产业增加值占国内生产总值比重图 ………………………………（261）
2004—2017 年中国出口商品交易会一览表 ……………………………………………（262）
（二） ………………………………………………………………………………………（262）
共建“一带一路” …………………………………………………………………………（262）
1. “一带一路”沿线的重大项目 …………………………………………………………（262）
2. 参与“一带一路”建设的中资企业 ……………………………………………………（267）
3. 参与“一带一路”建设中资企业的行业分布 …………………………………………（268）
4. 参与“一带一路”建设的各省市 ………………………………………………………（269）
5. “一带一路”建设推进宽领域多层次的人才交流 ……………………………………（271）
（三） ………………………………………………………………………………………（271）
“一带一路”沿线 65 个国家和地区概况 …………………………………………………（271）

第一编

总　述

总　述

2017年上海市商贸领域紧紧围绕上海国际贸易中心建设，以供给侧结构性改革为主线，以自贸试验区制度创新为引领，着力提能级、强功能、补短板，夯实统一开放竞争有序的现代市场体系和高标准的贸易投资环境体系两大支撑，上海商贸取得新成效，迈上新台阶。

一、商贸经济运行实绩

（一）商业发展稳中有进

2017年，全市商品销售总额113125.26亿元，比上年增长12%，增速同比提高4.1个百分点；社会消费品零售总额11830亿元，比上年增长8.1%，增速同比提高0.1个百分点，规模位居全国城市首位。其中，批发和零售业零售总额10804.87亿元，比上年增长8.1%，增速同比回落0.3个百分点；住宿和餐饮业零售总额1025.40亿元，增长7.9%，增速提高3.2个百分点。实现电子商务交易总额24263.6亿元，增长21.0%。其中B2B交易总额16923.4亿元，增长17.2%；网络购物（B2C/C2C）交易总额7340.2亿元，比上年增长31%。商业增加值占全市GDP的比重达到16%左右，商业税收对全市税收增长的贡献达到21.8%。

社会消费品零售总额增速（累计同比）示意图

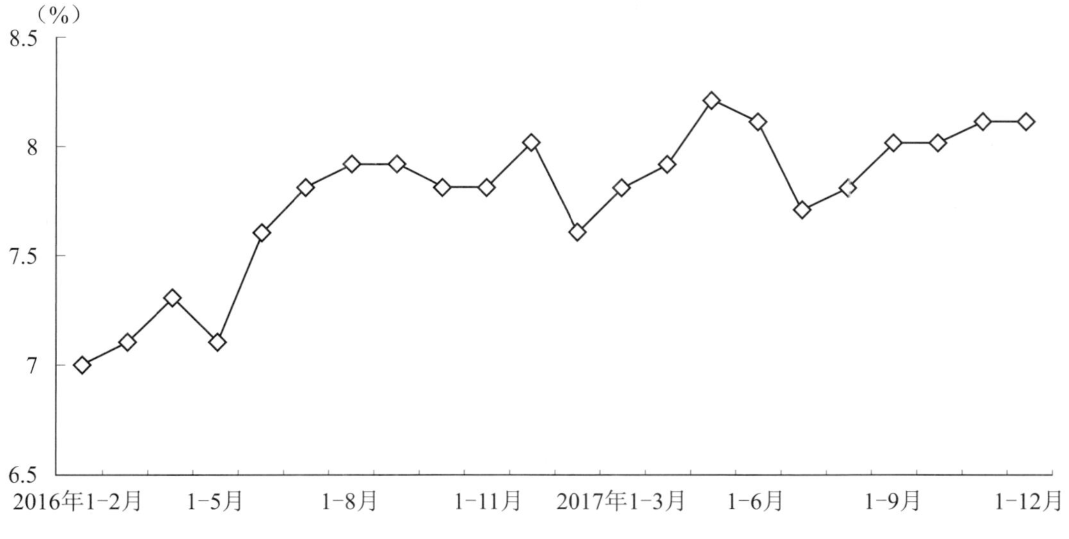

（二）对外贸易回稳向好

2017年，上海口岸货物进出口7.9万亿元，占全国的比重28.5%。上海市货物进出口3.22万亿元，比上年增长12.5%，占全国

11.6%。其中,进口1.91万亿元,比上年增长15.4%;出口1.31万亿元,比上年增长8.4%。按贸易方式统计,一般贸易进出口1.63万亿元,比上年增长15.6%;加工贸易进出口0.75万亿元,比上年增长9.1%。全市服务进出口达2000亿美元左右,占对外贸易总额的30%左右,规模位居全国首位。举办各类展会1020个,展出总面积1770万平方米。

(三) 利用外资缓中趋稳

2017年,上海市实到外资170.1亿美元,完成预计目标。外资结构持续优化,信息服务业、商贸业、交运仓储业实到外资占比超过34%。总部机构加快集聚,全年共新增跨国公司地区总部45家,新增投资性公司15家,研发中心15家(累计分别达到625、345和426家)。

(四) 对外投资理性企稳

2017年,受外部环境和企业对外投资趋于理性等影响,全市实际对外直接投资123.6亿美元,比上年下降50.8%;对外承包工程完成营业额99.3亿美元,比上年增长49.2%。制造业、信息传输软件、批发零售业等实体产业投资占比超过47%。对"一带一路"沿线国家投资占比11.6%,较上年提高1.6个百分点。

(五) 居民消费价格涨幅回落

2017年,上海市居民消费价格比上年上涨1.7%,涨幅同比回落1.5个百分点。从两大分类看,服务价格上涨2.3%,涨幅回落2.2个百分点;消费品价格上涨1.2%,涨幅回落1.0个百分点。从八大类别看,食品烟酒类上涨1.2%,衣着类上涨0.5%,居住类上涨1.7%,生活用品及服务类上涨1.5%,交通和通信类上涨0.7%,教育文化和娱乐类上涨0.9%,医疗保健类上涨6.6%,其他用品和服务类上涨2.6%。

居民消费价格上涨情况(月度同比)示意图

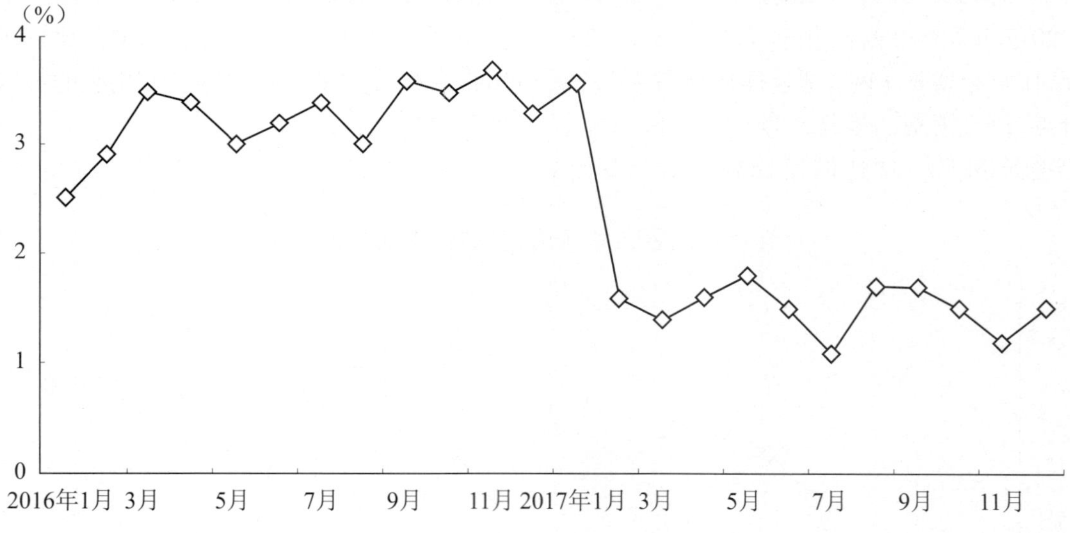

二、几项主要工作

(一) 服务服从国家战略,承担了一系列重大试点、改革任务

2017年,上海市以自贸试验区制度创新为示范引领,积极融入和主动服务"一带一路"和长江经济带建设,推动了商贸领域改革创新系统集成。金融、航运、文化、专业服务等扩大开放领域外资项目不断落地,新增服务业扩大开放项目412个,累计达到2404个。国际贸易单一窗口3.0版上线运行,率先实现了与自动进口许可证申领系统对接。深化"一带一路"经贸合作机制,与英国诺丁汉市政厅、澳大利亚西澳和南澳等9个经贸部门新签署经贸合作备忘录。发挥外高桥"国家进口贸易促进创新示范区"带动效应,支持澳大利亚、智利、中东欧16国等国家商品中心和汽

车、红酒、机床、化妆品等专业贸易平台建设，扩大“一带一路”沿线国家优质商品进口。积极做好招展招商、论坛组织和城市保障等筹备工作，推进“6 天+365 天”一站式交易服务平台建设，全力打造我国向世界开放市场的开放型合作平台和新一轮高水平对外开放的标志性工程。在上海、南京等 9 座城市推动建立一批公共托盘营运中心，长三角区域托盘池达到 380 万板。深化长三角区域市场一体化发展，推进自贸试验区合作、区域物流标准化、商贸业转型升级、农产品市场等专题合作，加强跨区域打击侵权假冒执法协作。高起点、高规格完成金砖国家第七次经贸部长会议保障任务，金砖五国 9 个代表团 260 余名代表参会，为金砖国家峰会形成一系列经贸务实成果提供了有力支持。

（二）建设国际消费城市，消费对经济发展的基础性作用进一步增强

2017 年，上海市坚持从供给侧和需求侧两端发力，不断丰富消费内涵。国际消费城市示范区建设取得阶段性成果。黄浦、静安两区着力增加优质消费供给、营造良好环境，南京西路和淮海中路的销售收入实现两位数增长，维多利亚的秘密、星巴克烘培工坊等有影响力的旗舰店、体验店相继亮相。零售创新活力不断增强，猩便利、苏宁 BIU 店等无人业态层出不穷，盒马鲜生、百联 RISO 等跨界零售新物种竞相登场，万有集市、万街等社区商业新模式百花齐放。以“新消费、潮生活、夜上海”为主题的 2017 上海购物节举办 40 多个主场活动、80 多项主题活动，新天地等 9 家夜上海特色消费示范区日均吸引客流超过 50 万人次。发布《上海市电子商务发展“十三五”规划》，电商产业布局和生态系统持续优化，小红书等 20 家企业成为新一批国家电子商务示范企业。

（三）深化内贸供给侧结构性改革，现代市场体系建设进一步加快

上海市发布《上海深化内贸流通供给侧结构性改革实施方案》，着力降低流通制度成本、交易成本和物流成本、提升消费供给品质。全国内贸流通体制改革试点的 37 项经验中，“协同创建以商务信用为核心的新型流通治理模式”等 8 项上海经验在全国复制推广，占比超过 20%，位居各试点城市第一。启动国家供应链体系建设试点城市建设，聚焦物流标准化、重要产品追溯、智慧供应链平台三大领域，确定 37 个试点项目，加快构建标准规格统一、追溯运行顺畅、链条衔接贯通的供应链体系。大宗商品交易“期现联动”试点稳步推进，支持开展现货衍生品等业务，全市已有百亿级平台 21 家，千亿级平台 5 家，重点监测平台交易额接近 2 万亿元。推进上海宝玉石交易中心打造国家级第三方公共服务平台。认定第二批 28 家贸易型总部企业，累计达 122 家，浦东、黄浦、长宁、嘉定等区贸易型总部集聚度和辐射力不断提升。成立上海商务诚信联盟，公布全国首张市场信用联合奖惩清单、首次第三方商务信用评价结果和首批商务诚信标准化建设成果，上海商务诚信公众服务平台已归集 29 家国内龙头平台企业的覆盖 17 个领域、超过 15 万家法人的市场信用信息 40 余万条，向市场推送公共信用信息 70 万条。

（四）推进外贸回稳向好，外贸竞争新优势进一步凸显

2017 年上海市实施优进优出战略引领工程，推动外贸稳增长、调结构、转动力，高新技术产品、机电产品等高附加值产品出口占比稳步提升。进口集散枢纽功能凸显，进口规模位列全国各省市第二位。“四个一百”专项行动深入实施，瞄准百家重点外贸企业、百个自主出口品牌和百家新贸易企业，推动解决企业关切的百个问题。加大对出口企业信用保险支持力度，推进中信保与市政府签署战略合作协议，“四个一百”重点企业承保费率同比下降 10%，出口额占全市比重超过 50%。推进重点建设特殊监管区和产业功能区两类跨境电商示范园区建设，试点模式交易额增长 80% 左右。浦东新区出台 20 条贸易便利化举措，徐汇区复制推广保税维修等业务模式，传统外

贸企业依托“互联网+外贸”“外贸+研发设计”加快转型升级。服务贸易实施“数字贸易潜力挖掘”“文化贸易海外营销”“专业服务跟随出海”三大战略，推进上海中医、上海文化海外行和服务外包网上丝绸之路等重点平台建设，22 家企业和 10 个项目被认定为国家文化出口重点企业和重点项目。全年离岸服务外包执行金额 50.2 亿美元，比上年增长 7.7%。全面下放技术贸易与软件外包合同备案管理权限，技术进出口合同金额 117.4 亿美元，比上年增长 18.8%。成功举办第五届上交会、第十六届中国（上海）国际跨国采购大会，上交会南欧展再度出海受到海内外企业瞩目。

（五）推进双向投资提质增效，引进来和走出去进一步协调发展

2017 年上海市着眼于统筹国际国内两个市场、两种资源，打造更具国际竞争力的投资环境，提升引进来和走出去的能级和水平。出台构建开放型经济新体制“33 条”，全面落实准入前国民待遇加负面清单管理模式，99% 以上的外资新设、变更事项通过备案方式办理，平均办理时间从 8 个工作日缩减至 3 个工作日。加大招商引资力度，建立投资促进机构库、项目库和活动库，累计跟踪推进外资项目 50 余个，在境外累计举办超过 10 场投资推介会，吸引各类总部和外资研发中心落地。修订《上海市鼓励跨国公司设立地区总部的规定》，在资金管理、出入境便利、人才引进政策等方面加大支持力度，促进总部经济提质行动，全市累计落户上海的跨国公司地区总部 625 家（亚太区 70 家），继续保持中国内地城市第一。其中，以总部机构为主的商务服务业实到外资占比达 29.4%，已成为第一大引资领域。聚焦创新要素跨境流动和全球配置、知识产权保护和落地、创新成果转移转化等，制定发布外资研发中心 16 条意见，累计吸引外资研发中心 426 家（亚太区以上 57 家），约占内地的 1/4，居全国首位。落实《关于进一步引导和规范境外投资方向指导意见》（国办发〔2017〕74 号），加强分类管理和指导服务。完善跨部门境外突发事件应急处置机制，规范企业走出去投资经营行为。夯实信息服务、金融服务、投资促进、人才培训、风险防范为重点的“五位一体”公共服务平台，累计开展 5000 人次跨国经营人才培训和风险防范培训。

（六）加强保障民生，商贸惠民的能力和水平进一步提升

2017 年上海市着眼于提高人民群众的满意度、获得感，花大力气破解菜价、家政等与老百姓生活息息相关的民生难题。初步形成大市场、大流通、大基地、大数据、大合作的“五大常态”，总体实现“菜篮子”量足价稳、优质安全、便利惠民。在江苏、山东、海南、云南、贵州等地新建 11 个规模化外延蔬菜基地，总数达 33 个，总面积超过 11 万亩，实现市民“吃菜跟着纬度走”。新建改造示范性标准化菜市场 33 家，超额完成市政府实事项目。新建完成社区智慧微菜场 310 家，累计 1542 家，服务近 100 万户家庭。推广“互联网+家政服务业”模式，率先开展持证上门服务试点，累计培训持证上门家政服务人员 4.5 万名。启动“云嫂”“黔女”等家政就业基地建设，已培育形成 5 家家政服务示范企业、12 名家政就业带头人，对接在沪从事家政人员超过 4700 人。在早餐网点薄弱社区和大型居住社区新建示范门店 43 家，联动 2400 家早餐门店提供“共享早餐”服务。

（七）加强商贸系统自身建设，为全市商贸事业发展提供坚强保障

2017 年上海市落实全面从严治党要求，牢固树立“四个意识”，更加坚定“四个自信”，努力以党建新成效推动商务事业新发展。推进“两学一做”学习教育常态化制度化，细化六个方面 50 项任务。深化权力清单制度建设，将审批目录事项精简至 35 项。推动拍卖、对外劳务合作、酒类批发等许可事项实施告知承诺制等。推进展览业、单用途商业预付卡等商务重点领域立法进度，单用途预付卡立法项目已正式通过“预转正”。强化市区两级商贸

部门安全生产职责，健全商贸领域安全生产规章制度，聚集重点主体、重点区域、重点时期，在商圈、商场、展馆等开展安全生产大检查6000余家(次)。

三、2018年工作要点

2018年商贸工作的总体要求：深入贯彻党的十九大、中央经济工作会议和十一届市委三次全会精神，坚持稳中求进工作总基调，坚持新发展理念，服从服务自贸试验区和科创中心建设两大国家战略，以商贸领域供给侧结构性改革为主线，以举办中国国际进口博览会为契机，先行先试一批高标准贸易投资规则，做精做强一批功能性载体平台，着力巩固提升上海国际贸易中心地位，着力推动上海商贸事业率先实现高质量发展，为上海改革开放再出发积蓄新动能，为我国建成经贸强国做出新贡献。

2018年主要预期目标：全市商品销售总额和社会消费品零售总额分别增长8%左右，电子商务交易额达到2.8万亿元，网络购物交易额达到1万亿元；口岸贸易额、本市货物进出口额和服务进出口额分别增长5%左右，展览面积突破1800万平方米；利用外资保持规模稳定、质量提升，全年新增跨国公司地区总部45家，外资研发中心15家；对外投资健康有序发展。

第一，聚焦消费升级新趋势，推动国际消费城市建设再提速。制定《加快国际消费城市建设的若干意见》，实施《打响上海购物品牌加快国际消费城市建设三年行动计划》，打造国际高端知名品牌的集聚之地、发布之地、采购之地。打响一批品牌活动，打响一批品牌商街，打响一批名品名店，扶持一批新消费模式，出台一批政策措施。

第二，聚焦流通供需新变化，推动现代市场体系建设再完善。深化内贸流通供给侧结构性改革，以强化供应链创新与应用为核心，加快构建“互联网+供应链”背景下的“新流通”体系。实施长三角区域市场协同发展行动计划，实施供应链创新应用行动计划，实施市场能级提升行动计划，实施数字商务提质升级行动计划，实施流通治理体系建设行动计划。

第三，聚焦经贸强国新目标，推动对外贸易能级再提升。以举办中国国际进口博览会为契机，促进外贸稳规模、提质量、优结构，加快培育外贸竞争新优势。促进外贸优进优出，加快发展外贸新业态，促进服务贸易创新发展，营造公平便利的贸易环境，促进展览业国际化、品牌化发展。

第四，聚焦开放发展新理念，推动开放型经济竞争力再增强。坚持扩大开放不动摇，紧抓招商引资不放松，营造良好环境不减弱，推动更高水平走出去。

第五，聚焦服务民生新指向，商务保障民生再发力。持续推进“菜篮子工程”，持续推进“早餐工程”，持续推进家政服务提质工程，持续推进“服务到家”计划，让人民群众在家门口、于细微处感受到城市的温度。

第二编

互联网＋商贸

互联网+商贸

百联集团与阿里巴巴集团达成战略合作

2017年2月20日，位列中国商业零售业首位的上海百联集团与中国最大电子商务公司阿里巴巴集团在上海宣布达成战略合作。两大商业领军企业基于大数据和互联网技术，在全业态融合创新、新零售技术研发、高效供应链整合、会员体系互通、支付金融互联、物流体系协同六个领域展开全方位合作，为消费者提供随时随地多场景的新消费体验。

在双方签约仪式上，阿里巴巴集团董事局主席马云说："2017年是阿里巴巴新零售元

阿里巴巴集团董事局主席马云

年，新零售的第一站我们选择在上海，新零售的第一个战略合作伙伴我们选择上海百联集团，只有上海能够代表改革创新和发展的高度。在创新的高度上，我们希望跟上海一起共同探索未来，未来 30 年，我们将会面临线上、线下、物流数据供应链相结合的新零售行业。”百联集团党委书记、董事长、总裁叶永明指出：新消费时代，需要新零售模式。新零售不仅是线上线下的融合，更是以互联网和物联网、人工智能及大数据等领先技术为驱动，面向线上线下全客群，提供全渠道、全品类、全时段、全体验的新型零售模式。

新零售是利用互联网和大数据，将“人、货、场”等传统商业要素进行重构的过程，包括重构生产流程、重构商家与消费者的关系、重构消费体验等。各方共同探索新零售，意味着未来的商业将不再有线上线下之分，也不存在虚拟实体之别，这在中国商业史上具有里程碑式的意义。

百联集团与阿里巴巴集团全方位合作聚焦六大领域：

一、全业态融合创新：以消费者需求为核心，共同设计建设具备高效实体业态运营效率、全渠道订单处理能力，能实时感知并满足消费者需求的新型零售门店，拓展智能化、网络化的全渠道布局，为消费者提供创新体验服务。

二、新零售技术研发：围绕新型零售门店，阿里巴巴将开放包括人工智能、智能支付、物联网、物流技术、大数据运用等应用型新零售技术，并将成功经验向社会推广复制。

三、高效供应链整合：利用线上平台及线下网络收集并感知的消费者需求及行为数据，梳理并整合各自旗下商品资源，促进优质商户资源和新品的引入。

四、会员体系互通：打通双方会员体系，采用室内外人群定位、消费者画像分析、大数据支持下的营销及会员管理等，提升门店客户服务能力。

五、支付金融互联：百联线下门店支持支付宝，百联旗下安付宝/联华 OK 卡接入支付宝，成为消费者优选的第三方支付渠道。在数据分享及分析的基础上向消费者及供应商提供快捷、便利及多样的支付及金融服务。

六、物流体系协同：百联物流作为菜鸟网络的物流服务商与阿里巴巴集团开展业务合作，双方共同开展物流规划，为消费者和商户提供服务。

百联集团与阿里巴巴集团的战略合作表明，以线上线下打通为基础、以重构传统商业要素为核心、以全业态融合为标志的新零售时代已经到来，预示着中国商业发展的新方向。

盒马鲜生

盒马鲜生是超市，是餐饮店，也是菜市场，是阿里巴巴对线下超市完全重构的新零售业态。其销售模式是以阿里大数据为支撑的线上线下一体化超市，与传统电商和传统生鲜店都有很大区别。盒马鲜生以线上销售为主，线下销售为辅，以线下体验门店拉动线上销量，不只是一家 O2O 的企业。

盒马鲜生是以线下体验门店为基础，并将之作为线上平台盒马 APP 的仓储、分拣及配送中心，通过将线上、线下业务完全一体化，来满足周边 3 公里范围内的消费者对生鲜食品采购、餐饮以及生活休闲的需求。

盒马鲜生的开店有阿里大数据作为指导，可以针对不同消费阶层的活动商圈划定门店范围。盒马鲜生门店均选在中高档精品生活广场，周边有写字楼、中高端社区等配套功能，附近楼盘价格偏高，居民消费水平偏中上，符合盒马鲜生的目标用户需求。

盒马鲜生的主要用户人群定位在“80 后”“90 后”年轻消费群，他们是典型的互联网用

户人群,其中已婚女性约占65%。这个群体对商品的新鲜度和品质是第一要求,对服务也是非常看重的,反而对价格的敏感度并不高。这部分人群是当前社会移动支付购买行为的绝大部分。

从已设的13家门店的实际经营来看,盒马鲜生实现用户月购买次数达到4.5次,坪效(每坪面积营业额)是传统超市的3~5倍。用户的黏性和线上转化率相当突出。线上订单占比超过50%,营业半年以上的成熟店铺更是可以达到70%,如上海金桥店的线上订单与线下订单比例约为7∶3。而且线上商品转化率高达35%,远高于传统电商。

盒马鲜生是以卖生鲜产品为主的精品超市。提供当日最新鲜商品,不卖隔夜蔬菜、肉和牛奶;采用"生熟联动"和"熟生联动"模式;菜品全程可溯,食品安全有保障;无条件退款;提供门店3公里范围内30分钟送达的配送服务,不接受预约隔日送。

盒马鲜生每天从崇明、奉贤等地的蔬菜基地直采直供,经过全程冷链运输并精细包装后,直接进入盒马鲜生超市冷柜售卖,商品卖不完当晚销毁。盒马不收取供应商一分钱的进场费,将全链条上节省下来的费用,直接补贴到消费者的身上,确保盒马在微利情况下将该模式可持续运作。如此,盒马商品在价格上也具有一定优势。上海本地菜中常见的青菜、鸡毛菜、生菜、韭菜仅需1.5元/包,空心菜、菜心、红米苋、香芹、油麦菜、茼蒿菜仅2.5元/包,价格低于传统菜场10%以上。

盒马APP是盒马鲜生的立身根本,盒马APP作为门店主要支付入口,消费者要想完成支付必须下载盒马APP会员并注册,才能使用支付宝账户支付。并采用优惠券方式力推盒马APP支付方式。同时也设现金收银台,避免不收现金是违法行为的责询。

盒马APP聚合了一般会员卡的筛选用户(习惯使用手机支付的消费人群)、准入(无盒马APP无法结算)、支付(绑定支付宝账号)和绑定用户(售后和优惠码兑换)等功能,将线下流量强行导流到线上。这样不仅利于培养用户使用盒马APP和支付宝的习惯,而且可以掌握用户数据,针对喜好和消费习惯进行精

准营销。

盒马鲜生与传统零售另一个区别是，盒马运用大数据、移动互联、智能物联网、自动化等技术及先进设备，实现人、货、场三者之间的最优化匹配，从供应链、仓储到配送，盒马都有自己的完整物流体系。

门店内挂着金属链条的网格麻绳是盒马全链路数字化系统的一部分。盒马的供应链、销售、物流履约链路是完全数字化的。从商品的到店、上架、拣货、打包、配送任务等，作业人员都是通过智能设备去识别和作业，简易高效，而且出错率极低。整个系统分为前台和后台，用户下单 10 分钟之内分拣打包，20 分钟实现 3 公里以内的配送，实现店仓分离。

截至 2017 年底，盒马鲜生 13 家门店已实现规模盈利。首家店上海金桥店目前每天平均营业额可达 100 万元左右，2016 年全年营业额约 2. 5 亿元，坪效约 5. 6 万元，远高于同业平均水平(1. 5 万元)。

截至 2017 年底，盒马鲜生已经进驻上海、北京、宁波 3 个城市共拥有 13 家门店，其中上海 10 家，北京 2 家，宁波 1 家。盒马将采取自营+合资两条路线扩张模式，未来在全国 30 多个城市中，开设 2000 家以上门店。

洋　码　头

洋码头，成立于 2009 年。是中国海外购物平台，消费者不出国门就能在洋码头购买到全球商品。公司国内总部设在上海张江，美国公司注册于加州，总部办公室设在硅谷，并分别在纽约、洛杉矶及休斯顿设有分公司。

洋码头创始人、早期易趣运营骨干曾碧波与其少年班同学章飞鹏，力邀易趣期间共事多年的同事，曾经一手打造过国内第一个海外购物项目——易趣全球血拼项目。

创立洋码头后，则致力于打破国际零售行业的地区性价格差异和国际流通壁垒，让中国消费者可以享受全球消费的公平价格。

洋码头移动端 APP 内拥有首创的“扫货直播”频道；而另一特色频道“聚洋货”，则汇

洋码头与星美集团达成合作签约仪式

集全球各地知名品牌供应商，提供团购项目，认证商家一站式购物，保证海外商品现货库存，全球物流护航直邮。

一、"扫货直播"频道

洋码头首创的海外卖场扫货场景式购物模式，具有两大特点：一是买手制。"扫货直播"频道的买手遍布全球，实时直播全球线下卖场、Outlets、百货公司等扫货现场实况。它是一种同步的海外购物 C2C 模式，买手实时发布商品和直播信息，消费者如有兴趣可直接付定金购买。二是限时特卖。由于"扫货直播"频道做的是海外特卖现场直播，所以特卖时间与海外基本同步。限时模式除了制造稀缺感外，一定程度上也将用户代入了现场体验。

自 2013 年 12 月上线至今，"扫货直播"频道已聚集了数万名海外认证买手，他们分布于美国、欧洲、澳洲、日韩等全球 20 多个国家和地区，现场直播血拼，体验同步折扣，洋码头跨过所有中间环节，降低了中国市场的进入门槛，让消费者体验真实的海外现场血拼。

二、"聚洋货"频道

"聚洋货"频道引入经过严格认证的海外零售商直接对接国内消费者，精选全球品牌特卖，品类涵盖服装鞋包、美妆护肤、母婴保健、食品家居等。其跨境进口 B2C 的供应链体系，大幅度降低了海外众多零售商、品牌商的进入门槛，让国内消费者可以收获海外精品。洋码头还自建有国际物流服务平台，海外部署三大分拨物流中心，保证以其低成本的国际订单配送服务，快速、合法地帮助海外零售商和国内消费者完成交易和购物，同时专门设立国内退货服务中心，方便退货。让国内消费者体验海外直邮，一站式购物，同步全球品质生活。不仅如此，"聚洋货"频道还拥有海外库存保证。

三、"社区"频道

"洋码头"APP 的"社区"频道，系全方位购物社交，会定期推出专题，传递最 IN 的流行时尚资讯；有来自全球爱秀爱美的用户，实时晒出扫货战利品，分享其购物心情和攻略。在这里，用户可以即时刷新海外的"新

洋码头实现结构性盈利，着重打造平台效率和用户体验

奇特”，找到志同道合的朋友，享受海外购物的乐趣。

在社区中也活跃着一批达人，用户可以通过评论与达人互动。分享与互动，不仅激起大家对海外商品的兴趣，也增进了用户对洋码头的黏着度。

四、洋码头跨境消费保障体系

1. 全球货源保障。一是洋码头商家资质和买手资质必须具备认证。入驻洋码头的商家必须是中国大陆以外资质的海外实体，需要提供营业与零售资质证明、银行对账单、法人身份证明，并交纳保证金；入驻洋码头的买手必须是在海外长期居住的华人或者外国人，需要提供完整的个人信息、海外身份证明、海外信用证明和海外居住证明。二是商品源头可追溯。通过统一仓储和海外验货中心，消费者可以全程监控商品从源头发货到手中的全部信息。

2. 海外物流保障。一是以海外直邮为主要发货方式。旗下十大贝海国际物流中心已覆盖20多个国家；二是以专业航空运输为洋码头海外直邮。以航空运输为主要运输路径，每周近40个全球物流航班会从世界各地飞往国内；三是清关合规。保障消费者的权益。

清关流程：检验检疫→入境申报→清关查验→放行配送

3. 本土售后保障。一是本土退货。洋码头带有“本土退货”标志的商品可在中国退货，确保商品未经使用和完好的前提下，接受7天无理由退货；二是本土客服。洋码头客户管家先行协助解决，避免因时差、距离带来的买家与卖家沟通不畅。

洋码头海外购物市场空间潜力巨大，现阶段，驻扎在洋码头上的卖家可以分为两类，一类是个人买手，模式是C2C；另一类是商户，模式就是M2C。

洋码头正通过整合优化低效率运作的国际物流资源和全球零售供应链来促进在线零售的全球化进程，改造中间环节多，库存过高，市场门槛高的传统代理制跨国零售模式，让海外购物变得简单又放心。

网易考拉海购

网易（NASDAQ：NTES）是中国领先的互联网技术公司，在开发互联网应用、服务及其他技术方面，网易始终保持国内业界的领先地位。1997年6月创立以来，凭借先进的技术和优质的服务，网易深受广大网民欢迎，曾两次被中国互联网络信息中心（CNNIC）评选为中国十佳网站之首。

网易考拉海购是网易旗下以跨境业务为主的综合型电商，销售品类涵盖母婴、美容彩妆、家居生活、营养保健、环球美食、服饰箱包、数码家电等。网易考拉海购以100%正品，天天低价，7天无忧退货，快捷配送，提供消费者海量海外商品购买渠道。

网易考拉海购作为一家媒体型电商，它用丰富的媒体手段，为消费者提供商品信息，帮助消费者选择商品，以它为媒体基因，与网易大平台共通的海量用户，以及包括资金、资产以及资本市场资源在内的资本优势，成为了网易考拉海购区别于其他电商平台的七大竞争优势：

一是主打自营直采优势。网易考拉海购成立专业采购团队深入产品原产地，已与全球数百个优质供应商和一线品牌达成战略合作。

二是自主定价权定价优势。网易考拉海购不仅尊重品牌方的价格策略，更重视中国消费者对价格的敏感和喜好。

三是全球布点优势。网易考拉海购在美、德、意、日、韩、澳等近10个国家和港台地区成立分公司和办事处，深入商品原产地直采，直接对接品牌商和工厂，规避了多层环节，省去中间环节及费用，甚至做到“海外批发价”。

四是仓储优势。网易考拉海购在杭州、郑州、宁波、重庆4个保税区拥有超过15万平方米的保税仓储，通过保税的模式，既可以实现合法合规，又能降低成本，实现快速发货。网易考拉海购还在美国、中国香港建成两大国际物流仓储中心，并将开通韩国、日本、澳大利亚、欧洲等国家和地区的国际物流仓储中心。

五是海外物流优势。网易考拉海购把物流配送交给了中外运、顺丰等合作伙伴，采用定制包装箱，让用户享受“相对”标准化的物流服务。网易考拉海购通过与中国外运合作

网易考拉海购CEO张蕾与株式会社犬印本铺部长田中健签署战略合作协议

整合海外货源、国际运输、海关国检、保税园区、国内派送等多个环节，打通整条产业链。

六是有充沛资金优势。网易考拉海购借助网易集团的雄厚资本，可以在供应链、物流链等基础条件上投入建设，同时也能持续采用低价策略。

七是保姆服务优势。对于海外厂商，网易考拉海购能够提供从跨国物流仓储、跨境支付、供应链金融、线上运营、品牌推广等一整套完整的保姆式服务，解决海外商家进入中国的障碍，省去了他们独自开拓中国市场面临的语言、文化差异及运输等问题。网易考拉海购的目标就是让海外商家节约成本，让中国消费者享受低价。

1 药网

1 药网（原 1 号药网）前身壹号药网成立于 2010 年 7 月，是中国第一批获得国家食品药品监督管理局颁发《互联网药品交易许可证》的合法网上药店。

1 药网总部位于上海浦东张江高科技园，这里聚集了国内众多知名互联网科技公司和优秀的互联网人才，拥有着浓厚的互联网科技创业氛围。1 药网在北京、广州等一线城市还设有分公司。

1 药网经营范围有中西药、营养保健品、医疗器械、成人保健品、隐形眼镜、美容护理、孕婴用品、中药贵细等。

1 药网服务有四大特色：

一是设置“易诊”“健康百科”两大频道，构建健康服务综合社区。为顾客提供专业的售前医药咨询服务，和日常病症科普服务。用户只需输入相关病症，数万名医师实时在线解答治疗建议及用药指导。

二是推出健康专题服务，做家庭医生。用户登录 1 药网官方主页，即可看到相关专题页

1 药网总部外景

面，内容涵盖孕婴营养、健康养生、家庭医疗器械选购、美容养颜等大大小小近百个专题。有专业医师提供专业药品搭配组合建议，并能根据用户实际病情，指导用药。

三是推出“1 号药店”手机 APP，实现手机端移动购药。用户下载登陆“1 号药店”APP，直接扫药品包装上的二维码进行在线购药，真正实现随需随买的便捷购物体验。

四是推出社交平台实时互动，提供全维度客户服务。1 药网开通微博、微信，提供全天 24 小时实时在线选药、用药咨询服务。

1 药网秉承“用心选药，便民可信，为民省钱”的经营理念，先后与拜耳、辉瑞、杜蕾斯、诺华、惠氏、强生、养生堂、同仁堂、云南白药、海昌等国内外数百家知名医药健康产品厂商合作，为全国消费者提供《互联网药品交易许可证》允许交易范围内的万余种医药健康产品。

1 药网承诺出售的各类商品 100% 正品保证，7 天无理由退货，让顾客 100% 放心购药，且出售的药品价格比线下实体药店最多便宜近 40%。

1 药网运用数字化管理，使经营颇具优势。1 药网在全国布局，拥有上海、天津、广州三大仓储中心，并创立自己的配送中心，订单已覆盖到全国，全国订单 24 小时送达率达 50%，时效性全行第一；1 药网拥有柔性 IT 系统，为商家量身定制合作模式——入仓、DSV、待运营、寄售等；1 药网拥有商务智能体系，为商家提供数据工具，进行定向的患者属性、患者行为与需求分析服务；1 药网拥有 CRM 体系，可直接连接商家系统，为商家提供顾客追踪监测、顾客关系管理运营体系；拥有多媒体问诊功能，为医生提供院外管理服务患者的工具，为用户提供随时随地便捷的问诊服务，获得专业医生帮助。

自 2010 年至今，1 药网连续获得“中国医药电子商务网站十强”“最受欢迎医药保健类商城”“中国网上药店十强”“金鼠标奖”“中国最具投资价值企业 50 强”“中国电子商务最具人气医疗行业门户”等多项荣誉证书。

亿欧 e 购

2016 年 11 月，亿欧控股有限公司成立。2017 年 3 月，公司总部入驻中国（上海）自由贸易试验区信泰融资大厦。

公司利用自贸区的地理优势和进出口产品资源优势，积累了大量优质国内外产品资源。通过多渠道、全方位的品牌推广，按照统一的品牌管理体系，与全国范围内的优质营销企业及渠道商合作，在全国范围内进行品牌推广并开设门店，争取两年内实现重点区域每 3 公里范围内设立一家亿欧门店，满足消费者的各种采购需求，并提供便利贴心的品牌服务。

公司开展“跨界等值送”项目。将“线上商城+线下门店+联盟商铺”的营销模式，在 B 端（厂商）和 C 端（消费者）进行去中间化的有效连接，直接让利于消费者，同时消费者在亿欧平台消费可以获得等值积分，为消费者打造贴心的购物体验，真正实现让消费者更简单，让用户购物更增值的实惠。

2017 年 9 月 24 日，期待已久的亿欧 e 购项目发布会于中国上海总部成功召开，会议主题为“亿欧 e 购　智绘生活”。会上有优质智能产品如公子小白、家居盒子、福玛特扫地机器人等悉数亮相和展示。同时也展开亿欧和供应商们的授权仪式。

亿欧 e 购是亿欧控股有限公司旗下运营的服务型品牌，总部位于中国上海自由贸易试验区。亿欧 e 购突破传统电商及传统线下店铺的经营方式，通过先进的技术手段，将两者充分结合，既解决传统电商产品信息不透明的问题，又解决传统线下店铺经营中存在的消费者需上门采购的问题，通过一系列个性化的服务，让消费者实实在在感受到智能化时代购物的便利性。

亿欧控股有限公司门店展示

从商业模式上来说，公司处于领先地位，是打造了一个以亿欧为中心的消费闭环生态链，是互联网+商业及未来新零售行业发展趋势。

春秋旅游网

春秋旅游网(上海春秋国际旅行社有限公司)，成立于1981年。拥有5000余名员工

和导游，年营业收入60亿元。业务涉及旅游、航空、酒店预订、机票、会议、展览、商务、因私出入境、体育赛事等行业。是国际会议协会(ICCA)在中国旅行社中最早的会员，是第53、54、55届世界小姐大赛组委会指定接待单位，是世界顶级赛事F1赛车中国站的境内外门票代理，被授予上海市旅行社中唯一著名商标企业，是中国第一家全资创办航空公司的旅行社。

春秋旅游网自1994年至今，荣获多个全国旅游第一：1994年起年年获国家旅游局排名的国内旅游全国第一。

春秋旅游网是国内连锁经营、全资公司最多、最具规模的旅游批发商和包机批发商。拥有"贵族之旅"纯玩团、春之旅(中外宾客同车游)、自游人、爸妈之旅等多种特色旅游产品。

春秋旅游网境内外41家全资分公司全国第一，在北京、广州、西安、沈阳和三亚等34家国内大中城市设有全资公司，境外有美国、加拿大、泰国、中国香港等7家境外全资公司；100余家全资门店全国第一，每个全资公司大都有2～10家连锁店，在上海有50个连锁店；4000余家旅游代理全国第一，在江浙地区有400余家；全国有4000余个网络成员，使用春秋国旅自行研制开发的电脑系统销售春秋旅游产品，做到"散客天天发，一个人也能游天下"便利的散客即时预订服务。国内旅游业唯一的入网48小时必须收款理念，年营业收入百亿元没有坏账。国内旅游连续十三年全国第一；3000台电脑联网全国第一；国内30余个全资分社全国第一；旅游包机2万航次全国第一；总平均客座率99%全国第一。

春秋旅游网的优势产品有"自由行""国内游"的7个名牌产品，"出境游"的港澳产品

和柬埔寨吴哥窟游、“周边游”“邮轮游”的近30 条邮轮游线路产品和特卖线路等特色旅游产品。

春秋国旅在服务保障上，确立“质量是企业的生命，细节决定品牌的成败”理念坚持找茬挑刺原则，坚持外行进行质量访问原则，坚持原汁原味原则，坚持小题大做原则，十分注重质量管理。2007 年 10 月公司通过 ISO9001-2000 质量管理体系国际认证。2010 年 4 月，春秋国旅成为上海市唯一一家全国旅游服务标准化试点单位的旅行社。2010 年 9 月又通过 ISO9001-2008 质量管理体系国际认证，表明公司质量管理更加规范化、科学化。

第三编

企　　业

内贸企业

外贸企业

外资、外经企业

展览企业

民营企业

上海老字号企业

知名企业

一、内贸企业

百联奥特莱斯广场(上海·青浦)

百联奥特莱斯广场(上海·青浦)于2006年4月28日正式开张营业,是以销售国际、国内著名品牌折扣商品为主,集购物、休闲和旅游为一体,是国际化、现代化、时尚化的大型购物广场。

百联奥特莱斯广场(上海·青浦)坐落于

百联奥特莱斯广场(上海·青浦)外景

沪青平公路2888号，南靠佘山国家旅游度假区，西临淀山湖、朱家角、周庄等著名江南水乡风景区，距市中心人民广场26公里，车程仅30～40分钟。广场地处沪渝高速、沈海高速、京沪高速和沪昆高速路网中央，优越的交通位置极大地方便本市及江浙两省的消费者前来休闲购物。

百联奥特莱斯广场占地面积16万平方米，总建筑面积约11万平方米。广场内按经营功能分为三大板块：A区主要经营国际一线服饰品牌的折扣商品，包括Armani、Burberry、Zegna等；B区主要经营国际知名运动休闲品牌、国际二线品牌以及国内著名品牌，进驻的有COACH、POLO、NIKE等品牌商铺；C区大部分为男女休闲品牌，另设有餐饮休闲区，如避风塘、星巴克、麦当劳等20余家餐饮企业。目前广场拥有400余家商铺，国际品牌汇聚度之高已跻身同行前列。

百联奥特莱斯广场提供给顾客的是货真价实的国际名品、令人惊喜的折扣低价和轻松舒适的消费环境。经过10余年来的经营和实践，逐步形成了“真品、真价、真情”的经营理念，树立了共同的价值观念和发展目标。

在营销方式上，百联奥特莱斯广场一直坚持“两节一单”的营销策略。“两节”即店庆、圣诞；“一单”即单品促销。本着“活动不求多，但求精”的经营宗旨，在打折浪潮中，以良好的口碑吸引广大顾客前来购物，从而树立良好稳定的企业形象。

除传统营销外，广场推出了微信营销。前期推出的订阅号在内容编辑、营销策略上都已引起市场的广泛关注。并且也以微信为接口，打开并架构了微博、BBS、视频网站、社交媒体等电子化的营销闭环。随着场内WiFi布局的完成和服务号、微官网的同步上线，基本完成了商务电子化的基础搭建。随着服务号和微官网的推出，百联奥特莱斯广场（上海·青浦）将更致力于在商品信息电子化、营销电子化、服务电子化的展开。

百联奥特莱斯广场精心打造了轻松愉悦的购物环境，营造清新典雅的休闲氛围。广场内韵味十足的水景、优雅动听的音乐、温暖明亮的灯光、舒适悠闲的长椅等，使消费者在购物的同时身心也得到极大的放松。

为了更好地服务消费者，近年来百联奥特莱斯广场（上海·青浦）还在建筑、环境等方面进行大范围的升级改造，一个全新的奥特莱斯呈现在大众面前。通过原有的一层变二层，增加约15000平方米的经营面积。此外，在广场B单、B双二层之间增设了天桥连廊，使消费者在二层区域购物时不走回头路，尽情选购品牌。

10年多时间，百联奥特莱斯广场已经成为广大消费者喜爱和认可的一个著名品牌，先后获得了“全国五一劳动奖状”“上海市文明单位”“上海市模范集体”“上海市工人先锋号”“上海商业创新奖”“上海商业优质服务先进集体”“中国长三角最具影响力购物中心”等多项荣誉证书。

带着合作伙伴的期望，承载着广大消费者的厚爱，百联奥特莱斯广场将全力打造现代时尚的休闲购物天堂，以更一流的品牌、更动心的价格、更优质的服务、更优雅的环境迎接世界各地的消费者，创造更加辉煌的明天。

跨越三个世纪的经典与时尚——老凤祥

老凤祥创始于公元1848年,2017年迎来了170周年华诞。民族品牌老凤祥集科工贸于一身、产供销于一体,拥有完整的产业链、多元化的产品线,是国内文化底蕴深厚的跨越三个世纪的品牌,是中国珠宝首饰业、民族工业的一面旗帜和优秀企业的代表。旗下的研究所、博物馆、专业工厂和遍布全国的3000多家银楼专卖店以及典当行、拍卖行等,构成老凤祥大规模的产业体系,涵盖了生产黄金、铂金、白银、钻石、翡翠、白玉、有色宝石、珍珠、珊瑚等饰品,其品牌产品达到了珠宝首饰的全品类,并向旅游纪念品、工艺品、钟表和眼镜的相关产业和跨界产品延伸扩展。

2017年老凤祥年销售近400亿元,利润实现两位数增长。在国内取得高速发展的同时,本着"立足上海、覆盖全国、走向世界"的发展方向,从2012年开始,老凤祥已先后在海外和中国香港地区开设14家银楼专卖店。老凤祥品牌多次入围上海百强企业榜、《财富》中国500强、全球100大奢侈品公司排行榜的第十三位、连续10多年位列"中国500最具价值品牌"榜单,2017年品牌价值达260.97亿元。2018年,老凤祥再次荣列由国际权威机构WPP评选的"BrandZ 2018最具价值中国品牌100强",蝉联珠宝首饰业第一。

中华复兴、国运昌盛,民族品牌的腾飞和发展,成为国家和民族强盛的象征。

梦圆中国、凤祥天下,百年老凤祥将合着时代的节奏,走向更加美好的未来!

老凤祥银楼名品楼(上海 南京东路)

老凤祥银楼总店(上海 南京东路)

老凤祥银楼旗舰店(上海 城隍庙)

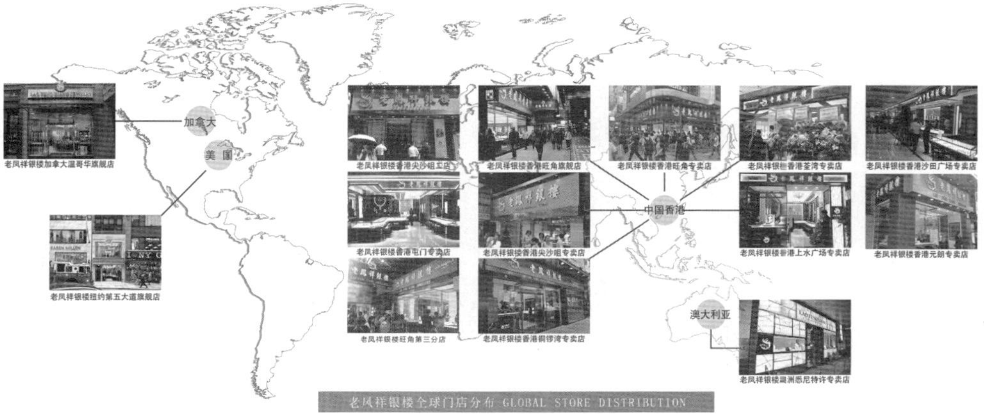

老凤祥全球门店分布

上海领鲜物流有限公司

上海领鲜物流有限公司成立于2003年，是光明乳业股份有限公司的全资子公司，是一家具有雄厚实力和丰富物流管理经验的冷链物流企业。公司不仅为光明乳业提供仓储配送服务，也面向社会为第三方客户提供专业的物流服务。公司物流营运团队深谙冷链体系及物流服务体系建设，具有极为丰富的冷链运作及实战经验，是专业供应链解决方案提供商。

根据集团战略规划，集团旗下所有物流业务划归领鲜物流管理，使领鲜物流加快区域整合，打通地区阻隔，由华东区走向全国，构建全国共配网络。

公司综合物流中心由上海、华东区25座上升至50座，覆盖除华东以外齐齐哈尔、佳木斯、沈阳、北京、天津、石家庄、德州、济南、青岛、太原、西安、咸阳、郑州、武汉、长沙、南昌、成都、重庆、广州、深圳、东莞、南宁、海口、厦门、福州等全国各大城市。

仓库总面积由5.2万平方米上升至17.3万平方米，其中冷藏库42289平方米、冷冻库9917平方米、常温库120682平方米。

上海领鲜物流在华东区拥有车辆多达1008台。其中自有冷藏车辆296台、协作冷藏车辆520台、常温车辆192台。华东区以外地区拥有冷藏车辆322台、常温车辆712台。日配送终端网点多达50000余家，由上海及全国各物流中心始发的每日干线线路多达100余条，形成高效送达的全国物流网络。

领鲜物流注重信息化建设，已实施订单管理系统OMS、仓储管理系统WMS、电子拣货系统DPS、运输管理系统TMS、车辆监控系统GPS等，对物流运作和管理提供有效的支持。目前，随着光明乳业全产业追溯体系（一期）的实施，物流信息系统又将全面实施升级以满足未来发展需要。通过信息化手段大幅提升物流现代化管理水平，为各企业用户制订冷链运作方案。

上海领鲜物流有限公司成为中国物流与采购联合会冷链专业委员会常务副会长单位；

上海领鲜物流有限公司外景

中关村冷链物流联盟常务理事单位；上海物流协会冷链分会会长单位；上海冷链协会副会长单位。公司积极参与冷链行业标准的起草和制订工作，助力冷链物流行业在中国的持续健康发展。2015 年，上海领鲜物流有限公司经过中国物流与采购联合会专家组的评定，荣膺“AAAA 级物流企业”；被中物联冷链委评定为“五星级冷链物流企业”；连续 4 年荣获中物联冷链委“冷链物流百强企业”称号；连续 4 年荣获中国食品工业协会“中国食品物流 50 强企业”称号。

上海领鲜物流有限公司是全国《食品冷链物流追溯管理要求》国家标准试点企业和《餐饮冷链物流服务规范》行业标准达标企业，同时还是《药品冷链物流运作规范》GB/T28842-2012 国家标准试点企业。此外，为了满足不同客户对仓储及运输管理方面的需求，公司积极与不同的国际认证组织合作，并通过了 IOS9001 的质量体系认证。2017 年领鲜物流成为行业内首家通过 BRC（英国零售商协会）国际认证的冷链物流企业，再次成为行业标杆。

上海领鲜物流有限公司依托良好的物流基础设施、优秀的运营管理团队、高效的运作效率和丰富的食品物流经验，以“食品物流专家、领鲜品质保证”为经营目标，秉承“新鲜、品质、迅捷、准确、亲切”的服务理念，携手上下游合作伙伴，致力于为社会广大客户群体提供全温层的现代食品物流供应链服务，保证消费者舌尖上的安全。

上海华氏大药房有限公司

一、概况

上海华氏大药房有限公司成立于1998年4月22日，是上海医药旗下以药品零售为核心业务的连锁企业。2009年1月，上海医药集团按照上海市政府打造上海医药支柱产业的要求，将上海华氏大药房有限公司、上海雷允上药品连锁经营有限公司、上海信谊大药房有限公司组成新的药品零售系统。截至2012年新华氏门店数达753家，公司零售网点分布江苏、浙江、安徽、贵州、上海四省一市，其中上海地区的门店数已达557家，遍布上海市18个行政区域，已成为上海药品零售行业的一个重要的服务窗口。2012年公司年销售额为12.6亿元，在上海的市场份额超过20%，全国市场综合排名前十位。

二、品牌建设

华氏大药房是医药零售连锁行业首个获得“上海名牌”（服务类）、“上海优秀服务商标”的企业，连续三次获得“上海市著名商标”“上海市A类纳税信用单位”，连续四次被评为“重合同守信用AAA企业”。同时还获得“上海市文明单位”“中国商业名牌企业”“国家级诚信企业”等荣誉称号。

华氏大药房在创建上海名牌工作中，依托

上海华氏大药房有限公司外景

各门店优势，以上海城市功能标志为对象，按照“典型引路、分步推进”的原则，积极参与创建上海名牌，并在2005年、2008年被推荐为“上海名牌”企业。通过创建上海名牌活动，“华氏”品牌知晓度和美誉度已得到广大市民的高度认可，企业无形资产价值叠加上升，充分显示了企业名牌集聚效应。

三、新的经营模式

竭尽所能为消费者提供满意的健康服务是华氏的经营理念。处处为顾客着想，做到小病当医生、大病当参谋，重病当亲人。华氏是全国医药零售系统率先使用远程视频药学咨询服务系统的企业，顾客可以在华氏各门店与医生进行视频咨询互动活动。2009年8月，华氏大药房电子商务网——医药零售网yplsw.com运行开通，2012年12月，华氏大药房正式进驻天猫hsdyf.tmall.com，华氏大药房旗舰店正式上线，实现了网上和店铺销售联动服务效应。2012年12月28日，华氏大药房自助购药机入驻上海各大地铁站，为市民购药提供便捷，新设立的24小时购药咨询热线更为顾客用药安全提供保障。公司还通过发行电子商务卡的模式，将华氏商务卡与华氏会员制结合在一起，是新华氏发展的新的经营模式。

四、专业化服务

一心为顾客，服务最光荣是华氏的服务理念，华氏将“专业化服务、规范化服务、便利化服务、社区化服务、人性化服务”作为自己核心品牌。为了进一步培养对客户的忠诚度，公司长期坚持对员工实行专业培训，每位员工需参加三个阶段培训：药学专业基础、新药新品知识、临床医学知识。要求员工熟知300种以上常用药品的主要成分、适应证和禁忌证等知识，对顾客陈述的症状作出判断，推荐合理用药，使员工朝着“全能药师”的方向发展。在全方位、立体化、多层次围绕“专业”系统的培训下，公司先后涌现出一批服务态度优、专业技能强的星级营业员，他们中间有全国青年岗位能手、星级服务明星、上海市三八红旗手等。华氏中心店魏骏多次荣获上海市劳动模范、上海市青年岗位能手等光荣称号；华氏大药房强华店樊水玉因其出色的表现被评为上海市国资委系统新世纪最具影响力先进人物。提升专业化服务为华氏赢得了广泛的市场份额，回头客和慕名而来的顾客占有较大的比重，成为业务发展的重要保障。

五、社会公益活动

多年来，企业在取得经济效益的同时，时刻不忘回馈社会，勇于承担服务公众的社会责任。华氏十周年公司夫，公司出资20余万元向上海200多家社区捐赠轮椅、拐杖400余套。“5.12”汶川大地震华氏为灾区捐款捐物，举办“携手同心，赈灾义卖”活动。2010年世博会召开前夕，率先向上海市药品零售业同行发出“为世博添彩，做健康卫士”倡议书，以实际行动奉献世博。2011年4月26日华氏大药房携手触动传媒共同举办“出租车司机关怀”活动，为强生5000辆出租车的司机，在指定的188家门店，提供一年免费的饮用水、测量血压和健康指导等暖心便捷服务。2012年10月借助华氏·雷允上膏方节，向癌症康复俱乐部捐赠10万元药品。多年来，作为一家知名企业“华氏”积极参与“3.15”消费者权益保护日等各类公益活动，同时华氏大药房也积极参与上海市商务委开展的诚信建设的各项活动，为营造诚信经营的市场环境，发挥企业应有的作用。

上海华氏大药房有限公司将不断创新、探索，从聚焦核心市场、培育核心人才、发掘核心产品、锁定核心顾客、形成核心技术、提升核心品牌、形成核心价值来提升华氏大药房的核心竞争力。华氏人正积极努力实现公司的愿景：公众认可、员工满意、行业领先、持续发展的好公司。

上海永冠众诚新材料科技（集团）股份有限公司

上海永冠胶粘制品有限公司成立于2002年，是上海永冠众诚新材料科技（集团）股份有限公司的前身。公司现拥有在上海市青浦区朱家角工业园区与江西抚州市东乡区源山岗工业园区两大生产基地，合计占地面积400余亩，是集生产、研发、销售于一体的专业生产各类胶粘制品的大型高新技术企业。

公司的主要产品：布基胶带、美纹纸胶带、PVC电工胶带、清洁胶带、OPP胶带、双面胶带等。目前，公司已经从简单的胶带生产扩展到：特种纸处理、PVC压延、纺织、制涂胶剂、制管、包装设计制作全产业链覆盖，是一家产业链完善、基础设施齐全的胶带制造商。

先进的“ERP”管理软件系统，完善的产业链配套，规模化的生产设备，铸就了永冠以“诚信、品质、成本、服务”为一体的营销追求。公司产品85%为外销OEM业务，客户遍布全球多个国家和地区：欧洲、东南亚、日本、俄罗斯、中东、北美等。随着义乌、广东、南昌等公司办事处日臻成熟，以及淘宝、天猫、京东、1688等电商平台的全线辐射，产品销售占比内倾，公司内销逐步朝着市场化、品牌化、专业化的方向发展，并力促内外销比例朝平衡迈进。

公司是“上海市高新技术企业”“上海市科技小巨人培育企业”“上海市认定企业技术中心”，同时在2014年和2016年分别获得“上海市名牌产品”“上海市著名商标”称号。公司产品已获得8项“发明型”专利，多项“实用新型”和“外观设计”专利，并先后通过ISO9001-2015质量认证，REACH认证、美国UL认证、加拿大CSA认证、欧盟ROHS环保认证、全球BSCI社会责任体系认证。

2014年9月15日公司在新三板成功挂牌上市。“宏图永发展，声誉冠五洲”是永冠上下求索奋进的品牌目标，并一直恪守“以技术谋发展、以质量求生存、以效率争利润”的品质标准，努力做得更好！

上海永冠胶粘制品有限公司外景

上海市外高桥国际贸易营运中心有限公司

上海市外高桥国际贸易营运中心有限公司(以下简称:营运中心公司)是由外高桥集团股份系统内的各大进出口、仓储物流、专业平台等家企业于2009年11月整合而成,公司注册资本2.3亿元。作为上海自贸试验区贸易便利化功能运作的平台,营运中心公司致力于推动各项贸易便利化功能的开发和创新,发挥连接政府与企业的枢纽和桥梁作用,为企业创造良好的贸易环境。

按照上海市商务委、浦东新区和自贸试验区管委会的部署,营运中心公司积极主动对接首届中国国际进口博览会,旗下上海外高桥国际酒类展示交易中心、上海外高桥国际化妆品展示交易中心、上海外高桥国际智能制造服务产业园、上海自贸试验区平行进口汽车展示交易中心、澳大利亚商品中心、智利商品中心、中东欧16国商品中心被授予“6天+365天”常年展示交易平台。其中:

上海外高桥国际酒类展示贸易中心具备逾23000平方米的展厅和30000平方米的专业配套保税仓库,为客户提供长期展示、产品推广、专业培训、产品发布、贸易洽谈、进口代理、物流配送、商务咨询等一条龙的专业化服务。酒类展示贸易中心利用自贸区成熟的国际贸易功能和展示交易政策,以高效的专业化服务和强有力的政策扶持,打造完善的进口酒类产品展示推广、交易综合服务平台及良好的酒文化交流平台。

上海外高桥国际化妆品展示交易中心依托“进口非特化妆品备案”试点政策优势,为广大进口化妆品企业提供从政策咨询、专业证书备案及许可证申领、进口代理、全程仓储物流及商业合作推广等一条龙的专业服务。位于外高桥富特西一路477号底楼的展厅,面积约为2250平米,为客户提供长期展示、产品推广、专业培训、产品发布、贸易洽谈等各方面的服务。

上海外高桥国际智能制造服务产业园旨

在充分发挥上海自贸区海关特殊监管区域功能,推进国际智能制造设备集散地建设,提升国内装备制造业水平服务。外高桥国际智能制造服务产业园以集聚国际领先的精密数控机床、工业自动化、智能机器人、3D 打印、智能医疗等设备和技术为目标,为入驻园区企业提供保税展示销售、展品物流、零部件分拨、进口设备法定检验、技术交流、专业演示培训和融资租赁等服务功能,呈现上海自贸区保税区域利用国际贸易优势参与上海制造、上海服务的实践案例。

上海自贸试验区平行进口汽车展示交易中心承担自贸试验区平行进口汽车贸易服务功能平台的建设,依托自贸试验区平行进口汽车的政策优势和资源优势,已实现汽车综合配套服务的功能集聚,集服务集成化,功能多元化,运作规范化为一体,形成上海口岸融合贸易与服务为一体的一站式汽车服务贸易基地,业务范围覆盖进口汽车、国产汽车上游到下游产业链、国际贸易到国内交易环节中的各项配套后市场服务。

以澳大利亚商品中心、智利商品中心、中东欧 16 国商品中心为代表的国别(地区)商品中心项目为中外企业,特别是目前尚不具备独立开拓国际市场实力的优质中小企业提供展示、洽谈、贸易、咨询、培训等各项服务的全方位平台。除了提供常年进口商品展示服务外、文化、旅游以及中国的商品、服务、对外投资也是一大亮点。

此外,营运中心公司以功能创新为抓手、以客户需求为导向,着力推进专业平台建设,促进贸易便利化措施的实施和推广。具体包括:

上海外高桥进口商品直销中心(D. I. G.)以提高进口商品的贸易便利化程度,减少进口商品流通环节、节省流通成本让利消费者为宗旨,积极打造辐射上海乃至长三角的进口商品集散地。一方面在已有门店零售的基础上,大力发展直采、联采商品批发业务,逐步向集散中心贸易批发过渡;另一方面稳步推进跨境电子商务建设,基于“外高桥保税区跨境集中监管点”打造“集中查验、分散仓储、多家电商企业销售”的“1+N”模式,推广“多家中小自营电商入驻、跨境公共仓和跨境自营仓共存”的外高桥保税区跨境电子商务业态。

钟表专业平台是针对钟表、钟表机芯及配件、珠宝、饰品、眼镜以及照相器材等消费品国际贸易专门设立的专业公共服务平台。平台为客户提供专业的商务咨询、展览展示、市场交易、国际贸易、进出口代理、品牌代理、仓储、分拨、维修、商业性简单加工等多功能、全方位的服务。

医疗器械平台是面向医疗器械企业搭建的公共服务平台,肩负着提升自贸区医疗器械行业贸易便利化程度、集聚行业功能营造更佳营商环境、提升自贸区医疗器械行业综合竞争力的重要使命。经过多年的培育和发展,平台先后引进了上海市医疗器械检测所、上海市食品药品检测所、第三方认证注册机构入驻,加之平台在贸易便利化以及合规性方面的诸多举措,初步形成了有利于医疗经营企业更好发展的综合环境。

工程机械平台是全国首家专业经营正规进口工程机械市场,也是国内(新、旧)工程机械最主要的贸易服务平台。平台致力于推进工程机械产品的贸易便利化水平,服务于中国的现代化建设,为客户提供机械设备展示、检验、进出口、仓储物流等全程服务,拓展进出口、拍卖、租赁、维修等多种贸易模式,打造与国际市场接轨、功能齐全、渠道通畅、服务全面、覆盖全国的规范的工程机械专业贸易基地与进出口的便利化通道。

二、外贸企业

东方国际(集团)有限公司

2017年,集团上下齐心协力,坚持目标导向、问题导向和效果导向,按照"稳中求进、提质增效、转型升级、创新发展"的工作方针,紧盯目标不松懈,聚焦重点抓落实,稳增长巩固向好态势,调结构提升质量效益,促改革取得新的进展,主要经济指标实现"双超"(超预算、超同期实绩),营业收入、净利润续创历史新高,重点工作和项目得到有效推进,管理工作得到进一步加强。

集团实现营业收入238亿元,比上年增长

2017年11月28日,上海市委副书记、市长应勇赴联合重组后的东方国际集团调研

5%。实现利润总额7.5亿元,比上年增长113%;实现归属于母公司净利润4.6亿元,比上年增长148.6%(与上年剔除特殊因素后的利润情况相比)。

从各主要业务板块收入完成情况看:综合贸易收入实现202亿元,比上年增长2.2%。其中进口业务收入增幅较大(比上年增长超44%),出口业务和服务贸易收入小幅增长;现代物流收入实现32亿元,比上年增长12.4%,海空运、航运、船代、仓储等业务收入均实现增长;资产管理和投资板块实现收入4.5亿元,比上年增长111.4%。

一、主要工作和举措

(一)推进业务转型升级,重质量建体系

集团深入推进主业转型发展,加快综合贸易转型提升,注重质量、优化结构、建构体系。稳定主营业务,积极谋求发展;构建自主品牌体系、综合集成服务体系、电子商务体系、产业链体系、现代服务贸易体系五大体系;提升项目质量,增加业务效益;增强创新动力,培育竞争优势。着力于综合物流服务、航运服务和物贸联动,不断提升专业化、现代化、一体化的供应链增值服务水平。

集团对于不同的重点项目,分类跟进、狠抓落实。按照"重点发展一批、储备培育一批、挖掘关注一批"要求,集团已筛选出11个类别、27个重点转型项目,使各体系建设的最终抓手都落实到重点项目上,并拟定了推进时间表、阶段性目标和落实主体。

(二)推进资产和投资两大平台建设

集团着眼盘活资产实施重点项目,大健康产业发展和资本运作取得新的进展,资产管理和投资发展两大平台效应凸显。资产管理平台落实集团"开发、提升、盘活、服务"的方针要求,聚焦重点项目,盘活存量资产,探索新项目开发,提高资产质量和物业管理水平。投资平台为集团在主业并购、开拓新兴产业领域、资本市场运作等方面积聚新的动能,积极运作大健康基金和储备优质并购标的。

(三)稳妥推进联合重组工作

2017年8月31日,上海纺织集团与东方国际集团联合重组工作会议在市政府召开,拉开了两家集团强强联合、强优互补、发展壮大的帷幕。11月28日,市长应勇赴联合重组后的东方国际集团视察调研,希望集团以联合重组为新起点,立足国家战略,坚定发展目标,加大改革融合力度,注重发展质量效益,蹄疾步稳推进创新转型,做大做强做优主业,力争成为传统产业转型升级、连通国内外大市场、国资国企改革创新的引领者,打造具有国际竞争力和品牌影响力的现代企业集团。

联合重组以来,集团党政领导班子从全局、战略高度统一干部职工思想,在业务、管理、制度等方面主动对接,积极参与中国国际进口博览会服务,各项工作有序推进、不断不乱,实现平稳过渡,企业改革发展呈现新气象。

二、国际货物贸易

集团进出口总额2099964万元人民币,比上年增长7.89%。其中:出口1404002万元,增长4.46%;进口695962万元,增长15.55%。

集团三大支柱产品出口中,纺织服装、机电产品、轻工产品实现增长。纺织服装出口793207万元,比上年增长8.35%。轻工产品出口233428万元,比上年增长2.90%。机电产品出口189319万元,比上年增长5.69%。集团对日本、拉丁美洲、非洲、中东、东盟、澳大利亚出口实现增长。

集团自主品牌内贸额为16173万元(占集团内贸的6.00%),比上年增长50.23%;国外品牌内贸额为78390万元(占集团内贸的29.08%),同比增长6.71%。

三、国际服务贸易

集团物流全年海运进出口516172标箱,

比上年增长17.93%;空运进出口226396吨,比上年增长28.11%;代理进出口集装箱183717标箱,比上年增长19.91%。

集团人力资源业务的雇员累积营业额17798万元,比上年增长7.08%。旅游业务营业额为22518万元,比上年下降0.80%,降幅大幅收窄,其中:接待国内游客为12914人天数;接待国外游客为44898人天数。展览业务营业额808万元,比上年下降6.55%,执行展览5个,其中:国内展3个,国外展2个。商务、外企服务等营业额为231万元,下降13.48%。

四、实施"易融达"创新转型项目

"易融达"是一款集贸易代理、物流服务、融资服务于一体的供应链管理产品,"易"是贸易代理,包括签订合同、制作单证、代收代付货款、开具增值税发票、外汇核销、办理退税等;"融"是金融服务,包括贸易融资、客户风险评估及保险等;"达"是物流服务,包括提供发货港本地物流服务、CIF到岸服务,以及根据收货人需求提供相应增值服务。其中,出口"易融达"产品目标对象中小客户,重点是短期资金缺乏的中小型生产企业,主要致力于标准化建设,即收费价格标准化、操作流程标准化、客户选择标准化等;进口"易融达"产品,针对国内进口商融资、物流服务等多样性需求,为大客户量身定制进口产品。

(一)"易融达"项目特点

一是以物贸联动为枢纽打造供应链集成服务。"易融达"围绕市场和客户需求,贸易向物流延伸,物流向贸易拓展,结合融资功能,为客户提供量身定制的供应链解决方案,提供更优更多的便利化服务。

二是集聚优质客户,保障业务持续发展。"易融达"以产品全流程服务为导向,为企业提供个性化、专业化特色的供应链服务,带动形成项目物流"产品系",提高客户黏性,有利于业务持续稳定发展。

三是引领带动创新理念,形成品牌效应。在传统外贸和物流行业加快分化重构的进程中,依托"易融达",动态调整优化商品结构、客户结构、市场结构和经营方式,形成新的竞争优势,进一步带动辐射集团各项业务创新转型。

(二)"易融达"项目效果

2014年"易融达"正式推出至今,不仅给原有存量出口业务带来活力,而且开拓了新客户的增量业务,实现各方多赢。

一是贸易额呈现逐年快速增长态势。2014年实现贸易额600万美元,2015年实现贸易额1800万美元,2016年实现贸易额3800万美元,2017年实现贸易额8000万美元。

二是客户体验的成效日益显现。通过贸易、资金、物流的服务整合优势,快速参与到客户的供应链管理。目前,客户对"易融达"业务的需求重点已经从资金转向综合物流服务,物贸联动的协同效应日益明显;客户群也从上海向全国有关区域市场拓展;优质客户数量明显增加,大客户的业务规模增大。例如,某国际著名化工企业通过"易融达"开展的业务量已经从10余万美元增长到100余万美元。

三是产品功能在转变中获得提升。目前,"易融达"产品的服务类型从出口为主到进出口并举转变,服务对象从小型工厂到大中型优质客户为主转变,服务产品从家具、服装扩展到化工品、乳原料、木地板、进口食品等各种品类转变,服务功能从平台式标准化服务到专业化个性化服务转变。

五、发展趋向

2018年,是联合重组后的东方国际集团融合发展的关键一年,集团发展既具有崭新机遇和大好前景,也面临前所未有的困难挑战。集团以习近平新时代中国特色社会主义思想为指引,按照市委、市政府和市国资两委的联合重组精神要求,在新的集团党政领导班子带领下，继续坚持“稳中求进”的工作总基调，牢牢把握“提质增效”的工作原则，敢于担当、迎难而上，真抓实干、奋发进取，扬长补短、协同共享，紧紧围绕集团新的“一体两翼三支撑”的战略布局，坚定不移地走创新驱动、转型发展之路，在新的东方国际集团“千亿平台、百亿增长”的基础上，为打造以先进制造业和现代服务业为核心、具有国际竞争力和品牌影响力的现代跨国集团作出更大贡献，为实现面向未来、面向世界、面向美好生活的“东方梦”而不懈努力！

上海丝绸集团股份有限公司

董事长　徐伟民

一、概述

2017年是公司实施“十三五”发展规划的重要一年，也是公司新旧动能转化的关键时期。世界经济呈现回暖向好态势，全球经济显现了国际金融危机以来范围最广泛的复苏。对外贸易面临的国内外环境有所改善，中国纺织品服装出口整体呈现回稳向好态势；加之国内零售市场实体零售创新转型、线上线下融合发力趋势愈加明显。

公司在“十三五”发展规划指导下，以提升企业核心竞争力为中心，进一步加快转型升级，着力增强发展新动能，切实推进内外贸联动发展，基本实现了公司稳中有进的发展。2017年公司实现主营业务收入413743万元，比上年增长3.42%，归属于母公司净利润8070万元，比上年增长0.03%。

二、对外贸易

（一）出口贸易

2017年，公司出口货值35491万美元，比上年减少1555万美元，降幅4.2%。出口产

2017年10月31日，公司董事长徐伟民陪同商务部驻上海特派员向欣、市商务委副巡视员桑琪、中国出口信用保险公司上海分公司总经理陈晓萍在广交会视察公司LILY品牌展位

品主要有棉、麻、丝、毛、化纤等各类梭织、针织服装，以及丝绸、人棉、家纺等各类纺织品。主要销往北美、欧盟和非洲等 80 多个国家和地区。

2017 年出口贸易方式情况表

（单位：万美元）

贸易方式	出口额		占比（%）		比上年（±%）
	2017 年	2016 年	2017 年	2016 年	
合　计	35491	37046	100. 00	100. 00	-4. 20
一般贸易	33118	33273	93. 31	89. 81	-0. 47
来料加工	266	511	0. 75	1. 38	-47. 95
进料加工	2107	3262	5. 94	8. 81	-35. 41

2017 年主要出口商品情况表

（单位：万美元）

商品名称	出口额		占比（%）		比上年（±%）
	2017 年	2016 年	2017 年	2016 年	
合　计	35491	37046	100. 00	100. 00	-4. 20
服装服饰	23298	23636	65. 60	63. 80	-1. 43
纺织品	10240	10207	28. 90	27. 60	0. 32
其　他	1953	3203	5. 50	8. 60	-39. 03

2017 年出口商品主要输往地情况表

（单位：万美元）

国别（地区）	出口额	占比（%）	比上年（±%）
合计	35491	100. 00	-4. 20
北　美	11652	32. 83	-11. 63
欧　盟	6929	19. 52	-2. 85
非　洲	3807	10. 73	9. 15
中南美	3452	9. 73	9. 80
中　东	3142	8. 85	2. 31
大洋洲	2679	7. 55	4. 89
日　本	2387	6. 73	-23. 32
东　盟	681	1. 92	33. 27
港澳台	196	0. 55	36. 11
韩　国	22	0. 06	-19. 17
俄罗斯	18	0. 05	-55. 00
其　他	526	1. 48	-20. 78

（二）进口贸易

2017 年，公司进口规模达到 5846 万元，比上年减少 27.62%。

2017 年，公司进口商品主要有服装面料、辅料、塑料制品等产品。主要来自中国台湾、韩国、日本和意大利等近 10 个国家和地区，比上年有所下降。

（三）货源基地

2017 年，公司向供应商采购金额达到 31.55 亿元，比上年增加 3.04%。合格供应商近 1700 家，构建了稳定庞大的供应商网络。

2017 年，公司自有生产基地在面对激烈的市场竞争、劳动力成本的不断上涨以及工人的严重流失，环保督查力度不断加强的挑战下，积极调整，努力应对，充分挖掘潜力，确保稳定发展，使支撑作用得到更大的体现。

三、品牌运营

根据公司“十三五”发展规划对品牌运营为中心的要求，LILY 和 WHOUS 等品牌围绕各自定位积极开展各项工作。

1. LILY 品牌业绩持续增长，品牌影响力不断提升。2017 年，LILY 品牌实现销售收入 104751 万元，比上年增长 26.37%，净利润为 3330 万元，比上年增长 61.95%。(1)各业务模式持续增长，直营、联营和代理模式 2017 年均保持业绩增长。12 月 1 日第一家 LILY 西班牙的直营店开始试营业，开启 LILY 拓展海外市场的新征程。(2)优化营销渠道，大力发展全渠道的营销模式，并进一步丰富和优化，继续保持品牌的露出，品牌形象也在持续升级中。2017 年增加北京的广告投放，扩大了北京市场的影响力；微信等公共平台的定期广告推送等推广方式取得良好效果。(3)试水快单反应机制，生产效率有较大提升，同时降低库存并促进业绩增长。年内 LILY 在宣城工厂建立自有生产基地，进一步优化完善了快反供应链。(4)加强研发力量，增加产品的丰富度，强化时尚度高、趋势性强、为大众接受的品类开发。(5)实施 PLM(产品生命周期管理)系统，以规范整个商品中心的工作流程，强化各管理控制节点，提升产品研发的效率。(6)完善内部管理。年内完成 HR 系统的实施，供应商管理机制也得到了进一步加强，建立了良性的供应商管理机制和采购环境。

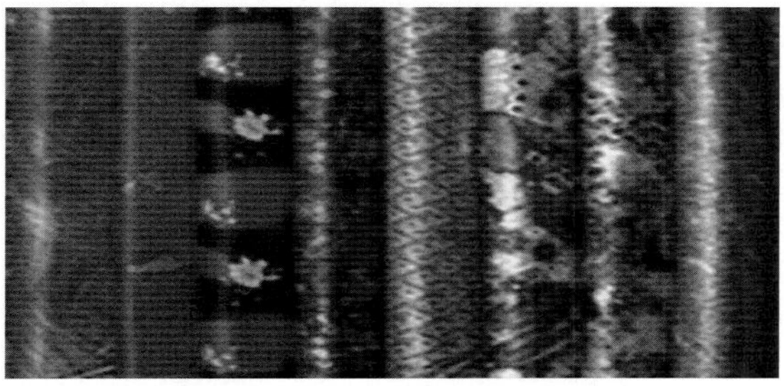

2017 年公司在广交会上的丝绸新产品

2. WHOUS 积极拓展市场，平稳发展。2017 年新开店铺 5 家，店铺总数 12 家，年销售额达到 6000 万元，比上年增长 72%，基本实现盈亏平衡。同时完成了品牌零售模式测试阶段，在顾客和渠道中建立了较清晰的品牌识别度。

四、2018 年发展趋向

2018 年，随着世界经济稳步复苏、中国经济平稳增长，对公司面临的需求环境和发展条件总体有利。但外部风险和不确定因素依然较多，经济因素和非经济因素相互交织，贸易保护主义不断抬头，国内要素成本继续上升，企业经营压力增大，公司仍将面临不少困难和挑战。仍将处于业务模式转型升级、新旧动能接续转换的关键阶段。对此，2018 年公司将树立创新、协调、绿色、开放、共享的发展理念，坚持稳中求进的总基调，集中优势资源，加快推进业务转型升级，立足外贸出口和品牌运营，着眼长远，加快构筑支撑公司长远发展的战略优势，促进内外贸联动发展，更快、更好地适应新常态，培育新动能，取得新突破，实现公司更高质量、更可持续的发展。

东方国际集团上海利泰进出口有限公司

党委书记、总经理赵晓东

一、概述

2017年外贸发展面临的形势依然严峻复杂，国际贸易政策不确定性因素增多，国际市场虽缓慢复苏，但订单转移趋势加剧，原材料、劳动力等要素成本不断提高，优质供应商持续短缺。面对外贸发展的新形势和新要求，公司认真贯彻落实“稳增长、调结构”的决策部署，积极融入全球价值链和产业供应链，努力提高服务水平，推动创新发展，完成了年初确定的经营目标，公司出口业务呈现企稳迹象，同比有所增长；经营利润在人民币阶段性大幅升值和持续高成本压力下同比继续下滑，整体经营仍面临较大挑战。

2017年公司的主要工作：

（一）树信心，力争稳定外贸主业

2017年，公司将力争扭转外贸主业下滑趋势作为全年主要工作目标，并初见成效。一是公司通过多种渠道和方式加强与公司管理骨干和业务骨干的沟通，想方设法调动员工的积极性和主动性，充分认识公司仍然拥有的资源和优势，树立信心，保持奋发有为的精神状态，努力培育转型发展新的增长点，迎接新的发展周期。二是继续采取措施鼓励和支持业务开拓。鼓励自营业务员更加积极地走出去，

利泰公司孟加拉毛衫生产基地 Orient Allure Knitwear Ltd. JPG

公司业务员与客户在洽谈室讨论订单

加大出访力度，多参加国内外展会，加强与客户的沟通，多渠道开拓市场对新增部分业务予以适当奖励。

（二）推转型，不断增强公司核心竞争力

一是继续帮助孟加拉毛衫厂解决经营管理中遇到的各种困难。积极寻找帮助孟加拉工厂解决资金问题的新途径，积极协调投资合作方和供应商，缓解工厂资金压力；帮助工厂招聘相关人员，充实工厂管理团队；加强公司各部门与孟加拉工厂的业务协作，充分利用工厂成本优势吸引各方订单并初见成效。经过努力，孟加拉工厂整体经营情况明显好转，日趋正常，订单量远超往年。二是加大公司自有品牌“雪花”商品在港澳地区的拓展力度。提出品牌开拓思路和新的营销方案，设计统一的“雪花”商标注册新图案，开发全新的面料和品种并于2017年11月在香港开出第一家专柜，拓展了“雪花”品牌商品在港澳地区的销售渠道。三是加大进口业务开拓力度，全年进口业务继续增长，在代理和自营进口、与跨境电商公司合作等方面均有所突破。四是进一步推动下属生产型企业调整整合，年内对下属三家上海近郊生产型企业进行整体合理化整合，进一步明确工厂定位，调整工厂功能，改善工厂管理。五是充分运用东方国际集团和上海纺织集团联合重组带来的挑战和机遇，积极开拓转型发展新路径。与部分业内有实体、有客户、有订单、有品牌、有研发能力的企业和国外客户进行接触，探讨利用各自优势进一步合作和共同发展的可能性。

（三）抓风控，持续完善经营管理制度

一是坚持不懈抓风险控制，严密防范经营风险。公司将以往针对部分客户常规投保的信保方式改为统保，使公司所有出口业务都纳入信保范围。公司开展“分担出口风险，保障收汇安全”主题培训，帮助业务人员掌握操作要求并尽可能利用信保的支持加大开拓业务力度。

二是经过各部门努力，公司在2017年3月初通过了中国认证检验集团上海公司（CQC）的现场审核，成为上海较早通过这一新的质量管理体系审核的外贸公司。

三是坚持做好财务管理，协调各方加强资金筹措，提供资金使用效益和效率，加强对运营项目的财务分析，确保公司主业和转型资金需求。并切实加强费用管理，努力降低各类费用。

四是认真做好安全工作。公司与各部门和子公司签署 2017 年度安全责任书；年内，公司本部及下属三家生产企业均通过了安全生产标准化二级复评。

（四）坚持优化人员组合，不断完善激励机制

一是经过考核，2017 年 3 月底之前完成了新一届中层管理人员的聘任工作。同年 10 月又新聘若干名中层管理人员，进一步充实了中层管理和后备干部队伍。二是对部分职能部门和业务部门人员进行了调整；继续加强经营管理所需人才的引进和培养。

二、对外贸易

（一）出口贸易

2017 年，公司出口总额 204046.84 万元人民币，比上年增长 12.64%。其中纺织类商品为公司的主营业务，占出口总额的 87.51%，非纺织类商品占出口总额的 12.49%。

2017 年主要商品出口情况表

商品名称	出口额（万元）		占比（%）		比上年（±%）
	2017 年	2016 年	2017 年	2016 年	
年出口总额	204046.84	181156.36	100.00	100.00	12.64
针织及钩编服装	118341.69	105153.85	58.00	58.05	12.54
非针织及非钩编服装	23532.00	22364.74	11.53	12.35	5.22
鞋　帽	8711.03	6981.61	4.27	3.85	24.77
化学纤维短纤	12615.35	10407.71	6.18	5.75	21.21
机电设备	9018.18	9477.24	4.42	5.23	-4.84
棉　花	7107.07	4195.74	3.48	2.32	69.39
化学纤维长丝	4110.98	4369.69	2.01	2.41	-5.92
其他纺织制品	3376.24	3573.75	1.65	1.97	-5.53
金属制品	2709.10	4198.85	1.33	2.31	-35.48
箱　包	934.10	836.17	0.46	0.46	11.71
特种机织物	794.30	906.46	0.39	0.50	-12.37
其　他	12796.80	8690.55	6.27	4.80	47.25

2017 年公司出口商品主要销往欧盟、美国、日本等 102 个国家和地区，比上年减少 8 个。

2017 年出口商品主要输往地情况表

国别（地区）	出口额（万元）	占比（%）	比上年（±%）
年出口总额	204046.84	100.00	12.64
欧　盟	65223.09	31.96	10.03

（续表）

国别（地区）	出口额（万元）	占比（%）	比上年（±%）
美 国	47809.54	23.43	12.52
日 本	14872.09	7.29	20.45
大洋洲	17549.25	8.60	-0.57
俄罗斯	4585.33	2.25	-7.31
瑞 士	741.71	0.36	3.16
加拿大	9848.57	4.83	16.72
非 洲	12892.96	6.32	6.55
拉丁美洲	12252.80	6.00	42.40
东 盟	3960.26	1.94	9.76
中 东	4159.11	2.04	22.03
挪 威	2761.89	1.35	67.70
其 他	7390.24	3.62	24.78

2017 年公司出口贸易方式以一般贸易为主，占出口总额的 99.24%；来料和进料加工贸易为辅，占总额的 0.76%。

（二）进口贸易

2017 年，公司进口总额为人民币 4359.47 万元，比上年增长 24.88%。进口商品结构与上年基本相仿，主要为纺织原料及纺织制品、箱包、医疗设备等。

2017 年主要进口商品情况表

商品名称	进口额（万元）	占比（%）	比上年（±%）
年进口总额	4359.47	100	24.88
纺织原料及纺织制品	1975.07	45.30	41.30
箱 包	452.46	10.38	-19.87
医疗设备	718.99	16.49	-36.49
贱金属及其制品	172.14	3.95	-18.56
其 他	1040.81	23.87	462.87

2017 年公司进口商品主要来自欧盟、日本、韩国、拉丁美洲等 30 个国家和地区，比上年增加 15 个。

2017 年进口商品主要来源地情况表

国别（地区）	进口额（万元）	占比（%）	比上年（±%）
年进口总额	4359.47	100.00	24.88
日 本	896.34	20.56	-22.96

（续表）

国别（地区）	进口额（万元）	占比（%）	比上年（±%）
欧　　盟	1901.12	43.61	103.46
拉丁美洲	2.70	0.06	-98.81
韩　　国	364.50	8.36	-14.16
东　　盟	3.60	0.08	-74.40
其　　他	1191.21	27.32	63.58

（三）货源基地和国内营销

在持续高成本压力下，公司多方努力改善供应商现状，积极支持业务部门和业务人员加强与内地工厂的合作，挖掘新的优质供应商，降低成本，增加产能，增强竞争力。

富井、祥虹、众合等下属生产型企业在各类要素成本持续上升和订单不断转移的情况下，经营压力和困难日益凸显，为此，公司积极推动三厂的合理化整合，相关生产和人员等资源共享，明确功能定位，降低工厂成本，减少企业亏损，减轻公司整体经营压力。

公司境外生产基地孟加拉毛衫工厂也在经历了流动资金缺乏、订单不稳定、团队人手不足和经营管理头绪多等诸多困难，基本实现国内国外接单，国内出口原料，国外加工成品的新的运营模式，生产状态渐渐步入正轨。

东方国际集团
上海市纺织品进出口有限公司

总经理　龚培德

一、概述

东方国际集团上海市纺织品进出口有限公司成立于1955年7月，是新中国最早成立的专业外贸公司之一，现坐落于上海市虹口区四平路200号盛泰国际大厦。公司主要经营高、中、低档天然纤维和人造纤维织造的纱、坯布、漂布、色布、印染布、色织布；各类呢绒面料；多品种混纺织物；各类服装和纺织制成品以及其他非纺织商品的进出口贸易。自20世纪80年代以来，公司年进出口总额持续超过3亿美元，始终位于上海市最大出口企业排行榜的前列。

2017年，公司紧紧围绕集团总体工作要求，在克服原材料成本上升，环保管控力度加大，人民币汇率不稳定的情势下，坚持从公司自身的特点出发，依靠主销品种的品牌和规模优势、顺应市场需求加快品种结构调整力度，大力倡导自营业务的发展，同时强化对业务风险管控，打造积极健康的代理增值服务，从而确保各项工作健康发展。2017年公司出口创汇33378万美元，公司营业收入25亿元人民币，顺利实现了集团董事会下达的奋斗目标。这个来之不易的成绩基于我们扎扎实实地做好了以下几项工作。

（一）选优配强领导班子，为企业发展提供组织保障

2017年，公司党委按照集团党委的工作安排，结合"两学一做"教育活动的要求，坚持公开公平公正的原则，选举产生了新一届党委班子和纪委班子，配备了一支政治合格、作风过硬、廉洁自律，业务精湛，能放开手脚干事、甩开膀子创业的干部队伍。新的两委班子不辱使命，勇于担当，紧紧围绕"一个中心，三个支撑"的战略目标，积极发挥企业党组织领导核心和政治核心作用，以"勇当排头兵、敢为先行者"的精神，着力提升党建工作服务大局，扎实推进公司各项工作，并与集团重组后融合发展结合起来，科学审视当前面临的形势和任务，促使了企业发展更见成效。

（二）坚持自营业务为主，多渠道确保主业健康发展

一是努力维系大宗商品的出口规模。公司对非洲地区和拉美地区出口额均有大幅增长，有效地实现了公司基础自营出口额在逆境中稳中有进的目标。二是多方位多渠道开拓国际市场。2017年公司外派出国小组30多个，全年共参加国内外各种专业展览会12个，总共派出近150人次，通过请进来、走出去，有效的扩大了市场范围、拓宽了贸易渠道。三是品种结构调整工作成效显著。2017年公司各经营单位加快品种结构调整步伐，进行各种探索和尝试：建立新的样品展示中心，对其中万余个挂钩样重新编制整理，购买商品管理软件来完善商品库，为商品结构的调整做好了充足的储备；成衣逐步成为拳头产品；对标化纤企业的龙头企业，成功开发化纤新产品。四是利用公司在海关加工贸易方面的优势，积极扩大加工贸易的出口。五是坚持两条腿走路的方针，代理业务创新模式提高质量，想方设法和客户结成利益共同体，融入客户的业务

总经理龚培德陪同集团领导在中国进出口商品交易会视察公司展位

环节中。

（三）坚持工贸结合战略，加快货源企业改造升级

海神印染厂是公司结合战略中的重要一方。2017 年，公司坚持做好绍兴海神厂的培育和发展工作：投资近千万元支持绍兴海神的环保改造升级工作，从而促使环保达标降低能耗；积极督促海神厂加快自身管理能力提高；继续做好与海神厂的高端业务对接工作。通过与海神厂的工贸联动，带来了公司出口产品档次的提升和效益的实现。

（四）加大人才培养力度，人才战略落到实处

2017 年公司加快推动与实施人才引进、培养和培训的步伐。作为人才战略的重要抓手，公司对近两年新进公司 26 名员工组织了“火热青春，共谱未来”的入职培训。培训内容涵盖企业文化、专业知识、素质拓展、工厂实践四大类 16 堂课程，从理论到实际，使全体新员工对公司各项工作有了系统全面的了解，对自身成长成才有了清晰明确的定位。

（五）坚持管理制度的持续化升级，企业风险防范水平得到显著提升

2017 年公司对质量管理体系进行改版升级工作：一是重新培训了新的内审员队伍；二是对所有的业务流程重新进行了梳理和改进；三是对每个部门及每个过程设定绩效值，以量化指标来考核质量目标的完成情况；四是对原有体系文件进行了修改和补充，特别对涉及风险管理的文件进行了重新的修订。2015 版的质量管理体系于年中有效运行，风控工作再次得以加强。

另外根据海关高级认证企业的标准，公司修改完善了原有各类规章制度。同时对照海关标准五大类 18 条 32 项指标，新制定了与之相适应的规章制度，还对新进员工和敏感岗位员工进行了“背景调查”。并与物业一起，重新修订了涉及办公大楼的近 10 个管理制度。最终顺利通过了海关高级认证企业的审核，从而使公司的内部管理得以全面提升。

二、2017 年对外贸易

（一）出口贸易

2017 年公司出口总额 33378 万美元，比上年增长 8%；出口收汇 31942 万美元，比上年增长 7%。

主要出口商品有化纤布、服装、非纺织类和全棉布四大类。

2017 年主要出口商品情况表

商品名称	出口额(万美元)		占比(%)		比上年(±%)
	2017 年	2016 年	2017 年	2016 年	
年出口总额	33378	30894	100.00	100.00	8.04
化纤布	12627	12083	37.83	39.11	4.50
服 装	7501	6300	22.47	20.39	19.06
非纺织类	5815	5234	17.42	16.94	11.10
全棉布	4211	4192	12.62	13.57	0.45

出口商品销往 123 个国家和地区，比上年增加 4 个。出口贸易的主要方式为自营出口、代理出口和来进料加工复出口等。

2017 年出口商品主要输往地情况表

国别(地区)	出口额(万美元)	占比(%)	比上年(±%)
年出口总额	33378	100.00	8.04
美 国	8326	24.94	29.83
东 盟	3138	9.40	-18.85
欧 洲	2507	7.51	-23.87
日 本	1549	4.64	-20.44

(二) 进口贸易

2017 年，公司进口总额 361 万美元，比上年增长 7%。进口商品主要有纺织品、磨具。公司进口商品来自 9 个国家和地区，比上年增加 2 个。

2017 年主要进口商品情况表

商品名称	进口额(万美元)	占比(%)	比上年(±%)
年进口总额	361	100.00	6.80
磨 具	152	42.11	34.51
纺织品	71	19.67	-62.43

三、品牌建设

自主品牌是公司的核心竞争力，稳定主营业务的重要手段之一就是大力发展自主品牌。2017 年公司在这方面主要做了 4 项工作：一是对自主品牌出口有突出贡献的部门和人员制定专门的奖励政策。二是通过组团参加自主品牌商品的主要销售地区的展销会，扩大自主品牌的影响力和知名度。三是主动参与中

银河商标

国海关举办知识产权宣讲交流活动。四是积极开展自主品牌知识产权维权工作。2017 年 9 月 1 日起，全国海关正式开展为期三个月的出口知识产权优势企业保护专项行动，代号“龙腾”行动。公司作为上海海关推荐的 4 家企业之一，被海关总署列入全国海关“龙腾”知识产权行动重点保护的企业名录。成为公司自主品牌的强力“保护伞”，对公司出口“一带一路”沿线国家的品牌形象提供了有力保护。五是积极投入人力开展网络打假。

四、2018 年的发展展望

根据集团“全球布局，跨国经营”的总要求，依托重组后东方国际集团的整体优势，继续围绕“一个中心、三个支撑（坚持主营业务健康发展为中心，继续深化品牌战略、人才战略、工贸结合三个支撑）”开展各项具体工作。同时借助中国国际进口博览会的契机，对经营产品、理念和方式的不断调整、不断组合和细化，加快转型发展的速度。重点工作：一是认真学习，激发活力，谱写党建工作新篇章。二是统一思想，明确目标，坚定落实集团新三年行动规划的要求。三是立足主业，加快调整，确保自营业务稳中有升。对传统商品中的三低品种（低附加值、低毛利率、低抗风险能力），对环保和汇率依赖度较高的品种进行调整；继续鼓励和推动自主品牌出口的调整工作；做好货源企业的调整工作；做好海神厂的全面调整；做好人力资源培养的调整。四是资源共享，加快融合，把握外延式发展的新机遇，最终实现公司进出口兼顾的一体化经营目标。五是完善制度，强化管理，提高经营管理水平，努力将各项经营风险降到最低。

东方国际集团上海家纺有限公司 东方国际商业(集团)有限公司

一、概况

2017 年对家纺、商业公司来说可谓是一个意义深远的年份。在这一年里,两家公司面临重大的战略机遇:一是东方集团和纺织集团重组后的新东方为两个下级公司提供了更丰富、更广阔的发展平台;二是家纺、商业公司在集团的部署下推进的资源整合也为两家公司的可持续发展带来更多的可能。在集团的带领下,两家公司围绕“稳主业、调结构、严管理、谋发展”的工作方针,一手抓资源整合、一手抓业务管理,相互结合,相互促进,通过抓资源整合实现统一平台、统一管理进而推动业务发展和创新转型,通过抓业务管理实现优势互补、资源共享,为各项工作顺利推进提供坚实保障。

2017 年,家纺、商业公司合计完成主营业务收入 14.8 亿元,净利润 71.7 万元,进出口总额 157688 万元,比上年增长 4%。其中出口 152920 万,比上年增长 2.9%;进口 4768 万,比上年增长 47%。全面完成主要经济预算目标,初步取得了“1+1>2”的成效。

二、主要工作

2017 年,家纺、商业公司紧密围绕年初制定的目标扎实推进全年工作,在业务结构、产品结构、市场结构以及业务创新上实现“四个提升”,在目标管理、内控管理及人力资源管理上推进“三个强化”,在资源整合工作上实现“两个全面”,同时做好 2018—2020 年战略构想及发展定位的“一个规划”,顺利完成全年任务。

(一)坚持稳中有进,坚定不移优化结构提升质量,推进业务对接与业务创新

年内两家公司形成合力通过稳定传统业务夯实发展基础,通过调整业务结构拓宽发展空间,同时不断探索新业务模式,力争突破发展瓶颈。由于两家公司在整合的过渡期内,并且从近几年的业务数据来看,两家公司的业务总体呈高位回落趋势,故为了确保平稳过渡,全年业务工作的首要工作还是稳主业。两家公司都面临着要想方设法提升服务质量,积极采取措施稳定客户资源,稳定业务资源,确保稳定主业的艰巨任务。

1. 合力提升自营业务优化结构

家纺公司通过提升平台功能,加快政策信息的传递和沟通,提供更加快速、高效、便捷、专业的服务,加强与客户的沟通与交流,不断提升服务的质量。同时,根据客户不同的需求,为客户提供专业的解决思路和方案,拓展服务的延伸功能,以优质服务争取更多客户,确保了传统市场和客户的稳定。

商业公司通过内外结合双管齐下稳定业务资源,对外通过拜访重点客户并与之进行专门的、及时的、充分的沟通,稳定主要客户资源,对内新的领导班子也及时采取应对措施稳定业务资源。全年商业公司有超过半数的外销员实现出口同比增长,减轻了年初因主动调整对公司业务造成的影响,全年出口情况好于预期。

在夯实传统业务的同时,两家公司都紧紧抓住机会开拓打样设计、工厂跟单等自营业务,通过细致周到的工作继续保持自营业务的稳步增长,持续优化业务结构,提升质量和效益。

2. 合力提升新产品的开发及拓展能力

两家公司都是以家纺产品、服装、面料等传统商品为主,对于这些产品,公司利用专业优势,重点突破,深入产品设计、开发等环节,通过提升产品品牌附加值或提供更加优质的服务增强客户黏性。

除传统产品外,两家公司也积极聚焦未来发展,共同探索开发新产品,探索更多可能。在秋季广交会上,两家公司就以联合参展的形式,尝试时尚包袋类产品的市场开发,该类产品拥有比较强烈的设计风格,公司尝试通过交易会的影响力打开市场通道。

3. 合力提升重点市场的培育和开发力度

两家公司在实行多元化的市场格局以分散市场风险的同时,通过对现有共同市场的梳理,合力将重点放在以下两个市场:一是美国市场。美国市场较大,辐射较广,一直以来都是两家公司重点出口地区;二是日本市场。日本市场有相对稳定和优质的客户资源,公司可有效利用这些优质客户资源,挖掘业务潜力,以出口带动进口,进行更广泛的合作。

4. 合力提升新业务新模式的拓展能力

东方集团与纺织集团重组带来较多的业务对接机会,为两家公司开拓新业务新模式带来良好机遇。公司积极进行进口食品业务的开发,拓展国内营销渠道。公司从日本进口咖啡等饮品进行试销,取得良好的市场反映,为后续扩大进口规模以及对接中国进口博览会做好准备。

(二) 坚持协同高效,聚焦流程梳理和管控,完善考核机制,加强队伍建设

1. 强化目标管理,抓计划落实,执行到位

加强预算管理,实施进度跟踪。两家公司全年紧抓预算目标管理,每个月汇总业务、财务预算目标的进度情况,并通过月度工作会议反馈给业务部门,以便业务部门明确目标,及时跟进计划进度,最终确保公司全年指标任务的完成。

2. 强化内控管理,抓风险防范,措施到位

内控管理是重中之重。两家公司今年将内控工作和 ERP 系统整合公司紧密结合起来,通过对业务流程的统一梳理、内控测评等进一步加强内控管理,相互取长补短。家纺公司通过缮制委托方登记表,明确代理委托方、国外客户、国外付款方、国内供应商的关系,增强业务操作的合规性。商业公司则加强应收账款节点控制和管理环节的管控。

3. 强化人力资源管理,抓队伍建设,责任到位

围绕企业整合目标,公司进一步明确岗位职责,并对人力资源在整合后进行了统筹配置。家纺、商业联合参加在松江大学城举办的应届大学生招聘活动。同时,公司也积极通过纺织集团下属的培训机构以及东华服装学院等专业的学校招募专业人才,配合公司自营业务的发展。

(三) 坚持稳妥推进,全面实现合署办公及平台共享,整合工作基本完成

2017 年家纺、商业公司进行资源整合工作,力争通过两家公司资源整合,共享平台、协同发展。鉴于两家公司长期以来都积累了一定数量的客户资源,故采用“两块牌子、一套班子”的管理模式开展整合后的各项工作。

1. 全面实现部门合署办公,明确组织架构

整合后家纺、商业两家公司仍旧并行,同时为精简高效,家纺公司、商业公司原先各自下属的业务部门、管理部门已经在年内全面实现合署办公并正常运营,公司的组织架构明确,管理条线清晰,管理更加高效便捷。

2. 全面实现业务资源协同,平台资源共享

随着资源整合工作的不断推进和深化,两家公司全面实现业务资源协同、平台资源共享,资源优势和平台优势得以体现,也激发更多的增长动能,为两家公司后续的融合发展打下坚实的基础。

(四) 坚持解放思想,积极部署新三年规划编制工作,开启新阶段新征程

两家公司整合的目的在于突破各自的发

展瓶颈，合力拓宽发展的空间，整合后的公司以编制新三年规划为契机，积极解放思想，拓宽思路，集思广益谋发展，确定新三年发展战略，明确方向，坚定信心，齐心协力，加快发展。

1. 精细组织，确保规划论证充分

公司成立新三年规划领导小组和工作小组，由公司中层干部和青年骨干成为工作小组的中坚力量。同时，公司组织领导班子、中层干部、青年骨干、职工代表开展6场专题讨论会和座谈会，通过广泛听取各级员工的想法，上下联动，群策群力，充分论证，制定企业未来的发展愿景及具体措施。

2. 创新发展，确保规划实现突破

新的阶段赋予家纺、商业公司新的历史使命，公司也力争在确保主营业务稳定增长的同时，通过解放思想，用新思路实现在业务经营、财务管理、用人机制、考核激励机制等方面的突破和创新，增强和提升企业的竞争能力。

3. 立足实际，确保规划切实可行

在制定规划的过程中，公司始终强调要立足实际，统筹考虑两家公司现有资源的实际情况，制定切实、具体、可操作的措施，确保三年规划的经营目标、管理目标和发展目标全面完成。

三、外资、外经企业

上海建工集团股份有限公司

党委书记、董事长　徐　征

上海建工集团股份有限公司2017年营业总收入为1426.2亿元，全年新签合同额2580.82亿元，在全球250家最大承包商中名列第九位。

一、对外工程承包

2016年，上海建工在境外共有51个在建项目，分布在亚(10)、非(10)、美(3)、大洋(4)四大洲共27个国家和地区，全年对外工程承包完成营业额68079万美元，新签合同额44996万美元。

(一)在建项目总体有序，数个重大项目竣工

适应市场环境的变化，学习贯彻援外项目新规，确保在建的援外、双优各项目工作与新规要求接轨。2017年5月17日，援汤加政府办公楼项目完工，验收结果评定为优良；援多哥政府办公楼项目，经历了雨季、选举动荡、劳动力罢工等事件，于2017年11月10日顺利通过商务部专家组的中期验收，各项评定获得优良；援科摩罗体育场项目克服当地物资匮乏等不利因素，于2017年12月25日顺利通过商务部专家组中期验收，各项评定获得优良；援毛里塔尼亚体育场项目在新援外政策的指引下顺利推进。此外，援柬埔寨乡村道路一期、柬埔寨7号公路二期修复等项目均接受了新规巡检，为所在国进一步做好市场开拓奠定了坚实基础。

一批海外重大项目竣工，在区域市场内产生积极影响，夯实了持续发展的基础。柬埔寨6号公路于6月完成交工，该项目是上海建工进入柬埔寨市场13年内，里程最长、等级最高、施工难度最大的一条公路，也是连接首都金边和旅游城市暹粒的“大动脉”。项目验收期间的各项检测数据达到优良，受到了中外各方的高度评价。2017年8月，印尼万隆高速

公路项目经过5年艰苦实施，实现竣工验收，为推动中印友好合作做出重要贡献。瓦努阿图卢甘维尔码头项目成功应对不停航施工挑战，保质保量圆满竣工移交，并较计划工期提前了5个月；几内亚中水电营地项目精心组织、顽强拼搏，历时344天顺利通过验收，获得业主高度肯定。

（二）根据地市场保持优势，基础设施项目占比高

主动对接国家“一带一路”建设，逐步推进沿线区域市场布局。在东南亚，以柬埔寨为基础，大力拓展东帝汶、马来西亚、印尼、越南，东南亚整体市场布局逐步形成，年内新签柬埔寨金边三环路项目，合同金额达17亿元人民币；马来西亚斗湖医院开工建设，标志着新市场的突破。在中亚，积极参与蒙古、吉尔吉斯坦、哈萨克斯坦等国项目投标。在南太，依托萨摩亚、瓦努阿图，积极参与南太区域国际承包市场竞争。在非洲，保持在中西非、东南非地区市场的活跃度，市政总院签订肯尼亚KARIMENU II大坝供水工程设计项目，合同金额7500万元。上海外经利用2017年4月“一带一路”国际合作高峰论坛的契机，推动了1.18亿美元的肯尼亚地下输变电项目两国框架协议、贷款及转贷协议相继签署。在加勒比，稳步保持以特多为根据地的区域市场延伸开发。在加拿大，依托属地化优势不断努力扩大经营规模，基础集团新签加拿大两个雨水污水管道项目合同，金额达1.2亿元。在持续耕耘港澳市场，主动参与政府类基础设施项目，签约澳门银河三期工程项目地下工程，并中标地上部分。建工钢构新签海外订单1亿元。

在年内新签合同中，市政类项目签约数量首次超过房建类项目签约数量，道路基础设施项目占比达到60%。根据地市场继续保持贡献值，以柬埔寨为中心的东南亚市场新签合同占比达到73%。

投资引领的根据地市场开发滚动效应在厄特尤为明显。2012年9月上海外经成功收购厄特科卡金矿，5年时间里，已从单个项目、单种业态向综合项目、多种业态拓展，累计签约订单达7.35亿美元，累计实现产值5.34亿美元，成为上海外经在非洲的重要“根据地”。涉农工厂、金矿建设完成后，继续推进后续的代运营、设备采购等服务，包括制罐厂以及PVC工厂的代运营、电站代采购以及维修等合同，累计金额达1000万美元。

（三）责任经营树立品牌，战略合作拓展空间

在抓好海外项目施工管理和经济效益的同时，主动承担社会责任，积极融入当地，厄特分公司配合我驻厄大使馆、经商处、孔子学院举办首届“上海外经杯汉语桥比赛”，在当地掀起学习中国文化的热潮。厄特涉农项目以“授人以渔”的理念，编制教材，培训厄特当地员工共计100多人，使其成为合格的技术操作

2017年4月21日，集团党委副书记、总裁卞家骏在上海市商务委、香港贸发局、上海市工商联举办的“新领域 新模式 新机遇——‘一带一路’合作论坛”上发表演讲并参与研讨

人员，扩大了上海外经在厄特的影响力。

整合产业链优势资源，合力拓展海外市场。年内，集团与邵氏集团、华谊集团、宋腾添玛沙帝建筑工程设计、豪科设计、中国信保、中国进出口银行等大型跨国企业、金融机构达成战略合作协议，合作内容均覆盖海外市场，探索市场开发的新途径。

2017 年，集团共有两项海外工程获得中国建设工程鲁班奖（境外工程）：柬埔寨金边港集装箱码头项目、厄特科卡金矿项目。加蓬奥耶姆体育场项目部荣获“上海市工人先锋号”。厄特科卡金矿项目同时获得全国优秀项目管理成果一等奖、2017 年全国冶金行业优秀工程设计二等奖、中国黄金协会科学技术三等奖等荣誉。厄特涉农 PVC/PE 制罐厂项目荣获全国优秀项目管理成果三等奖。徐东林同志获加蓬政府授予的国家骑士勋章，华春芳同志被瓦努阿图政府授予独立勋章。

此外，集团凭借良好的海外工程、劳务业绩，荣获“2017 中国对外承包工程信用等级评价 AAA 企业”“2017 中国对外劳务合作信用等级评价 AAA 企业”和“2017 机电商会信用等级评价 AAA 企业”称号。

在“一带一路”国际合作高峰论坛召开期间，《人民日报》《文汇报》《劳动报》《光明日报》《建筑时报》《新民晚报》等各大报纸对建工集团深耕“一带一路”、积极服务基础设施互联互通建设进行报道；解放日报 · 上观新闻、CCTV 央视网、新华网、东方网等通过网站、微信、客户端对建工集团加快推进全球布局、擦亮中国名片进行报道；中央人民广播电台、东广新闻电台、东方卫视等主流媒体通过广播、视频等方式对建工集团积极参与“一带一路”国家基础设施建设进行宣传播报。

2017 年对外工程承包主要市场情况表

国别（地区）		新签合同额		完成营业额	
		金额（万美元）	占比（%）	金额（万美元）	占比（%）
合　计		44996	100.00	68079	100.00
亚　洲	柬埔寨	28377	63.07	12040	17.69
	中国香港			2424	3.56
	伊　朗			19	0.03
	中国澳门			18457	27.11
	新加坡	46	0.10	46	0.07
	东帝汶			2146	3.15
	蒙　古			2888	4.24
	尼泊尔			1422	2.09
	马来西亚	3729	8.29	229	0.34
	印度尼西亚	1524	3.39	4201	6.17
非　洲	喀麦隆			32	0.05
	科摩罗			903	1.33
	赞比亚	288	0.64	356	0.52
	多　哥			604	0.89
	塞内加尔	843	1.87		

（续表）

国别(地区)		新签合同额		完成营业额	
		金额(万美元)	占比(%)	金额(万美元)	占比(%)
非 洲	加 蓬	721	1.60	1783	2.62
	几内亚	585	1.30	2299	3.38
	肯尼亚	1211	2.69	119	0.17
	毛里塔尼亚	1621	3.60	436	0.64
	厄立特里亚	677	1.50	7806	11.47
北美洲	美 国	1067	2.37	5218	7.66
	加拿大	3855	8.57	1096	1.61
	特立尼达和多巴哥	452	1.00	424	0.62
大洋洲	汤 加			445	0.65
	库克群岛			16	0.02
	瓦努阿图			801	1.18
	东萨摩亚			1869	2.75

二、对外投资

上海外经收购的厄特科卡金矿项目,通过进一步调整和优化人才队伍结构和管理流程,有效提升了设备和人员的效率,黄金产量稳步攀升。自2015年11月5日运营以来,总计生产黄金277块,合质金总重约5吨。

三、援外培训

2017年11月6—20日,上海建工利用自身在基础设施建设领域的管理和技术优势,与上海城建职业学院联合举办了“一带一路基础设施建设国际人才研修班”。21名来自柬埔寨、印尼、尼泊尔、东帝汶和马尔代夫5国的技术骨干参加了研修。这是发挥集团自身优势,推进“一带一路”建设主动作为的创新之举。这期培训班得到市教委等部门的大力支持,是地方政府、教育机构与企业合作推进“一带一路”建设的创新之举。

四、对外劳务合作

外经商务公司在继续做好传统劳务派遣的基础上,巩固柬埔寨劳务基地建设,积极探索德国护士派遣、留学咨询服务等新领域新项目,年内都取得了积极的进展和突破,不断提升人力资源的自营能力。

五、对外贸易

成套集团依托新加坡公司的海外平台优势,开展了转口贸易、租赁贸易、产品自营等形式多样的业务模式,实现了内外贸易业务联动的创新发展。

2017年6月2日,在国务院总理李克强和德国总理默克尔的见证下,成套集团与德国新技术环保有限公司正式签署“巴基斯坦卡拉奇市KB支线上游引水渠整治和衬砌工程”项目合作协议。

三井化学(中国)管理有限公司

三井化学公司,于1997年10月1日由日本三井石油化学工业公司和三井东压化学公司合并成立。三井化学公司按其合并的销售额计算,是日本第二大综合性化工公司,在世界大石化公司中列第十六位。三井化学公司总部设在日本东京,成立时共有职工8046人。公司主要从事基本石化原料、合纤原料、基础化学品、合成树脂、化学品、功能性产品、精细化学品、许可证等业务。

三井化学(中国)管理有限公司是日本三井化学公司下属的一家全资销售公司,同时又是管理三井化学集团在中国境内所有分支机构的总公司,主要负责推进三井化学集团在中国区的业务开发和管理。近年来,三井化学集团在中国的子公司和驻外机构,除了三井化学(中国)管理有限公司外,还陆续在中国地区成立上海中石化三井化工有限公司(上海化学工业区)、上海中石化三井弹性体有限公司(上海化学工业区)、三井化学功能复合塑料(上海)有限公司(上海金山化工区)、天寰聚氨脂有限公司(天津·苏州)、三井化学无纺布(天津)有限公司(天津)、三井化学爱思开希聚氨酯有限公司(广东省佛山市)、张家港保税区三井允拓复合材料有限公司(江苏省张家港)、三井化学复合塑料(中山)有限公司(广东省中山市)、台塑三井精密化学有限公司(浙江省宁波市)以及古莎齿科有限公司(上海)等11家分公司和三井化学公司北京事务所。

三井化学公司加大向中国等亚洲新兴市场的开拓,到2007年,在中国投资超过1400亿日元(13亿美元)。其中投资3亿美元在张

三井化学功能复合塑料(上海)有限公司开始商业运营

家港建设的60万吨/年PTA装置于2007年建成。到2010年,再投资6亿美元,使该装置能力翻番,到2012年扩增至180万吨/年。三井化学公司也将在张家港建设聚酯装置,初期能力为10万吨/年。

三井化学公司在中国的投资还包括在上海漕泾与中石化组建合资企业,投资3亿美元建设12万吨/年双酚A装置。还与中石化组建合资企业,投资500亿日元建成30万吨/年苯酚装置。根据丰田汽车公司在中国建厂对塑料的需求,三井化学公司将在广州或天津建设汽车零部件用PP混配物装置。

三井化学公司主要产品的生产能力按品种构成基础原料约占13.9%,基础化学品约占25%,化学品占15.3%,功能化学品占9.7%,精细化学品占8.3%,其他占6.9%。

三井化学公司经营发展战略是,以石油化工和基础化学品、功能性材料为核心开拓业务,使之成为立足于世界市场的大型综合性化工企业。在基础化学品方面,以居世界第二位的苯酚为核心在亚洲发展苯酚系列产品业务(包括苯酚、双酚A、苯胺等),同时重点发展丙烯酰胺、环氧乙烷等业务。在化学制品方面,以聚氨酯业务为核心,在亚洲地区建立异氰酸酯和多元醇的销售系统网点,同时开发日本国内需求大的、正趋成熟的与工业树脂及建材有关的化学品业务。功能性制品方面是三井化学最希望增长发展的部门,该公司将在发达国家发展超级工程塑料,并发展无纺布、瓦斯管、电子信息用材料CD-R等合成树脂加工制品。在精细化学品方面,以聚烯烃催化剂及除草剂等为本,确保收益,并力争实现年增效益10%。三井化学公司上述产品总销售额预计能达到12000亿日元的规模,步入世界500强之列。

当今,中国的GDP已经超过日本在世界上的排名已经上升到第二位。曾经的“世界的工厂”正在向“世界的市场”飞速发展,人们的生活也变得越来越富裕。三井化学(中国)管理有限公司的全体员工,与中国国内的相关企业携手一致,向社会提供与地球环境和谐的产品,为提高人们日常生活的质量而贡献。同时,通过企业的社会奉献(CSR)活动,盼望能够对中国社会的发展尽一份绵薄之力。

格朗吉斯铝业(上海)有限公司

格朗吉斯铝业(上海)有限公司于1996年9月成立,是瑞典格朗吉斯集团的独资企业,是一家全球领先的专门生产钎焊铝热交换器轧制铝材的供应商。公司开发、生产并销售高端的铝材,这些铝材既可以提高客户制造过程的生产经济性,同时也能够提高最终产品钎焊热交换器的性能。世界上有很多轧制铝材生产厂商,但能够轧制钎焊热交换器专用铝材的却很有限。只有一家全球化的公司在该领域做到了全面的专业化——Gränges。

正是因为专注,才使得Gränges在这一领域成为全世界的领头企业。这一地位的形成,基于公司对价值链中所有环节的深入理解。公司同热交换器制造商密切合作,而他们正是公司的直接客户。公司正在携手共进,以解决汽车行业的终端客户正面临的挑战。

全球汽车的数量正在不断增加,技术也正变得越来越先进。如今在一辆汽车里,可以发现多达十种不同的热交换器应用。同时,可持续性的要求也正变得日益严格。为了降低油耗并减少排放,必须采用更加轻量化和更高效的设计。

这些要求正是Gränges的核心竞争力所在,也正是公司提供的创新型产品的基础。公司的愿景有着清晰的表述:帮助客户创造更小、更轻和更具定制性的热交换器,以提高经济效率并减少对环境的影响。

格朗吉斯铝业(上海)有限公司

养乐多(中国)投资有限公司

1930年创始人代田稔医学博士强化培育出以他名字命名的“干酪乳杆菌代田株”。1955年养乐多集团成立,作为世界知名活菌型乳酸菌乳饮品制造商,1935年开始在日本生产“养乐多活菌型乳酸菌乳饮品”,至今已有80多年的历史。自1964年进入中国台湾地区以来,养乐多的足迹已经遍布全球38个国家和地区,日销量达3500万瓶。

自创业以来,养乐多一直专注于生命科学领域的研究与探索。位于日本东京的养乐多中央研究所拥有数百名专业科研人员,致力于肠内菌群分析、未知肠道细菌探索、免疫调节分析、癌症预防研究以及临床应用的研究,始终走在益生菌领域研究最前沿,并不断将这些研究成果应用到益生菌产品中。为借助欧洲先进的益生菌科研理念,大力发展世界最前沿的肠内菌群解析技术。2005年,养乐多于比利时根特市设立养乐多欧洲研究所,为养乐多海外工厂提供技术支持、产品安全性评价等服务。

一、养乐多(中国)投资有限公司成立

养乐多(中国)集团于2002年首先在广东省广州市开始活菌型乳酸菌乳饮品的推广事业,为中国大陆的消费者提供乳酸菌饮品,并传播养乐多的健康理念。随后于2003年进入上海市场,为了植根中国,更加稳健有力地统筹和发展中国大陆事业,2005年4月,养乐多(中国)投资有限公司在上海成立。作为一家专业生产活菌型乳酸菌乳饮品的企业,养乐多始终将产品品质作为企业命脉,始终坚持当地生产、当地销售的原则。分布全球的38家养乐多工厂,都严格按照全球统一的标准进行建造和管理,遵循国际标准的质量管理体系。从原料进口、菌种培养、调和、容器成形、充填、出库到流通的每个环节,都遵循严格的品质管理标准,确保品质卓越。养乐多(中国)集团拥有广州、上海、天津、无锡4家生产基地和42家分(子)公司,并在广东、上海、北京、天津、厦门和福州开展家庭配送服务。

二、养乐多坚持高标准生产

16年来,养乐多一直秉承最高的生产标准,凭借严格的品质管控、前沿的技术研发和健康理念,获得口碑与销量的双丰收。数据显示,养乐多刚进入中国大陆时,日均销售量约为6万瓶,截至2017年,这一数字已达到500多万瓶。也就是说,现在中国大陆地区每天约有500多万人正在饮用养乐多。据上海市饮品行业协会统计,“养乐多活菌型乳酸菌乳饮品”连续10多年高居上海地区乳酸菌饮料销售额市场占有率的榜首。

与此同时,养乐多也与中国本土的科研机构合作,2015年养乐多与江南大学成立“校外共建基地”,并已经和中国农业大学、苏州市立医院等高校及临床机构开展共同研究,围绕干酪乳杆菌代田株的肠内存活性和对人体健康的益处展开研究。养乐多坚持用尖端科技为人类肠道健康保驾护航。如在2016年1月起在中国大陆市场推出新产品——养乐多低糖。此款产品的亮点在于保留原味产品的口味,含糖量则减少了70%,热量降低约40%;其次增加了钙和维生素D,更好地为身体补充钙质,强健骨骼。上市以来,养乐多低糖“小蓝瓶”已成为众多消费者的“新宠”,深受消费

者的喜爱。

三、养乐多积极投身公益事业

在社会公益方面，养乐多坚持以一种有利于社会的方式进行经营和管理，肩负起属于自己的社会责任，积极投身于公益事业。持续和全国各大高校联合开展养乐多“肠乐会”活动，向各大高校师生普及肠道健康的重要性及益生菌的健康理念；通过与上海科普教育发展基金会合作设立“养乐多健康教育专项基金”；与第一财经合作参与“1 份早餐”“双城日记”“树的等待”等公益活动，长期、稳步地推动公众对自身肠道健康重要性的认知，为国民健康知识普及贡献一己之力。除此以外，在每年 5 月 29 日，养乐多会结合“世界肠道健康日”这一概念，广泛开展形式多样的活动，坚持不懈地普及肠道知识，连续 12 年赞助由中国食品科学技术学会主办的“益生菌与健康国际研讨会”，与专家探讨益生菌领域的最新科研发展，并围绕益生菌健康知识对消费者开展一系列的肠道健康教育普及活动。在食品安全方面，也获得了权威性的认可，作为乳酸菌乳饮品制造企业，通过严格的第三方综合评审，连续 6 年获得中国食品健康七星奖，荣获“七星企业”称号。

养乐多将对产品品质、食品安全、健康理念的坚守凝结在每一个养乐多的小瓶子里，牢记着自己作为食品生产企业的责任，未来养乐多会继续努力下去，做好守护食品安全和消费者肠道健康的卫士。

太古地产

太古地产是中国香港及内地领先的综合项目发展商、业主和营运商。公司尤其专注发展商业项目，在透过活化市区环境以创造长远价值方面，拥有卓越的成绩。太古地产于1972年在香港成立，现已在香港联合交易所上市，包括旗下附属公司在内聘任员工总数超过5000人。

公司业务涵盖三大主要范畴：1. 物业投资，即发展、租赁及管理商业、零售及少数住宅物业；2. 物业买卖，即发展及兴建物业项目，当中大部分为供出售的优质住宅项目；3. 投资及营运酒店。

公司主要竞争优势在于能从构思、设计、发展以至管理具规模及影响力的商业项目，并活化社区环境，累积超过40年实力和经验。

一、香港投资物业组合

太古地产的投资物业组合主要包括办公楼、零售物业、服务式住宅、酒店及优质住宅项目。公司在香港应占投资物业组合总楼面面积逾140.3万平方米，主要物业包括太古坊、太古城及太古广场，三者皆能尽显太古地产建设社区的优势。

二、香港物业买卖组合

多年来，太古地产在香港港岛及九龙区多个地段致力发展及出售优质住宅物业，包括甘道三号、5 Star Street、殷然、瑆然、瀚然、蔚然、DUNBAR PLACE、MOUNT PARKER RESIDENCES、海峰园、港运城、港涛轩、鲤景湾、逸涛湾、傲璇、维景湾畔、柏蕙苑、雍景台、蕙逸居、太古城、雅宾利、逸意居、傲璇、逸桦园、东堤湾畔及海堤湾畔、星域轩、WHITESANDS及又一村花园。

三、香港以外地区业务

除了中国香港，太古地产业务遍及中国内地、新加坡及美国。

1. 中国内地

太古地产于中国内地应占的物业项目总楼面面积逾80.8万平方米，包括五个分别位于北京、广州、成都和上海的综合发展项目。

北京三里屯太古里。坐落北京朝阳区，三里屯太古里为公司在中国内地首个零售物业发展项目。三里屯太古里为开放式、低密度发展项目，包括两个邻近的零售区域及一间由太古酒店管理的豪华酒店瑜舍。整个发展项目的总楼面面积逾13.6万平方米。三里屯太古里网罗约230间商店和餐厅，包括旗舰店、休闲品牌专门店，以及提供地区及国际美食的餐厅。公司全资拥有此项目。

北京颐堤港。颐堤港位于北京市朝阳区，是以零售为主导的综合发展项目，总楼面面积约17.6万平方米，拥有一座购物商场、一幢甲级办公楼和一家提供369间客房的休闲式商务酒店，与北京地铁14号线相连。项目于2012年开幕。公司持有此项目50%权益。

广州太古汇。位于广州商业中心天河区的太古汇，为总楼面面积约35.7万平方米的综合发展项目。项目坐落于广州交通枢纽，并与广州地铁直接相连。太古汇设有一座优质购物商场、两幢甲级办公楼、一间附有服务式住宅单位的文华东方酒店，以及一座由第三方拥有的文化中心。太古汇的商场和办公楼于2011年启业，而文华东方酒店亦于2013年进驻。公司持有此项目97%权益。

成都远洋太古里。成都远洋太古里坐落成都市锦江区,毗邻春熙路购物区,是一个以零售为主导的大型发展项目,总楼面面积约20.5万平方米。项目包括一个开放式、低密度的街区形态购物中心、一家提供100间客房及42个服务式住宅单位的精品酒店“博舍”及一座甲级办公楼“睿东中心”。项目与成都地铁2号及3号线交汇站直接连通,尽享便利交通。购物中心于2014年开业,公司持有此项目50%权益。

上海兴业太古汇。上海兴业太古汇是一个以零售为主导的大型综合发展项目,位于上海南京西路商圈。项目的位置优越,交通便捷,总楼面面积逾32.2万平方米,包括一座购物商场、两幢办公楼、两家酒店及一幢服务式住宅大厦,上海兴业太古汇购物商场于2017年11月正式开业。两幢办公楼租户已于2016年12月起陆续迁入。由太古酒店管理的精品酒店“镛舍”则于2018年开幕。公司持有此项目50%权益。

2. 美国

Swire Properties Inc. 在1979年于迈阿密成立,为南佛罗里达州具领先地位的国际发展商之一,发展办工楼、酒店及住宅物业。公司以耗资10亿美元、位于佛罗里达州迈阿密的碧琪箕发展项目最广为人知。这个综合发展社区小岛包括两座办公楼、零售商业物业、八幢住宅大厦以及迈阿密文华东方酒店。

3. 新加坡

太古地产亦于新加坡发展 Draycott Park 2号的住宅项目,提供20个单位。

四、酒店投资组合

太古酒店的业务始于2008年,专责建设及管理旗下于中国香港、中国内地及美国的酒店。House Collective 品牌酒店包括奕居、瑜舍及博舍,为顾客提供高度个人化服务。每间酒店意象独特,由才华横溢的建筑师和设计师设计建造。

东隅酒店品牌同样发展迅速,香港东隅于2010年启用,设有345间客房,其天台酒吧Sugar深受欢迎,并渐成热门的消遣地标。另外,颐堤港项目中的北京东隅亦于2012年启用,而位于美国迈阿密 Brickell City Centre 的东隅则已于2016年开幕。

四、展览企业

上海市国际展览有限公司(SIEC)

一、概述

上海市国际贸易促进委员会副会长、上海市国际展览有限公司董事长、总裁顾春霆

上海市国际展览有限公司(SIEC)成立于1984年,是中国国际贸易促进委员会上海市分会的直属企业,是上海成立最早的国有专业从事国际展览的公司,也是上海首家全球展览业协会(UFI)的正式会员。公司举办的模具展、汽车展和染料展是国内较早相继获得UFI认证的展览项目。2017年度公司国内自办展项目11个,承办展3个,展出面积92.2万平方米。观众总数达133万人。公司各品牌项目努力保持高位运行,展会规模均创历史新高。

二、2017年主要展览项目

(一)"致力·美好生活"2017第十七届上海国际汽车工业展览会4月精彩亮相

以"致力·美好生活"为主题的第十七届上海国际汽车工业展览会于2017年4月19—28日在国家会展中心(上海)精彩亮相。为期10天的展会共吸引了18个国家和地区1000余家中外汽车展商参展,展出总面积超过36万平方米,展出整车1400辆。其中全球首发车113辆(外国公司30辆、中国公司83辆),外国公司亚洲首发车44辆,新能源车159辆(国内厂商96辆、国外厂商63辆),概念车56辆。众多车企都将本届车展作为其最新汽车技术的展示舞台,新能源车占比超过一成,数量多、价格全、车型广,成为车展最大亮点之一。无人驾驶汽车、智能互联汽车也备受关注,在车展上频频高调亮相。来自48个国家和地区2035家中外媒体11000余名记者竞相报道了车展盛况。本届车展共吸引参观者101万人次。

2017年4月19日,作为上海国际车展唯一官方论坛的“第五届上海国际车展高峰论坛”在国家会展中心洲际酒店举行。以“创新·融合——重构行业的未来”为主题的本届论坛，集聚了国际国内50余名汽车生产厂商高层及行业内嘉宾400余人共同“华山论剑”，现场座无虚席。会议以前沿视角、科技驱动和广泛合作为切入点，共同展望和勾画汽车行业的未来。电动化、智能化、网联化将深刻改变现有汽车工业的发展，新的汽车文明也将随之诞生。

以“致力·美好生活”为主题，本届车展不仅展示了汽车行业最前沿的新技术、新产品、新趋势，同时也对汽车发展的未来目标——创造更美好的生活作了全面的诠释。本届上海车展凭借其技术含量、前瞻性和影响力已当之无愧成为全球最重要的汽车大展之一。

（二）春、秋两季中国·上海国际婚纱摄影器材展览会携上海国际儿童摄影展览会齐聚上海，共创全球婚尚新境界

2017年第31、32届春秋两季中国·上海国际婚纱摄影器材展览会，同期举办2017上海国际儿童摄影展分别于2017年2月22—25日和2017年7月13—16日以展出总面积24万平方米，观众参观人数累计超过20万人次，继续保持同类展会全球规模第一。

本届上海婚纱展吸引了一大批优秀品牌和领军企业，为展商展示最新研发的新品提供绝佳的平台。展会新品荟萃，范围涵盖了整个婚尚产业链，展会现场还开展了丰富缤纷的贸易配对活动。

上海国际婚纱摄影展和儿童摄影展始终秉承以人为本，创新驱动，始终致力于打造全球婚尚及孕婴童产业一站式采购展示和商务交流的平台。展会代表国际婚纱和儿童摄影行业的前沿技术，引领最新潮流趋势，助推行业创新转型和优化发展。展会被中国人像摄影学会称为人像摄影事业发展的前沿展和创新展，具有风向性和指导意义。

（三）2017第十七届中国国际染料工业及有机颜料、纺织化学品展览会携2017上海国际数码印花及印染自动化技术展览会共探新发展

中国国际染料工业及有机颜料、纺织化学

2017上海国际汽车工业展览会

2017 中国·上海国际婚纱摄影器材展览会

品展览会与上海国际数码印花及印染自动化技术展览会于 2017 年 4 月 12—14 日在上海世博展览馆同期同馆举办，总面积 4 万平方米，共吸引了 17 个国家和地区的 630 家企业参展。展会期间观众热情高涨，现场气氛火爆。染料展共接待全球 40 个国家和地区专业观众 16681 人、50380 人次，再创新高。

展会现场汇集多场染化料行业重要发布会、论坛、年度会议以及高质量的行业研讨、企业新品发布会。展、会结合，为全球染化料行业的发展、再升级做出了不可估量的促进作用。展会同期举办了 6 场行业活动和 8 场技术交流会，分别就行业全新技术、全新动态、节能减排、转型升级等当下业内人士最为关心的话题展开了研究讨论。

（四）首届 2017"一带一路"名品展全新亮相上海展览中心，着眼全球布局，展品足迹遍布五洲

以"品质生活　缤纷体验"为主题的首届 2017"一带一路"名品展于 2017 年 12 月 10 日在上海展览中心圆满落幕，获得各界高度赞誉。展会筹备期间得到各国驻沪领馆、国内外商协会等 200 余家机构的大力支持，现场吸引了来自 28 个国家和地区的 160 余家企业参展，展出规模近 10000 平方米，聚集观众近 20000 人。

展会同期还举办了 12 场论坛推介，内容涵盖经贸投资、文化旅游、民族风情演绎等，其中不少是由驻沪总领事和首席代表亲自推介。展会还组织了近 50 场贸易配对活动，更有茶道、大汉熏香等缤纷秀场，以及展台内各类乐活体验、品鉴互动活动。

为期 3 天的展会，着眼全球布局，展品足迹遍布五洲，旨在助力发掘"一带一路"商业契机，为中国和沿线各国创造一个展示地域优质产品、交流中外优秀文化、促进贸易交流合作的国际平台，以及中国国际化、法制化、便利化良好的营商环境。

（五）第十七届中国国际模具技术和设备展览会 DMC2017，吹响中国模具行业再次奋起的集结号

全球模具行业最大盛会——DMC2017 中国国际模具技术和设备展览会于 2017 年 6 月 13—17 日在上海新国际博览中心举办。本届 DMC2017 展出面积超过 60000 平方米，观众人数再创历史新高，4 天观众来自 30 个省市及 40 个国家和地区共 96481 人次，其中海外观众 8225 人，已成为模具行业全球规模最大的专业性展会。DMC2017 吸引了来自瑞士、日本、德国、韩国、意大利、法国等 30 个国家和地区,40 个国内展团,1025 家展商同台展出,引领高端制造技术新方向。约 500 家中国最具代表性的模具企业齐集一堂,来自省、市、区 30 多个模具聚集区的地方模协团组集体亮相 DMC 2017,盛况空前展示了区域制造模具产业风采。本届展会还有 DMC 2017 模具及模具制品国际采购对接会,设置四大主题采购专区,邀请了百家中国模具及模具制品供应商及 60 家海内外模具、模具制品采购商现场对接。共享最前沿的高端制造技术,分享世界市场的中国制造。

(六) 第十九届上海国际摄影器材和数码影像展览会聚焦影像文化,为摄影人带来全新的技术与智慧产品

以“影像·记录之源　智造·创新之路”为主题的第十九届上海国际摄影器材和数码影像展览会于 2017 年 7 月 16 日在浦东新国际博览中心圆满落幕。本届 P&I SHANGHAI 2017 展会展出面积 20000 平方米,吸引海内外 200 家企业参展,品牌云集,各大器材品牌悉数亮相,将近期发布的新品一网打尽。展会携手上海摄影家协会在展会现场举办多场摄影讲座,诚邀 6 位摄影大咖,传播摄影文化,分享作品背后的故事,为影友及专业摄影师提供第一手影像资讯、创新产品体验,各个展台也结合自家产品特点提供了多场摄影讲座。接待观众及专业买家逾 10 万人次,覆盖摄影器材、主题摄影、影像输入与输出以及后期制作等全影像产业,丰富并延展了摄影制造、影像文化及其应用产业链。

(七) 2017 上海国际车联网与智慧交通展览会,一场汽车与科技的年度盛会在上海拉开序幕

以“绿色、便捷、智能、共享”为主旨的第四届 APEC 车联网研讨会及 2017 MMC 智慧出行体验周(简称 MMC)于 2017 年 9 月 14—16 日在上海汽车会展中心举行。同期举办 1 场高峰论坛,8 场主题会议、1 场创客嘉年华,一系列高端论坛,众多深入行业的小型主题研讨会。本届 MMC 与嘉定汽车城各园区整体联动,除常规展出和专业论坛,还有丰富精彩的参观体验项目:智能网联测试园动态演示、科技走廊及 E-zone 电动汽车试乘试驾中心、无人机竞速赛等。MMC 将持续致力于为智慧出行行业打造全价值链的交互平台,构建智慧出行新生态圈。

(八) 第七届亚洲国际染料工业暨有机颜料、纺织化学品展览会印尼万隆特朗斯会展中心举行

自 2011 年先后在印度、土耳其、印度尼西亚和越南成功举办了 5 届的亚洲国际染料展巡展,受到了国际染颜料届的高度关注和积极参与。为实现中国染化料企业向国际化发展目标,为国内染化料企业投资合作搭建交流合作平台,第七届亚洲国际染料暨有机颜料、纺织化学品展览会于 2017 年 11 月 1—3 日在印尼纺织之乡——万隆举办,展出面积 4000 平方米。印尼是纺织服装生产大国,纺织印染品占总出口的 60%,服装出口超过 100 亿美元,年增长率超过 13%。本届是亚洲巡展第二次来印尼办展,2013 年雅加达展会积累了良好的口碑和影响力,此次直接前往——万隆举办,产需直接见面,为企业合作搭建平台。

三、2018 年展望

2018 年是贯彻党的十九大精神的开局之年,中国改革开放 40 周年,是决胜全面建成小康社会、实施“十三五”规划承上启下的关键一年。2018 年也是国展公司夯基立柱、奋发有为的一年。公司将牢牢把握稳中求进的总基调,切实把学习领会党的十九大精神成果转化为推进贸促会中心工作的强大推动力,立足展览事业坚决贯彻落实十九大的重大战略部署,本着“主动作为,积极推进,优中选优,保质保量”的务实精神做好中国国际进口博览会,践行“一带一路”倡议的推进落实,办好“一带一路名品展”。以国际视野、全球标准,为上海迈向卓越的全球城市做出更大贡献。

附件 1　上海市国际展览有限公司 2018 年在沪国际展览

SIEC　ufi Member

上海市国际展览有限公司
Shanghai International Exhibition Co.,Ltd.

2018年 展览计划
Exhibitions in 2018

日 期 DATE	展览会名称 EXHIBITION	地 点 VENUE	网 站 WEBSITE
1月16日-19日 16-19 January	第33届上海国际婚纱摄影器材展览会(春季) 2018上海国际婚纱礼服及时尚配饰展览会（春季） 2018上海国际相册相框、耗材及后期制作展览会（春季） 2018上海国际主题摄影及样片展览会（春季） 2018上海国际婚庆用品和旅游婚纱摄影展览会（春季） Wedding Expo 2018 (Spring) 2018上海国际儿童摄影展览会（春季） Shanghai International Baby Photo Expo 2018 (Spring)	上海新国际博览中心 Shanghai New International Expo Center	www.chinaweddingexpo.com.cn www.babyphotoexpo.com
4月9日-13日 9-13 April	第十届中国数控机床展览会 China CNC Machine Tool Fair 2018 (CCMT 2018)	上海新国际博览中心 Shanghai New International Expo Center	www.ccmtshow.com
4月11日-13日 11-13 April	第十八届中国国际染料工业及有机颜料、纺织化学品展览会 China Interdye 2018 2018上海国际数码印花及印染自动化技术展览会 China Textile Printing 2018	上海世博展览馆 Shanghai World Expo Exhibition & Convention Center	www.chinainterdye.com www.chinatextileprinting.com
6月5日-9日 5-9 June	第十八届中国国际模具技术和设备展览会 Die & Mould China 2018 2018上海国际汽车模具和成形工艺装备展览会 Shanghai International Automotive Moulding and Forming Technology Expo	国家会展中心（上海） National Exhibition and Convention Center (Shanghai)	www.dmcexpo.com www.diemouldchina.com
6月29日-7月1日 29 June-1 July	2018一带一路名品展•上海 Belt & Road Brand Expo 2018 • Shanghai	上海展览中心 Shanghai Exhibition Center	www.brbexpo.com
7月6日-8日 6-8 July	2018一带一路名品展•重庆 Belt & Road Brand Expo 2018 • Chongqing	重庆国际博览中心 Chongqing International Expo Center	www.brbexpo.com
7月11日-13日 11-13 July	第34届中国•上海国际婚纱摄影器材展览会(秋季) 2018上海国际婚纱礼服及时尚配饰展览会（秋季） 2018上海国际相册相框、耗材及后期制作展览会（秋季） 2018上海国际主题摄影及样片展览会（秋季） 2018上海国际婚庆用品和旅游婚纱摄影展览会（秋季） China Wedding Expo 2018 (Autumn) 2018上海国际儿童摄影展览会(秋季) Shanghai International Baby Photo Expo 2018 (Autumn)	国家会展中心（上海） National Exhibition and Convention Center (Shanghai)	www.chinaweddingexpo.com.cn www.babyphotoexpo.com
7月11日-14日 11-14 July	第20届上海国际摄影器材和数码影像展览会 Photo & Imaging Shanghai 2018	国家会展中心（上海） National Exhibition and Convention Center (Shanghai)	www.interphoto.com.cn
9月19日-21日 19-21 September	2018重庆国际汽车零部件及相关服务展览会 Chongqing International Auto Parts and Service Exhibition 2018	重庆国际博览中心 Chongqing International Expo Center	www.autopartschina.org
11月 November	2018亚洲国际染料工业暨有机颜料、纺织化学品展览会（越南） Interdye Asia 2018 (Vietnam)	越南胡志明市 HoChiMinh City, Vietnam	www.interdyeasia.com
11月6日-8日 6-8 November	2018上海国际商用及公务船舶展览会 2018 Seawork Asia Commercial Marine and Workboat Exhibition and Forum	上海新国际博览中心 Shanghai New International Expo Center	www.seaworkasia.cn
11月22日-24日 22-24 November	重庆国际时尚生活展览会 2018 CQ International Fashion Life Show	重庆国际博览中心 Chongqing International Expo Center	www.flsexpo.cn

以上计划仅供参考，信息截止到2018年1月，如有变动恕不另行通知。
Above programs are as of January 2018, which is subject to change without prior notice.

地址：上海市申虹路666弄虹桥正荣中心10号楼 邮编：201106
Add：No.10 Building, HONGQIAO ZHENRO Center, 666 Shenhong Road, Shanghai, China(201106)

电话 Tel：+86 21 62792828
网址 Website：www.siec-ccpit.com

传真 Fax：+86 21 65455124
电邮 Email：info@siec-ccpit.com

东浩兰生集团
上海外经贸商务展览有限公司

总经理　周　巍

一、概述

上海外经贸商务展览有限公司成立于1993年7月，是上海东浩兰生（集团）有限公司下属的专业展览公司。公司以展览为主业，经过20多年的发展，形成了以承办大型政府项目和各类境内外展会为核心主业的业务架构。公司每年承办许多具有国内外知名度的品牌展会，包括中国华东进出口商品交易会（华交会）、中国（上海）国际技术进出口交易会（上交会）、上海国际宠博会、印尼中国技术设备和商品展、广交会上海展团、中国—东盟博览会上海展团等多个展览会。

公司拥有展览主承办一级资质、展览展示工程一级资质，自2000年成功通过ISO9001：2000质量体系认证，连续多年荣获“上海市重合同守信用企业”称号，连年被评为上海市财务会计信用和纳税人信用双A类企业，并荣获“上海市文明单位”称号。

2017年公司共计完成展览项目15个，其中政府展6个，国际展3个，出国展6个，展览面积达32.2万平方米。

二、主要展会

（一）中国（上海）国际技术进出口交易会（上交会）

上交会今年迎来五周年，第五届上交会于2017年4月20—22日在上海世博展览馆成功举办。展览面积3.5万平方米，共吸引927家知名科技企业和交易服务机构参展，参观人数达52730人次，其中专业观众比例占84%。本届展会特点：一是“引进来+走出去”。上交会自第三届起，先后邀请捷克、意大利、荷兰作为主宾国，第五届上交会创新邀请芬兰埃斯波市（上海友好城市）担任境外主宾城市，中国深圳担任境内主宾城市。二是“互动+体验”。本届上交会专设“创新生态展区”，举办多种形式的双创活动，服务“大众创业、万众创新”。三是“展示+发布”。本届新设“上交会发布”专区，为参展企业及技术贸易领域的机构打造最快速、最直观的发布平台，有21家境内外先锋企业和机构发布新思想、新技术、新模式。

2017年还成功举办上交会海外展——南欧展（希腊）。共组织24家参展企业携带自主创新的最新成果参展，与180家企业达成合作协议，企业借助展会平台成功打开了南欧市场的主通道。

（二）中国华东进出口商品交易会（华交会）

第27届华交会于2017年3月1—5日在新国际博览中心举办。本届展览面积12.09万平方米，比上届增加近6000平方米；到会境外客商22140人，比上届增长3.2%；累计成交23.17亿美元，比上届增长0.28%。本届华交会更加注重“创新、规范、提高”。在进一步探索华交会发展方向上，继上年新增“跨境电商”展区，2017年尝试新设“美容美妆”展区，积极探索消费品领域的出口之路。同时加强“展”

上交会南欧展

与“会”融合，有效提升展会品质及影响力。

（三）上海国际宠博会（宠博会）

第六届宠博会于 2017 年 5 月 5—7 日在上海世博展览馆举办。本届展会规模 15000 平方米，吸引近 140 家企业参展，现场人气火爆，观众人数近 6 万人次，其中专业观众约 4000 人次。本届展会最大的亮点是和中国轻工商会合作之后，带来平阳宠物小镇的合作参展模式，得到进一步复制和推广。作为初春上海规模最大的宠物嘉年华还汇集了：“CKU 中国全犬种冠军赛”、“CKU 美容师创意造型比赛”、“宠博杯”CFA 世界名猫赛、“CKU 美容师资格大赛”、“世界名犬展”等精彩活动，“宠博会”的行业市场地位及品牌影响力不断提升。

（四）印尼中国技术设备和商品展（印尼展）

印尼展作为公司出展权重项目，近年来不断注重向专业展转型。第十六届印尼展于当地时间 2017 年 5 月 11 日 10 时在雅加达国际会议中心拉开帷幕，展览总面积 3000 平方米。本届展会首次设立“智能科技”和“现代绿色农业”两个专区，迈出印尼展走向专业化道路的良好开端。

（五）2017 全国双创活动周主会场服务

2017 全国双创活动周主会场于 9 月 15—23 日在上海市杨浦区长阳创谷顺利举行，公司主要负责活动现场的票务、门禁及观众服务工作。展会现场，工作团队先后经受了高峰客流、恶劣天气等诸多因素的考验，始终坚持在工作第一线，对来往的观众进行耐心疏导和解说，充分展现出优秀的现场运维能力和良好的团队协作精神，得到主办单位的充分肯定。

此外，公司还顺利完成第三届上海国际信息消费博览会、第十四届中国—东盟博览会，出色完成第十九届工博会主场运营、票务、安保等相关配套保障工作，美国芝加哥食品展、德国科隆食品展、俄罗斯家庭用品展等出展项目也都圆满完成。

三、发展趋势

2018 年是全面贯彻落实党的十九大精神的开局之年，公司将以十九大精神为指引，坚持新发展理念，紧紧抓住创新驱动发展、科创中心建设等国家战略以及举办首届中国国际进口博览会的契机，以新三年规划为奋斗目标，持续推进公司转型发展，深化各项改革，不断夯实企业内生动力，在新征程中取得新成绩、实现新突破。

上海现代国际展览有限公司

总经理　张定国

上海现代国际展览有限公司成立于1993年。是东浩兰生(集团)有限公司下属专业展览企业,全国首家通过ISO9000国际质量体系认证的展览主办企业,上海市会展行业协会副会长单位。公司拥有中国展览馆协会展示工程一级资质、上海市会展行业展示工程企业一级资质和上海市会展行业主(承)办机构一级资质,并于2004年加入UFI(国际展览业协会)成为其正式会员。

公司的主营业务是展览主承办,自1993年成立以来已培育了多个行业品牌大展,是中国上海展览行业组展规模排行名列前茅的优质企业。主办的品牌展会——上海国际广告印刷包装纸业展(APPPEXPO)、上海国际绿色建筑建材博览会、上海国际照明技术设备展,均获得UFI认证。其中上海国际广告印刷包装纸业展、上海国际绿色建筑建材博览会还连续多年荣获“上海国际品牌展”称号。

近年来,公司在国家“一带一路”战略的引领下,不断拓展APPPEXPO品牌外延,实践全国布局战略,开启“广印展联动”新时代。此外,公司在展览展示领域独树一帜,为各级政府部门、社会组织主办的展览展示活动提供专业策划、设计和制作“一站式”服务。曾先后参与过上海世博会申博工作和历届世博会项目,担任上海世博会系列巡展的展览总包企业,并入选上海世博会推荐服务供应商,承担多项展览总包工程。

2017年是实施“十三五”规划的重要一年。公司在党的十九大精神指引下,坚持“稳中求进”的工作基调,牢固树立和贯彻落实新发展理念,进一步推进企业深化改革,推动战略转型。在创新发展、战略布局和国际市场开拓的过程中获得经验,完成了既定的目标。

2017年公司顺利举办5场自办展,成功开拓1个新展题,完成多个政府类和商业类展示项目,并将APPPEXPO品牌覆盖至全国4大重要市场,1个东南亚市场。

回顾2017年全年工作,主要有以下三大方面,十个重点:

一、稳中求进、夯实主业,展览主办做大做强

1. 广印展规模再扩大,进一步稳固行业龙头地位

2017年上海广印展的总展出面积达到20万平方米,中外展商数逾2000家,其中海外展商比例达到10.57%;到访的海内外专业观众达176118人次,其中海外观众占到了20.2%,继续保持展览规模和参会人数的平稳增长。通过对贸易成交量和新机器首发的统计数据显示,本届广印展继续成为业内人士贸易、采购、交流的风向标,是实现买家一站式采购的最佳平台。“全球著名的采购贸易平台”的品牌形象被赋予了更加深刻的内涵。

2017年上海广印展现场亮点众多,世界顶尖品牌悉数加盟,前沿技术成果现场展示,多款机型材料闪亮登场。而AAA亚洲广告联合会、中国广告展组织者联盟、中国广告匠心

2017 年 3 月 8 日，第二十五届上海国际广告技术设备展览会在国家会展中心（上海）盛大开幕

工艺大赛以及丰富多彩的活动和论坛等，都成为众人瞩目的焦点。

2．兼并收购初现成效，奠定布局全国第一步

2017 年 3 月，北京华展广告展在北京国家会展中心成功举办，这是北京华展加入广印展系列品牌展后的首秀，展出面积达到 2 万平方米，比 2016 年增加了 25%。8 月底，北京秋季广告展如期开幕，来自 100 多家的喷绘、雕刻、标识、LED、展具的企业前来参展。

3．全面实施品牌展会区域扩张整合战略，实现多展联动共创共赢

为了推广 APPPEXPO 上海广印展的成功模式，打造世界级品牌展会，不断提升展会的品牌形象和影响力，为国内外客商带来助益，并提供更为优质的服务，公司将 APPPEXPO 品牌覆盖至上海、北京、广州、成都四大重要市场、包括 3 月上海广印展、7 月上海广告四新展、2 月广州国际广告展、4 月成都国际广告展、3 月北京国际广告展、8 月北京（秋季）国际广告展，全年六场不同定位、不同市场、不同优势的行业展会相继成功举办。通过布局全国，进一步整合资源，在扩展国际市场的同时稳固国内中西部及北方市场，实现规模效益。也为接下来进一步扩大市场打下了良好的基础。

4．“一带一路”助力广印展“走出去”，提升海外影响力

习总书记提出了“一带一路”的发展战略，打响了公司“走出去”的发令枪。为了进一步提升“上海广印展”的海外影响力，帮助国内的中小企业开拓东南亚市场。在亚洲广告联合会的推进下，公司与泰国主办方于 2017 年 11 月共同举办上海广印展泰国展。这成为中国广告标识业“走出去”的重要一站，同时也是成为 APPPEXPO 品牌向外拓展的重要平台。

泰国展是上海广印展“布局全球战略”的海外首展，反响强烈，达到了预期的效果。通过前期的积极宣传和招展，公司组织国内 42 家参展企业、一百余人赴泰参展，占到整个展会的三分之一，首展取得成功。

5．绿色建博会、广告四新展横向联动，规

2017 上海国际城市和建筑博览会

模质量有所提高

2017 年 7 月，上海国际广告四新展与被誉为“亚洲绿色建筑建材第一展”的国际绿色建筑建材博览会同期同地举办，利用不同行业间的互补性，发挥两个展会的联动效应。

本次绿色建博会以“融合 & 发展——全面提供绿色建筑整体解决方案”为主题，推出极具特色的“全装修与住宅材料展示区”，与广告四新展形成横向联动，整合行业经济资源。全装修房的出现，个性化定制是影响室内装饰及纺织品市场的最大趋势之一，且需求量在日益增加。因此，很多喷印企业及快印店都开始将业务拓展到装饰市场，业务覆盖了商业和住宅装饰应用，展会取得圆满成功。

6. 城市日之“城博会”，努力打造另一个标志性品牌展

“世界城市日”是迄今由我国在联合国推动设立的唯一国际日，也是联合国首个以“城市”为主题的国际日。作为世界城市日重要活动之一的“上海国际城市与建筑博览会”，是由联合国人居署主办的。在公司“绿色建博会”项目团队的努力下，通过社会公开招标，获得了承办权，成为这次展会的执行单位之一。

为期三天的展会展出面积近 5 万平方米，包含 12 个主题展区，聚集了来自城市规划设计、交通、地下空间开发利用、环境保护与新能源利用、海绵城市、智慧城市、BIM 技术应用、城市基础建设、园林绿化、绿色建材等领域的具有代表性的参展企业 300 余家，同期还举办 15 场专业分论坛，吸引了来自政府有关部门、专业观众及市民共计 6 万人次。公司提供从项目前期策划、组织招展到市场推广、现场运营、开幕式接待、分论坛和外环境布置等全流程服务，体现了优秀的办展能力和良好的团队精神，确保了“城博会”顺利圆满举办，成功打造公司年度另一个标志性的品牌展。

二、抓重点、攻难点、拓新点，展览展示业务水平不断提高

1. 再续世博缘，顺利完成世博会博物馆

项目

2017 年 5 月 1 日，由上海市政府和国际展览局合作共建的世博会博物馆在万众期待中正式开门迎客，参观者络绎不绝，媒体争相报道。展览展示的各个环节都勾起了参观者对世博会的美好回忆。

公司有幸参与该项目的前期投标并最终入选作为展陈布展 1～4 厅施工设计一体化项目的总包单位，延续了公司在承接世博类展示项目中的记录。在近两年的筹建过程中，公司充分运用以往在世博项目中积累的专业知识和实操经验，与外方合作者一道，通力配合，克服种种困难，紧扣时间节点，保质、按时、安全地完工。市领导、国际展览局的领导在参观后，均对公司的工作给予了充分的肯定。

2．全国“双安双创”成果展的上海展厅

由国务院食品安全办、农业部、食品药品监督总局举办的全国“双安双创”成果展 2017 年 6 月 29 日在北京隆重开幕，国务院副总理汪洋亲临现场参观指导，并专程来到上海展厅，听取了关于上海市食品安全工作情况的汇报，对上海的食品安全工作给予充分肯定并提出更高的期望。

公司的展示策划团队承接此次展厅的设计施工任务。在时间紧、任务重、要求高的情况下，辗转上海、北京两地，在圆满完成了北京的正式展示后，再回到上海，在市内六个区继续宣传。每一站展出均出色完成，受到了市领导的表扬，并对现代国际的展览设计工作做出高度的评价。

3．“全国双创周”上海主会场

2017 年全国大众创业万众创新活动周于 2017 年 9 月 15 日举行，主会场设在上海。公司与靖达商务公司通力协作，承担其中任务最重的活动区搭建工作，包括篷房搭建、特装搭建、标摊搭建和外环境搭建，以及活动周结束拆馆工作。经过近一个月的精心准备，最终出色圆满地完成此项工作。

在施工进程中，工程难度大，又遇上台风季，公司的团队始终以安全第一为大前提，攻坚克难，想方设法解决问题，确保万无一失。活动结束后，公司及时总结，为今后的业务拓展积累宝贵经验。

4．世界城市日国际主场活动

2017 年 10 月 31 日，第四届世界城市日国际主场活动在广州成功举办。公司负责此次活动的展台搭建以及会议组织工作，这是公司为上海世界城市日事务协调中心服务的第三年。此次项目工作得到了住建部、上海市建委、上海世界城市日事务协调中心的充分肯定，并发来感谢信对公司的细致专业的服务表示感谢。

三、集聚多方资源，“上海国际广告节”孕育而生

上海广印展是公司的核心业务，举办“上海国际广告节”一直是公司努力的目标，希望借势“广印展”的品牌影响力，将公司的核心展览业务与节事活动相结合，在每年“广印展”同期举办“上海国际广告节”，将专业论坛、专业评奖融入其中，打造全产业链的盛会，提升广印展品质。为此，在获得主管部门和上级单位的同意和支持后，公司与上海大学专业团队共同投资成立上海道仑文化传播有限公司，负责上海国际广告节的筹备和运营工作。

道仑公司的成立是对项目公司的一次有基础、有准备的尝试，是对内外部资源整合推动再升级的一次探索，合作双方将发挥各自的特长、充分利用优势资源开展合作共赢，逐步打造一个富有内涵和国际影响力的“上海国际广告节”，促进全国和上海广告行业的创新与转型发展，同时也积极助推“上海品牌”的建设。

2018 年公司将以党的十九大精神为指导，以习总书记新时代中国特色社会主义思想为指引，不断深入推进企业改革改制，探索发展的新动力，创新发展的新模式。秉承紧抓主业不放松，开拓创新不懈怠的工作方针，朝着既定目标，齐心协力，再创佳绩。

上海新国际博览中心(SNIEC)

总经理　迈克尔

一、概述

上海新国际博览中心(SNIEC)由上海陆家嘴展览发展有限公司与德国汉诺威展览公司、德国杜塞尔多夫展览公司、德国慕尼黑展览有限公司共同投资建设,是中国第一个合资建造和运营的国际展览中心项目,注册资本为12150万美元。历经12期扩建,SNIEC于2012年2月15日全面落成,共拥有17个单层无柱式展厅,室内展览面积20万平方米,室外展览面积10万平方米。自2001年11月2日正式投入运营,SNIEC的运营取得了快速稳定的增长。每年举办130余场知名展览会,吸引近500万名海内外观众和8万余名国内外展商。作为重大国际展会的平台,SNIEC不仅加强了国内和国际经济贸易往来,同时有效地带动了本地区交通、旅游、商业、港口、餐饮、娱乐等相关产业的发展,为城市经济带来了活力和效益,被视为世界最成功的展览中心之一,中外展览企业创造性合作的典范,它为推动上海建设成为世界一流的国际会展中心城市,做出了重要贡献。

主要产品及服务范围:建设、经营上海新国际博览中心;利用本公司展览场馆主办、合

亚洲物流双年展

亚洲物流双年展供应商与客户互动

作主办和承办境内外来展；推广展览所需活动；提供与本展览中心所举办展览相关的广告设计、制作，利用自有媒体发布广告；出租展览馆、会议室、办公室及为进场参展商提供展览设备租赁服务；经营商务中心、餐饮、附设商品部等相关配套设施及提供展览咨询等相关服务。

SNIEC 的运营理念是“立足服务 持续创新”。SNIEC 认为，在今天这个持续变化的市场竞争环境中，创新与合作是驱动其不断前行的两个重要成功因素，从而能够不断培植新的竞争力，提升客户服务价值。同时，SNIEC 坚信“顾客的满意和认同是企业长期赢得市场，创造价值的关键”。为了确保“以顾客为中心”经营思想的有效实施，SNIEC 一直以来十分注重聆听参展商、观众和主办者的声音，

工程机械展览会现场

坚持周期性的客户满意度市场调查工作,从中不断改善和优化其服务质量。随着展览设施全面扩建告一段落,企业今后发展将以品牌与服务为核心,以进一步强化和提升软实力,致力于为顾客提供最好的价值服务。

二、2017 年展览业务情况

2017 年,SNIEC 展览业务继续保持稳定的发展态势。展览场地合同销售面积达 650 万平方米,共承接了 130 个展览会,其中具有重要影响的展览包括:华东商品交易会、建筑材料及贸易博览会、中国国际家具展览会、国际太阳能产业及光伏工程(上海)展览会暨论坛、中国国际地面材料及铺装技术展览会、中国家电博览会等,展览题材涉及的行业分布广泛,包括汽车、纺织、建材、家具、电子、食品饮料、包装机械、生物制药、轨道交通、美容珠宝、机械工程、印刷、酒店等众多领域。

2002—2017 年 SNIEC 业务发展情况一览表

年份	展会数量	销售面积(平方米)	展商数量	观众数量
2002	43	887000	17746	1503769
2003	45	1010000	22328	1640540
2004	66	1930000	35965	2358359
2005	67	2330000	46787	2546787
2006	72	2840000	52012	2668824
2007	78	3200000	58478	3086343
2008	80	3860500	67607	2666188
2009	78	3599540	61753	2838170
2010	80	3930000	69993	3096531
2011	94	4800000	81700	4046800
2012	94	5410000	103600	3725312
2013	100	5830000	96568	4618000
2014	106	6390000	96492	4530350
2015	114	5400000	80977	3660324
2016	114	6000000	88075	5273920
2017	130	6500000	112887	5416429

五、民营企业

上海众人网络安全技术有限公司

上海众人网络安全技术有限公司（简称“众人科技”）是专业从事网络信息安全技术研发和产品生产的高新技术企业，已通过ISO9001质量管理体系和ISO27001信息安全管理体系认证。公司成立于2007年，以“做中国自己的网络安全技术”为企业使命，坚持“自主研发、自主设计、自主生产”的“国产化”发展战略，申报国家发明专利过百项，核心技术“填补国内空白，并达到国际同类产品先进水平”。公司建立以密码技术为基础、以身份认证技术为核心、以移动互联网和物联网应用为拓展、以信息安全为主导的产业模式，是国家密码管理局正式批准的商用密码产品生产定点单位和销售许可单位。

iKEY多因素动态密码身份认证系统由众人科技自主研发的基于时间同步技术的多因素认证系统，是一种安全便捷、稳定可靠的身份认证系统，分别获得由国家密码管理局颁发的国内首张动态口令产品及挑战应答产品型号证书。该产品还可应用于动态口令产品和挑战应答产品的超低功耗专用安全芯片，也获得国内首张产品型号证书，还获得公安部信息安全产品销售资质、国家保密局涉密产品资质，通过了中国人民解放军总参和总装的信息安全产品检测许可等。产品强大的用户认证机制替代传统的基本口令安全机制，从而帮助消除因口令欺诈而导致的损失，防止恶意入侵者对资源的破坏，解决因口令泄密导致的入侵问题，有效提高了身份认证的安全性和便捷性。其动态口令产品为非接触性独立设备，不会中木马病毒，第二代的挑战型动态口令产品更能防“钓鱼”，适用于不同的终端设备及应用场景，只要有数字键盘的地方都能使用动态口令产品进行身份认证，成为首个被国际标准组织采用的认证技术和标准。

在此基础上，公司进一步开发的“统一身份认证平台”，以动态密码的核心技术为基础，用云计算搭建统一身份认证云平台。此平台现已在工业和信息化部软件与集成电路促进中心（CSIP）运行，用于中国电信全国31省的WiFi接入认证，以其强大的用户认证机制以及安全监管功能，在大数据时代为国家信息安全保驾护航。

众人科技在信息安全身份认证领域继续

众人科技发明创新密码技术——SOTP

着探索和创新。当前网络生态迭代迅速，传统的网络物理形态发生了本质变化，移动通信催生出更灵活的多元网络形态，组织形态形成多维复杂二次重构性质。移动互联网对原有组织关系的解构，信息安全对以往的基于 PKI 的密码技术提出了根本性挑战，特别是原有的介质化安全手段已不适应网络空间快速迭代的安全需求。众人科技有预见性地捕捉住未来网络空间主权的本质，利用时间、空间、个体、事物多因素组合确定动态的网络要素关系，重构网络事件的唯一结构，发明了创新密码技术——SOTP，即多因素动态可重构的确定真实性认证技术。此技术实现了密钥与算法的融合，在无需增加硬件 SE 的前提下，采用软件方式解决移动设备中存储密钥的关键性问题。以此为核心开发了面向移动互联网认证和支付安全新需求的“WISEC 码码密”系列产品，包括 sAUTH（多因素动态身份认证）、sBOX（终端数据保护）、sTOKEN（动态支付标记化）、sQR（动态二维码），能够应用在快捷支付、手机银行、支付二维码、数字钱包、线下POS 机支付、移动办公等多种场景之中，以“智能、安全、便捷”为核心理念，保护移动互联网用户的身份认证安全、个人信息安全以及应用数据安全，并实现云端统一化认证，实现安全与便捷的平衡，将给移动互联网时代带来颠覆性的认证安全变革。

众人科技不仅在安全认证方面，更在移动安全、云安全、物联网安全、态势感知、大数据分析、威胁情报等领域开始进行深入的研究，并提出了创新解决方案，如众人科技大数据安全解决方案，利用大数据生命周期，针对金融、电力、医疗、政务等不同行业，通过身份认证、特权账号管理、存储数据加密等技术主动保护用户数据，并使用威胁检测、态势感知及威胁情报实现对威胁的实时监测，当检测出威胁后，利用终端检测响应、威胁追踪及安全响应中心实现快速响应，在真正意义上实现威胁可视、有效洞察、快速决策三大功能，为用户提供全方位的数据安全保护。基于对客户需求的深入理解，众人科技还提供了业务与安全并重的解决方案，如防伪溯源、追溯体系、工控安全管控与业务优化运营等，获得众多行业大客户的信赖。

众人科技是信息安全行业专家级的企业，是国家相关标准的制定者和推动者。众人科技作为国家密码管理局国标项目组组长单位，参与制定国家密码行业标准 GM/T 0021-2012《动态口令密码应用技术规范》，该标准在 2014 年获得“国家党政密码科学技术进步三等奖”；作为国家密码管理局密码检测标准制密项目组组长单位，组织编写《动态口令密码检测规范》；同时参与制定工信部动态口令产品行业标准、央行身份认证技术相关标准以及银联身份认证技术相关标准。

2016 年开始，众人科技响应国家“一带一路”的号召，走出国门，进军海外市场，已拿下包括德国、俄罗斯、伊朗等国银行在内的 6 笔海外订单。同时，将为 2022 年多哈世界杯提供安全技术与服务。

众人科技在身份认证、网络安全、应用安

全、信息安全等方面积累了深厚的安全工程建设、安全服务经验，针对不同行业客户的不同应用场景和需求，提供不同的系统方案和配套产品，如金融服务身份认证方案及动态口令密码器、移动安全支付方案及智能终端、公共WiFi上网管理平台方案、电信系统安全方案、云安全综合方案等，拥有丰富的信息安全服务经验和优良的服务业绩。并已广泛应用于政府、军队、金融、电信等涉及国家和民众网络信息安全的重要领域，如工商银行、农业银行、招商银行、中国电信、海通证券、中国石油、东方航空等。众人科技已成为国家“信用等级AAA”企业、上海市“四新企业”、“专精特新”企业、上海市“科技小巨人”企业、2014年上海市专利试点企业、上海市“诚信创建企业”、国家网络与信息安全信息通报机制技术支持单位、SHCERT网络安全应急服务支撑单位等，多年来荣获信息安全领域的各类奖项。

六、上海老字号企业

邵万生南货店

邵万生南货店创立于清朝咸丰二年(1852),相传创始人为宁波三北一名唤“邵六百头”的渔民,起初在虹口一带摆摊制作销售宁绍家乡风味糟醉食品和南北水产品,经数年苦心经营发迹后看中南京路的兴旺,于1870年迁至南京路现址,将“邵万兴”店铺易名为“邵万生”。主要经营有腌、糟、醉食品,如鱼干、鳗鲞、醉蟹、醉泥螺、醉虾、蟹糊、糟鲞鱼等。

中华糟醉席上珍,众口皆碑邵万生。一百多年来,邵万生历经沧桑数易其主,但历届业主均珍视所创名牌,特制的糟醉食品秉承选料严格、配料独特、工艺精湛,注重诚信经营及货真价实的传统特色,产品不仅风味独特,且适令应时,随季而变,素有“春意盎然上银蚶,夏日炎炎食泥螺,秋风萧瑟尝醉蟹,冬云漫天品糟鸡”美誉,成为以经营糟醉食品而闻名海内外的百年老店,虽历经时代沧桑变迁,依然生意兴隆。

至今已有150多年历史的邵万生,是国内贸易部首批命名的“中华老字号”企业、上海市“名特商店”。“邵万生”的糟醉食品曾多次获得上海市“畅销品牌”“糟醉名品”等称号。

上海邵万生食品公司

在港澳台地区及东南亚国家也享有盛誉。

为了传承百年邵万生经典,弘扬中华民族的饮食文化,邵万生围绕“老字号、新南货”做文章,不断改善经营环境,调整商品结构,坚持以“诚信为本、服务社会”为经营宗旨,通过营销策划集聚、产品研发集聚、市场拓展集聚、广告宣传集聚,充分发挥企业的品牌效应、营销网络优势,扩大了糟醉产品的市场占有率,促进了企业的经济效益和社会效益的发展。邵万生先后获得老字号传承创新优秀企业,全国零售商、全国企业文化建设先进单位,上海市文明单位,全国放心消费信用品牌等数十项荣誉。

上海立丰食品有限公司

上海立丰食品有限公司

上海立丰食品有限公司的前身是创建于1938年的“公成南货店”，由广东籍人陈炳尧创办。当时主要经销广帮土特产，并设有小作坊，自产自销祖传配料的广帮风味食品，由于产品风味独特，经营有方，生意十分兴隆。到解放前夕，该店已经在全市设立了50多个分销点，成为当时上海规模和影响较大的南北货商店。1967年8月“公成南货店”与相邻的“立丰供销合作社”合营，组建“立丰广东土产食品商店”。1990年10月更名为上海立丰食品有限公司。

上海立丰食品有限公司传承公成南货店的产品特色和经营传统，坚持“名、特、优、新”的经营方针，并自主开发、自产自销风味独特的牛肉干、猪肉脯、香肠腌腊等产品，立丰牛肉干有牛肉干大王之美誉。

立丰公司通过不断开发新产品、拓展新市场、发展连锁专卖，逐步把一家传统的土特产商店改造成为产品系列化、生产规模化、经营连锁化、管理科学化的现代商业企业。立丰开设了自有品牌专卖店60余家，产品连续三年市场占有率名列上海休闲鱼肉制品第一名，名列上海市食品行业销售额十强，成为上海休闲鱼肉制品第一品牌。1993年被国家评为“中华老字号企业”，2000年被上海市评为“上海市商业品牌龙头企业”，2000年、2001年立丰食品先后被上海市评为“上海名牌产品”“上海名牌商标”。

上海冠生园食品有限公司

“冠生园”品牌的食品，在解放前就已家喻户晓。

上海冠生园食品有限公司的前身创始人是冼炳成。1915年他与家人自制牛肉干、陈皮梅在老城厢串街走巷叫卖，后他借用香港冠生店之名，在自制的商品包装上，贴上“香港上海冠生店”的字样，生意日益兴旺，就觅同伙合资开店。股东们在商量店名时，大家觉得“还是‘冠生’两字好！‘冠’乃第一之谓，‘生’则民之生存，民以食为天嘛，‘冠生’有民生第一的含义。但又感觉‘店’没有气魄。因股东中有一半是梨园弟子，遂将‘店’改‘园’。”就名为“香港上海冠生园”，以“生”字作商标。

冠生园从一个小店铺，先后发展多家支店，在南京路设了总店，集股筹资，成立了“上海冠生园股份有限公司”，冼冠生为总经理。尔后，又在漕河泾购地，盖起了一座大型工厂，产品扩展到糖果、糕店、饼干、腊味、罐头食品等五大类300多品种，形成工商一体的大型企

冠生园蜂蜜产品

业，与当时的泰康、梅林两大食品工业厂鼎足而立。

改革开放后，冠生园发展为上海冠生园食品有限公司，在浦东、浦西建有两个生产基地。公司拥有“冠生园”和“大白兔”两个中国驰名商标，主要生产和经营大白兔糖果、冠生园蜂制品、保健品、面制品、华佗十全酒、佛手调味品等五大类上千个品种的产品。集团主打产品：大白兔奶糖为中国名牌产品、国家免检产品和国家原产地标记注册产品，畅销 40 多个国家和地区，国内销售市场占有率第一位；冠生园蜂蜜为上海市名牌产品，上海市场占有率达到 70%，瓶装蜂蜜是全球销量最大的品牌，全国市场占有率第一位；华佗十全酒有着 50 多年历史，家喻户晓，享誉东南亚；佛手牌味精有着 83 年历史，深受消费者的喜爱。

冠生园在全国各大省市建立了 20 多个销售中心，形成 10000 余个销售网点。与逾 100 家国外经销商建立长期业务往来关系，并在 50 多个国家和地区注册了商标。

朵 云 轩

光绪二十六年（1900），上海河南路上新开了一家笺扇，商号名朵云轩。朵云轩初营苏杭雅扇、诗笺信纸、文房四宝，书画装裱等，后又发展出木版水印、书画中介等业务，凭借优质的产品和诚信服务，朵云轩很快跻身沪上主流艺术圈。国学大师章太炎、名医石筱山、字画大家张大千和沈尹默等都曾与朵云轩有过签约。鼎盛之时，朵云轩代理书画家达数百人，“书画之家”“江南艺苑”的美名不胫而走。在业内“南朵北荣”，朵云轩与北京荣宝斋雄峙大江南北，同在中国艺术品市场具有举足轻重的地位。

1949 年以后，完成国有化的朵云轩作为沪上艺术品行业代表性企业更不断走向发展壮大。“文化大革命”后，朵云轩勇担文化使命，恢复和发展了传统的木版水印技艺，并坚持开展书画收购业务，抢救、收藏了大量民间流散珍贵文物。1978 年，在朵云轩基础上成立上海书画出版社，开始了与书画出版业务“一体两翼”发展时期。20 世纪 80 年代，朵云轩已成为上海艺术品行业无可争议的龙头企业，“门通九陌艺振千秋朵颐古今至味，笔有三长天成四美云集中外华章”正是朵云轩的写照。

20 世纪 90 年代，改革春潮初涌，朵云轩以敢为天下先的精神，于 1992 年注册成立中国大陆第一家艺术品拍卖公司。1993 年，朵云轩敲响中国大陆艺术品拍卖第一槌，开启了中国艺术品市场 20 年高歌猛进的历史进程。此后，朵云轩又率先进军多个艺术品新兴业务，形成涵盖拍卖、门店销售、古玩、艺术经纪、电子商务、艺术教育、艺术会展及木版水印制作经营的艺术品产业链，成为中国艺术品市场的领跑者。

2009 年，朵云轩从上海书画出版社裂变为独立的市场主体，并走上集团化发展道路。通过体制机制改革，百年老店激发巨大创新潜能，率先从传统业态向现代艺术品经营企业转型，并实施品牌扩张战略，成功布点济南、杭州等地，朵云轩经营规模实现跨越式发展。

历经百余年的沧桑，朵云轩现已成为一个

上海南京东路朵云轩

集经营、代理、复制、展览、出版、收藏、研究和拍卖等多功能的综合性的文化实体。2006年，朵云轩被国家商务部认定为第一批中华老字号企业，2007年“朵云轩”蝉联上海市著名商标。

上海培罗蒙西服公司

上海培罗蒙西服公司门店

“培罗蒙”创建于1928年，由甬籍商人许达昌独资开办。

许达昌善于经营，且能全面掌握量、算、设、试、裁、缝等技艺。他把产品质量作为立店之本，不惜以高薪聘请当时号称上海西服业“四大名旦”——王阿福、沈雪海、鲍公海、庄志龙把关，并配备上等技师。对服装的缝制，不求快，重在好。单是回料熨烫覆衬这项工艺，就需冷却24小时以上，而辅料又需经热缩和水缩2次，缝制一套西装工艺全过程计达60小时左右。当每个顾客来店做衣服，总是先对其体型作仔细观察，量好尺寸后将体型特征画在定单上。完全做到量体裁衣、度身定制，对于体型特殊的顾客，能通过衣服巧妙地弥补和矫正。在款式上则借鉴了西欧、北美、东南亚、非洲等地区的流行款式，再融以中国人的穿着习惯和民族风格，形成了肩胛薄、衬头软、胸脯小、腰身直的独特海派西服风格。培罗蒙制作的每一套西服，都达到15个字的要求：即外观上平、直、戤、登、挺，内涵上胖、窝、圆、服、顺，操作上推、归、拔、结、沉，所缝制每一款西服力求达到精美绝伦，无可挑剔。培罗蒙“以精湛的技艺，精良的面料，精心为顾客制作精美的服装”，获得了“西服王子”的桂冠。

培罗蒙秉承其传统工艺特色，还创制一系列独树一帜的海派服装：宛如燕飞归来的燕尾服，新颖别致的摩根礼服，别出心裁的弯刀领婚礼服，富有侠义风格的佐罗披肩，独具匠心的青果领晨衣，饶有情趣的腰结长袄，等等。这些款式，具有轻、松、薄、软的特点，在国内外屈指可数，深受广大顾客的欢迎。

改革开放后，培罗蒙飞速发展，年产销能力已超过30万套。公司现有3家合资企业，批发公司覆盖全国30个省（区），近百家连锁店遍布几十个大中城市。

培罗蒙连续十二年蝉联“名牌产品”，并被评为百强企业、上海市著名商标，中国工商总局评定其为中国驰名商标。

杏　花　楼

杏花楼始创于清咸丰元年（1851），原名生昌蕃菜号。20世纪20年代由名厨李景海经营后，他雄心勃勃，招股集资，成立股份有限公司，更名杏花楼。把原来场地翻建成7开间门面，钢筋混凝土结构4层楼房，装潢富丽堂皇，“专办中国筵席，兼营欧美大菜”。底层设外卖专柜，供应广东土特产；二、三层专营酒菜筵席；四楼专设“船厅”，壁挂名人字画，全套红木家具，整个餐厅古色古香，典雅别致。引来了工商、军政各界要人。一天，来了广东客人朱汝珍，李景海一听，这是广东赫赫有名的清代末科探花、著名书法大家，于是盛情招待，并请他题写招牌，朱汝珍吃得满意，十分高兴，当场写了“杏花楼”三个字，这就是今日高悬

上海杏花楼门店

的杏花楼招牌。

杏花楼善制各式海派粤菜、中西糕点、粽子腊味，尤以精致月饼著称。近百年来，杏花楼月饼以独特的配方、精湛的工艺、长久软糯的特质，享誉海内外，成为杏花楼得以长足发展的支柱产品。民间传：“借问月饼哪家好，人人均夸杏花楼”，杏花楼月饼，家喻户晓。杏花楼月饼连年评为“上海名牌产品100强”，成为唯一入围“国饼十佳”的上海月饼。

长久以来，杏花楼店名、品牌、商标相得益彰，积淀着丰厚的文化内涵，百年来一直声名远扬，历久弥新。

上海广茂香经贸发展有限公司

上海广茂香经贸发展有限公司，前身为上海广茂香烤鸭店。素称“烧烤大王”的广茂香，创建于1923年。创始人广东籍老板何氏，看到居住着众多广东同乡的上海四川路、天潼路一带，市面热闹、商店林立，商品琳琅满目，唯缺适合粤籍同乡口味的食品，于是他就在那里开设一爿广式烤鸭店，取名“广茂香”。寓意“广东人开办，财源茂盛，香飘四方。”

广茂香烤鸭店，因其以品种多、制作精美可口、不脱“五羊城”的风味，广受好评。广茂香聘请名师烧、烤、腌腊，设专柜供应卤味，其中尤以广式烤鸭、烧肉、叉烧等最受欢迎。日销量由几十只猛增到数百只，最高达千只。

广茂香烤鸭店在烤鸭制作上形成了独有的特色：一是选料讲究。严格选用生长期不超过2个月、重量不超过2.5千克，优良无异味的英国樱桃谷瘦肉型白鸭；二是烤炉独特。按照广帮传统烤制方法，用有近70年历史的老式挂炉烤制，挂炉火力旺、香味足；三是工艺精细。从宰杀、打气、开刀、水泡、上色、灌腔、进炉到放卤8道工序道道严格把关，辅料不用葱

上海广茂香门店

姜，每炉烤鸭烤足40分钟，这样出炉的烤鸭只只皮脆、肉嫩、味鲜、香溢。

改革开放后，广茂香烤鸭店扬上海名特企业之长，发展成为经贸发展有限公司，主营广帮特色烤鸭、烧鹅、烤乳猪、烤排、叉烧、蹄膀及系列熟食，独特的烧烤工艺、秘制调味技术更加发扬光大。如今，广茂香烤鸭已走进一流超市专柜，走进大型专业食品店，成为源于广帮、烙着上海石库门文化印记、具有浓郁海派风味的品牌食品。并远销港、澳、台、东南亚等地区和美国、加拿大等国家。

上海白猫股份有限公司

上海白猫股份有限公司陈列的白猫系列产品

上海白猫股份有限公司,是一家口腔护理用品专业生产企业。公司拥有的“美加净”“中华”“白玉”“留兰香”“上海”等名牌牙膏,先后荣获国家金奖、部、市优名牌和著名商标称号。公司提出“让口腔充满青春”的观念,已融入产品的质量之中。

公司是中国牙膏工业的发源地,至今已有90余年历史,其前身中国化学工业社由著名爱国实业家方液仙于1912年创办。当年研制成功中国第一支“三星”牙膏,结束了洋品牌牙膏垄断中国的局面。新中国成立以后,中国化学工业社更名为上海牙膏厂,企业展翅腾飞,从而成为全国最大的牙膏专业生产企业,首创“白玉”(水果香型)牙膏为全国牙膏行业的样板牙膏,进而又创造出一个又一个国内第一的品牌。在改革开放的大潮中,上海牙膏厂与英国联合利华公司合资,后改制为上海白猫股份有限公司,并于2002年在上海证券交易所挂牌上市。

公司目前的主要产品有牙膏及相关口腔清洁用品、复合管和精细化工原料。“中华”“美加净”等品牌以其优良的产品品质,值得信赖的品牌形象,使企业自主品牌产品销量占全国牙膏行业的20%以上,出口占全国牙膏出口总量的40%以上,产品远销北美、澳洲、非洲、东欧、中亚和东南亚等国家和地区。以“凯星”商标命名的牙膏专用原料产品,广泛应用于牙膏、食品、洗涤、化妆、医药等领域,产品的市场占有率逐年提高,主导产品占据40%以上的市场份额。根据市场需求,公司新开发的铝塑复合管加工业务,受到了牙膏、油脂、医药等行业生产厂家的欢迎。

红房子西餐厅

上海红房子西餐厅,原名“喜乐意”,由意大利人路易·罗迈开设于1945年。因门面及外墙都涂上红漆,时间久了,人们称它为“红房子”,1956年正式改名为红房子西菜馆。许多国家元首和著名人士到上海访问时,都曾慕名来品尝法式名菜。红房子西菜馆环境优雅、舒适,置身其间品尝法式大菜,别有一番异国情调。

“红房子”的法式西菜具有“选料考究、操作精细、讲究沙司、注重蔬菜、品种繁多”等显著特点,经营的菜肴有200多种,既有脍炙人口的法式传统菜,更有独树一帜的“红房子”创新菜。其烹制的法式特色菜有:奶油烙名虾、海鲜杯、烙蛤蜊、洋葱汤、牛尾汤、红酒鸡、奶酪小牛肉等。

红房子西餐厅外景

红房子拥有一批西菜名厨，他们结合我国的传统食谱而创制并保持正宗西菜风味的法式菜肴。如特色名菜焗蛤蜊，是将蛤蜊洗净滤干加料拌和后，仍放入壳内，再上炉烧焙，并加油、酒、大蒜泥、芹菜末，色泽鲜美诱人，被外国食客誉为中国的焗蜗牛。法式洋葱汤，清香扑鼻，入口却没有洋葱味。名菜芥茉牛排，由服务员当面配料焗烧，煮好装盘，配上油炸土豆条和时鲜蔬菜，奶芥香味弥漫，肉质极鲜嫩味美，是最能引发食欲的一款菜肴。法式西菜不只是火功独特，而且讲究烹饪用酒。比如烹调鱼类食品就用上等白葡萄酒，去腥味增香气，焗鳜鱼的无腥溢香就源于此；烹调肉类食品要用红葡萄酒，增色增香，难怪芥末牛排特别吊人胃口。

我国领导人刘少奇、周恩来等都曾来过“红房子”吃法式西菜。许多外国元首和著名人士到上海访问，也都慕名来品尝“红房子”法式西菜。

改革开放后，“红房子”由陕西南路逼仄的小洋楼迁至淮海路，顾客纷至沓来，业务更加兴旺。

上海鼎丰酿造食品有限公司

上海鼎丰酿造食品有限公司，是创建于清同治三年(1864)的中华老字号企业。公司遵循市场经济发展规律，发扬“优质举鼎、文明双丰、科技振兴、管理促旺”的企业精神。实施鼎丰品牌战略，加强企业文化建设，促进三个文明建设，提升企业核心竞争力。2008 年年产乳腐近 5000 吨，居全国大型乳腐生产企业前列。酱油近 2 万吨，占上海产量的三分之一；食醋 1.5 万多吨，居全国行业第十位。甜面酱 2 千吨、占上海销售第一。现有鼎丰系列产品 120 余种，火锅调料、香糟卤等调味品销量也日益增长。产品远销除西藏外的全国各地，出口亚非欧 18 个国家和地区，2008 年实现销售超 1 亿元。

上海鼎丰遵循“将质量视作鼎丰生命线，靠创优提高鼎丰知名度”的质量宗旨，坚持走老牌—奖牌—名牌道路，公司相继获得：全国精神文明建设工作先进单位，上海市文明单位“八连冠”，中国商业名牌企业，中国调味品著名品牌企业五十强。乳腐酿造制品先后获得

上海鼎丰酿造食品有限公司外景

1 项国优、5 项部优和 3 项市优产品与优质出口产品。鼎丰牌酿造制品列为“全国名优制品”，上海名牌产品“九连冠”，鼎丰牌乳腐的传统工艺被列为上海市非物质文化遗产，使鼎丰牌由上海著名品牌向全国著名品牌攀升。

上海鼎丰坚持改革创新，2006 年 10 月企业实行资产重组和员工劳动关系重组，成为多元投资的有限责任公司，将遵循科学发展观，强化企业管理机制和激励机制，创新发展鼎丰经营理念，使百年鼎丰再创新的辉煌。

新雅粤菜馆

新雅粤菜馆前身为新雅茶室，创建于 1926 年，系广东南海人蔡建卿创办。茶室原址在上海虹口区四川北路，仅一开间门面，两层楼建筑。一楼门市经营罐头、食品、点心；二楼经营广式茶市、点心、酒菜小吃。主要服务对象为虹口区一带广东籍居民。

南京路上的新雅粤菜馆

由于该店产品质量上乘、清洁卫生,生意日渐兴隆。为了企业发展,蔡建卿于1931年以重金在南京路觅得一块土地,建造了一座设备、设施都属一流的餐馆,于1932年8月18日重新开业,并更名为新雅粤菜馆。

1937年后"孤岛"时期,上海经济畸形发展,新雅的经营业务不断发展。抗战胜利后,由于新雅经营者长袖善舞,新雅粤菜馆成为当时国民党达官贵人、社会名流的享乐挥霍场所,盛极一时。解放后,新雅获得新生,回到了人民的手中。1955年12月,新雅率先批准公私合营,职工积极性得到调动,新雅经营又有新的起色。1956年国家经济形势好转,饮食业提倡发扬名菜名点时,新雅生意又趋繁荣。当时,全市饮食业在南京路新新公司(现食品一店)楼上,举行"上海名菜名点展览会"时,新雅展出的名菜名点30余款,在会内会外都深有影响,吸引了许多顾客来店品尝,"新雅虾仁""葱油鸡""烟鲳鱼""蚝油牛肉""金华玉树鸡"等展出名菜,每天销量近百份,促进了新雅经营业务的发展。

新雅粤菜馆于1998年5月26日改建开业,是新雅历史上规模最大的一次改扩建,亦是新雅搬迁南京路以来的第三次创业。改建开业后的新雅粤菜馆为十层现代化建筑,总建筑面积达8500余平方米,是沪上餐饮业一家集港粤风味特色菜肴、喜庆寿宴、高档宴请、中西点心、羊城风味餐厅、四季火锅、豪华KTV包房为一体的、具有一流设备设施、一流装潢设计的多功能、综合性餐馆。堪称上海餐饮业中设备先进、装潢豪华的一流菜馆。新雅粤菜馆技术力量雄厚,拥有高级技师6名、技师11名、三级以上厨点师、服务师70余名;同时,拥有近千款广帮特色菜点,其中新雅招牌菜、特色菜独步上海、扬名口外。

七、知名企业

上海中石化三井化工有限公司

上海中石化三井化工有限公司成立于2006年4月17日，坐落在杭州湾畔、上海市最南端的上海化学工业区，距离浦东国际机场、虹桥国际机场、上海市中心城区均约50公里，距离中石化上海石化约12公里，毗邻上海国际深水港，水陆交通便捷，事业环境良好，发展前景广阔。公司由中国石油化工股份有限公司与日本三井化学株式会社合资组建，股比各占50%。中国石油化工股份有限公司（中石化）是中国最大的石化企业，在世界上也有很高的知名度。中石化的石油产品和石化产品在中国市场上占有举足轻重的地位。中石化拥有中国最大的苯酚生产能力，中石化在上海化学工业区内建有多个独资和合资企业。三井化学株式会社（三井化学）是世界著名的化工公司，其生产的众多化工产品在亚洲和世界市场上都有重要影响。三井化学是亚洲最大的，也是世界上最主要的BPA生产商之一。三井化学与中石化合作，通过强强联合，发挥各自在技术、资金、管理、原料供应和产品销售渠道上的优势，在中国建立生产和销售BPA的合资企业，能大大提高各自在其核心产业领域的竞争力。

公司利用各自产业领域之优势，全力打造具有国际竞争能力的化工企业。公司首期项目12万吨/年双酚A装置，总投资近10亿元，于2008年12月竣工投产。

公司二期项目40万吨/年苯酚/丙酮装置可年产苯酚25万吨、丙酮15万吨，于2014年建成投产，总投资近20亿元人民币。苯酚\丙酮装置与12万吨/年双酚A装置相结合，形成原料到产品具有一体化竞争能力的苯酚丙酮、双酚A联合装置，可极大缓解国内苯酚丙酮产品供不应求局面，同时进一步做强做大SSMC双酚A产品。

产品介绍：

1. 双酚A

双酚A是生产环氧树脂和聚碳酸酯等高分子材料的主要原料。下游产品广泛使用于汽车、建筑业、电子电器、运动休闲、医疗、包装等各个行业，同日常生活密不可分。

2. 苯酚丙酮

苯酚（Phenol，C_6H_5OH）是一种具有特殊气味的无色针状晶体，有毒，是生产双酚A、杀菌剂、防腐剂以及药物（如阿司匹林）的重要原料。

丙酮（acetone，CH_3COCH_3），又名二甲基酮，为最简单的饱和酮。是一种无色透明液体，有特殊的辛辣气味。易溶于水和甲醇、乙醇、乙醚、氯仿、吡啶等有机溶剂。易燃、易挥发,化学性质较活泼。丙酮在工业上主要作为溶剂用于炸药、塑料、橡胶、纤维、制革、油脂、喷漆等行业中,也可作为合成烯酮、醋酐、碘仿、聚异戊二烯橡胶、甲基丙烯酸甲酯、氯仿、环氧树脂等物质的重要原料。

方达律师事务所

方达律师事务所是中国最早的合伙制律师事务所之一。随着中国经济的发展及国际投资者日益增多的越来越广泛和多样的需求,提供高质量的专业服务以满足客户的需要从而成为事务所的使命。

方达律师事务所作为在商业领域被认可的、处于领先地位的中国律师事务所,成功地服务于国内外各行各业的客户,并不断地参与各种商业领域的交易,提供咨询意见并且设计创新的法律结构,包括资本市场、兼并收购、私人股本融资、银行、结构融资、项目融资、公司事务、境内直接投资、物业发展、税务、知识产权、企业破产、电信、媒体及互联网。

方达律师事务所在上海市南京西路1266号恒隆广场32楼、北京市建国门外大街1号国贸大厦21层、深圳市福田区中心四路1号嘉里建设广场T2座14楼均设服务场所。

方达律师事务所致力于满足每个客户的每个特定需求。对业务涉及的众多领域,事务所都特别强调出色的服务、对交易的商业理解、经济的成本以及快速的反应。

上海北蔡资产管理有限公司

2002年12月18日,由上海六里企业发展总公司、上海北蔡实业总公司、上海北蔡工业有限公司、上海北蔡工业园区投资管理有限公司合并组建上海北蔡资产投资经营管理中心,注册资金3000万元,由北蔡镇人民政府全额投资。2005年6月,更名为上海北蔡资产管理有限公司,注册资金追加至2亿元。公司注册地址为浦东新区沪南路1300号,经营地址为沪南路1000号6楼。

公司的最高权力机构为北蔡镇农村集体资产管理委员会,主营业务涵盖:资产经营管理、投资管理、自有资产租赁和项目开发等。公司现设办公室、财务部、资产经营管理部、招商部。主要职能:受北蔡镇农村集体资产管理委员会委托,负责对镇集体资产的管理,使集体资产能达到保值增值。

公司在北蔡镇党委、政府和集体资产管理委员会的领导下,坚持以科学发展观为指导思想,紧紧围绕又好又快发展经济的核心理念,以促进发展、完善管理为两个基本点,不断推进产业结构调整,通过盘活存量等手段,夯实了集体经济增长的基础,实现了资产做强、总量做大,风险降低的目标。截至2011年底,公司总资产达14.98亿元,净资产达9.29亿元。

地素时尚股份有限公司企业

地素时尚股份有限公司(简称地素时尚)于2002年在上海市长宁区注册设立,注册资金3.4亿元。公司是一家多品牌运作的服饰时尚企业,主要经营范围是服装服饰的设计、销售。

为创造并引导个性化的生活方式,地素时尚创立三个知名女装品牌——独立率性的专属高街品牌DAZZLE,年轻奢华的半手工定制品牌DIAMOND DAZZLE,以及奇幻复古的混搭潮流品牌d′zzit。多元化的风格设计,不仅满足了不同消费群体的兴趣爱好与着装需求，更无一例外地“帮助人们成为最美好的自己”。

当下，地素时尚品牌定位清晰，研发设计团队走在引领时尚的前沿，现代化供应链、营销服务系统、智能网络管理模块等正360度全方位推动各品牌的迅速成长与发展。截至2013年底，地素时尚旗下品牌的终端销售网络已覆盖全国30多个省级行政区域，各品牌全国门店合计达800余家，与恒隆、和记黄埔、王府井、银泰、万达、来福士、百联、太平洋、大洋、大商集团等连锁商业集团建立并保持着紧密的合作伙伴关系。

未来，地素时尚将在品牌的核心价值打造上，投入更多精力与资源，希望可以通过非凡个性的创意、充满艺术魅力的格调以及深切触动心灵的购物体验，打造一座勇敢、创新、充满梦想的时尚乐园，为辛苦而脆弱的人生带来休憩与欢愉，并在国际化的时尚版图上开拓出不可或缺的一席之地。

地址：上海市普陀区丹巴路28弄旭辉世纪广场8号楼

三菱电机（上海）机电电梯有限公司

三菱电机（上海）机电电梯有限公司成立于2002年8月，地址闵行区中春路1211号，是中日合资日方控股的企业。成立初期主要生产世界最先进永磁同步无齿轮曳引机，2007年开始生产日本三菱商标的MAXIEZ系列电梯，公司充分利用三菱电机在高端电梯方面的技术优势和品牌优势，做大做强三菱电梯的市场占有率，同时公司与上海三菱电梯有限公司强强联手，并依托在全国各地71个分公司（2015年3月统计）的销售维保网络，让中国的广大客户使用到世界级先进技术产品、感受到三菱的优秀品质、享受到更人性化的服务。

UDC 上海外联发商务咨询有限公司

上海外联发商务咨询有限公司是上海外高桥保税区联合发展有限公司下属子公司。坐落于集自由贸易、保税加工、物流仓储及保税商品展示交易等多种经济功能于一体的上海外高桥保税区，主要从事外高桥保税区的招商引资，土地开发、企业咨询、运营咨询及相关的商务支持服务，是一家现代高端咨询服务企业。公司多次获得市、区、行业协会的优秀招商引资先进集体、优秀招商团队、青年文明号等荣誉称号。

公司拥有一支高素质、专业化、年轻化的员工队伍。招商人员精通英、日、德等多国语言，为外商投资落户保税区，起到了坚实的纽带和桥梁作用，公司成功引进中国保税区第一家外资控股公司、中国保税区第一家商贸型企业、中国保税区第一家营运中心、中国保税区第一家分拨中心、中国第一家国际贸易结算中心等众多第一。

公司商务咨询范围涉及10多个专业领域、20多项专业服务。公司的合作伙伴遍及18个国家与地区，现有几千家各种类型企业落户保税区，其中，位居世界500强的著名企业就超过150家，如杜邦、通用电器、索尼、东芝、松下、药明康德等。

上汽大通汽车有限公司

上汽大通汽车有限公司（简称上汽大通），是上海汽车集团股份有限公司全资子公司。公司成立于2011年3月21日，总部位于上海市军工路2500号，注册资本58.20亿元人民币。下设无锡分公司、南京分公司、上汽大通房车科技有限公司、无锡申联专用汽车有限公司、上汽大通汽车销售服务有限公司。

公司产品包括“上汽大通 MAXUS”品牌的 MPV、SUV、房车、宽体轻客、皮卡等乘商并举的产品组合和“上汽跃进”品牌的各类轻、中型货车以及各类特种改装车。公司在中国无锡、南京和溧阳拥有三个生产基地:无锡基地生产“上汽大通 MAXUS”品牌产品,产能为 20 万台/年;南京基地生产“上汽跃进”轻中型货车,产能为 10 万辆/年;溧阳基地是全球最大的房车专业工厂,产能超过 2.5 万辆。同时在马来西亚、泰国设立制造基地。

作为上汽集团旗下的国际汽车品牌,上汽大通产品以国宾品质,多次服务于青奥会、APEC、G20 等国际级会议。海外市场方面,产品覆盖全球 42 个国家和地区,在英国、澳大利亚和新西兰的销量名列中国汽车品牌首位。

上汽大通坚持“科技、信赖、进取”的品牌核心价值,在汽车行业中开创了 C2B 业务模式,与用户在整条价值链上进行实时、在线的透明互联,开展个性化产品定制、智能化制造等,通过业务模式和商业模式创新变革,致力于成为“用户驱动、提供具有全球竞争力的汽车产品和生活服务,为用户创造价值”。

浙江民泰商业银行上海分行

浙江民泰商业银行上海分行成立于 2010 年 12 月 30 日,坐落于上海市闵行区吴中路桂林路口。目前,上海分行网点服务已覆盖上海市闵行、嘉定、杨浦、浦东、奉贤、闸北、松江、青浦、普陀、金山等行政区域,并已形成一支 300 余人的年轻化、专业化、特色化的小微金融服务队伍。自开业以来,民泰银行上海分行始终秉持着“与中小企业同发展,与地方经济共繁荣”的企业使命,充分利用上海国际金融中心建设的有利机遇,切实按照“金融服务实体经济”的要求,不断探索和总结,有效开展小微企业金融服务的精细化模式和商业可持续模式,致力于打造成为长三角地区小微企业金融服务的领军银行。

云健康基因科技(上海)有限公司

云健康基因科技(上海)有限公司位于中国上海奉贤生物科技园区(望园路 1698 弄 3 号楼),是一家专注精准医学转化应用的基因组学高新技术企业,是中国精准医学高通量测序的领先者和倡导者之一,国家发改委首批基因检测示范中心,中国自贸区国际精准医疗合作中心,获批参加国家“十三五”精准医学大数据标准体系建设和基因大数据等国家级和上海市重大项目。云健康建立超高通量全基因组测序技术平台 NovaSeq6000、HiSeq X Ten、PacBio Sequel,提供从基因检测到精准健康、精准医学全面解决方案,致力于倡导和引领预防医学、精准医疗事业、健康产业的发展,提升大众的健康生活品质,降低疾病风险。

云健康下设云健康基因中心、云康医学检验所、大数据中心、生命中心、高端诊所、云健康院士专家工作站。云健康拥有国家千人计划特聘专家领衔的国内外生命科学和生物信息专业技术团队近百人。建立集基因检测、高端体检、健康咨询、健康调理、专家交流等服务于一体的综合大健康精准医疗服务平台。目前,云健康已建立中国人群基因突变频率基准库,拥有中国人全基因组数据近 2 万例,测序通量名列全国前 3 位。未来,云健康将以基因技术为基点,在精准健康精准医学领域成为全球领先品牌。造福社会,造福民生。

网址:http://www.chgenomics.com/

上海新世界集团假日酒店管理有限公司

上海新世界集团假日酒店管理有限公司主营宾馆酒店业务，现有直营店 11 家。经营面积 4 万平方米，1200 多间客房，员工 400 余人。目前拥有两大自主品牌，即"海上星喔"连锁酒店和"海上小喔"连锁袖珍酒店。2015 年 12 月，被上海市旅游局、上海市质量技术监督局定为"上海市级旅游标准化示范单位"，公司总经理刘智勤于 2016 年 9 月荣获黄浦区首届"区长质量奖"。

海上星喔都是旅游（涉外）二、三星级酒店，如吴宫大酒店、豪都大酒店、春申江宾馆等。酒店内部装饰前卫、华丽，硬件设施齐全。更拥有风格别致的套房、标房和商务房等多种房型以供选择。

"海上小喔"是沪上首创极具特色的袖珍主题酒店，2015 年 1 月被中国旅游协会和中国旅游报评为"中国十佳特色主题酒店"。在百舸争流的上海住宿业中独辟蹊径，向社会提供了特殊的平价住宿产品：在 8 ~ 15 平方米的空间中，开辟一个有彩电、书桌、卧床、卫浴的新天地；卫浴设计融入人体工程学原理，采用航空高科技材料制成，是个性化的集洗漱、冲淋、泡浴于一体的独立卫生间；床上用品和一次性用品均参照星级酒店的标准；房内安装的是对人眼无害的 LED 灯，并装有等离子空气净化器；上下楼有电梯；消防、安保设施均以最高等级配备；服务以星级酒店的标准执行。"海上小喔"100 多元左右的房价及堪比星级酒店的待遇，为青年朋友和观光一族提供了一个高性价比的大上海投宿之地，并已逐渐成为舒适、安全、健康、时尚的符号。目前，常年处于供不应求的状态。

目前，为了提升宾客入住体验，公司旗下酒店正在进行客房智能化改造。不同凡响的网络视听设备和消除 PM2.5 的空气净化装置，以及可调节的照明、空调、窗帘，均用一块屏幕手动或语音操控，相信定会受到入住旅客的欢迎和青睐。

公司官网：www.nwhotel.com

订房中心：4000661535

微信公众号：nwholiday

东芝开利空调销售（上海）有限公司

1999 年 4 月，株式会社东芝将它的空调设备事业部门单独分离出来，与世界上最大的空调生产企业之一——美国开利公司合并，组成全新的公司：东芝开利株式会社。东芝开利株式会社结合两大集团在全球范围的产品开发、生产及销售网络等方面的优势。2003 年，东芝空调进入中国，为中国用户带来更加安全、可靠、节能、舒适的空调产品。为了满足中国及全球消费者的需求，公司正在丰富产品系列，提供先进的技术服务，提高竞争能力，扩大业务范围。同时通过使用节能技术和新制冷剂推动环保事业的开展。

愿公司的努力能使东芝空调成为每个人优质生活的首选！

公司：东芝开利空调销售（上海）有限公司

地址：上海市西藏中路 268 号来福士广场办公大楼 501 室

网址：http://www.toshiba-airconditioning.com.cn/default.aspx

上海统超物流有限公司

上海统超物流有限公司（简称 STC），隶属于统一企业内流通业这一分支，长期负责为母公司——统一超商台湾投资有限公司提供物流及后勤支援。其关系企业共有43个品牌及公司，包括7-ELEVEn便利店及康是美等。

上海统超物流有限公司成立于2009年4月，地址在上海市松江区新桥镇民益路22号，为台湾统一超商股份有限公司100%投资，集物流配送中心及共享服务中心为一体的企业。物流配送中心：基于供应链垂直整合与专业分工的理念，于2009年4月建置在上海松江的物流中心正式投入营运，业务范围包括仓储理货、流通加工、运输配送等，针对每位客户不同商品特性及物流规模，规划专属的作业流程与设备，提供客户最适化的物流服务。我们的目标是建设高智慧化、高自动化的现代物流，充分利用互联网等最新技术，配备最先进的拣货系统，最大限度地满足客户的需求，目前主要服务客户上海星巴克咖啡经营有限公司、统一超商（上海）便利有限公司、山东统一银座商业有限公司、统一康是美商业连锁（深圳）有限公司等。

上海蔬康网络科技有限公司

上海蔬康网络科技有限公司成立于2009年9月，注册资金1543万元，是在上海本地发展起来的绿色农副产品流通平台。康品汇旗下的菜市场主要围绕社区布局，以互联网为延伸，联合上海市郊及全国知名农村专业合作社，一直坚持“诚信、精选、新鲜、便捷”的经营理念，向家庭直供绿色健康、五星级鲜活品质的果蔬、禽肉、水产、粮油、干货等，并且实现1小时冷链保鲜，配送到家，为都市居民提供“家门口的好食材”。

2010年上线的康品汇生鲜商城面对全上海地区销售全品类生鲜食材，并针对浦东地区实行“当天配送”服务；2013年，康品汇从传统的互联网模式升级为“社区生鲜O2O+创新模式”；2015年底，康品汇从上海浦东发展到徐汇、普陀等区域，开出10多家直营店，实现日均销量5万元的销售业绩，已经成为上海社区生鲜O2O+的领军者。另外，康品汇实现了统一的供应链管理和追溯体系，与政府监管对接，制定符合要求的互联网追溯流程，避免发生食品安全问题，为上海市居民提供绿色健康的生活。2017年，上海市政府公开的首批30家“示范性标准化菜场”中，康品汇有4家门店名列其中。

安吉租赁有限公司

安吉租赁有限公司，属于上汽金融成员企业之一，成立于1993年4月，注册资本31.64亿元。2006年，通过国家商务部、税务总局审批获得融资租赁资质，成为首批20家内资融资租赁试点企业之一。公司聚焦车辆融资业务，致力于成为同行业融资租赁公司的领航者。截至2017年底，资产总额74.64亿元，在册员工127人，业务覆盖全国近300个城市。

公司以客户需求为导向，高度重视服务意识，借助上汽集团的强大背景与支持，依靠高素质人才队伍，竭诚为广大客户提供优质高效的汽车融资租赁产品和服务，力争以最优资源组合，创造最大价值。

公司发挥第三方融资租赁公司独有特色，着眼全国市场，聚焦全品牌新车融资租赁、二手车融资租赁、互联网汽车融资租赁等业务领域，提供独具特色的融资租赁服务。

官方网址：http://www.anji-leasing.cn/

贵宾服务热线：4001800255

上海吴淞口国际邮轮港发展有限公司

上海吴淞口国际邮轮港发展有限公司，是由上海市宝山区政府与中外运上海长航联合成立，主要负责吴淞口国际邮轮港的建设、运营和管理，邮轮港及配套服务，客运旅游及相关旅游服务，游艇基地及相关服务，船舶运输、滚装运输、锚泊服务，船舶代理、邮轮及其他船舶供应、船舶检修及相关服务，交船服务等。

公司码头水域规划岸线总长 1500 米，一期岸线长度 774 米，新建 2 个大型邮轮泊位，同时可靠泊 1 艘 10 万吨级邮轮和 1 艘 20 万吨级邮轮，一期工程已竣工，2011 年 10 月 15 日正式开港运营。吴淞口国际邮轮码头是上海重要的城市基础功能，弥补了上海港无大型邮轮专用码头的缺陷，与北外滩国际客运中心共同形成我国规模最大、功能最全的国际邮轮母港，使上海成为我国邮轮产业中心。

吴淞口国际邮轮码头具有优越的地理优势，S20、G1501、逸仙路高架等快速干道与 M1、M3、M7 轨道交通和四通八达的地面公交，共同形成完善的综合道路网络和轨道交通系统，快速公路网、铁路、航空更可以迅速、舒适、便捷地将客人送往长三角及国内各个区域。吴淞口国际邮轮码头二期建成后，这里将形成以吴淞口为母港的上海邮轮、游船观光旅游圈，与沿海著名港口城市合作，共同打造沿海水上旅游黄金岸线；同时，吴淞口将致力于成为世界邮轮旅游航线的重要轴心。

奉贤宝龙广场

奉贤宝龙广场总建筑面积约 18 万平方米，由大型购物中心、5A 办公楼、酒店式公寓及缤纷商业街区组成。

项目地处上海市奉贤区核心地段，区位得天独厚，是奉贤区目前唯一“地铁上盖”商业综合体项目，依托地铁 5 号线环城东路站点上盖，吸引来自奉贤各方的人群客流。市民可从地铁出口直接进入商场，体验集餐饮、购物、休闲、娱乐为一体的“全天候、一站式”购物的便利。

上海耀华称重系统有限公司

上海耀华称重系统有限公司（简称耀华）创立于 1992 年，是专业研制、生产和销售电子称重仪表的高新技术企业。耀华是《电子称重仪表》国家标准的修订者，是上海市科技小巨人培育企业和中国衡器协会副理事长单位。

耀华生产的 XK-3190 系列称重仪表是上海市名牌产品，年生产能力达 150 万台。市场占有率和覆盖率排名行业前列。现有员工 300 多人，其中，中高级工程师、博士、硕士等专业人员约占 35%。

耀华秉承“专做仪表、做好仪表”的专业化经营理念，通过规模优势和引进科学的供应链管理，确保产品性价比更优且逐年提高；通过持续加大技术投入，确保技术的先进性和竞争优势。目前公司研发团队被认定为“上海浦东新区企业研发机构”，人员规模、薪金投入和技术实力都处于行业领先地位，拥有 50 多项技术专利，并首获中国和荷兰新版 OIML 国际认证等。

耀华充分发挥民主机制，调动全体员工积极参与和主动关心公司事务是耀华的优良传统；不断培养接班人，培养一个团队是耀华的传承机制；耀华是优秀员工的耀华，在竞争和相互比较中不断地评选出优秀员工并成为企业的新股东和主人，是耀华持续发展的动力机制等;从机制设计和文化建设上确保企业发展基业长青。

和通汽车投资有限公司

和通汽车投资有限公司于 2010 年 7 月成立,由中国台湾和泰汽车集团 100% 投资,注册资本为 7804.5 万美元,设立于上海。作为集团地区总部,和通汽车旗下拥有四大汽车品牌(雷克萨斯、一汽丰田、广汽丰田与丰田叉车),共 19 家汽车 4S 店,分布于上海、重庆、唐山、南昌、临沂、枣庄、北京、天津、晋中与泰州等城市。

和泰集团在中国台湾以代理销售日本丰田小轿车及日野大型客货车起家,自 2002 年起,连续多年蝉联中国台湾车市第一名,顾客满意度也一直名列前茅。

和泰集团进入中国大陆后,在上海的布局是以高标准软硬件的作业与高素质人才的结合,从事整车销售与维修服务,并设立上海和凌(雷克萨斯)店,上海和裕(一汽丰田)店,上海和展(广汽丰田)店,上海杨浦和凌(雷克萨斯)店,上海和乾(丰田叉车)店。

上海百联南桥购物中心有限公司

上海百联南桥购物中心有限公司位于上海市奉贤区南桥镇百齐路 288、588 号,一期于 2008 年 1 月 19 日开业,二期于 2010 年 9 月 30 日开业,总建筑面积达 11.06 万平方米,地下停车位 1500 个,项目处于奉贤南桥新城开发项目的中心位置,周围交通便利,高档住宅区密集,周边客层以奉贤本地中高端客源为主。

作为百联股份旗下一家集购物、休闲、娱乐于一体的一站式购物中心,引进了东方商厦(奉贤店)主力店以及世纪联华超市、好乐迪卡拉 OK、海上影城,UNIQLO、第一食品商店等次主力店。此外还有顺丰大酒店、贻贝湾海鲜自助餐厅、避风塘、必胜客、北疆饭店、小菜园、胖哥俩、蜀公馆、左庭右院、云海肴等餐饮品牌及哈根达斯、星巴克、爱茜茜里、满记甜品、红宝石等休闲美食。业态配比是:零售 58%、餐饮 22%、儿童亲子 6%、休闲娱乐 9%、生活服务 5%。

经过十年的发展,百联南桥购物中心已成为目前上海郊区业绩最佳、功能齐全、品牌众多、服务较好、档次较高的一站式购物中心。自 2008 年开业至今,它连续荣获上海市第十六届、第十七届、第十八届文明单位;连续两年

荣获上海商业联合会企业信用“AAA”等级证书;此外,还荣获全国商业服务业顾客满意企业、3.15 诚信服务会员单位、2012 上海零售商上海百货商业年度商业地标奖、2013“我最喜爱购物中心”十大地标奖、2013 第五届上海市场诚信经营“五星级先进单位”、上海市商务诚信建设试点工作先进单位等荣誉称号,以及被评定为上海市消费者权益保护示范联络点等。另外,公司客户服务中心还荣获上海市“巾帼文明岗”荣誉称号;总服务台班组荣获“上海市总工会‘工人先锋号’”荣誉称号。

随着南桥新城的不断发展,道路交通的全面升级,未来的南桥新城将是旅游休闲与人居一体化、景观优美的卫星城市。百联南桥购物中心作为南桥新城的一个商业项目,将切实围

绕百联集团“让消费者更喜爱我们”的经营宗旨，以“做精百货，做活购物中心”为抓手，积极推进商圈调整和创新转型，围绕打造精品百货、城市集市、时尚生活街区、儿童亲子乐园、特色主题餐饮的调整构思继续引进更多的首次入驻奉贤市场的品牌，不断提升经营品牌的能级，将百联南桥购物中心真正打造成为奉贤市民购物、休闲、娱乐的首选之地。

上海华盛建设集团贸易有限公司

上海华盛建设集团贸易有限公司隶属于上海华盛建设（集团）公司，是一家专门从事商业地产运作与管理的企业，目前主要负责上海华盛贸易商场（简称华盛街）的日常经营与管理工作。上海华盛街是一家大型的综合性地下购物商场，坐落于上海市中心南京路和西藏路交界处，地铁二号线人民广场站上层南京西路 19～169 号，东临西藏中路，南临九江路，西临黄陂北路，北临南京西路，全长 368 米，五个出入口直接通往南京路，地理位置十分优越，固有十里南京路，半里华盛街之称。华盛街建筑面积为 24600 平方米，分为南北两区商场，共有三大板块，商铺 400 余间，南区商场建筑面积 18000 平方米，主要经营女士休闲服装、箱包、皮革制品、果汁饮品等，北区商场负二层建筑面积 3300 平方米，已形成总长约 220 米的婚纱一条街，北区负一层建筑面积 3300 平方米，主要经营轻餐饮、时尚饰品、礼品以及各类淘宝小店。本着倡导时尚、互惠互利、完美服务、弘扬商业文化、追求全面发展的精神，公司创建秩序井然的经营环境。商场设有招商部为各厂商提供良好的展示平台和经营环境，竭诚为各厂商入驻提供优质服务。同时华盛街以追求流行时尚，引领缤纷生活为宗旨，欢迎社会各界人士前来选购。

虹桥南丰城

作为上海浦西亲子时尚新地标，同时也是南丰集团打造的首个主题体验式购物中心，虹桥南丰城云集了 200 余家知名国际化商户，其中涵盖 60 多家异域民族特色的美食餐吧、超过 20 家儿童游乐及早教机构、国际时尚、精品超市、电影娱乐及美容健身等多元化的生活方式体验品牌。商场更配有 200 米国际风情美食街“丰尚街”，位于商场顶层，点亮都市绿色生活的天空农场“丰尚小农庄”以及首家设于商场内的婴幼儿剧场。另外，北区 2 层让小车手们在动物城里肆意奔驰的“丰尚跑跑车”和南区 4 层供爱乐者手舞足蹈的“丰尚音悦城”均已升级上线。

与此同时，虹桥南丰城还拥有 1000 个停车位满足前来购物的顾客，在休闲娱乐的同时，不必为停车而烦恼。除了引入优秀的品牌，商场在购物体验中还增添了包含如独立母婴室、婴儿车租借、便民充电等一系列贴心的客户服务。另外，在硬件上，商场的公共空间以及店铺内都可以轻松使用互联网，真正实现了 WiFi 全覆盖；在软件和硬件双重配置的基础上，虹桥南丰城真正实现了一站式购物中心的品质保障，让每一位来到虹桥南丰城的顾客宾至如归，享受购物好心情。

为了进一步提升品牌形象并为消费者提

供更优质的服务及更舒适的体验。2016 年，虹桥南丰城将其品牌宣言升级为“虹桥南丰城一家·一城·一世界”，强调其作为国际化城市综合体，以多元的业态、愉悦的购物环境和丰富的主题活动，为消费者提供全方位的购物娱乐休闲新体验。

中船动力研究院有限公司

中船动力研究院有限公司为中国船舶工业集团公司下属船舶动力系统创新研发设计机构，是舰船动力技术创新的核心企业。公司基于集团在国际海洋动力行业已有的技术优势和市场地位，不断加强创新能力建设和产品自主研发，联合国内外优势资源，深入开展基础、共性和关键技术研究，为我国船用自主动力的发展提供一体化解决方案。

公司专注于船舶动力相关自主品牌大型中低速柴油机、双燃料机、节能减排装置及系统成套设备的开发。目前，公司开发的自主品牌 340 低速柴油机和 MV390 大功率中速机已经完成型式认可，正在开展产品商品化工作。

公司作为总牵头单位的国家工信部船用低速机工程（一期）研制项目于 2016 年底获批。公司于 2016 年 12 月获得高新技术企业认定；2017—2018 年先后获得浦东新区企业研发机构和上海市企业技术中心资质。

上海静捷蔬菜专业合作社

静捷农业成立于 2010 年，是一家集蔬菜种植、加工生产，物流配送于一体的专业化农业公司。旗下在崇明岛拥有三家合作社：上海静捷蔬菜专业合作社，上海靠普果蔬专业合作社，上海乡农农产品专业合作社；两家物流公司：上海静捷物流有限公司；上海洪捷物流有限公司；一家销售公司：上海捷锐农业发展有限公司。目前拥有员工 300 人，其中管理人员 30 人，生产人员 270 人，并高薪聘请专业技术人员 5 名。公司以“绿色蔬菜，健康生活”为目标，引进先进经验与种植技术，大力发展绿色、生态效益农业，采用温室大棚，以蔬菜种植为主。

企业宣言：静捷农业以种植“安全、放心的农产品”为信条，大力发展绿色、生态、效益农业，力争将“静捷”品牌打造成消费者放心、合作单位省心、物流冷链精心、员工用心的全国知名品牌。

格瑞夫(上海)包装有限公司

格瑞夫（上海）包装有限公司一直致力于为各种各样的企业提供极富专业水准且具有竞争力的产品以及服务，包括：钢桶、塑料桶、纤维桶、水桶、IBC 及各类工业包装产品以及灌装服务。

公司一直致力于在全球范围的可持续发展，其目标是通过整个公司的运营，不仅包括公司产品的开发和使用的原材料，还包括产品的回收和再利用，从而减少产品对环境的影响。总之，公司有条件从任何地方为本土、为国际性的客户提供优质的产品以及服务。

上海晨冠乳业有限公司

上海晨冠乳业有限公司成立于 2002 年，总部设在上海奉贤生物科技园区，是上海市首家由中国乳制品工业协会向消费者重点推荐的奶粉企业。

晨冠一直专注于高端婴幼儿配方奶粉及乳制营养品的研发、生产和销售。公司拥有GMP规范建设的全封闭生产车间和现代化检测中心,配备国际一流的产品生产线和精密检测仪器。并通过ISO9001质量管理体系、ISO14001环境管理体系、HACCP危害分析与关键控制点体系认证,及诚信管理体系评价,同时还建成一套完善的人力资源、市场营销、物流供应、财务运作等综合管理体系。

晨冠积极投入研发资金,建成国际领先的婴幼儿配方奶粉研发中心,以"配方科学精确、营养全面均衡、品质安全卓越、容易消化吸收"为研发理念,与国内外知名营养研究机构、高校科研院所的营养学专家、乳品专家、全球知名乳品企业合作,依照CODEX国际食品法典及中华人民共和国国家标准,针对婴幼儿生理特征及营养需求,特别添加活性益生菌,保护宝宝肠道健康。

晨冠始终奉行"以质量为生命、以客户为中心、以市场为导向、以服务为纽带"的经营理念,在立足发展的同时,将社会责任纳入公司战略及日常经营和管理中。2012年起,晨冠牵手中国扶贫基金会"母婴平安120行动",并启动"晨冠关爱留守儿童项目",累计捐赠近500万元。

晨冠将秉承"关爱、责任、诚信、创新"的企业价值观,坚持"致力国人营养事业,科技成就健康之美"的发展愿景,肩负"追求营养健康,你我一起成长"的企业使命,为实现晨冠"健康中国"的梦想而不懈努力。

JCDecaux 德高中国 德高广告(上海)有限公司

德高广告(上海)有限公司隶属于全球领先的户外媒体公司——德高集团(JCDecaux Group)。作为一家专注于户外广告的世界级媒体公司,德高集团在街道设施、广告大牌及交通媒体的三大业务范围内努力不懈地提供最佳服务。2017年集团收入达到34.72亿欧元,业务遍布全球超过75个国家的4280座城市,拥有1117890个广告位的运营权。

2005年,秉承着一贯的专注态度的德高集团,籍着收购本地强势户外媒体公司和取得新合约,进入中国市场。经过10多年不懈地拓展与努力,目前德高的业务已覆盖中国(含香港及澳门)的14座城市,交通媒体(地铁媒体、巴士车身媒体、机场媒体)以及街道设施媒体(巴士候车亭媒体)已成为主营业务。

中国城市化的发展,推进了机场和地铁的建设与改造,巴士的变革,德高在这一过程中成为重要的参与者。德高与合作方真诚合作,充分发挥自身优势,引入全球最高品质的产品、创新的技术以及高效的管理,打造了堪称国际机场媒体典范的机场媒体网络;多元化、充满活力的地铁媒体网络以及高效、优质的全国性巴士媒体网络。

上海7-ELEVEn

7-ELEVEn便利商店源自于美国7-ELEVEn,Inc.,其以销售冰块起家并于1930年一举推出27家图腾商店,导入"便利商店"的服务概念。至1946年更推出当时的便利服务创举:延长营业时间为早上7时至晚上23时。自此7-ELEVEn传奇性的名字在美国达拉斯诞生。

7-ELEVEn是全球最大的连锁便利店,同时被CNN(美国有线电视新闻网)誉为"全球最佳连锁店第一名"。7-ELEVEn便利店分布全球26个国家及地区共超过50000家门市。

统一超商(上海)便利有限公司是中国台

湾统一超商股份有限公司100%转投资，汇集中国台湾、日本、美国等全球7-ELEVEn的成功经验，并与国际化经营型态同步的企业。上海7-ELEVEn致力开发具差异化且符合本地消费者习惯的商品，引领消费潮流，未来仍持续坚持以顾客为本位，提供更多、更新、更优质的服务，追求并实现消费者的便利生活。

作为统一企业核心品牌的7-ELEVEn便利店，于2009年4月进入上海为广大消费者服务，提供"安心、便利、欢乐"的购物环境，不仅打造成为便利店中的咖啡馆情景氛围，更与统一品牌结合大力推广特色主题店，为上海消费者打开大都会的全新便利店新生活，使上海消费者带来一场便利店的消费新体验。7-ELEVEn将持续真诚创新，为您创造感动。

江铜国际贸易有限公司

一、概况

2010年8月江铜股份出资6亿元设立江铜国际贸易有限公司，2012年引入中国兵工和港丰投资(香港)两个战略投资者，注资增至10亿元，2017年底完成首批员工持股试点。

公司主营铜、铅、锌、铝以及稀散稀贵金属等产品及原料贸易，运用国内外市场平台，辅以金融资源和期货手段，开展有色金属及其他产品的国内外现货贸易、进出口和转口贸易等多形式贸易。公司目前设金属事业部、原料事业部、铜加工品部、衍生品交易部4个业务部门，以及贸易执行中心、资金管理中心、企业管理中心、企业行政中心、风险管理部、法律事务部、计划财务部7个执行和管理部门。

公司员工目前总人数153人，本科以上学历占比近90%，其中本科人数98人，硕士及以上人数31人。公司主要管理层包括总裁一名、党委书记一名、副总裁一名、专业总监三名和总裁助理三名。

公司除少数高管由股东方委派外，用人完全市场化，采用员工"能进能出"、管理人员"能上能下"、收入"能增能减"的用人机制，推行末位淘汰制并落实360°全方位考核体系。

二、经营情况

公司2011—2017年累计实现销售收入4175亿元，累计实现利税总额约14.9亿元，其中累计纳税额3.52亿元。公司2017年(未经审计)累计实现销售收入771亿元，实现报表利润983万元，另有2.27亿元表外利润，完成纳税金额8520万元。公司年均净资产收益率10%以上，连续几年获得浦东新区外商投资百强前十位及税收总量奖的荣誉，公司已列国内大型有色贸易企业前位。

三、子公司情况

公司下设5家全资子公司：其中上海江铜物流公司和香港保弘公司主要为大宗贸易的平台公司；保理子公司目前已形成总资产31.5亿元规模，年利润超1亿元；供应链子公司项下的洋山江铜有色金属分拨基地项目已完工，目前拟着力开展仓储、物流业务，相关业务开展申请已获江铜集团批准；新加坡子公司着力开拓中国台湾、东南亚市场，目前形成年销售收入60亿元，利润近千万元水平。

无印良品(上海)商业有限公司

1980年无印良品诞生于日本，主推服装、生活杂货、食品等各类优质商品。无印良品是指"没有名字的优良商品"。无印良品自始至终坚持3个基本原则：(1)原材料的选择。(2)工序的改善。(3)包装的简化。即从极致合理的生产工序中诞生的商品非常简洁，但就风格而言却并非极简主义，就如"空的容器"一样。

无印良品(上海)商业有限公司作为株式会社良品计划的全资子公司,于2005年进入中国市场。无印良品(上海)商业有限公司在秉持良品计划创立之初的理念基础上,一方面向本土化发展,另一方面通过商品和店铺,向中国消费者持续传达感觉良好的生活体验。截至2017年末,已在中国开设230余家店铺,遍布56座城市,成为良品计划在海外最具发展活力的子公司。

上海飞牛集达电子商务有限公司

高鑫零售集团旗下上海飞牛集达电子商务有限公司,2013年6月7日经上海市政府商务委批准,2013年6月18日经上海市工商局登记注册成立。公司投资总额45亿元,注册资本15.5亿元。公司地址:上海市静安区江场西路255号6楼。

公司开设大型电子商务网站:“飞牛网”,并于2014年1月16日正式上线营业,是大润发超市的线上购物平台,是全品类电商网站。

依托大润发采购供应链优势,“飞牛网”与“大润发”线上线下一体化打通。推出包括手机数码、电脑办公、家用电器、家庭清洁、厨卫清洁、家居家纺、服饰鞋靴、美容化妆、个人护理、饮料、酒水、台湾精品、进口食品、文具图书、母婴玩具、宠物商品、生鲜商品17个大类的上百万种商品。向顾客提供国内互联网具有价格竞争力、兼具品质保障的商品,上线不久即深受广大电商网购客户的好评。

2017年1月,“飞牛网”上线全国B2B业务。针对中小型零售商及各类快消品用户开发了全国第一家含生鲜品项的全品类B2B平台——“大润发e路发”。经营品类涵盖:果蔬鱼肉、酒水饮料、休闲零食、米面粮油、清洁护理、母婴用品、调料干货、进口食品、日用百货、文体办公、大小家电、低温食品等分类,拥有20000多个SKU。为小店提供“飞牛便利”与“大润发e路发”双品牌授权合作模式,通过大润发e路发APP进行订货,并征招“城镇代理”协助商铺经营管理、丰富商品结构,指导小店陈列促销等保姆式服务,让小店及“城镇代理”赚钱更轻松。2017年10月,制定“开万家飞牛便利、招万名城镇代理”全国扩张计划。

随着新零售浪潮的兴起,“飞牛网”在新零售领域进行了一次全新的尝试。2017年7月,O2O生鲜电商“大润发优鲜”在“大润发”上海杨浦店率先上线。11月,“大润发”全国门店线上线下全打通,实现了全国线上线下全覆盖。“大润发优鲜”是年轻、时尚、便捷、精致的互联网生鲜超市。通过“大润发优鲜”APP和线下门店为顾客提供优质商品,全国“大润发”门店周边3公里区域,下单后1小时即可送达。新鲜商品6000多种,贴近顾客、满足顾客随时随地随意的购物需求。

2018年2月5日,“飞牛网”全面升级,改版为“大润发优鲜”。“大润发优鲜”依托于“大润发”全国近400家门店,为门店周边3公里的顾客,开启了1小时生活圈的急速新体验。至此,全国近3000万家庭都列入“优区房”范围,得以享受新零售为生活带来的新鲜便利。

2017年第二届新零售峰会组委会授予公司:“媒体影响力2017年零售创新大奖”;2017年第七届中国SEO排行榜(CHINA SEO RANING AWARD)授于公司:“特别奖”。

K11 上海K11购物艺术中心

国内首家购物艺术中心——上海K11于2013年6月28日举行盛大开幕庆典。作为首个把艺术·人文·自然三大核心元素融合的全球性原创品牌,K11将艺术欣赏、人文体验、自然绿化及购物消费相互融合,为大众带来前所未有的独特感官体验。K11秉承品牌核心理念,运用独特的绿色设计,糅合多维的艺术欣赏与交流,汇聚国际潮流品牌,让商业变身艺术,全情打造最大的互动艺术乐园、最具舞台感的购物体验及最潮的多元文化生活区。

K11是一个让商业变身艺术的地方。K11将艺术、文化、时尚与设计的力量有机融合,定期举办各类艺术展览及充满想象力的活动,使K11变身为一座艺术乐园,为日常生活增添如舞台般多姿多彩、充满活力与激情的元素。让消费者在这所艺术乐园中,使普通的购物之旅,变成活泼奇幻、充满艺术感的旅程。

位于K11购物艺术中心B3层的chi K11美术馆占地3000平方米,为上海市中心最佳位置的美术馆。自2013年开幕以来,美术馆举办了超过33场艺术展览,现场吸引超过600000人次参观,包括大师展如"印象派大师·莫奈特展"、"跨界大师·鬼才达利"、艺术与时尚跨界的展览"BAGISM包·当代"、"薇薇安·威斯特伍德:复兴生活"等各式当代艺术展;逾300场展览系列讲座,更向公众开放形式多样的艺术工作坊与艺术论坛。不论老幼,chi K11美术馆为艺术爱好者们提供了绝佳的近距离接触当代艺术的机会。

上海K11购物艺术中心所呈现的不仅仅是一座购物中心,更是一间艺术博物馆、环保体验中心、主题旅游景点和展示人文历史的绝佳场所。K11必将成为上海这个国际大都市的一个潮流新地标!

上海百联杨浦滨江购物中心有限公司

上海百联杨浦滨江购物中心有限公司系上海友谊集团股份有限公司持有85%股权、上海今代纺织科技发展有限公司持有15%股权组成的国有控股合资公司。主要负责已收购C楼地下一层至地上四层商业部分及地下停车库合计85342.77平方米物业的运营管理。购物中心内以餐饮为空间规划主轴,串联购物、养生、文化、娱乐等功能为一体,致力打造"快乐亲子""魅力女性""聚会乐园""品味文化"四大特色,以满足商圈内家庭消费并兼顾商务消费。

企业以"顺应市场变化,突破自我发展"为宗旨,以"快乐休闲、放心购物"为理念,定位为有一定主题的以家庭休闲为主的社区型购物中心。

集荟商业管理(上海)有限公司

上海悦荟广场(简称上海悦荟)位处上海最繁华的南京东路步行街中央地段,紧邻三个地铁出入口,2号和10号地铁线穿行而过。该项目建筑面积约40270平方米,整个营业区域分为七层,涵盖购物、餐饮、时尚和娱乐等多元业态,是南京路上最新潮、最娱乐化的购物中心代表之一。

上海悦荟以娱乐、新潮为最大特色,是上海最吸引当地年轻人与游客的理想地标之一:与国际旅游景点运营巨头默林娱乐集团合作,带来亚洲首家惊魂密境；联手意大利百年经典运动品牌 FILA，打造大中华区店铺面积最大的旗舰店；创立“潮荟社”——潮流市集概念街区，涵盖时尚彩妆、美食茶饮和最 in 的服饰潮牌。在餐饮方面，上海悦荟聚集了众多潮流餐饮品牌以提供丰富的用餐体验：星巴克，麻十七重庆火锅、名城名点、不二茶铺、荷宝街、72 闹咖啡、溪雨观、山人谣、煲宫、蜀签、蛙小川、角屋和皇茶等。此外，购物广场内还入驻包括 H&M、FILA、PULL&BEAR 等时尚零售品牌。

上海悦荟是 Pradera Retail Asia 在中国管理的四家零售地产项目之一，其他三个项目分别位于重庆、青岛和西安。Pradera Retail Asia 成立于 2016 年 9 月，由两家全球顶尖的行业巨头合资成立，凭借其全球零售资产管理经验，致力于在亚洲范围内提供整合、优质的资产管理服务。

柯渡医学科技 KEDU HEALTHCARE TECHNOLOGY 上海柯渡医学科技股份有限公司

上海柯渡医学科技股份有限公司成立于 2006 年，是一家管理医疗设备资产近 400 亿元、产品线覆盖全科室、服务网络覆盖全国的医疗设备资产管理公司，也是一家由上海市财政局、税务局、科学技术委员会等部门联合认证的高新技术企业。

2006 年，柯渡公司成立之初，专注于中高值设备的维护保养，打破原厂的垄断服务，引进竞争机制，推动了医疗设备维护、质控和应用的发展。直至今日，柯渡公司依托自身完善的工程师培养体系，把医疗设备的维护保养推到了一个新的层面，“全面覆盖，深化管理”的全资产管理方案被业内誉为“柯渡模式”。全面覆盖，意味着柯渡公司打破以设备价值为评价重点的管理模式，转向以医疗需求为评价重点，医疗服务以病人为中心，医疗设备的管理也应契合医疗服务的需求。柯渡公司根据医疗行为对患者健康安危的重要程度确定医疗设备维护和质控的严格程度，确保生命支持类的医疗设备能以最佳状态服务患者，减少由于医疗设备使用或保养不当引发的医疗事故。深化管理，柯渡医学不仅提供资产盘点造册，更重要的是通过对医疗设备使用效率的数据分析，为未来的医疗设备购买决策提供有力的实践数据支持，同时通过各种类型、方式的应用课程提高设备的使用效率，更好地发挥医疗设备的辅助作用，为临床提供更好的服务。

12 年的体系建设，柯渡公司已经培养了一支超过 1000 人的工程师、市场销售及运营团队，探索出一套完善的工程师培养、管理、考核体系，成为柯渡医学最宝贵的人力资源财富；完善标准化服务流程；建立国内外多渠道的零备件采购中心，并储备多品牌、数量巨大的设备零备件；研发拥有自主知识产权的医疗设备资产管理软件系统。在这一体系的支持下，柯渡公司不仅赢得了广大的客户信任，同时也获得社会认可。2014 年，柯渡公司在全国第一个提出了医院整体资产管理方案，成为首个正式运营“互联网+设备托管”的设备资产管理的企业。在全国，柯渡医学服务的资产打包医院已超过 150 家医院，其中 50% 是二级以上。其中包含上海交通大学医学院附属新华医院、上海市中医药大学附属中医院、青岛中心医院、厦门大学附属第一医院、上海市临床中心、华山医院北院、松江中心医院、美华妇幼集团、安徽合肥二院、海口市人民医院等。柯渡公司已成为中国极具影响力的设备管理整体解决方案提供商。开创性的“柯渡模式”被载入 2017 年的《中国医疗器械行业发展报告》。

从市场反馈来看，柯渡服务解决方案明显地提升了医疗资产利用效率。柯渡公司不是一般意义上的第三方维修公司，它是一家集成化高效化的医疗设备整体管理优质提供方和运营方。它不仅有多原厂品牌维修服务支持与战略合作，而且自身拥有资质工程师体系及专家技术体系、正规全面备件采购运营平台、基于客户需求扎实稳健的资产管理信息平台等拥有知识产权的综合能力。它是一个在物流、商务运作、信息管理、技术培训等平台上，为客户提供全生命周期管理的可靠伙伴，为客户提供精细化管理，助力客户打造高质量的医疗服务品牌。

柯渡公司用自己的服务在践行自己的诺言：成为中国医疗行业价值管理整体解决方案的合作伙伴，柯渡人的梦想是让中国优质医疗触手可及！

上海新天地

作为上海的城市名片及时尚文化地标之一——上海新天地在品牌发展的道路上始终不断地进行着商业更新和商业优化组合发展，结合“回归社交本真”理念和新零售趋势，在创先打造复合型社交空间的同时，引领文化艺术与实体商业相结合的体验式商业潮流，从而为消费者提供独特的全方位消费购物体验。

新天地南、北里在保留上海近代建筑标志——石库门的建筑外观基础上，创新改造成为集文化、生活、餐饮、时尚于一体的特色地标；**新天地时尚购物中心**旨在为中外设计搭建零距离对话的平台，成为中国设计力量的集聚中心，其丰富的品牌构成包括：国内外知名设计师主导的商业品牌、中国独立设计师品牌、精品买手店及明星潮店；**新里**以“创新体验”为核心主题，旨在成为融合无限创造力和多元化体验的“创意引擎室”，打造具有“无界新意”的商业概念空间；**湖滨道购物中心**则作为目前浦西市中心唯一以生活方式为主打、定位于“健康、运动、生活”的购物中心，满足商务白领、亲子家庭及周边高端小区的各类生活诉求。

上海西门子医疗器械有限公司

上海西门子医疗器械有限公司（SSME）成立于1992年，是西门子医疗业务领域影像及临床设备方面重要的全球研发、制造中心之一。SSME致力于计算机断层扫描（CT）、X光等诊断设备和相关医疗零部件的研发生产，以及相关客户服务。2007年，SSME迁入上海国际医学园区（周祝公路278号），占地面积10万平方米，目前拥有1000多名员工，其中研发人员超过三分之一。由于SSME致力于为全球医疗市场持续创新，全方位助力医疗服务，已连续多次被上海市政府授予“高新技术企业”称号。

近年来，SSME不断加大研发力量的投入，相继为中国及全球医疗用户研发并推出双排、6排、16排到最新的64排（128层）螺旋CT，以及数字X射线成像系统、数字胃肠机、骨科C臂等多种X光影像设备。以CT产品为例，SSME 70%的订单设备出口到包括欧盟、美国、日本、韩国等全球150多个国家。在全球销售的每两台西门子CT中，就有一台来自于SSME。此外，SSME也是西门子医疗全球X光基础医疗产品的研发中心。

上海机场（集团）有限公司

上海虹桥国际机场按满足年旅客吞吐量4000万人次、货运吞吐量100万吨和飞机起降量30万架次设计建设。高峰小时设计起降能力66架次。目前，在2号航站楼南北两个指廊未建设到位、南北两条绕滑道没有贯通前，两座航站楼的年旅客吞吐量为3000万人次。

上海虹桥国际机场现拥有 2 条 4E 级跑道、2 座航站楼，其中以 2 号航站楼为主，除春秋航空以外的国内航空公司都在 T2 运营；1 号航站楼为辅，用于春秋航空公司以及中日韩旅游包机、港澳台地区定期航班。

1 号航站楼建筑面积 13.2 万平方米，2 号航站楼建筑面积 36.26 万平方米。飞行区域占地 628.6 公顷，除 2 条跑道外，还有 3 条平行滑行道，停机位共 161 个，其中近机位 56 个。东跑道长 3400 米、宽 45 米（4E 级）。场区占地 2.25 平方公里（西区 0.5 平方公里，东区 1.75 平方公里），主要设置市政设施、办公、后勤保障和停车场、绿化等。虹桥综合交通枢纽东交通中心位于 2 号航站楼和磁浮车站之间，主要由 3 层水平通道的换乘广场、两个 5 层停车场、两个地面停车场和 5 层商业区等组成。

嘉定大融城

光大安石投资，是专注于中国房地产的投资者，由中国光大控股有限公司、英国安石投资集团、美国对冲基金三大著名金融机构投资联手组建而成。

大融城是光大安石资产管理的商业板块的核心产品。

大融城地处嘉定新城马陆镇，总建筑面积 13 万平方米，同时配备 1000 余个停车位，定位于家庭型综合性的体验式购物中心，力推“一站式”消费和“体验式”购物，集购物、餐饮、文化、娱乐、休闲等各类功能于一体。业态涵盖国际快时尚、餐饮美食、超市、电影院、儿童乐园、美容健身等在内全方位的生活方式体验品牌，大融城从 2016 年 5 月 28 日开业以来，一直致力于为嘉定地区的消费者提供一个充满欢乐、时尚的全天候生活天地。

通联支付，为您全力以赴

——介绍通联支付网络服务股份有限公司

通联支付网络服务股份有限公司（简称通联支付）成立于2008 年，是由中国万向控股有限公司、新华人寿保险股份有限公司等机构共同投资的一家基于第三方支付的金融科技服务企业，总部位于上海，公司注册资本金 14.6 亿元。通联支付是中国支付清算协会副会长单位，是国家高新技术企业和上海市重点软件企业，并被授予“上海市著名商标”称号。

通联支付成立 10 年来取得令人瞩目快速发展。截至目前，已在全国范围内成立 36 家省级分支机构和 300 多个地市业务部，业务范围覆盖全国 1800 多个县域，已经为超过 460 万行业商户、620 万个人会员提供各类支付服务和综合金融服务，年支付交易额超 6 万亿元，机构布局和业务规模在第三方支付行业中位居前列。

通联支付网络服务股份有限公司上海分公司（以下简称“通联支付上海分公司”）2009 年由通联支付设立，多年来凭借对行业的深刻理解，秉持“市场第一、客户第一、服务第一”的经营理念，依托通联支付总公司完善的产品的体系，紧密围绕各行业客户、金融机构以及个人用户的核心需求为银行、保险、证券基金、互联网金融、商旅酒店、房地产、教育、汽车、餐饮等行业提供全方位、多层次、定制化的聚合支付和金融服务解决方案，实现客户服务升级，在价值互联的产业生态网络中，为多方创造价值。从业至今，通联支付上海分公司与各行业知名品牌达成长期友好合作，如上汽集团、锦江集团、红星美凯龙、百丽鞋业、新华人寿、陆金所、证大集团、光明乳业、德邦物流等。

在产品方面，通联支付以聚合为理念，先

后推出聚合支付服务，即聚合个人服务、聚合证券基金服务、聚合银行服务、聚合保险服务，聚合互联网金融服务等。

聚合支付服务是指为商户提供完善的聚合支付服务体系，实现扫码支付、银行卡支付、快捷支付等主流支付方式的一并接入、合并到账和统一对账，全面满足衣食住行等各行业的支付需求；

聚合个人服务——通联钱包，是通联支付旗下一款移动钱包类产品，为个人客户提供安全稳健的金融服务、购物优惠的电商服务、品类丰富的的生活服务。现注册会员600万，线下受理商户超百万家，2016年获得上海市应用信息化委员会“年度推荐APP”称号。

聚合保险服务面向保险行业产业链上下游各个参与主体，以保险科技为核心，以支付服务为基础，以客户为视角，广泛连接资源，打造具有丰富、安全、专业产品的聚合服务平台，致力于助力保险行业产业的持续、健康、良性发展。

基于在第三方支付行业的深厚积淀，今后通联支付将继续加强金融科技创新，带动全产业的支付服务升级与变革，加速金融行业向信息化和智慧化演进，构建互通互联的智慧金融生态圈，为客户创造企业价值，为大众提升生活品质，努力成为基于第三方支付的金融科技服务引领者。

上海电气 SHANGHAI ELECTRIC 上海电气风电集团有限公司

上海电气风电集团有限公司成立于2006年，注册资本34亿元，以“致力于创造有未来的能源”为使命，现已成为全球领先的风电全生命周期服务商，提供包括资源评估、资源开发、机组选型、工程施工、金融服务等定制化解决方案，为用户创造更大价值。2016年海上风电新增装机位于世界第一。

全球领先的风电全生命周期服务商！

上海银星汽车维修有限公司

公司原称上海浦江汽车运输有限公司汽车修理厂，始建于1996年7月，于2006年1月更名为上海银星汽车维修有限公司。位于奉贤区区政府所在地南桥镇南亭公路1301号，处于沪杭公路、南亭公路、亭大高速公路出入口交汇处，位置十分优越。公司是奉贤区唯一具有一类资质的汽车修理企业，是一个有相当实力和规模的专业汽车修理企业。公司以汽车修理（含大小客车、大小货车及危险品车辆）为主体，另设有停车场、车友俱乐部经营业务。

公司坚持以科学发展观适应市场竞争，以此适应车辆修理业务的发展。公司按照现代化企业制度框架建立新型的企业模式，加强内部管理，致力于管理科学化、服务规范化、不断发展创新。公司的质量方针：质量是企业的核心，安全是企业的生命。公司的质量目标：车辆修理出厂合格率达到100%，客户满意度达到95%以上。公司紧紧依靠全体员工共同努力，开拓创新，把企业做优、做强、做大，以安全优质，温馨服务打造“银星”品牌，为创建和谐社会作出应有的贡献。

巴斯夫催化剂（上海）有限公司

巴斯夫催化剂全球业务部是全球环境技术和工艺催化剂业务的领导者，旗下机动车排放催化剂全球业务部作为业内全球领导者，拥有卓越的专业知识、开发创新的机动车排放控制技术，其产品广泛地应用于汽油车、柴油车以及摩托车，以保护人类呼吸的空气，实现更

机动车排放催化剂生产基地内的自动化仓库

健康、更可持续发展的未来。

巴斯夫机动车排放催化剂全球业务部于1976年推出重要创新产品——现代的三元转化催化剂。该产品应用于现代汽车,可消除汽油发动机产生的90%以上的碳氢化合物(HC)、一氧化碳(CO)和氮氧化物(NOx)。凭借这一研发创新,巴斯夫获得了美国国家科技奖章以及联合国10年贡献奖,这款催化转化产品已经成为全世界大多数汽车至关重要的组件之一。

城市的空气污染防治在中国已受到高度重视。据中华人民共和国环境保护部最近的一项污染源分析报告显示,机动车尾气排放是北京、杭州、广州和深圳等城市的主要污染源。因此,汽车排放受到全世界排放法规制定者越来越多的关注。随着排放法规越来越严格,除了对碳氢化合物(HC)、一氧化碳(CO)和氮氧化物(NOx)有限值要求外,对颗粒物(PM)控制也提出了更严格的要求。巴斯夫创新的EMPRO™系列技术解决方案能够满足更严格的排放法规,同时去除汽油车或柴油车排放中的四种污染物,并为汽车制造商、公共交通服务商和私家车主提供了一系列解决方案,以降低排放并提高燃油成本。

巴斯夫研发创新的EMPRO FWC™(四元转化催化技术)结合了传统的三元催化剂以及颗粒物捕集器的功能,只需一个催化单元就能够去除汽油车排放的四种污染物,其优点包括:

灵巧的解决方案以降低背压的影响;可减少封装体积;确保颗粒物排放低于严格的法规限值;降低系统复杂性以及整体系统成本。

在柴油车排放领域,巴斯夫也提供多种柴油机排放控制技术,通过添加不同的组件组合成系统,同时降低CO、HC、NOx以及PM等污染物,满足日益严格的排放控制法规。柴油发动机排放控制解决方案包括:DOC(柴油氧化催化剂),CSF(催化颗粒捕集器),SCR(选择性催化还原催化剂),AMX(氨氧化催化剂),LNT(稀燃氮氧化物捕集器),SCR. 2F(带30尺的颗粒捕集器〉。

巴斯夫催化剂(上海)有限公司是一个集研发、生产、物流、销售于一身的公司。同时,也是巴斯夫汽车尾气催化剂亚太总部所在地。巴斯夫催化剂建有一个先进的自动化仓储系统。自动化仓储系统采用最先进的ERP管理,与传统意义上的仓储系统相比,所有物料进出由机器根据最大分布的原则,自动进行分配,确保100%的准确度。仓库内无须铲车操作,最大程度上提高了仓库效率,充分利用了空间。

巴斯夫催化剂进入中国10余年来,是中国汽车事业迅速发展以及汽车尾气排放法规的推进和落实的主要见证者。巴斯夫催化剂在中国不断地追加生产以及研发投资,服务于国内外著名的汽车厂商。巴斯夫催化剂始终如一,致力为汽车行业提供洁净排放的解决方案,推动国家可持续发展的方针,是催化剂行业的领导者。

昌硕科技(上海)有限公司

昌硕科技(上海)有限公司本着培育、珍惜、关怀员工,让同仁尽情地发挥最高潜力的人才理念,坚守诚信、勤俭、崇本、务实的正道,无止境地追求世界第一的品质、速度、服务、创新、成本,跻身世界级的高科技领导群。

昌硕科技(上海)有限公司以研究设计引

导制造生产，拥有坚强的研究设计团队，投入新产品的发展。公司投资2亿元建设的研发大楼已于2009年1月启用，最多可容纳2000位科研人员办公，成为和联科技集团的“全球制造与研发网络”中心之一。

公司为客户提供从最初期的设计概念、产品发展、投入量产，到新产品上市后的售后服务等流程，在各个环节与客户间紧密结合，透过信息系统使客户能完整而有效地掌握产品生产进度，同时兼顾有效的成本控制及优异的质量水平，进而取得产品优势，凭借着快速的供应物流体系，让客户能在最短时间内取得产品，使客户能全心全力致力于产品的推广及营销活动，以获取最大利益。

昌硕科技（上海）有限公司成立于2004年9月。注册资本3.08亿美元，投资总额6.19亿美元。占地34万平方米。主要从事笔记本电脑、平板电脑、手机等电子信息产品的生产。目前为和联集团华东区域生产的重要基地。随着业务的不断扩大，产值逐年上升，在全国200强出口企业中名列前茅。2012—2014年期间产值排名连续三年在全国排名第四，在浦东新区已稳居第一。2014年全年产值达869亿元，出口额达到138亿美元。

2009年度获上海市外商投资双优企业称号；2010年度列上海制造业50强第七位。2009—2010年连续两年列上海市进出口额百强前20位。2012年列上海市进出口总额排行榜第二位，全市进出口增量第一位；2013—2014年，均进入上海市外商投资先进企业行列，列吸收就业人数和进出口总额百强前10位。

安利捷（中国）投资有限公司

安利捷集团（Abdul Latif Jameel Group）是一家总部在沙特阿拉伯的跨国企业，是日本丰田汽车和雷克萨斯汽车在沙特、阿尔及利亚、摩洛哥和土耳其等多个国家的总代理商，以及埃及、英、德、日本、中国等国家的经销商。集团经营网络遍布全球，年均销售丰田汽车40多万辆。如今，安利捷集团是一家专注于汽车业务、金融服务、媒体业务以及售后服务的综合集团企业。

集团的主要成就：全球最大丰田代理商；与丰田汽车公司超过55年的稳定合作关系；中东最大的汽车融资租赁公司；安利捷被盖洛普公司评为“从世界上最有归属感和最卓有成效的组织之一”。

安利捷（中国）投资有限公司是安利捷集团的中国总部，目标是在全国范围内建立丰田和雷克萨斯汽车销售服务网络，目前已在成都、青岛、武汉、银川及乐山等多个城市设立9家全资子公司，拥有近800员工。截止2017年底，公司在中国的累计新车销量已突破9万台，但这个数字并不能完全概括安利捷在中国市场的20年峥嵘。

安利捷集团在沙特阿拉伯地区（包括中东、北非、土耳其和欧洲地区）60余年的经营发展，安利捷将“顾客为先”的承诺，和丰田公司数十载精心培育的改善活动相结合，力求最完美的客户体验。安利捷中国曾获得丰田金牌店及银牌店奖项，均为丰田公司基于总体表现颁发给一汽丰田经销店的最高荣誉。

安利捷集团总裁穆罕默德·阿卜杜尔·拉提夫·贾米尔说:“我们很荣幸可以成为在中国境内知名的丰田和雷克萨斯的经销商。我们的承诺是创造价值,积累产业经验,深深扎根于当地的长足发展已经让我们成为值得信赖的汽车合作伙伴。”

“从全球来看,我们是丰田最优秀的独立经销商之一,60 余年来已经成为深得丰田信赖的战略合作伙伴。我们关注消费者,将客户优先的理念与不断的改善活动相结合,这已经成为我们与丰田公司坚固而长久的合作的基础,并且将刻骨铭心,如影随形。”

“我们热衷于在我们的祖国——沙特阿拉伯,分享这样的经验,也愿意看到在未来能够用这样的理念服务于中国的客户。”

SKINFOOD since 1957 思亲肤化妆品贸易(上海)有限公司

SKINFOOD LOGO 中的“SINCE 1957”体现了品牌的悠久历史,象征着在 SKINFOOD 研究所中诞生的产品,具有值得信赖的卓越品质。超过半个世纪的化妆品生产及研发领域的专业经验,使 SKINFOOD 公司成为化妆品行业中享有盛誉的优秀企业。SKINFOOD 以“用美味食物制成的美味化妆品”为座右铭,坚持“对身体有益的食物对肌肤也同样有益”这一创新理念,始终专注于对食物中有效成分的研发和探求,寻找对肌肤有益的食物,并从中萃取精华成分研制成各种肌肤保养及彩妆产品。SKINFOOD 品牌进入中国以来,深受消费者的喜爱,多元化的产品线,从脸部到身体,从护肤到彩妆,无微不至地悉心呵护您的容颜。

取美食之精华,还肌肤予美丽。

SKINFOOD 思亲肤以“对身体有益的食物对肌肤也同样有益”为座右铭,秉承“美食”这一独特的理念为品牌根基,创立了全球最初的“美食护肤主义”品牌 SKINFOOD 思亲肤。

为了能让肌肤更直接地感受到美食精华的悉心呵护,让爱美的你体验到更健康的生活方式,我们一直在努力,从未停歇。

第四编

自贸试验区、开发区与区商贸

中国（上海）自由贸易试验区

开发区、工业区

区商贸

一、中国(上海)自由贸易试验区

中国(上海)自由贸易试验区保税区域

一、概况

建设中国(上海)自由贸易试验区(以下简称“自贸试验区”),是党中央、国务院在新形势下全面深化改革和扩大开放的一项战略举措,也是上海当好改革开放排头兵、创新发展先行者的重点抓手。在市委、市政府的正确领导下,在国家有关部委以及市、新区各有关部门、驻区各职能部门和各大开发公司的大力支持下,自贸试验区自2013年9月29日正式挂牌运作以来,积极落实国家战略,以“大胆闯、大胆试、自主改”“探索不停步、深耕试验区”精神推进深化改革,围绕“三区一堡”建设和“三个联动”,加快构建开放型经济新体制,在新一轮改革开放中发挥着引领示范作用。2015年4月,中国(上海)自由贸易试验区正式从28.78平方公里扩展到120.72平方公里,中国(上海)自由贸易试验区保税区域(以下简称“保税区域”)发展进入新征程。

2017年,保税区域坚持以建设最高标准、最好水平自由贸易园区为目标,深入推进制度创新和功能拓展,不断提升贸易和投资自由化、便利化水平,加速推进改革新成果应用转化,有力促进了经济动能转换和产业转型升级,经济发展呈现增长速度快、新兴动能多、质量效益好、贡献比例大的良好态势。据统计,2017年保税区域投资企业完成经营总收入达到19909.52亿元,比上年增长14.5%,净增2521.21亿元。其中以国际贸易、航运物流、金融服务、专业服务等为主体的第三产业完成经营收入19106.13亿元,增长14.9%,占96.0%,所占比重比上年提高0.4个百分点;以高端制造业为主体的第二产业完成经营收入803.39亿元,增长5.2%,占4.0%。这些投资企业完成进出口总额9220.09亿元,增长17.6%;实现利润总额912.72亿元,增长52.5%;税务部门税收666.71亿元,增长0.2%;投资企业年末从业人员31.67万人,增长1.9%。

二、开发建设

保税区域所含外高桥、洋山、机场等园区

中国(上海)自由贸易试验区保税区域

虽然启动建设时间有先后、开发进度有差异，但均已完成大规模的土地开发和园区建设，固定资产投资已度过了高峰时期。2017 年保税区域积极完善投资协调促进机制，强化区域建设与产业升级融合发展，扎实推进重大综合配套项目建设，有序推进云计算中心、保税服务中心、生物研发平台等功能项目建设，促进固定资产投资额快速增长。全年保税区域完成固定资产投资额 43.34 亿元，比上年增长 39.9%。

截至 2017 年底，保税区域已累计完成固定资产投资额 919 亿元(包括洋山深水港建设 1 ~3 期)，其中外高桥 606 亿元，洋山 247 亿元，机场 66 亿元。持续不断的财力投入为区域经济健康发展提供了有效保障。

(一) 外高桥保税区保持快速增长

分区域情况来看，外高桥保税区有效推进基建投资进程和加快产业转型升级步伐，促进了投资额快速增长，2017 年完成 41.76 亿元，比上年增长 58.8%，占保税区域固定资产投资额 96.4%；洋山保税港区依托有色金属分拨基地建设，完成投资额 0.85 亿元；机场综保区在公共服务中心二期建设支撑下，完成投资额 0.73 亿元。

(二) 建筑工程和设备购置投资额占主要比重

固定资产投资额从项目性质上来分，建筑工程和设备购置投资额是保税区域固定资产投资额完成的主体。2017 年保税区域建筑工程投资额完成 26.66 亿元，比上年增长 78.4%，占固定资产投资额 61.5%；设备购置投资额 14.44 亿元，比上年增长 64.5%，占固定资产投资额 33.3%。此外，安装工程投资额完成 1.87 亿元，增长 29.9%；其他费用投资额完成 0.37 亿元。

(三) 施工项目以及新开工项目仍保持一定数量

2017 年在保税区域开展投资建设的企业单位有 23 家。施工项目 37 个，比上年下降 14.0%，其中新开工项目 7 个；竣工项目 21 个。全年施工房屋建筑面积 138.48 万平方米，增长 0.7%，其中新开工面积 12.26 万平方米，占8.9%。全年竣工房屋建筑面积47.02万平方米，增长37.3%。

三、招商引资

随着国内自贸区“1+3+7”格局的形成以及制度创新复制推广的深入，保税区域招商引资“一枝独秀”的优势明显减弱，新设企业数量有所减少，但仍维持在较高区间。据统计，2017年保税区域新设企业3129家，比上年下降45.5%；吸引投资总额234.40亿美元，下降70.5%。外商投资额129.87亿美元，下降49.7%，其中合同外资63.50亿美元，下降61.8%；内资企业注册资本679.48亿元，下降80.5%。

自贸试验区挂牌至2017年底，保税区域累计新设企业30707家。其中，外资企业7373家，占24%，主要是中国香港2653家、中国台湾489家、美国442家位居前三甲；内资企业23334家，占76%。从行业类别来看，贸易类占46.8%，服务类占37.5%，金融类占4.3%，物流类占3.0%，文化教育卫生类占2.3%，建筑和房地产类0.6%。有91家世界500强企业投资125个项目，35家央企投资79个项目，注册资本超过10亿元的企业达到393家。

截至2017年底，保税区域现有注册企业已达38870家，吸引注册资本达到25005亿元。从企业性质上分，外资企业12551家，占企业总数32.3%，吸引注册资本9472亿元，占注册资本总额37.9%（累计实际利用外资173亿美元）；内资企业26319家，占企业总数67.7%，吸引注册资本15533亿元，占注册资本总额62.1%。从外资的国别和地区上分，按企业数量进行排名，位居前五位的分别是中国香港3652家、日本1285家、美国761家，中国台湾632家和新加坡527家。按注册资本进行排名，位居前五位的分别是中国香港4148亿元、新加坡280亿元、美国244亿元、日本223亿元、维尔京群岛114亿元。从行业类型分，贸易类企业19429家，占企业总数50.0%；租赁和商务服务类10086家，占企业总数25.9%；科学研究和技术服务类企业2805家，占企业总数7.2%；物流类企业2635家，占企业总数6.8%，其中仓储类企业1345家，交通及货代类企业1290家；金融类企业1371家，占企业总数3.5%；信息传输、软件和信息技术服务类企业1046家，占企业总数2.7%；文化、体育和娱乐类企业753家，占企业总数1.9%；加工类企业360家，占企业总数0.9%；建筑和房地产类企业246家，占企业总数0.6%；其他类企业251家，占企业总数0.3%。从重点企业分，投资额超过1000万美元（含1000万美元）的外资大型企业累计达到2385家，占外资企业总数19.6%，吸引投资额1232亿美元。2017年度《财富》500强企业中，已有169家500强企业在保税区域投资了381家企业。

四、国际贸易

保税区域作为上海国际贸易中心建设的重要基地，国际贸易是保税区域经济发展的核心功能，也是制度创新、功能拓展的重要平台。随着全球经济温和复苏，国内经济稳中向好，保税区域积极扩大贸易便利化改革和贸易功能创新拓展的成效，不断推动保税区域进出口业务快速发展，为全国、全市外贸增长发挥积极拉动作用，比例贡献进一步增大。据统计，2017年保税区域投资企业合计完成进出口总额9220.09亿元，比上年增长17.6%，占全市比重从上年的27.3%提升到28.6%（全市进出口额32238亿元，增长12.5%）。其中进口额6763.26亿元，增长22.5%，占全市35.4%；出口额2456.83亿元，增长6.1%，占全市18.7%。进出口逆差额保持较大比例，达到4306.43亿元，是上海市进出口贸易保持逆差（逆差额5997.20亿元）的主要方面。

2017年保税区域外贸进出口结构进一步优化调整。在贸易便利化水平提升以及亚太分拨中心加快发展的促进下，保税物流货物进出口规模进一步扩大，完成6253.99亿元，比上年增长11.4%，占保税区域进出口额67.8%。一般贸易进出口额完成2419.40亿元，增长36.3%，占26.2%，所占比重比上年提高3.6个百分点。加工贸易进出口额完成490.81亿元，增长20.6%，占5.3%。外资企业进口设备物品和保税监管场所进出境货物合计进出口额14.36亿元，增长55.8%，占0.2%。此外，2017年保税区域物流货物进出口额占全市保税物流业务96.8%（全市物流货物进出口额6459.7亿元），所占比重比上年提高1.7个百分点；占全国保税物流业务34.1%（全国物流货物进出口额18344.27亿元），所占比重比上年提高0.4个百分点。

保税区域深化贸易监管制度创新，贸易便利化水平不断提高，开展国际贸易业务的优质加快增长。2017年保税区域直接开展进出口业务的投资企业达到5761家，超10亿元大户数量增加，所占比重逐年上升。进出口额超过10亿元的达到133家，比上年净增18家，合计进出口额6360.94亿元，比上年增长22.2%，占保税区域进出口额69.0%；进出口额超过50亿元的企业有21家，比上年净增3家，合计进出口额3919.26亿元，增长20.5%，占42.5%。其中，英特尔贸易（上海）有限公司（全市第一）、英运物流（上海）有限公司、捷豹路虎汽车贸易（上海）有限公司、安靠封装测试（上海）有限公司、康德乐（上海）医药物流营运有限公司和上海近铁国际物流有限公司6家企业在上海市进口企业前十强中榜上有名；英特尔贸易（上海）有限公司、英运物流（上海）有限公司、金士顿科技（上海）有限公司和近铁国际物流（中国）有限公司4家企业在上海市出口企业前十强中榜上有名。

2017年保税区域的投资企业与212个国家和地区发生了进出口业务往来，在与传统贸易伙伴巩固经贸关系的同时，也进一步加强与新兴市场国家的经贸往来。特别是与“一带一路”沿线国家的进出口额达到1879亿元，占保税区域进出口额20.4%。

从洲际区域来看，亚洲、欧洲和北美洲占据主体地位。与亚洲国家和地区完成进出口额4673.91亿元，增长12.2%，占保税区域进出口额50.7%；与欧洲完成进出口额2438.82亿元，增长21.4%，占26.5%；与北美洲完成1221.74亿元，增长26.2%，占13.3%。与拉丁美洲、大洋洲、非洲国家和地区完成进出口额885.46亿元，增长27.4%，占9.6%。

从国家和地区来看，共有29个国家和地区进出口额超过50亿元，比上年净增5个国家和地区，合计进出口额8408.32亿元，增长17.5%，占保税区域进出口额91.2%。共有13个国家和地区进出口额超过200亿元，合计进出口额占71.2%，其中对美国和日本进出口额超过1000亿元，分别完成1166.63亿元和1017.77亿元，分别增长25.7%和16.6%，对德国、韩国、中国台湾和中国香港进出口额均超过500亿元。此外，与英国、法国和澳大利亚的进出口额较快增长，分别完成329.73亿元、243.42亿元和228.10亿元，分别增长10.3%、18.5%和19.1%。对“一带一路”国家进出口额1879.26亿元，增长12.0%，其中对越南、印度、俄罗斯、菲律宾进出口额分别为234.15亿元、130.59亿元、125.85亿元和113.21亿元，分别增长32.4%、22.9%、12.6%和19.2%。

根据海关商品的HS分类标准，在保税区域的进出口商品结构中，机电产品和高新技术产品涉及企业较多，价值总额较高，占据保税区域进出口额主要比重。2017年保税区域机电产品进出口额完成5707.31亿元，比上年增长16.4%，占保税区域进出口额61.9%；高新技术产品进出口额4679.24亿元，增长13.9%，占50.8%。全年有五大HS商品类别进出口额超过600亿元，合计进出口额7426.10亿元，增长15.4%，占80.5%。其中机械电气音像设备类4152.61亿元，增长14.4%，占45.0%（电子产品2833.75亿元，增长11.0%；机械设备1318.86亿元，增长

22.7%)；化工制品 1185.63 亿元，增长19.8%；光学计量医疗仪器 767.99 亿元，增长10.5%；贱金属及其制品 671.45 亿元，增长2.1%；车辆飞机船舶等运输设备 648.42 亿元，增长 39.5%。

五、产业发展

（一）贸易业

贸易业是保税区域经济发展的支柱产业，对经济总量和税收贡献发挥着引领作用。2017 年保税区域贸易企业依托自贸区开拓创新带来的新市场、新功能、新理念，紧抓国内供给侧结构改革带来的新机遇，不断优化产业结构、壮大产业规模、提升产业效益，推动贸易业商品销售额较快增长。2017 年保税区域完成商品销售额 17102.90 亿元，比上年增长13.6%。其中，外高桥保税区集聚众多优势行业、重点企业较快发展，完成 15229.04 亿元，比上年增长 15.0%，占 89.0%；洋山保税港区大宗商品企业波动加大、分化加剧，完成1866.99 亿元，增长 3.9%，占 10.9%；机场综保区也有少量贸易企业开展业务，产业规模扩张迅速，完成 6.87 亿元，增长 35.2%。

保税区域重点贸易企业充分发挥“简政放权”“贸易便利化”等改革成效，不断拓展经营范围，积极优化商品结构，企业销售规模持续攀升，对贸易业发展起到至关重要的推动作用。据统计，2017 年保税区域销售额超过 100 亿元的贸易企业有 27 家，比上年增加 8 家，合计销售额 7217.42 亿元，比上年增长 24.1%，占保税区域商品销售总额 42.2%。

保税区域贸易业涉及 9 个行业大类、48 个行业小类，其中前四大贸易行业的销售额占92.1%。在重点行业大类中：机械设备、五金交电及电子产品行业 8359.76 亿元，比上年增长 13.8%，占保税区域 48.9%；矿产品、建材及化工产品行业 5050.36 亿元，增长 11.0%，占 29.5%；医药及医疗器材行业 1411.63 亿元，增长 14.2%，占 8.3%；纺织、服装及日用品行业 933.87 亿元，增长 10.0%，占 5.5%。此外，食品饮料行业、文化体育用品器材行业以及农畜产品行业销售规模也均超过 100 亿元。

（二）航运物流业

保税区域不仅具有国际贸易、保税物流、保税加工的功能优势，而且坐拥临近海港、空港的区位优势，港口物流功能优势突出，是上海建设国际航运中心的重要载体。2017 年保税区域充分发挥航运枢纽和便利化创新的叠加优势，继续深入推进国际航运综合试验区建设，进一步提高物流运作效率，不断优化分拨配送、供应链管理、港口服务等功能，航运服务专业化程度持续提高，航运物流服务业产业实现快速发展。据统计，2017 年保税区域完成航运物流服务收入 1456.19 亿元，比上年增长21.3%。

1. 港口运输业

2017 年保税区域港口运输业完成收入882.50 亿元，比上年增长 24.0%，占保税区域航运物流服务收入 60.6%。其中洋山 29 家从事水上运输业务的船运企业完成收入807.57 亿元，增长 26.4%，有 20 家企业收入超亿元。

2. 航运服务业

2017 年保税区域航运服务产业完成收入564.13 亿元，比上年增长 17.8%，占保税区域航运物流服务收入 38.7%。其中：包括码头公司、仓储企业在内的港口经营与管理业完成收入 271.00 亿元，增长 8.7%。以专业货物运输、代理等业务为主的航运专业服务业完成收入 254.69 亿元，增长 24.3%。以航运设备租赁为主的航运金融服务业完成收入 30.63 亿元，增长 74.2%。包括培训、航运机械设备检测服务等业务在内的航运教育与科技业完成收入 7.81 亿元，增长 13.5%。

3. 航运基础产业

2017 年保税区域航运基础产业完成收入9.56 亿元，比上年下降 7.1%，由 7 家航运设备制造与维修企业所完成。

（三）加工制造业

2017 年保税区域加工制造企业加快转型升级步伐，着力推动技术改造和产品更新，不断提高创新驱动发展和产业融合发展的能力，克服了重点企业波动影响，加工制造业经济效益持续提升。全年保税区域 122 家规模以上工业企业完成工业产值（注册地口径）644.4 亿元，与上年持平（若不包括“惠普贸易”“波音维修”等 5 家注册在内、经营在外的企业，则经营地口径产值 538.1 亿元，增长 2.7%），实现利润总额 40.6 亿元，增幅连续第二年在 20%以上。

在国家鼓励优先发展的十大高技术产业化重点领域中，保税区域涉及信息技术和高端设备制造等产业。2017 年保税区域高技术产业产值 377.3 亿元，占工业总产值 58.5%，是推动加工制造业发展的重要力量。

2017 年保税区域工业经济涉及 21 个行业大类，有 13 个行业产值增长。其中计算机、通信和其他电子设备制造业有 21 家企业，合计完成产值 357.3 亿元，占保税区域工业产值 55.4%；排名第二位的汽车零部件制造业拥有众多高新技术企业，完成产值 96.9 亿元，比上年增长 6.0%；化学制品制造业、专用设备制造业、非金属矿物制品业和压延加工业等行业增长较快，分别完成产值 47.8 亿元、24.2 亿元、9.3 亿元和 5.4 亿元，分别增长 11.5%、28.2%、26.2%和 21.8%；家具制造业、金属制品、机械设备修理业和纸制品业等行业扭转了下降趋势出现增长，分别完成产值 4.6 亿元、4.5 亿元和 0.7 亿元，分别增长 8.9%、15.2%和 22.5%。

六、功能培育

（一）总部经济

为了顺应跨国公司业务功能整合和国际服务业梯度转移的趋势，保税区域积极推出并有效落实强有力的扶持政策，不断提升贸易便利化水平和服务机制，推动跨国公司整合业务功能，培育、发展、形成多种形态的总部经济体系。2017 年保税区域完善“十三五”多层次总部经济政策体系，对原有的包括营运中心、地区总部、亚太营运商、国际结算中心等在内的企业进行重新梳理，培育涵盖跨国公司地区总部、营运总部、大企业总部、区域性总部、贸易型总部等类型在内的总部企业 196 家。这些总部经济企业依托政策和服务综合优势，进一步叠加积极整合订单销售、贸易结算、供应链集成、人力资源、资金统筹等经营管理职能，充分利用自贸试验区改革创新试点措施，不断拓展业务统筹范围的广度和深度，迅速提升自身在跨国公司集团内部的地位和作用，发展成为集团在中国区乃至亚太地区的区域性管理平台，为保税区域经济发展带来了经济贡献效应、产业聚集效应和产业关联效应。据统计，2017 年保税区域总部经济企业完成经营收入 10543.62 亿元，比上年增长 13.0%，占保税区域企业经营收入 53.0%；完成税务部门税收 276.04 亿元，增长 17.3%，占保税区域税务部门税收 41.4%；完成进出口额 2431.40 亿元，增长 17.8%，占保税区域进出口额 26.4%。

（二）平台经济

平台经济是保税区域经济发展的重要切入点，也是功能政策实施、推进和扶持的重要抓手。随着保税区域综合经济的稳步发展，各市场平台不断提升企业服务水平，充分发挥经营专业化优势，继续优化进出口代理、物流供应链、保税延展、高端咨询等方面服务功能，在扩大进出口贸易便利化、提高稳商服务水平、推动产业转型升级、完善专业功能平台打造等方面做出了积极努力。目前，汽车、钟表、医药、酒类、机床、医疗器械、化妆品、文化服务等是重点发展的专业贸易平台。

截至 2017 底，成功加入外高桥保税市场会员单位的投资企业累计达到 13685 家。据统计，2017 外高桥保税市场合计完成各类商品交易额 14256.02 亿元，比上年增长 10.6%。

保税区三大综合性市场通过延伸服务链，

强化综合服务功能，提升服务能级，拓展服务范围，优化服务模式，为推动保税市场交易额的持续增长奠定了扎实的基础，继续发挥主导作用。据统计，2017 年三大综合性市场合计完成各类商品交易额 13409.74 亿元，比上年增长 10.8%，占保税市场交易总额 94.1%。其中，第一市场交易额规模大，完成 5649.06 亿元，增长 8.0%，占 39.6%；第二市场交易额增速较快，完成 4939.17 亿元，增长 12.4%；第三市场交易额增幅较大，完成 2821.51 亿元，增长 13.7%。

各专业功能性市场继续发挥专业领域特色优势，积极提升服务水平和效能，完善专业服务运作模式，提升贸易便利化水平，帮助投资企业扩大经营规模，促进功能性市场交易额稳步增长。据统计，2017 年各专业功能性市场完成各类商品交易额 846.28 亿元，比上年增长 7.8%，占保税市场交易额 5.9%。其中危化市场、医药市场和钟表市场持续增长，分别完成 274.83 亿元、245.70 亿元和 244.46 亿元，分别比上年增长 3.7%、9.1% 和 20.5%；此外，铁路市场交易额波动较大，完成 19.41 亿元，下降 30.2%。

（三）口岸功能

2017 年保税区域深入推进上海国际航运中心综合试验区建设，不断巩固和提升洋山港、外高桥港和浦东机场的国际航运枢纽功能，促使两大港区集装箱吞吐量和三大外贸口岸进出口货值规模持续扩大。据统计，2017 年外高桥港和洋山港合计完成货物吞吐量 3.29 亿吨，比上年增长 7.1%，占上海港货物吞吐量 43.9%（上海港货物吞吐量 7.51 亿吨，增长 6.9%），所占比重比上年提高 0.1 个百分点；集装箱吞吐量 3638.2 万标箱，增长 7.3%，占上海港集装箱吞吐量 90.4%（上海港集装箱吞吐量 4023.3 万标箱，增长 8.3%），为上海港连续第八年保持世界第一大集装箱港做出重要贡献。

七、发展效益

保税区域不断优化投资和贸易自由化便利化环境，促进了经济规模的不断攀升和经济结构的优化升级，推动了企业经营效益显著提升，弥补了因上年“免、抵”调增值税高基数影响造成的税收缺口，确保了保税区域全年税收比上年微增。据统计，2017 年保税区域完成税务部门税收 666.71 亿元，比上年增长 0.2%，占浦东新区税收 18.8%。其中，地方一般公共预算收入 169.15 亿元，增长 17.9%，占浦东新区一般公共预算收入的 17.0%。

增值税、企业所得税受“免、抵”调增值税和均衡入库两个因素的影响较大，若剔除这两个特殊因素，则保税区域增值税、企业所得税和个人所得税等主体税种均取得实际增长。在“免、抵”调增值税二年高基数的影响下，增值税全年完成 288.04 亿元，比上年下降 5.7%，占保税区域税收 43.2%，这也是制约保税区域税收增幅的主要因素；若剔除“免、抵”因素，则增值税完成 250.90 亿元，增长 29.7%。企业所得税全年完成 258.82 亿元，比上年增长 11.0%，占保税区域税收 38.8%。个人所得税全年完成 97.57 亿元，比上年增长 16.1%，占保税区域税收比重提升至 14.6%。消费税完成 2.40 亿元，下降 82.4%；土地增值税完成 0.65 亿元，下降 51.4%；营业税“营改增”后仅为 0.02 万元，下降 99.8%；印花税完成 14.7 亿元，增长 8.4%。

外高桥保税区

2017 年外高桥保税区贯彻落实自贸试验区各项改革创新举措，进一步优化园区营商环境，继续强化招商稳商和企业服务工作体系，区域产业能级持续提升，新兴经济加快发展，经济运行效益显著好转，经济增长速度在时隔 5 年后再次恢复到两位数增长。据统计，2017 年外高桥保税区投资企业完成经营总收入 16685.29 亿元，比上年增长 15.0%；实现利润总额 721.56 亿元，增长 39.8%；缴纳各类税收收入 1261.74 亿元，增长 11.9%。

一、招商引资

随着国内自贸区“1+3+7”格局的形成以及制度创新复制推广的深入，外高桥新设企业数量有所减少，但仍维持在平稳区间。据统计，2017 年外高桥保税区新设企业 2985 家，比上年下降 45.8%；吸引内资企业注册资本 654.16 亿元，下降 80.9%；外商投资额 81.15 亿美元，下降 62.4%，其中合同外资 44.14 亿美元。

从行业分布来看，贸易类企业 1468 家，下降 46.0%，占新设企业 49.2%；服务类企业 1267 家，比上年下降 41.6%，占 42.4%；租赁类企业 29 家，下降 87.5%，占 0.1%；金融类企业 12 家，下降 85.7%，占 0.4%。此外，物流类企业 103 家，下降 14.9%，占 3.5%；加工类企业 4 家，增长 1 倍，占 0.1%；其他类企业 102 家，下降 42.4%，占 3.4%。

截至 2017 年底，外高桥保税区现有注册企业 35831 家，注册资本 21328 亿元。从企业性质来看，内资企业 23844 家，占企业总数 66.5%；外资企业 11987 家，占 33.5%。从行业分布来看：贸易类企业 18540 家，占 51.7%；租赁和商业服务类企业 9151 家，占 25.5%；科学研究和技术服务类企业 2727 家，占 7.6%；物流类企业 1656 家，占 4.6%，其中仓储类企业 1201 家，运输及货代类企业 455 家；金融类企业 1317 家，占 3.7%；信息传输、软件和信息技术服务类企业 977 家，占

外高桥保税区

2.7%；文化体育娱乐类企业737家，占2.1%；加工类企业359家，占1.0%；其他类企业368家，占1.0%。

二、国际贸易

国际贸易是外高桥保税区经济发展的核心功能，也是保税区政策优势和产业融合联动发展的突出表现。一年来，外高桥保税区积极发挥总部企业集聚和贸易制度创新的叠加优势，以开放型经济发展为核心，不断拓展多元化贸易功能，巩固强化了外高桥对外窗口和对内辐射的作用，促进了进出口额较快增长。据统计，2017年外高桥保税区投资企业完成进出口总额7959.34亿元，比上年增长19.6%。其中进口额5988.62元，增长23.8%；出口额1970.71亿元，增长8.5%。

随着贸易便利化水平的不断提升和功能的拓展丰富，贸易功能和物流功能的优势进一步凸显，投资企业业务运作模式不断创新，促进了进出口贸易方式的调整优化。保税区物流货物进出口额保持主体地位，完成5139.76亿元，比上年增长12.9%，占保税区进出口额64.6%；一般贸易进出口额快速增长，完成2285.22亿元，增长37.1%，所占比重从上年的25.0%提升到28.7%；加工贸易进出口额较快增长，完成482.35亿元，增长21.6%，占6.1%。

据统计，2017年外高桥保税区与196个国家和地区发生了进出口业务往来，其中与亚、欧和北美等传统贸易伙伴的进出口额占主体，与“一带一路”国家经贸往来较快增长。

从洲际区域来看，亚洲、欧洲和北美洲占据主体地位。与亚洲国家和地区进出口额较快增长，完成4216.08亿元，比上年增长13.9%，占保税区进出口额53.0%；与欧洲和北美洲进出口额分别完成2090.69亿元和1023.48亿元，分别增长21.7%和27.2%，分别占26.3%和12.9%。与拉丁美洲、大洋洲、非洲国家和地区合计完成进出口额628.92亿元，增长45.8%，占7.9%。

从国家和地区来看，全年与保税区进出口业务往来超过100亿元的国家和地区达到18个，比上年净增1个。对这些国家和地区合计完成进出口额6661.47亿元，比上年增长18.4%，占保税区进出口总额83.7%。其中对8个国家和地区进出口额超过300亿元，居前五位的分别是美国978.44亿元、日本966.82亿元、韩国592.97亿元、中国台湾570.05亿元，德国553.12亿元。与“一带一路”国家和地区进出口额1582.88亿元，增长16.5%，占19.9%。其中，对越南、泰国、印度、菲律宾、俄罗斯、印度尼西亚进出口额均超过70亿元，增幅均在两位数以上。此外，保税区与意大利、巴西、澳大利亚、荷兰等国家的进出口额均超过100亿元，而且增幅均超过20%。

三、产业发展

（一）贸易业

贸易业是保税区经济的主导产业，也是保税区经济总量和税收贡献的主要来源。2017年外高桥保税区贸易企业紧抓国内供给侧结构改革和产业转型升级带来的新机遇，充分发挥自贸区制度创新和贸易便利化举措的比较优势，继续强化企业品牌效应、规模效应和辐射功能，促使贸易业商品销售额较快增长，完成15229.04亿元，比上年增长15.0%，占保税区域商品销售总额89.0%。

保税区重点贸易企业充分发挥先进营销模式优势，积极优化商品结构满足市场需求，努力拓展商品销售渠道，促进商品销售额较快增长。据统计，2017年保税区销售额超过100亿元的贸易企业有23家，比上年增加10家，合计销售额7229.37亿元，比上年增长15.6%，占保税区商品销售额47.5%；销售额超过10亿元的贸易企业有233家，比上年增加46家，合计销售额12862.33亿元，增长17.4%，占保税区商品销售额84.5%。

（二）航运物流业

航运物流产业是外高桥保税区主导产业之一。2017 年保税区深入推进航运物流功能拓展，不断创新物流业务模式，进一步完善航运物流配套环境的软硬件建设，着力提升航运物流运作效率和联动发展水平，促进了航运物流服务快速增长。据统计，2017 年外高桥保税区完成航运物流服务收入 240.16 亿元，比上年增长 21.7%。

其中，航运服务产业完成收入 227.20 亿元，比上年增长 21.6%，占保税区航运物流服务收入 94.6%。包括专业货物运输代理等业务在内的航运专业服务业增长迅速，完成收入 157.62 亿元，增长 31.4%；包括仓储业务在内的港口经营与管理业稳步增长，完成收入 61.85 亿元，增长 3.2%；包括培训、航运机械设备检测服务等业务在内的航运教育与科技业收入较快增长，完成 7.16 亿元，增长 12.3%。航运基础产业完成收入 6.21 亿元，比上年下降 17.6%，由 7 家航运设备制造与维修企业所完成。港口内陆运输业完成收入 6.75 亿元，增长 1.3 倍，占保税区航运物流服务收入 2.8%。

（三）加工制造业

2017 年，外高桥保税区加工制造企业加快转型升级步伐，着力推动技术改造和产品更新，不断提高创新驱动发展和产业融合发展的能力，工业经济发展实现规模和效益双提升。全年保税区 120 家规模以上工业企业完成工业产值 638.93 亿元，与上年基本持平；实现利润总额 40.4 亿元，增长 26.1%，增幅连续第二年在 20% 以上。

在国家鼓励优先发展的十大高技术产业化重点领域中，保税区涉及信息技术和高端设备制造等产业。2017 年保税区完成高技术产业产值 373.96 亿元，占工业总产值 58.5%。

四、功能培育

总部经济引领示范作用突出。2017 年保税区梳理完善“十三五”多层次总部经济政策体系，对原有的包括营运中心、地区总部、亚太营运商、国际结算中心等在内的企业进行了重新梳理，培育涵盖跨国公司地区总部、营运总部、大企业总部、区域性总部、贸易型总部等类型在内的总部企业 184 家。这些总部经济企业依托政策和服务综合优势，进一步叠加积极整合订单销售、贸易结算、供应链集成、人力资源、资金统筹等经营管理职能，充分利用自贸试验区改革创新试点措施，不断拓展业务统筹范围的广度和深度，迅速提升自身在跨国公司集团内部的地位和作用，发展成为集团在中国区乃至亚太地区的区域性管理平台，为保税区经济发展带来了经济贡献效应、产业聚集效应和产业关联效应。据统计，2017 年保税区总部经济企业完成经营收入 9980.67 亿元，比上年增长 14.2%，占保税区企业经营收入 59.8%；完成税务部门税收 254.67 亿元，增长 15.2%，占保税区税务部门税收 47.1%；完成进出口额 2219.60 亿元，增长 17.4%，占保税区进出口额 27.9%。

平台经济服务效能稳步提升。平台经济是保税区经济发展的重要切入点，也是功能政策实施、推进和扶持的重要抓手。随着保税区综合经济的稳步发展，各市场平台不断提升企业服务水平，充分发挥经营专业化优势，继续优化进出口代理、物流供应链、保税延展、高端咨询等方面服务功能，在扩大进出口贸易便利化、提高稳商服务水平、推动产业转型升级、完善专业功能平台打造等方面做出了积极努力。目前，汽车、钟表、医药、酒类、机床、医疗器械、化妆品、文化服务等是重点发展的专业贸易平台。截至 2017 底，成功加入外高桥保税市场会员单位的投资企业累计达到 13685 家。据统计，2017 外高桥保税市场合计完成各类商品交易额 14256.02 亿元，比上年增长 10.6%。

外高桥港区货物吞吐量继续攀升。2017 年外高桥港区深挖已有航线资源潜力，继续发挥区位优势和口岸功能，完善航运服务，提升智能化管理水平，进一步强化对长江、内河流域的辐射作用，促使港区货物吞吐量和集装箱吞吐量稳步攀升。目前，外高桥港区1～6期共拥有泊位24个，已配备桥吊80台，码头总长度达到5959米，陆域面积达到581万平方米。2017年外高桥港区停靠各类船舶41788艘次，比上年下降0.6%，其中外籍货轮达到9975艘次，增长2.1%，占外港停靠船舶数量23.9%；完成货物吞吐量1.78亿吨，增长8.1%，占上海港23.7%，所占比重比上年提高0.3个百分点；集装箱吞吐量1985.1万标箱，增长8.6%，占上海港49.3%。另据测算，外高桥港区"水水中转"箱量约占44%；"国际中转"箱量约占5%。

五、开发建设

外高桥保税区经过20余年的开发建设，前期的土地开发已经基本结束，园区建设较为成熟，市政配套设施建设基本完善，产业布局相对合理。2017年，保税区加快重点工程项目建设，继续优化区域综合投资环境，紧抓产业功能升级良机，积极推进生物医药平台、仓库改扩建以及企业生产设备改造更新等项目建设，促使固定资产投资额高速增长，全年完成41.76亿元，比上年增长58.8%。

截至2017年底，保税区已累计完成固定资产投资额606.98亿元，积极有效的财力投入为区域经济的持续产出奠定了良好的基础。

固定资产投资额从项目性质上来分，建筑工程和设备购置投资额是保税区固定资产投资额主要组成部分。2017年保税区建筑工程投资额完成25.37亿元，比上年增长1.2倍，占保税区固定资产投资额60.8%。

2017年在外高桥保税区开展投资建设的企业单位共有20家；施工项目35个；其中新开工项目7个；竣工项目20个。全年施工房屋建筑面积119.63万平方米，比上年增长14.6%，其中新开工面积39.90万平方米，占33.4%。施工面积超过1万平方米的项目共有19个，占施工项目54.3%。全年完成竣工房屋建筑面积47.02万平方米，比上年增长37.3%。竣工面积超过1万平方米的项目共有8个，截至2017年底，外高桥保税区已累计完成竣工房屋建筑面积988.84万平方米。

六、发展效益

企业从业人员平稳增长。随着外高桥产业体系的不断完善和产业转型升级进程的加快，对高学历、专业型人才的需求不断增长，投资企业从业人员不仅数量稳步增加，而且人员综合素质不断提高。据统计，2017年末外高桥投资企业从业人员为27.11万人，比上年增长2.5%。从业人员中，中方人员26.22万人，增长2.9%，占外高桥从业人员96.7%；外籍人员0.89万人，占3.3%。

投资企业利润总额快速增长。面对全球经济持续复苏和国内产业升级转型，外高桥投资企业在制度创新、贸易便利化措施的持续推动下，进一步发挥规模效应和集聚作用，有效降低运作成本，充分挖掘新的业绩增长点，促使利润总额实现快速增长。据统计，2017年外高桥投资企业共实现利润总额721.56亿元，比上年增长39.8%。

各类税收收入两位数增长。外高桥保税区在投资企业整体业务规模较快攀升的促进下，区域经济产出效益取得较快增长，为国家和地方财力作出了重要贡献。据统计，2017年外高桥保税区共完成各类税收收入1261.74亿元，比上年增长11.9%，其中形成的中央税收1013亿元，占保税区各类税收收入80.3%。截至2017年底，外高桥保税区已累计完成各类税收收入11567亿元，其中上缴中央财政的有9579亿元，占82.8%，留存地方财政的有1988亿元，占17.2%。

洋山保税港区

一、概述

2017 年洋山保税港区围绕国际航运发展综合试验区的建设目标,进一步增强口岸枢纽功能,提高口岸设施集约利用和智能化水平,特别是洋山四期自动化码头正式开港,有力促进了上海国际航运中心建设。同时,进一步提升投资贸易便利化水平,着力推进国际采购与分拨配送、中转集拼、大宗商品、生鲜冷链、跨境电商、保税维修等新型功能发展,推动区域经济结构不断优化,产业能级进一步提升,经济总量持续增长。据统计,2017 年洋山保税港区投资企业完成经营总收入 3083.68 亿元,比上年增长 10.5%;税务部门税收 105.24 亿元,下降 35.8%(不含"免、抵"的税收 68.23 亿元,增长 25.3%);进出口总额 770.29 亿元,增长 1.1%。

二、招商引资

随着自贸试验区制度创新成果在全国复制推广,保税区域"先行先试"的窗口期基本结束,投资者入驻保税区域恢复常态。据统计,2017 年洋山保税港区新设企业 101 家,比上年下降 25.2%;吸引内资企业注册资本 2.29 亿元,下降 55.0%;外商投资额 33.84 亿美元,增长 1.1 倍,其中合同外资 12.5 亿美元。

截至 2017 年底,洋山保税港区现有注册企业 1956 家,累计注册资本 2509 亿元。从企业性质来看,内资企业 1652 家,占企业总数 84.5%;外资企业 304 家,占 15.5%。从行业分布来看:物流类企业 866 家,占企业总数 44.3%,其中仓储类企业 119 家,运输及货代类企业 747 家(包括 38 家从事海上运输的船

洋山保税港区

运公司)；贸易类企业593家，占30.3%；租赁和商业服务类企业343家，占17.5%；信息传输、软件和信息技术服务类企业55家，占2.8%；科研和技术服务类企业45家，占2.3%；金融类企业32家，占1.6%；文化、体育、娱乐类企业9家，占0.5%；建筑、房地产、餐饮类企业9家，占0.5%；其他类企业4家，占0.2%。

三、国际贸易

根据我国海关的进出口贸易统计体系的规定，洋山保税港区的进出口总额是指注册在洋山保税港区的投资企业在全国各地的海关口岸所直接完成的进、出国境的货物总额。2017年洋山保税港区进一步推进海关、检验检疫等部门改革试点措施的落地范围，加快亚太出口分拨功能的发展，努力克服大宗商品波动带来的影响，促使进出口总额实现增长。据统计，2017年洋山保税港区投资企业完成进出口总额770.29亿元，比上年增长1.1%，其中进口额482.00亿元，增长8.6%；出口额288.29亿元，下降9.4%。

从贸易方式上看，一般贸易增长较快，完成126.59亿元，增长23.5%，所占比重从上年的13.5%提升到16.4%；物流货物进出口额规模较大，完成640.68亿元，下降2.2%，占83.2%。

2017年洋山保税港区共有171家投资企业直接开展进出口业务活动。进出口额超10亿元的企业有19家，比上年净增4家，合计完成进出口额589.15亿元，增长2.5%，占洋山保税港区进出口额76.5%。

2017年洋山保税港区投资企业共与世界各地的165个国家和地区发生进出口业务往来，比上年净增4个国家和地区。

从洲际区域来看，亚洲、欧洲和拉丁美洲仍是主要进出口业务往来区域。其中与亚洲进出口额完成244.29亿元，比上年下降11.3%，占洋山保税港区进出口额31.7%；与欧洲进出口额197.06亿元，增长19.5%，占25.6%；与拉丁美洲进出口额154.40亿元，下降16.4%，占20.0%。三者合计完成进出口额595.75亿元，下降4.7%，占77.3%。

从国家和地区来看，共有23个国家和地区进出口额超过10亿元，比上年净增4个国家和地区，合计进出口额619.81亿元，比上年增长2.8%，占洋山保税港区进出口额80.5%。进出口额位居前五位的国家和地区分别为：智利108.11亿元，下降15.7%；美国79.84亿元，增长16.8%；澳大利亚50.77亿元，增长20.6%；俄罗斯46.70亿元，下降22.0%；印度40.55亿元，下降2.1%。对这五个国家合计进出口额325.97亿元，下降4.1%，占42.3%。与"一带一路"国家和地区进出口225.98亿元，下降11.5%，占29.3%；与波兰、菲律宾进出口额分别为11.67亿元和10.24亿元，分别增长56.8%、64.5%。

四、产业经济

洋山保税港区认真落实各项贸易便利化和通关便利化创新举措，依托独特的地理位置和功能政策优势，积极拓展国际采购及物流分拨配送中心功能，在大宗商品产业和航运物流产业双轮驱动下，区域经济实现较快增长。据统计，2017年洋山保税港区投资企业完成经营总收入3083.68亿元，比上年增长10.5%。

洋山保税港区凭借独有的口岸和航线优势，不断巩固和强化大宗商品集散功能，通过"期货保税交割""洋山铜溢价""大宗商品现货市场"等功能的完善，吸引了众多大宗商品交易商前来集聚，洋山已成为我国重要的大宗商品进出口物流中转集散地和贸易中心。2017年洋山保税港区贸易企业完成商品销售额1866.99亿元，比上年增长3.9%，占洋山经营总收入60.5%。

航运物流业是洋山保税港区的传统优势产业。2017年洋山保税港区充分发挥航运枢纽和便利化创新的叠加优势，积极推进物流分拨配送中心功能，努力提升物流运作效率，推动航运物流产业快速发展。2017 年洋山保税港区完成航运物流服务收入 1156.03 亿元，比上年增长 20.0%，占洋山经营总收入 37.5%。

随着国际航运市场持续回暖，洋山企业的运输业务订单和运价双双上扬，在龙头企业运输业务迅速扩张的带动下，2017 年洋山保税港区港口运输业务收入完成 875.75 亿元，比上年增长 23.6%，占洋山航运物流服务收入 75.8%。其中 29 家从事水上运输业务的船运企业完成收入 807.57 亿元，增长 26.4%。69 家港口内陆运输企业完成收入 68.19 亿元，下降 2.2%。

五、发展效益

洋山保税港区经济发展稳中向好，投资企业从业人员保持一定规模。据统计，2017 年末洋山保税港区投资企业吸引从业人员 4.24 万人，比上年下降 2.4%。从业人员超过 500 人的企业有 18 家，这 18 家企业从业人员合计 2.87 万人，占洋山投资企业从业人员 67.7%。

随着洋山保税港区龙头企业重组波动后经营趋于稳定，加之航运市场回暖，投资企业利润总额成倍增长。据统计，2017 年洋山保税港区投资企业实现利润总额 157.61 亿元，比上年增长 1.6 倍。

洋山保税港区受上年“免、抵”调增值税基数冲高的影响，全年税收出现下降，而不含“免、抵”的实有税收则实现较快增长。据统计，2017 年洋山保税港区完成税务部门税收 105.24 亿元，比上年下降 35.8%，若不含“免、抵”，则实有税源税收为 68.23 亿元，增长 25.3%。

六、口岸功能

目前，洋山深水港 1 ~ 2 期的业务运作主要由上海盛东集装箱码头有限公司负责，包括 9 个 7 万 ~ 10 万吨级大型深水集装箱泊位，码头岸线 3000 米，堆场面积 140 万平方米；洋山深水港 3 期的业务主要由上海冠东集装箱码头有限公司负责，包括 7 个 7 万 ~ 15 万吨级大型深水集装箱泊位，码头岸线 2600 米，堆场面积 238 万平方米。

2017 年 12 月，洋山深水港四期码头正式开港运营。洋山四期拥有 2 个 7 万吨级泊位和 5 个 5 万吨级泊位，配备吊桥 10 个，码头岸线 2350 米，总用地面积约 223 万平方米，平均陆域纵深约 500 米，设计吞吐能力初期达到 400 万标准箱，远期将达到 630 万标准箱，可满足多艘大型集装箱船同时靠泊。

洋山深水港依托特有的区位、政策创新以及区港一体化等叠加优势，努力提升口岸服务能级和服务环境，充分发挥水水中转、国际中转的枢纽作用，促进集装箱吞吐量稳步提升。据统计，2017 年洋山保税港区完成集装箱吞吐量 1653.1 万标箱，比上年增长 5.9%，占上海港集装箱量 41.1%。其中，体现对国内经济腹地辐射服务作用的“水水中转”集装箱量 835.9 万标箱，增长 3.9%，占洋山港箱量 50.6%；体现对国际市场中转功能的“国际中转”集装箱量 190.8 万标箱，增长 14.0%，占洋山港箱量比重从上年的 10.7% 提升到 11.5%。洋山港完成货物总吞吐量 15163.8 万吨，增长 6.0%，占上海港货物吞吐量 20.2%。此外，全年洋山港国际干线集装箱进出港 8083 艘次，下降 11.4%；国内航行船舶 49737 艘次，增长 30.1%，其中内支线集装箱船 9725 艘次，下降 2.2%。

洋山港积极参与上海国际贸易“单一窗口”“一次申报、一次查验、一次放行”等口岸监管模式创新的试点实施，加快智慧口岸建设步伐，促进了口岸通行效率的进一步提升，推动口岸外贸进出口货值取得较快增长。据统计，2017 年全国各地的投资企业通过洋山外贸口岸完成进出口货值 19146.6 亿元，比上年增长 10.2%，占上海口岸外贸进出口货物总值 24.2%。其中口岸外贸出口货值 13391.6 亿元，增长 9.0%，占上海口岸外贸出口货物总值 29.3%；口岸外贸进口货值 5755.0 亿元，增长 13.0%，占上海口岸外贸进口货物总值 17.2%。

浦东机场综合保税区

一、概述

2017年,机场综保区围绕自贸试验区建设总体目标,积极探索建设高水平自由贸易港,深入推进符合企业需求的制度创新,充分发挥各项功能创新的集成效应,不断巩固区域现有的功能板块,区域经济保持快速增长态势。据统计,2017年浦东机场综合保税区新设企业43家;投资企业完成经营总收入140.55亿元,比上年增长49.2%;进出口总额490.47亿元,增长16.5%;税务部门税收20.74亿元,增长45.2%。

二、招商引资

2017年机场综保区继续深化功能拓展,努力优化营商环境,不断完善企业服务,由于受自贸试验区效应退潮的影响,新设企业数和投资额双双下降,但下降趋势逐渐收缓。据统计,全年机场综合保税区新设企业43家,比上年下降54.7%;吸引内资企业注册资本2.39亿元,下降7.3%,外商投资额14.9亿美元,下降44.6%,其中合同外资6.9亿美元。

截至2017年底,机场综保区现有注册企业1083家,累计注册资本1168亿元。从企业性质来看,内资企业823家,占企业总数76%;外资企业260家,占企业总数24%。从行业分布来看,租赁和商业服务类企业592家,占企业总数54.7%;贸易类企业296家,占27.3%;物流类企业113家,占10.4%;科学研究和技术服务企业33家,占3.1%;金融类企业22家,占2.0%;信息传输、软件和信息技术服务企业14家,占1.3%;其他类企业13家,占1.2%。

三、国际贸易

根据我国海关的进出口贸易统计体系的规定,机场综保区的进出口总额是指注册在机场综保区的投资企业(海关代码31226开头)在全国各地的海关口岸所直接完成进、出国境的货物总额。2017年机场综保区继续深化海关、检验检疫等部门创新政策的落地和叠加运用,通过试点运作向常态化运作、小规模发展向集聚化发展的转变,发挥各项功能创新的集成效应,全力推动进出口额较快增长。据统计,2017年机场综保区投资企业完成进出口总额490.47亿元,比上年增长16.5%。其中,进口额292.64亿元,增长22.3%;出口额197.83亿元,增长8.9%。

从贸易方式上看,机场综保区物流货物进出口额占主要比重,完成473.56亿元,比上年增长16.8%,占机场综保区进出口额96.6%;加工贸易和一般贸易分别完成进出口额8.43亿元和7.60亿元,合计占3.2%。

据统计,2017年机场综保区直接开展进出口业务的投资企业有64家,比上年净增1家。进出口额超10亿元的企业有11家,这些企业合计完成进出口额398.26亿元,增长46.8%,占机场综保区进出口额81.2%。进出口额超过1亿元的企业有34家。

2017年机场综保区投资企业共与世界各地的123个国家和地区发生进出口贸易往来,比上年增加3个国家和地区。

从洲际区域看,与亚洲进出口额213.54亿元,增长13.3%,占机场综保区进出口额43.5%;与欧洲进出口额151.07亿元,增长19.8%,占30.8%;与北美洲进出口额109.42

浦东机场综合保税区

亿元,增长22.3%,占22.3%。与这三大洲进出口额合计达到474.03亿元,增长17.3%,占机场综保区进出口额96.7%。此外,与非洲进出口额规模小,但增长较快,完成3.88亿元,增长28.8%。

从国家和地区看,与11个国家和地区进出口额超过10亿元,比上年净增3个国家和地区,合计415.75亿元,增长17.2%,占机场综保区进出口额84.8%。居前三位的分别是与美国108.36亿元、中国香港93.08亿元和德国54.39亿元,分别增长21.8%、13.4%和下降4.4%。此外,与法国、新加坡和日本进出口额也均超过20亿元,并且增幅均超15.0%。

四、产业经济

随着新设企业更多投入经营,企业创新试点向常态化运作转化、小规模运作发展为规模化运作,租赁服务、航运物流、现代商贸等业务加快发展,机场综保区企业经营收入继续保持快速增长。据统计,2017年机场综保区投资企业完成经营总收入140.55亿元,比上年增长49.2%。

随着机场租赁服务业务创新模式的成熟运作以及租赁扶持政策的突破与落实,机场租赁企业进一步集聚发展,运作规模不断扩大,租赁企业服务收入继续保持快速增长,是机场综保区企业经营收入完成的主体。全年租赁类企业完成服务收入达到92.96亿元,比上年增长64.3%,占机场综保区经营总收入66.1%。

随着货物状态分类监管等创新试点的深化以及区域营商环境的进一步优化,航运物流业务保持较快发展。全年航运物流企业完成服务收入59.99亿元,比上年增长51.0%,占机场综保区经营总收入42.7%。

五、发展效益

机场综保区融资租赁产业持续保持快速发展态势,租赁资产规模也不断扩大,促使企业经营效益进一步提升。据统计，2017年机场综保区投资企业实现利润总额33.54亿元，比上年增长48.8%；有30家企业实现利润超过1000万元，合计利润总额32.30亿元，占机场综保区企业利润总额96.3%。

机场综保区在租赁业务快速发展的拉动下，税收产出效益持续快速增长。据统计，2017年机场综保区完成税务部门税收20.74亿元，比上年增长45.3%。

二、开发区、工业区

上海化学工业区

一、概述

2017年,上海化工区坚持稳中求进、进中求质的工作基调,主动适应经济发展新常态,积极落实市政府年度工作目标和各项改革举措,在安全环保、高端发展、创新驱动、智慧升级、辐射带动、配套服务、降本增效和责任关怀等八个重点领域狠下功夫,实现了园区全年销售、产值和各项经济运行指标的高速高质增长。累计实现销售收入1319.79亿元,比上年增长29.3%,完成年度目标的132.0%;完成工业总产值1270.71亿元,增长31.0%,完成年度目标的133.8%,首次双双突破千亿大关。入驻企业实现利润总额260.85亿元,比上年增长142.3%,累计上缴税金125.54亿元,同比增长53.8%。战略性新兴产业总产值占园区工业总产值约40%,超过全市平均水平近10个百分点,加上工业总产值对全市化工行业的贡献率达93.7%,拉动全市化工行业增长两个百分点,成为全市化工行业的排头兵。

二、区域开发与建设

1. 守牢底线红线,政府监管责任得到进一步强化

园区全年未发生死亡事故和较大事故,园区平稳有序,安全环保总体基本可控。

(1) 生产安全形势平稳可控。贯彻《中共中央、国务院关于推进安全生产领域改革发展的意见》精神,部署落实园区安全应急领域近20项改革创新工作任务。开展重大危险源安全网格化监控试点,推进园区公共管廊"四防"工作的落实。完善安全生产"双控"防控机制,完成企业分级管控风险点的排查工作。与市安监局联合主办"2017上海市化工装置突发事件应急综合演练",提升应急管理能力。以"全面落实企业安全生产主体责任"为主题,开展"安全生产月"系列活动,推进园区安全文化建设。接受国务院消防工作考核组考核和国务院安委会安全生产工作巡查,均获得好评。

(2) 本质安全水平稳步提升。深化第三

方安全环保巡检，重点针对化工企业检维修等事故易发环节，加强培训、现场巡检和部门检查力度，及时排摸消除事故隐患。启动园区第三轮整体性安全风险评估，完成首次雷击灾害风险评估工作。协助市安监局完成园区第一批15家试点企业的电子标签自动识别应用系统，初步实现危化品流动流向信息的动态监管。实行应急物质的第三方储备，完成应急资源的智能化储备系统。党的十九大期间开展重点装置每日巡查，实行企业24小时值班和每日定时报告，实现了重点节点园区安全生产、环境保护工作的稳定。

（3）环境综合整治全面落实。金山综合整治行动方案确定的19项年度任务按计划完成，全面完成环境综合整治三年行动计划。从源头控制、过程控制、末端治理等方面，积极推进挥发性有机物深度治理，推动14家企业完成22项深度治理任务，园区环境空气中挥发性有机物平均浓度为120.4微克/立方米，较上年同期下降了7.8%。推动新入区企业严格按照《上海化学工业区企业执行污染物排放标准体系指导意见》要求，执行园区推荐标准。积极推进中央环保督查整改任务，制定整改方案，7家企业的11项任务按照时间节点已顺利完成。和市环保局共同组织了“上海市突发环境事故应急监测演练”，拉动全市16个区的环境应急监测队伍，在园区开展突发环境事故应急监测实兵演练。

（4）生态园区建设持续推进。国家生态工业示范园区通过复核评估，国家环保部专家组经过听取情况汇报、资料核对、现场核查，肯定化工区持续推进低碳、绿色、循环发展。开展绿色园区创建研究，编制《上海化工区绿色园区创建方案》《上海化工区绿色园区自评价报告及第三方评估报告》，报工信部评审。积极实施以能源利用绿色化、高效化为基础的绿色重点工程，稳步推进，园区主要化工产品原料轻质化，赛科乙烯装置原料多样化改造项目已获备案；重点发展可再生能源利用，长浦新电在G3空地建设移动式光伏电站，完成一期20兆瓦容量建设。

（5）综合监管效能得到彰显。成立管委会总值班室，落实应急值守、动态报告、电台点名制度，夯实应急管理工作基础。公共事务中心强化对特殊施工作业的安全监管，推出质量终身责任承诺制度；医疗中心设立上海红十字会现场初级救护培训基地，提高企业职工自助和互助急救能力。公安分局加强对反恐主体责任落实情况的督导检查，积极推进交通大整治，关闭南竹港砂石料码头，构建起交通专项整治行动长效机制；消防支队大力推进微型消防站建设，制定了区内企业微型消防站建设管理标准；边检站加强“智慧边检”建设，维护口岸安全；边防派出所着力维护沿海一线安全稳定；质监支队完善特种设备“一站式”服务和归口管理，开展特种设备隐患排查治理标准化试点。

2. 推动产业升级，经济发展质量和效益持续向好

立足全市发展大局，推进化工产业高端发展、绿色发展，建设化工科创中心，经济运行稳中向好，好于预期，呈现增长更稳、效益更好的高质量发展态势。

（1）发展上海化工产业信心倍增。落实市长应勇2017年11月2日到化工区调研时提出的“三最”“四要”的工作要求，制定《关于贯彻落实市领导调研上海化工区指示精神的实施意见》，明确下一阶段园区开发建设的重点任务、职责分工和具体措施。积极研究化工区下阶段开发建设亘点内容，发展资金政策经市政府常务会议通过延续至2022年底，为园区新一轮发展提供了强有力的保障。

（2）产业高端化发展目标逐步明晰。结合上海战略性新兴产业发展要求，编制完成《上海化工区产业高端化发展规划研究》，瞄准化工新材料和高技术、高附加值的精细化工产品，开展招商引资。制定《上海化工区招商项目准入评估办法》，建立科学、规范的项目引进前置标准。与荷兰领事馆举办“智慧化工”论坛，与法国驻沪总领事馆举办“上海化工区与法国商务投资署战略合作框架协议换约仪式”，增强上海化工区在荷兰、法国等国工业企业中的影响力。召开2017国际专家咨询会，着力解决企业反映最直接、最关心的问题，全面改善园区投资发展环境，不断提升化工区国际竞争力。2017年1—12月，化工区批准项目总投资6.68亿美元，超额完成全年计划，完成固定资产投资37.28亿元。

（3）科创平台建设框架基本形成。对接上海建设具有国际影响力的科创中心建设战略，按照化工高端化发展和战略性新兴产业发展方向，提出建设上海国际化工新材料科创中心的战略构想，形成了建设上海国际化工新材料科创中心方案；通过集聚高校、科研院所和企业集团的科创资源，在各单位现有创新资源和科创基地的基础上，实施多点布局，化工区集中建设化工新材料中试平台、孵化器；推进现有企业建设研发中心或技术中心，吸引全市化工研发机构和国内外人才集聚。

（4）杭州湾北岸石化区块一体化管理方向明确。在征询市政府相关部门以及金山区、奉贤区政府意见建议的基础上，不断修改完善实施方案，将总体思路逐步聚焦到产业、安全、环保、应急等领域的联动统筹上；落实市长应勇关于“统一发展目标、统一规划布局、统一管理标准、统一执法尺度”的指示精神，围绕发展规划、产业的正面和负面清单、项目预审、日常管理、监管执法等重要环节，按照“责权利、人财物”相匹配的原则，增强管委会的统筹协调力度，强化市有关部门的监管执法，落实金山、奉贤两区的属地责任，共同承担一体化管理任务。按照市领导先期启动金山分区和奉贤分区的新要求，进一步完善36.1平方公里规划面积地块的一体化管理方案。

（5）服务企业各项措施取得实效。帮助巴斯夫及时完成抗氧剂项目备案，满足其及时投产应对市场的要求；解决彤程化学研发中心扩建等项目先行备案，支持企业上市融资，扩大规模；帮助毕克助剂项目解决分期投资带来的土地节约化等问题，促进投资者落户上海的决策；推动神马公司尼龙66项目试点“三委两局”重点产业项目土地指标绿色通道，为下一步获得市规土局用地指标，打通待收储土地供地的通道。做好国家、本市支持实体经济发展政策的宣传贯彻，帮助企业及时申报有关优惠政策，巴斯夫涂料公司79500吨汽车涂料扩建项目和巴斯夫化工5800吨催化剂一体化生产项目获得2017年上海市产业转型升级发展专项资金奖励7888万元。鼓励企业开展节能技术改造、落实挥发性有机物减排，为园区企业申请770余万元市级资金补贴。

3. 补短板增活力，精细化管理服务水平进一步提升

积极运用互联网+思维，落实供给侧改革，调整公用工程价格，完善园区配套服务，提高园区核心竞争力。

（1）智慧园区建设重点有力推进。制定加快推进智慧园区建设的实施意见、智慧园区建设总体规划纲要（2016—2030）、智慧园区建设十三五行动计划，召开“智慧园区建设推进大会”，全面启动智慧园区重点项目。举办“2017互联网+智慧化工园区（上海）高峰论坛”，分别与上海电信、上海移动、上海信投等6家公司签署战略合作框架协议，借助社会力量推进智慧园区建设。以智慧生产、智慧政务、智慧服务三大应用系统建设为突破口，完善了相关工作制度；管廊公司获评市经信委2017年首批上海工业互联网创新发展专项资金项目；化工区成功创建上海市工业互联网创新实践基地；4G无线专网、智慧园区门户和大数据决策中心等智慧园区基础设施建设项目已形成工作方案；管委会移动办公系统、网上政务大厅等应用已上线运行，开发了统计分析平台；安全环保智慧化政务项目有序推进，完成第一批15家试点企业电子标签自动识别系统等项目。

（2）政府管理水平得到提升。运用新媒体、新手段加大信息宣传力度，全年微信公众号发布信息近700条。做好上海市对外表彰候选人的推荐工作，化工区共有两位外籍高管分别荣获2017年“白玉兰纪念奖”“白玉兰荣誉奖”。聘请法律顾问单位，发挥法律顾问在化工区制定重大行政决策、推进依法行政中的积极作用。配合市审计局顺利完成管委会2016年度部门预算和决算草案、2014—2016年度专项发展资金、两届管委会主任任期内经济责任审计等4项审计工作。接受市财政局对化工区2015—2016年专项发展资金使用情况和预决算公开情况的监督检查。及时修订《上海化学工业区专项发展资金管理细则》，制定《上海化学工业区专项发展资金项目库管理办法》等制度，完善专项发展资金管理。

（3）园区配套服务能力不断改善。建立园区绿色共享通勤班车服务平台，运用新能源汽车公司服务开通了15条通勤定线和3条短驳线。园区道路大修工程进展顺利，神工路、舜工路等7条道路大修工程全部完工，舜联路道路和上下水管网工程完工投用，防护林提升改造（中段）工程完工。管廊防撞工程全部完工并通过验收，全封闭管理工程的围网施工基本完成。医疗中心扩建项目已结构封顶，管理中心职工餐饮优化布点等项目有序开展，展示厅改建陈列方案已完成。

（4）企业减负举措初见成效。协调赛科、科思创、工业气体等园区企业参与电力直接交易，交易电量约13.4亿千瓦时，预计直接节约用电成本2600万元。推动天然气价格三轮下降，全年可降低园区企业生产成本约1.3亿元。推进漕泾热电与上电漕泾的协同合作，进一步获取低成本蒸汽，上半年蒸汽价格下降4.5元/吨，10月1日起蒸汽价格再降9.64元/吨，全年企业蒸汽使用成本下降约3200万元。推进公共管廊、生活用水、废料处置、码头等公用工程费用下调，降低园区企业成本约1000万元。

（5）“放管服”改革工作有序推进。全面实施告知备案制度，简化申报和备案批复两步走为企业自主备案一步走；外资企业的设立和变更实现备案制，强化备案事后监督检查。借鉴自贸区清单管理，在实施产业正面清单和安

2017年9月，有机改性硅氧烷工厂举行正式投产典礼

全环保负面清单的基础上，推行项目准入征求意见和评估制度，让各专业部门提前介入指导项目推进，减少政府前置审批，强化事中事后监管和服务；深化“放管服”改革，落实“三个一批”工作要求，明确当场办结事项 11 项。梳理网上政务大厅审批事项，编制管委会行政审批业务手册和办事指南。

（6）责任关怀为周边社区送去实惠。完成责任关怀“十三五”规划的编制，印发《关于推进责任关怀工作的实施意见（2017—2020年）》；综合各方力量、成立化工区责任关怀工作指导委员会、形成例会制度；发展公司落实2017 年度 500 万元综合帮扶资金；公共管廊公司向两镇拨付 2016 年度分红款 640 万元；2017 年 1—12 月，金山区、奉贤区分享化工区上缴的税收约 30.41 亿元。深化“公众开放日”活动，增加开放接待基地和科普互动环节，扩大受众面和影响人群，年内共组织 20 批开放日活动，累计达 808 人；深入推进“双结对、好邻居”活动，持续开展爱心助医活动，全年助医门诊接诊 7000 多人次；成立 6 个责任关怀专项工作小组，交流分享专项工作经验，开展综合帮扶、结对共建、企业社会责任、美丽村居系列宣传，扩大化工区责任关怀工作影响。

三、重大项目

1. 全球助剂和测量仪器的领先供应商毕克化学（BYK）7 月 19 日在上海化学工业区举行全新一体化基地的奠基仪式。这个集研发、技术服务、物流仓储、生产和行政管理为一体的新基地一期建设投资约 3000 万欧元，将为毕克化学在大中华乃至整个亚太地区的业务继续扩展打下坚实的基础。毕克化学大中华区总经理傅德春在奠基仪式上表示：“在上海建设这样一个一体化基地，它对于整个毕克化学乃至阿尔塔纳（ALTANA）集团未来的长远发展都具有战略意义。这个一体化基地的投资，将确保我们在未来的很长时间内继续保持

2017 年 11 月，巴斯夫化工催化剂装置落成典礼

在研发、客户服务、生产物流的领先地位，并为客户提供更为优质的产品和服务”。新基地将建立符合毕克化学全球标准的应用实验室，将配备先进的化学合成装置和精密分析仪器，同时强化本地的研发团队，逐步引入最新的技术，为中国市场定制本土化产品。新基地项目总占地面积超过50000平方米，预计将于2018年下半年投入运营。

2. 8月11日，上海化工区与太阳化学公司举行投资意向签约仪式，该公司确定在上海化工区投资建设先进电子应用材料中国研究中心及生产基地。这一项目是园区定制厂房代建租赁的第一份合约，是发展公司及所属企业积极开拓招商新模式的首项成果。太阳化学是世界领先的颜料和油墨生产研发企业，其产品广泛应用于手机电路板油墨、太阳能电路板绝缘涂层等领域，欧洲市场占有率已达50%，目前正在拓展中国市场，预计占有率可达70%。签约之后，化工区企业发展公司将根据太阳化学公司的业务需求和项目要求，代为建造定制厂房，建成后以租赁形式，用于电子应用材料研究中心和生产基地项目，主要生产电路板油墨、数码喷墨油墨及UV油墨。

3. 9月5日上午，赢创数千万欧元新有机改性硅氧烷工厂举行正式投产典礼。该新厂投资约5.4亿元，可提供年产能3.2万吨的有机硅表面活性剂，采用同类产品目前最先进的工艺技术和生产设备，产率高，能耗低，污染少，并可根据客户需求进行快速灵活的调整安排，更快响应、满足市场需求。

4. 11月30日，巴斯夫世界级化工催化剂生产装置在上海化工区正式落成。该巴斯夫全资拥有的生产装置，是巴斯夫在亚太区的首套化工催化剂生产装置。根据巴斯夫全球11套化工催化剂生产装置的运营经验，该装置高度自动化且节能环保，能利用尖端生产技术生产创新的催化剂和吸附剂产品。它们将主要用于脂肪醇、苯乙烯、丁二醇等化学品的生产。截至2016年底，巴斯夫与合作伙伴在化工区累积投资197亿元（约合25亿欧元）兴建世界一流的生产装置，其产品将直接推动中国产业发展和现代化，提高中国化工和其他行业生产的效率，减少对进口的依赖。据介绍，到2020年，亚太区化工产值将占到全球的60%，其中，中国将占据一半以上。

漕河泾新兴技术开发区

董事长、党委副书记、总经理　桂恩亮

2017 年，漕河泾新兴技术开发区（简称园区）高举科创中心建设旗帜，加速推动“产业、园区、公司”转型升级，在产业发展、科技创新、服务体系和空间建设等方面再创佳绩。

一、产业发展换档提速

园区经济指标全面上扬，关键指标均取得两位数以上增长。地区生产总值 1133 亿元，营业收入 3240 亿元，利润总额 316 亿元，进出口总额 96 亿美元，税收总额 140 亿元，分别比上年上升 14.3%、10.5%、14.5%、14.8% 和 33.3%。

全年新引进重点项目 85 家，包括：世界 500 强 3 家，分别为全球电脑营销领军公司 TECH DATA、能源与材料领军企业韩华集团、汽车零部件企业三井金属爱科特；行业龙头及隐形冠军 10 余家，包括国内信息安全龙头奇虎 360、风电设备龙头明阳风电、磁性与光学记录体龙头东电化兰达、三维光学仪器龙头布鲁克，以及智能仓储机器人领域快仓智能、肿瘤免疫细胞治疗领域亘喜生物科技、工业 4.0 领域赛往云信息技术等。

二、科技创新再上台阶

紧抓优质项目，探索孵贷投联动。引进中央千人计划企业 2 家，孵化器共有 428 家企业（项目），其中获得 1000 万元以上融资的企业 13 家；中小企业融资平台召开 5 次贷审会，共为 60 家次企业提供 3.2 亿元贷款授信；漕河泾天使基金首个投资项目落地；首期 5 亿元、总规模 50 亿元的“漕河泾东方科创基金”投资成立；新增上市或挂牌企业 10 家。漕河泾国家知识产权试点园区通过验收，上海知识产权交易中心、上海商标审查协作中心挂牌开业。园区企业累计申请专利 28254 件。每万人拥有发明专利 235.3 件，比肩国外科技创新发达地区。

开展漕河泾科创嘉年华活动历时 4 个月，共举办活动 60 多场，吸引了全球近 500 个项目，50 多家世界 500 强企业，30 多个国家（地区）20000 余人次观众和 300 余家媒体参与。开幕式当天，新华社 6 文连发，在参考消息、新华每日电讯、新华网、新华社等渠道给予大幅报道。

漕河泾在国际科技园协会第三十四届世界大会上分享“开放创新平台的尝试”。举办第二十届国际企业孵化器培训班，与一带一路沿线 20 多个国家 40 余名学员共同探讨“创新生态栖息地的最佳管理实践”。此外，还与思科共建“创新实验孵化空间”，与标致雪铁龙（PSA）和交大举办中法人才培养交流会等。

三、服务体系提质增效

物业服务细化营运体系，落实项目品控常

2018 年第一次贷审会暨 2017 年度工作总结会在开发区融资平台举行

态化检查及时效性整改，形成《项目分等定级执行标准》执行手册，颁布《外包供应商绩效评估实施办法》，实施酬金制项目管理。

人才服务推出招聘、应聘、校招、结算等线上服务，为 1986 家（次）单位推荐人才 8 万人，意向录用率超 30%；研发"福励宝"在线服务产品，为 3.5 万人次提供服务，派遣代理签约员工 1.3 万人；开通职称培训手机端报名、签到、付款等功能，开展职称培训 120 场，培训 1.35 万余人。

商务服务抓"科创平台"建设，整合子分公司系统 17 个，梳理重点业务 28 项，集成 e 服务平台资源 16 家；建立商业管理标准；创新经营合作机制，增强单体收益，服务覆盖近 3000 家企业、20 余万人。

环建服务聚焦前沿，从容器苗、立体绿化、土壤修复等方面，探索生态创新。建设容器苗培育基地，引进吸收国际先进容器苗技术。同时，以屋顶、桥柱、棚架等为载体，增加园区绿量。制定园区土壤标准，开展固废处置、土壤修复等研究。

能源服务推进安全体系建设，落实制度标准，强化现场管理，突出隐患整改，提高安全意识，确保安全生产有序可控。园区加油站以满分通过上海石油贸易行协会特许经营的资格审查。

企业协会推动赵巷、枫泾、海宁、遵义等分区合作交流；与区内贝岭科技园、复星园、聚科生物园等加强联动与合作，组建园中园分会。举办活动 21 场，协助企业解决人才落户、子女入学、白领公寓申请等难题。

承办上海市开发区运动会。

四、空间建设攒足后劲

2017 年园区本部项目施工 53.8 万平方米。其中光启园四期、桂谷大楼开工，"中环航母"新洲大楼三期五、科技绿洲三期一竣工并获得美国绿色建筑协会认证 LEED 金奖，研发中心二期获得上海市白玉兰奖。

通过国家生态工业示范园区复查评估，荣膺 2016 年度国家级经开区绿色发展最佳实践

漕河泾科汇大厦夜景

园区;启动编制新一轮交通改善方案,一期先行改造钦州北路、虹漕路、桂果路、上林路4条道路走向和3个结点。

推进华美达、凤凰园以及合川路公交枢纽等地块控规调整,有望增加5.7万平方米的建筑体量。推进上澳塘景观、高压线下绿带、宜山路、国商中心灯光等改造工程项目,打造开放共享、低碳出行、区域识别显著的街区形象。

三、区　商　贸

奉贤区商贸

一、概述

奉贤区经济委员会主任
徐建龙

2017年，奉贤区商贸运行态势良好，商贸流通稳中有进、稳中提质，对外贸易回稳向好，利用外资稳步推进。全区实现社会消费品零售总额535.1亿元，比上年增长9.1%。进出口总额750.14亿元，比上年增长16.5%（其中，出口448.86亿元，比上年增长12.6%；进口301.27亿元，比上年增长22.9%）。新批外资企业（含迁入）429家，比上年增长24.7%；合同利用外资6.8亿美元，比上年下降0.2%；实际利用外资2.76亿美元，比上年增长5%。

二、商业经济

（一）商业流通规模扩大，对全区经济增长贡献率平稳提升。

全区商业增加值（包含批发零售业、住宿餐饮业）共计103亿元，可比增长8.8%，增速高于全区增加值增速（4.3%）4.5个百分点；商品销售总额合计1660.1亿元，比上年增长10.2%。商业对全区经济增长的贡献提升，拉动全区生产总值增长1.1个百分点；商业增加值占全区和第三产业的比重达到13.2%、29.7%，发展趋势平稳。批发零售业保持第三产业主导地位，其中批发零售业91.07亿元，可比增长9.1%，仍然牢牢占据第三产业增加值中行业规模第一；住宿餐饮业11.96亿元，可比增加6.3%；批发零售业占商业比重达88.4%，比上年上升0.1个百分点。

（二）消费规模继续扩大。

社会消费品零售总额合计535.1亿元，比上年增长9.1%，完成年初设定的社零额目标。服装、鞋帽、针纺织品类增长快速，比上年增长24.6%；中西药品类、汽车类比上年分别增长1.4%、8.6%。区消费市场全年发展较为稳定，五大主要业态累积销售比上年增加6.55%。在网络购物兴起的大环境下，网络购物类比上年销售增长尤为明显，一定程度上影响了传统消费商业。2017年五大主要业态销售占比分别为：购物百货类36%，卖场超市类15.3%，专业专卖店类18.5%，宾馆餐饮类6.2%，网络购物类24%。专业专卖店类和网络购物类销售占比较上年分别提高3.5个和2个百分点。

三、服务业

2017年，区现代服务业总体呈加速增长态势，第三产业在全区经济结构中的比重创出新高，有效地促进和推动了全区经济的转型发展和能级的提升。全年完成第三产业增加值347.05亿元，比上年增长7.2%，占全区比重44.5%，比上年提高1.1个百分点。其中，批发零售业实现增加值91.07亿元，比上年增长9.1%，住宿餐饮业实现增加值11.96亿元，比上年增长6.3%；信息、计算机服务和软件业实现增加值37.42亿元，比上年增长8.8%；金融保险业实现增加值45.36亿元，比上年增长9.6%；房地产业实现增加值37.9亿元，比上年下降20%。实现第三产业税收169.5亿元，比上年增长19.2%。

平台经济稳步发展。2017年，全区有上海石油化工交易中心、上海煤炭交易中心2个市级平台，聚集大宗商品交易平台、电商平台、专业市场平台、制造业集成平台、专业服务平台5类重点平台企业，涉及大宗商品能源、生产资料与农副产品3个领域。其中，上海石油化工贸易服务功能区入驻平台会员企业736家，交易量1851亿元，比上年增长14.2%，税收1.7亿元，比上年增长9.5%。

推进服务业招商。2017年，奉贤区经委鼓励商务楼宇、服务业集聚区、产业平台等利用优质专业第三方招商平台开展定向招商、精准招商，会同区招商办和新城公司，依托上海函众商务管理服务有限公司联合启动中企联合大厦的楼宇招商。

四、利用外资

2017年，奉贤区新设（含迁入）外资企业429家，比上年增长24.7%。增资（含并购股转）外资企业74家，比上年增长4.2%。实际利用外资2.76亿美元，比上年增长5%。合同外资6.8亿美元，比上年下降0.2%。其中制造业合同外资1.96亿美元，占合同外资28.8%；服务业合同外资4.84亿美元，占合同外资71.2%。2017年，全区合同外资来源地居前五位的国家和地区分别为中国香港、日本、美国、韩国、中国台湾，合同外资总额5.1亿美元，占全区合同外资额75%。其中，中国香港合同外资额累计达3.48亿美元，占全区合同外资额51.18%。

年内，泉膳（中国）投资有限公司和似鸟（中国）投资有限公司被市商务委正式认定为跨国公司地区总部。全区新批合同外资500万美元以上的大项目20个，合同外资1.95亿美元，占合同外资28.7%；全年增资合同外资500万美元以上的大项目15个，合同外资3.04亿美元，占合同外资44.7%。

2017年利用外资情况表

利用外资方式	批准外资企业			合同利用外资	
	项目（个）	总投资（万美元）	比上年（±%）	外资金额（万美元）	比上年（±%）
外商与港澳台直接投资小计	429	62082.40	-43.97	34914.78	-31.98
合资企业	48	14548.62	-84.09	5285.59	-79.07

（续表）

利用外资方式	批准外资企业			合同利用外资	
	项目（个）	总投资（万美元）	比上年（±%）	外资金额（万美元）	比上年（±%）
独资企业	380	47532.28	145.30	29628.64	2.10
股份制	1	1.50	—	0.55	—
增资企业	74	76371.37	94.96	33098.65	96.47

2017 年外商与港澳台投资主要来源地情况表

类别	国别（地区）	项目（个）	投资总额（万美元）	合同外资（万美元）	国别（地区）	项目（个）	投资总额（万美元）	合同外资（万美元）
新批项目	小　计	429	62082.40	34914.78	瑞　士	2	435.04	220.74
	韩　国	82	3646.22	2897.00	巴　西	2	12.03	11.45
	中国香港	79	36974.27	17326.77	孟加拉国	2	41.90	35.42
	中国台湾	75	2771.99	2600.32	西班牙	2	2037.96	580.71
	美　国	29	1300.03	1185.39	喀麦隆	1	15.00	15.00
	新加坡	15	2371.19	1399.95	约　旦	1	10.00	10.00
	日　本	15	1375.10	768.59	土耳其	1	3.00	3.00
	英　国	12	330.82	287.28	捷　克	1	11.24	11.24
	德　国	11	2889.97	700.68	开曼群岛	1	2000.00	2000.00
	法　国	9	348.01	263.01	印度尼西亚	1	7.32	7.32
	澳大利亚	9	1361.66	1161.84	朝　鲜	1	2.90	2.90
	维尔京群岛	9	1260.72	1095.19	多　哥	1	2.80	2.00
	印　度	7	79.16	75.16	叙利亚	1	14.53	14.53
	意大利	6	50.90	44.90	智　利	1	10.50	8.00
	马来西亚	6	77.39	71.22	委内瑞拉	1	5.00	5.00
	尼日利亚	5	143.35	139.35	菲律宾	1	1.45	1.45
	萨摩亚	4	1491.40	1094.40	卢森堡	1	7.68	5.37
	塞舌尔	4	323.03	275.03	突尼斯	1	7.28	7.28
	加拿大	4	72.53	61.03	巴基斯坦	1	15.00	15.00
	挪　威	3	36.75	36.75	津巴布韦	1	15.00	15.00
	比利时	3	30.00	30.00	罗马尼亚	1	2.00	2.00
	加　纳	3	11.80	10.00	肯尼亚	1	2.00	2.00
	俄罗斯	3	150.00	130.00	哈萨克斯坦	1	10.00	10.00

（续表）

类别	国别（地区）	项目（个）	投资总额（万美元）	合同外资（万美元）	国别（地区）	项目（个）	投资总额（万美元）	合同外资（万美元）
新批项目	瑞　典	3	109.94	109.94	爱尔兰	1	74.00	74.00
	墨西哥	2	6.11	6.11	阿联酋	1	14.53	14.53
	荷　兰	2	91.97	70.97				
增资项目	小　计	74	76371.37	39171.86	塞舌尔	2	149.50	109.50
	中国香港	22	47291.52	16463.37	澳大利亚	2	987.35	5.06
	美　国	7	500.33	2561.36	瑞　士	1	5092.72	1697.57
	韩　国	6	542.60	495.00	中国澳门	1	11.60	11.60
	日　本	6	9832.60	4641.50	挪　威	1	0.00	3.64
	中国台湾	6	171.49	715.75	萨摩亚	1	0.00	4.62
	德　国	4	4900.12	1628.21	法　国	1	874.20	291.40
	泰　国	3	1075.66	1075.66	荷　兰	1	2150.00	860.00
	新加坡	3	1486.00	750.00	马来西亚	1	5.00	3.75
	英　国	2	238.50	238.50	喀麦隆	1	98.00	98.00
	维尔京群岛	2	925.00	990.00	巴拿马	1	0.00	400.00

五、对外贸易

2017 年，奉贤区外贸进出口总额 750.14 亿元，比上年增长 16.49%。其中进口额 301.27 亿元，比上年增长 22.90%；出口额 448.86 亿元，比上年增长 12.55%。至年末，全区有进出口企业 2868 家。出口企业中外商投资及港澳台企业 1213 家，出口额 262.06 亿元，比上年增长 4.34%，占出口总额 58.38%；内资企业 1655 家，出口额 186.80 亿元。出口额 10 亿元以上企业 7 家，2 亿～10 亿元企业 32 家，1 亿～2 亿元企业 41 家。区主要出口机电产品、机械产品、塑料制品等产品，全年出口额 189.69 亿元，比上年增长 17.78%。分贸易方式看，一般贸易出口额 281.64 亿元，加工贸易出口额 145.58 亿元，其他贸易出口额 21.65 亿元。出口产品主要销往美国等 100 余个国家和地区。

2017 年主要进出口商品情况表

HS 商品分类	出口额		进口额	
	金额（万美元）	比上年（±%）	金额（万美元）	比上年（±%）
第一类　活动物；动物产品	8588.34	-1.82	88682.96	362.92
第二类　植物产品	21773.55	-10.88	105094.82	77.71
第三类　动、植物油、脂、蜡；精制油脂	37.90	416.62	5862.99	71.90
第四类　食品；饮料、酒及醋；烟草及代用品的制品	34330.56	20.41	103247.81	25.78

（续表）

HS 商品分类	出口额		进口额	
	金额(万美元)	比上年(±%)	金额(万美元)	比上年(±%)
第五类　矿产品	2767.74	65.00	183966.12	121.31
第六类　化学工业及其相关工业的产品	395831.00	39.69	375494.98	21.78
第七类　塑料及其制品；橡胶及其制品	319647.43	5.87	421761.27	13.28
第八类　革、毛皮及制品；箱包；动物肠线制品	69376.97	-3.68	41053.40	-5.08
第九类　木及制品；木炭；软木；编制品	22952.92	22.01	45682.55	-2.81
第十类　木浆等；废纸；纸、纸板及其制品	29960.67	-17.79	51790.20	-7.20
第十一类　纺织原料及纺织制品	372602.31	8.91	101838.98	19.79
第十二类　鞋帽伞等；羽毛品；人发制品	39835.18	-1.90	983.23	11.43
第十三类　矿物材料制品；陶瓷品	104767.67	3.32	55542.58	7.92
第十四类　珠宝、贵金属及制品；仿首饰	8843.09	47.71	2037.57	12.37
第十五类　贱金属及其制品	469728.31	27.44	347695.05	30.73
第十六类　机电、音像设备及其零部件	1896912.02	17.78	719596.53	10.64
第十七类　车辆、航空器、船舶及运输设备	153153.89	-3.48	102388.84	17.44
第十八类　光学、医疗等仪器；钟表；乐器	130512.45	-6.86	140603.86	9.98
第十九类　武器、弹药及其零件、附件	5026.49	-6.28	0	
第二十类　杂项制品	367190.47	-11.86	114140.17	8.87
第二十一类　艺术品、收藏品及古物	377.36	2655.51	51.32	90.78
第二十二类　特殊交易及未分类商品	34358.70	58.71	1711.39	29.07

2017 年出口商品主要输往地情况表

输往地	出口额绝对值(万元)	比上年(±%)	输往地	出口额绝对值(万元)	比上年(±%)
小　计	4488607	12.55	北美洲	881994	2.17
亚　洲	2243509	22.30	美　国	785601	0.16
日　本	629985	5.65	欧　洲	739940	7.58
东　盟	561879	24.94	拉丁美洲	265120	-1.41
韩　国	206852	2.11	大洋洲	241610	2.27

六、趋势预测与对策建议

2018 年，奉贤区将以十九大精神和习近平新时代中国特色社会主义思想为指引，牢固树立新发展理念，践行市委、市政府“坚定发展取向，构筑战略优势，打响四大品牌”工作要求，全面提升实体经济发展能级和水平。

主要奋斗目标：社会消费品零售总额 580 亿元，同比增长 8.5%；外资到位资金 2.7 亿美元；出口总额 430 亿元。

（一）推进消费促进活动

做好 2018 年各项消费活动的筹备和组织，提前做好部署安排，鼓励区内大型商业集团积极参加。借助专业策划公司，开展区内专项促销活动，确保全年社零额目标的实现。

（二）提升服务业发展水平

紧扣产业定位、产业招商、产业服务三大抓手，集中优势发展服务业五大重点产业。以推动贸易型总部经济、生产型服务业园区、楼宇经济招商为重点，完善服务业区级扶持政策，为东方美谷功能性提升聚焦政策汇集资源。积极对接市级服务业产业联盟，依托各镇开发区、现代服务业集聚区、现代服务业平台、区内外楼宇资源，组织开展现代服务业的专业招商、主题招商、精准招商。

（三）强化外资外贸管理

完善外资企业月度统计制度，做好 1000 万美元以上新设和增资项目的实到外资催缴工作。做好外资企业联合年报，建立外商投资信息报告制度和外商投资信息公示平台，全面掌握全区外资企业运营情况。深入分析全区外商投资企业发展情况，不断优化外资结构，加大对外资总部企业服务力度。加强中小企业国际市场开拓资金项目的审核。利用服务贸易政策，推动服务外包产业发展。支持和鼓励有条件企业创新外贸发展模式，积极推进跨境电商、外贸+互联网、外贸综合服务等新业态发展。

第五编

企业与企业家

企业与企业家

每个企业在发展壮大中都有许多成功经验和挫折教训，每个企业家也都有自己的艰苦奋斗史。为此，自《上海商务年鉴》2013 版起，“企业与企业家”栏目陆续刊文介绍为上海经济发展做出贡献的知名企业和自强创新的优秀企业家。文章可以写企业，也可以介绍企业家，或者将二者结合起来写。我们希望读者能通过字里行间，了解这些企业和企业家创业的甜酸苦辣，学习他们的成功经验，汲取他们的挫折教训，共同为创建党的十九大描绘的全面建成小康社会、加快推进社会主义现代化的宏伟蓝图而努力。

康成投资(中国)有限公司

董事长　黄明瑞

一、公司概况

康成投资(中国)有限公司[英文名称：CONCORD INVESTMENT (CHINA) CO., LTD. 简称康成投资]是上海市外商投资企业协会副会长级会员单位。康成投资是 2005 年 3 月 4 日经国家商务部批准成立的外商投资性公司，2009 年 12 月 21 日经上海市商务委员会认定为“跨国公司地区总部”，是“大润发”系列注册商标的所有权人，目前公司注册资本为 24788.6996 万美元。

“大润发”是源自中国台湾的会员制大型连锁综合超市，主要经营生鲜食品、副食品、日用杂品、家用纺织、文化体育用品和五金家电等，商品达 3 万多种。依靠开发自有商品、源头采购等降低商品售价的方法，成功在大陆拓展超市业务。“大润发”网罗优秀的经营管理人才，运用现代化营运系统，快速在国内展店，以最直接、最生活化的方式为消费者服务。

2017 年 11 月 20 日，阿里巴巴与大润发母公司高鑫零售达成战略合作，阿里巴巴投入约 224 亿港元持有高鑫零售 36.16% 的股份。高鑫零售旗下有大润发和欧尚两大零售企业，截至 2016 年，现代通路中的主要零售商占有率大润发（6.5%）和欧尚（1.3%）共有 7.8% 的市场份额，排名中国第一。作为全国最大的大卖场运营商与全国最大的电商平台，两者强强联手从商业模式和资本结构双通道加快推动新零售进程。

康成投资作为“大润发”大型综合连锁超市的投资母体，旨在依法在国家允许外商投资的领域进行投资，并对在中国境内所投资企业进行统一管理和协调，对资金、人才、物流、设备、技术和信息等资源做到物尽其用，实现企业各环节的统筹管理，提高整体经济效益。

二、经营理念

1. 新鲜

质量是产品好坏的标准，新鲜是好质量的保证。大润发独特的经营策略是：

· 一律采用高品质的优良食品。

· 蔬果每日产地直达。

· 水产每日由渔港新鲜送达。

· 冷藏肉品，每日新鲜处理。

· 熟食和烘焙采用大师傅制度，持续不断地研发新口味、新商品，提供您更美味、更多元化的美食产品。

· 烘焙与熟食均为每天新鲜制作当天生产、当天销售。

2. 便宜

· 每日针对日常所需商品（敏感性商品）进行价格市调，坚持提供低于一般市价的好价格。

· 实行严格的管理体制，根据营业额、库

顾客在大润发超市购物

存、费用及运转情况在坚持上述条款的原则下进行机动的调整管理。

· 中国地广物博,大润发团队强化采购优势,推动源头采购制度——直接到商品最源头的制造者、种植者采购,省去中间商、经销商的环节及差价,让商品"便宜再便宜"。为确保货源的稳定和品质,肉品、蔬果、米等生鲜大宗食品,尽可能地直接与农民、渔民契作、契养。透过制度化的"包山、包海、包场和包养"采购策略和"低进低出"策略,想尽办法替顾客找到最便宜的货源。

3. 舒适

· 试衣、修改服务:卖场提供免费修改长裤裤长,一小时可完成修改。

· 托运安装服务:卖场提供大型商品托运及安装服务,费用低廉。

· 代客生鲜处理:卖场免费提供诸多生鲜处理。

· 干净舒适的休憩区,让顾客在轻松愉快的气氛下,大啖美食。

· 卖场均设有 ATM,方便顾客随时所需。

4. 便利

· 全年无休:营业时间从早上 7 时至晚上 22 时,全年无休服务;

· 服务台咨询服务:免费申请会员卡;广播寻人;电话卡销售;大型行李寄放;婴儿车、轮椅出借及咨询服务等。

· 自动价格查询机:卖场各区域设有自动价格查询机,为顾客购物带来方便。

· 免费停车场:每家店备有大型停车场免费提供消费顾客车辆停放。让顾客好停、好走、好方便。

三、经营状况

截至 2017 年 12 月 21 日,国内已开设 379 家"大润发"大卖场。门店遍布除新疆、西藏以外的省份、自治区、直辖市,员工总数超过 15 万人,每天为 300 多万顾客提供服务。2016 年营业收入含税超过人民币 933 亿元,已连续多年在中国外资商业连锁企业排名第一。

四、业内殊荣

2015、2016 年度上海外资纳税总额百强企业。

2015、2016 年度上海外资营业收入百强企业。

2014 年上海连锁经营协会的连锁经营 20 年"杰出创新奖"。

2013 年度闸北区区级税收"十强"企业。

2012 中国商业地产年度大奖,中国商业地产推荐品牌。

2011 年上海市外商投资先进企业"双优"、"双百强"企业之"创利税前 20 名非生产型企业"。

2010—2016 年外资零售业销售额均位居全国第一;平均单店销售额全国第一。(数据来源联商网)

2009 年至今,供应商满意度调查报告,大润发均排名第一;(数据来源联商网)连续多年被评为上海市非生产型优秀企业。

五、企业愿景

展望未来,大润发愿与越来越多的合作伙伴携手前行,共创"多赢"佳绩!

“一”生万物 “达”兼天下

——上海美设国际货运有限公司经营理念

由葛善根先生带领的上海美设国际货运有限公司是一家自创始以来，就从未停止追求卓越服务品质的的国际物流公司，它旨在为客户提供高保障的国际物流服务。

2018 是美设梦的开始，WE ARE THE ONE：

One Family，One Union

我们是您最想选择的那一个，

最值得信赖的那一个，

最想要与之合作的那一个

……

世上万物从“一”开始，每一个集装箱的堆积，一笔笔业务的积累，一份份人脉的沉淀，“AMASS”美设国际自诞生起就有了国际化的视野。一生二，二生三，三生万物。如今，公司已发展成为运输网络覆盖全球 200 多个国家，20000 个城市的国际型物流解决方案提供商。

从 2004—2008 年，在员工的共同努力下，美设国际只用 4 年的时间就创造了细分市场的第一，THE FIRST ONE，全国出口拼箱世界第一。第一，源于用心——对合作伙伴用心，对客户用心。喊出这样的口号并不难，难的是如何贯穿到企业的灵魂中去，美设国际始终秉持这样的信条，日复一日、年复一年。

“满足客户需求，超越客户期待”是我们的准则，美设国际凭着对服务质量的痴心，把每一单都当成了第一单，这早已成为一种习惯。这种习惯在潜移默化中产生着强大的力量。今天，在美设国际，再也听不到“我们怎么做方便”，取而代之的是“客户怎么方便”。

美设国际对传统国际物流进行了深层次的提升，梳理国际物流的各个运输环节，规范和优化业务和操作流程，为客户提供高保障的国际物流服务。内部流程优化，通过标准化服务，个性化定制，创新服务举措，努力创造客户的最佳体验，实现了人均效益和综合效率的提

升。外部客户端实现在线订舱平台化、数字化、智能化、全程可视化。

美设国际自有一套独特的软件系统，通过自创，不断的更新系统，保证数据的及时性、稳定性和完整性。技术迭代，现代化的信息转化为数字化。为客户提供更省心和省力的物流服务，即时确认订舱信息、运费报价、了解舱位、船期、货物动态等信息，并且也能在线追踪货物。这一切的轻松完成，倚赖于全球近3000名专业领域的服务人员为网站运价数据的提供及咨询服务提供强有力的支持。全球合作船公司近100家，万余条运价，更低更新的报价，尽收眼底。

目前，美设国际的服务包括全球海运拼箱、海运整箱、铁路、空运、仓储、物流、配送、危险品运输、报关等。在全球拥有近50家分支机构，在国际关键市场设立海外分公司，并得到优选合作伙伴的全球网络支持。

美设国际的团队从接受客户的订单需求开始就已经为货物展开了从配柜、仓储、配送、报关、装箱、签单、到港、查询等一系列的服务。3000名美设国际的专业领域服务人员，全心全意，使命必达。在美设国际的大家庭中，所有"美设人"感受到最多的就是幸福感，作为一个企业的领导者，美设国际的"大家长"愿意从最细微的地方去感受员工的喜怒哀乐。

回顾物流过去的十多年，整个行业发生了天翻地覆的变化，创新使物流快速发展。美设国际通过不断地输入新鲜的血液，也在形成以多元创新为动力的物流发展新格局。美设国际以"一带一路"建设为契机，抓住机遇，顺势而为，构建连接世界的全球物流和供应链服务体系，致力于成为世界一流的海陆空综合性物流服务提供商。

美设国际有信心在既有的基础上，为物流产业的转型升级贡献一份正能量，全速向国际化之路远航。

地址：上海虹口区杨树浦路128－138号中科招商2-3楼

网址：www. amassfreight. com

第六编

专　集

国内外有影响的展览会
现代服务业集聚区

一、国内外有影响的展览会

第二十七届中国华东进出口商品交易会

在国家商务部关心和指导下，在上海市、江苏省、浙江省、福建省、江西省、山东省、南京市、宁波市等九省市共同努力下，第二十七届中国华东进出口商品交易会，于2017年3月1—5日在上海新国际博览中心举办。

本届华交会的主题是：“创新、规范、提高”。在进一步探索华交会办展方向上，继上年增加“跨境电商”展区后，再新设“美容美妆”展区，探索消费品领域出口之路；在展览运营方面，展会前的招展、招商组织工作更加有序；在专业化发展方面，“展”与“会”融合信息化建设以及宣传力度等都有提高。

本届华交会规模较上届略有扩大，但自本届华交会起，不再简单地以展览面积、展位数量作为衡量标准，而是逐步向以采购数量及参展企业质量作为评判标准的方向努

2017年3月1日第二十七届中国华东进出口商品交易会在上海新国际博览中心举办

力。本届华交会更重视与展商、客商的紧密互动，吸引尽可能多的采购商和优质展商到会。

1. 采购商人数略有增长。本届展会到会境外客商22140人，来自110个国家和地区，客商总数比上届略增3.2%。亚洲客商占80.14%，比上届增长2.77%。其中，日商到会9231人，占41.69%，比上届增长1.85%，仍为到会客商最多的国家。

2. 展会规模略有扩大。本届展会展览面积12.09万平方米，比上届增近6000平方米，展位总数5670个。共组织3900多家企业参展，其中境外参展企业449家。

3. 出口成交略有增长。本届展会累计成交23.17亿美元，比上届增加0.28%。自2012以来，华交会出口一直下降，2017年首次止跌回升。

第十九届中国国际工业博览会

第十九届工博会于2017年11月7—11日在上海国家会展中心举办，本次展会汇聚了来自全球28个国家和地区的2562家参展商带来的工业创新技术，设置九大专业展区、28万平方米的展示规模再创历史新高，呈现中外最新科技创新和应用成果。

英国受邀担任本届工博会主宾国，设置1200平方米的专题展馆，展示罗尔斯—罗伊斯航空大型发动机三维影像和动态应用、增程式电动汽车以及石墨烯电路板等产品和技术。

本届工博会首次设立“人工智能”专区。在寒武纪的展台上，展示公司推出的世界第一块用于智能手机的人工智能专用芯片。全球融资额最大的人工智能公司商汤科技也在现

第十九届中国国际工业博览会外景

场展示中国唯一自主研发的深度学习平台。

机器人是这几年工博会的一大亮点，国内机器人行业的领头企业新松也在展会上向全世界揭晓最新的“庞伯特乒乓球机器人”。这是新松与上海体育学院、中国乒乓球学院共同合作研发的国内首台具有自主知识产权并产品化的乒乓球机器人。“庞伯特”拥有高速双目立体视觉、乒乓球轨迹预测算法、智能回球策略等核心技术，可实现与人连续多回合乒乓球对打，为人工智能技术的深入研究提供海量竞技数据。

本届工博会的报奖展品无论是在产品首创、核心技术的重大突破，还是产品工艺的国际水平，都提升一个等级。展品数量也达到363项，比上年增加了56项，创历年之最。在开幕式上揭晓的本届工博会各大奖项中，风云四号静止轨道气象卫星、1.2万吨自航全回转起重船获“特别荣誉奖”；天脉嵌入式实时操作系统及开发环境等4项展品斩获金奖；自适应柔性制造平台等4项展品获“创新金奖”。

此外，部分参评展品在核心技术及工艺方面已实现完全自主拥有，打破了长期以来国际巨头的垄断局面，如上海联影医疗科技有限公司研发设计的一体化全身正电子发射/磁共振成像装备，全部采用自主研发的核心部件，并实现了关键核心技术知识产权的完全自主拥有。又如，中国航空工业集团公司、西安航空计算技术研究所攻关研制的天脉系列实时操作系统，是我国首款支持分区及多任务的操作系统，可以广泛地应用在综合防务、轨道交通、工业控制和通用计算平台等领域。

第五届中国(上海)国际技术进出口交易会

2017年4月20日，第五届中国(上海)国际技术进出口交易会在上海世博展览馆拉开帷幕，展期3天。本届上交会是经国务院批准的我国首个国家级、国际性、专业型的技术贸易展会，由商务部、科技部、国家知识产权局和上海市人民政府共同主办。截至2017年，上交会已经迈入第5个年头。5年来，上交会在促进创新型技术企业发展、引入“互联网+”技术、构建国际科技创新合作网络等方面起到了积极作用，已经初具规模和影响。至今，上交会共吸引来自全球40多个国家和地区的4000余家展商，接待观众共17万余人次。今年，与时俱进的上交会较前几届又有所创新，为广大观众带来新技术、新体验和新亮点。

本届上交会展出面积3.5万平方米，参展企业和机构共927家。按“技术展示”“项目对接”“交易服务”和论坛活动四大功能，设置主宾国(城市)、专业技术、科技创新、创新生态和交易服务五个展区。展会邀请荷兰担任主宾国，芬兰埃斯波市(上海友好城市)担任境外主宾城市，深圳市担任境内主宾城市，并设立“创客之者”主题馆，借助展览展示、论坛活动、高层互访等机制，进一步推动中外经贸互惠和技术贸易。

本届展会搭建五大平台服务中外技术对接活动：

一是着力打造服务国家战略的重要平台。围绕“一带一路”的国家战略，积极开展主宾国工作。本届上交会已经成功邀请荷兰担任主宾国，在主题馆集中展示绿色技术、农业技术、循环经济、光电子技术等优势领域技术，同时举办多场科技经贸对接活动。

二是着力打造境内外领先技术展示的重要平台。本届上交会境外参展企业来自荷兰、芬兰、爱尔兰、澳大利亚等近20个国家和地区。其中芬兰雅威科技将携带其独特的离子瀑空气净化技术亮相上交会；迪拜重点展示迪拜自贸区、互联网城市。一批代表我国自主创新水平技术的有天宫一号模拟体验舱、智能植

第五届中国(上海)国际技术进出口交易会现场机器人"佳佳"为宾客所喜爱

物工厂、骨科手术机器人、智能无人驾驶汽车等;新一代信息技术包括华测导航、北伽导航等最新的北斗导航技术和成果,科大讯飞的语音识别应用及智能会议系统,腾讯优图最新的图像识别技术、人脸核身及人脸识别闸机等技术和产品。

三是着力打造全球企业在上海发布最新创新成果的重要平台。本届上交会设置100平方米的现场发布专区,上海思岚科技有限公司发布消费级产品领域的高性能机器人定位导航解决方案及相关核心传感器等最新技术产品;珠海银隆新能源发布自主研发的钛酸锂电池、复古铛铛车等储能产品;北京沃丰时代数据科技有限公司发布新一代智能 SaaS 客服系统。此外,摩根斯达集团、珠海银隆、万维云视(上海)数码科技有限公司等多家企业也发布了最新科技成果。

四是着力打造推动科技项目对接的重要平台。第四届上交会曾有 116 家达成合作意向,41 家获得资方介入、技术许可、技术入股等,有五个项目在"寻找中国好项目活动"中累计获得 1.15 亿元的融资。本届上交会将组织举办中荷科技项目对接会、上市公司并购资源对接会等专场,开展由中同资本、技术中心和市创业投资行业协会举办的第二季先进技术企业资本嘉年华,通过"论坛+辅导+对接+大赛+融资"的形式,开展资本系列服务等多场中外科技项目对接活动。

五是着力打造全年促进技术贸易发展的重要平台。为全年促进服务工作,推动技术成果产业化,专门成立"上交会 3+365 联盟",依托 25 家联盟成员单位,开展外经论道、境外展示、供需对接等上交会常年促进活动。

本届上交会,人工智能这道"主菜"让观众切实品尝到技术的魅力。匈牙利摩根斯达集团携带结合大健康、大数据的智能足球参展;微软(亚洲)互联网工程院的一款人工智能伴侣虚拟机器人微软小冰参展,它凭借大数据、自然语义分析、机器学习和深度神经网络方面的技术积累,现场可以通过"测能量值""测颜值"的方式与用户互动;中科奥威公司可对 1~10 米外动态人群的虹膜进行"捕捉"的远程识别技术;国内首款 VR 浏览器——百度 VR 浏览器;万维云视目前国内最大的 4K 超高清裸眼 3D 立体电视墙在会发布信息;上海逸思医疗科技有限公司的全球首款弯转角度达到60°的腔镜切割吻合器等参展;都为观众带来惊喜。

除了前沿展品,亮点论坛同样明星云集、精彩纷呈。

第十七届中国(上海)国际跨国采购大会

由国家商务部和上海市共同主办的第十七届中国(上海)国际跨国采购大会,于2017年9月21—23日在上海国家会展中心举行。展会坚持"采购商设摊,供应商参会洽谈"的逆向展会模式,提前发布买家采购清单、锁定优质供应商定向邀约,促成双方在展会洽谈,以提升采购效率、降低寻货成本。

本届展会呈现三大特点:

一是展览面积和规模有重大突破。首次移展国家会展中心,面积2.2万平方米。展会设置"国际采购商展区""联合国采购商展区""金属加工及工业制造展区""外贸综合服务展区"和"各省市及地区供应商展区"五大部分,并特别围绕"工业零部件加工及制造"领域,关注"汽车零部件""装备制造""智能制造""新能源"四大应用主题。

二是展商数量和质量有明显提升。本届展会境外采购商达352家,较上年增长5%;知名采购商数量比上年增加1倍;联合国采购商达8家,也是最多一届。展会收集的采购清单逾1600条。

三是招商方式大胆创新。本届展会改变了传统运作方式,尝试"互联网+会展"模式,将重心更多地放在针对PC端用户,实现精准营销。

第十七届中国(上海)国际跨国采购大会开幕式

2017 中国国际食品博览会

2017 中国国际食品博览会由中国商务部批准，中国食品工业协会主办，光明食品(集团)有限公司、上海东艺会展服务有限公司承办，于 2017 年 11 月 16—18 日在上海展览中心举办。本届展会以“对话、引领、共生”为主题，着力打造食品产业创新成果的发布平台，引领中国食品走向国际市场的传播平台。

本届展会展出面积 20000 平方米，吸引了国内外参展企业 550 多家，其中有韩国、日本、意大利、西班牙、波兰、阿根廷等 21 个国家和地区的 55 家国际参展商，69 家进口参展商。展品范围及活动规模都超过往届。参展品类包括乳制品、粮油加工品、肉制品、冷冻食品、糖果及休闲食品、调味品、咖啡、茶饮料、保健食品等大类精品。

展会共接待 14685 名国内外专业观众及采购商，其中包括 1783 名海外采购商，825 名组团采购商。主办专业活动 31 场，现场销售额 2780 万元，意向订单量近 10.7 亿元。3 天展会共有 6 万人次参观。

本届展会首次设立“一带一路”展区，并同时举办“‘一带一路’食品产业发展高峰论坛”，合力推动“一带一路”食品产业国际合作、携手构建食品产业共同体。

第十二届光明食品节作为本届博览会的重头戏，以企博会“展中展”的形式呈现。光明食品集团境内外企业悉数参展，展区面积达 5000 平方米。食品节充分体现光明食品集团综合实力和整体形象。

2017 中国国际食品博览会开幕式

第十七届上海国际汽车工业展览会

为期10天的第十七届上海国际汽车工业展览会于2017年4月28日在上海国家会展中心圆满落幕。

本届车展吸引了18个国家和地区1000余家中外汽车展商参展，展出总面积超过36万平方米，展出整车1400辆，其中全球首发车113辆（外国公司30辆、中国公司83辆），外国公司亚洲首发车44辆，新能源车159辆（国内厂商96辆、国外厂商63辆），概念车56辆。展会期间，各大汽车厂商举行120场新闻发布会，来自48个国家和地区2035家中外媒体11000余名记者竞相报道了车展盛况。本届车展共吸引参观者101万人次。

中外汽车企业都对上海车展予以高度重视。欧系、日系、美系等著名车企高层亲临站台，揭幕新车发布。此次车展全球首发新车共113款，其中83款是中国自主品牌车型。自主品牌吉利领克、长城WEY等高端品牌齐齐亮相，从产品设计到技术革新，无不显示中国汽车工业的自信和巨大潜力，势头丝毫不弱海外品牌，成为中国车企向世界展示中国品牌的窗口。全球一线零部件及OEM厂商也悉数到场，带来了最新研发的科技以及为中国市场量身定制的产品。

本届展会，唯一官方论坛的“第五届上海国际车展高峰论坛”以“创新·融合——重构行业的未来”为主题，集聚了国际国内50余名汽车生产厂商高层及行业内嘉宾400余人共同“华山论剑”，现场座无虚席。会议以前沿视角、科技驱动和广泛合作为切入点，共同展望和勾画汽车行业的未来。电动化、智能化、网联化将深刻改变现有汽车工业的发展，

上海国际车展上，新能源汽车亮点倍出

第十七届国际染料展和数码印花展签约仪式

新的汽车文明也将随之诞生。

本届车展上新能源车 159 辆，占比超过一成。数量多、车型广、价格全，成为本届车展最大的亮点之一。互联网汽车是未来汽车行业变革的方向，无人驾驶汽车、智能互联汽车在今年车展上频频高调亮相。以“致力美好生活”为主题，本届车展不仅展示了汽车行业最前沿的新技术、新产品、新趋势，同时也对汽车发展的未来目标——创造更美好的生活作了全面的诠释。

第三十二届中国·上海国际婚纱摄影器材展览会

全球同类展会规模第一的第三十二届中国·上海国际婚纱摄影器材展览会携手 2017 上海国际儿童摄影展览会、第十九届上海国际摄影器材和数码影像展览会，于 2017 年 7 月 13—16 日，在上海新国际博览中心举办，展出总面积 12 万平方米，千余家参展商参展。

会四大分支子展及 12 大主题功能区。

2017 秋冬最新唯美白纱集聚上海婚纱展 W1、W2 展馆，桂由美、蒂米琪、卡萨布兰卡、兰斐、ADORE、The Atelier 等海外最具影响力的高端婚纱品牌强势参展。金属装饰成为婚纱点缀新宠，轮廓简约的硬挺绑结+无数种材质

两大展会携手，促印染行业先进化、国际化。中国国际染料工业及有机颜料、纺织化学品展览会经过 16 届的培育和发展，已成为全球最大染化展、行业发展风向标。本届展会与上海国际数码印花及印染自动化技术展览会同期同馆开展，旨在打造纺织印染一站式采购，为行业发展创建更广阔的平台。

本届展会行业大咖云集，国内外知名企业包括拓纳、亨斯迈、约克夏、昂高、司马、科凯、日华、佳和、多闻、宁柏迪、卜赛特、赢创、鲁道夫、联胜、龙盛、闰土、吉华、亚邦、传化、德美、天源、美利达、景津、EPSON、MS、宏华、开源、黑迈等展示了行业先进技术和产品，为印染行业发展携手并进。

本届展会突出了以环保为衡量可持续发展的重要准绳。亨斯迈携新一代染料产品 AVITERA SE 亮相本届染料展，帮助下游企业减少用水和能耗；宏华数码推出低成本、零排放、操作简单的数码印花设备；全斯福发力探究无水印染新工艺，在促进绿色印花技术的发展中出力；常州宏大基于智能化控制的蒸汽高效利用技术，已被国家发改委列入国家重点节能低碳技术推广目录。展会上的一系列改革创新都放眼绿色发展。

展会同期，中国印染行业协会、中国染料工业协会、中国棉纺织行业协会、中国针织工业协会、中国染协有机颜料专委会、助剂专委会、色母粒专委会等众多行业协会举办了众多配套论坛。此外，中国化工报、Intertek 天祥集团、传化智联、TESTEX 瑞士纺织检定、广州联庄科技等企业、机构举办了多场技术交流会，共同创建转型发展平台。

“第十六届全国印染行业新材料、新技术、新工艺、新产品技术交流会”“微反应技术——染料行业绿色发展新途径”“绿色化学品可持续发展解决方案”“纺织数码喷墨印花企业研讨会”“第六届安全生态染料、颜料发展论坛”等主题演讲和论坛，聚焦环保绿色发展，共商环保技术，主推绿色环保印染新产品和新应用技术，助力印染行业的可持续发展。

为加快我国染料行业转变发展方式和实施“走出去”发展战略，主办方继续打造“中国国际染料展亚洲巡展”交流平台。第七届“中国国际染料展亚洲巡展”再次回到了印度尼西亚，并将于 2017 年 11 月 1—3 日在印尼纺织之乡——万隆举办。为中国染化料企业走向世界、创民族名牌、提高售后服务水平、实现产需见面，互惠互利，合作双赢创造条件。

2017 第十一届中华老字号博览会

由上海市商务委员会、上海市经济和信息化委员会、黄浦区人民政府和中国商业联合会中华老字号工作委员会共同主办，上海市人民对外友好协会协办，黄浦区商务委员会、静安区商务委员会、上海中华老字号企业协会、上海市商务发展研究中心和上海东艺会展服务有限公司共同承办的“2017 第十一届中华老字号博览会”于 2017 年 9 月 22—25 日在上海展览中心完美收官。

本届博览会展出面积达 7000 平方米，共计有来自上海、天津、广东、福建、云南、江苏、山东等省市及境外老字号参展企业 200 余家，涵盖百联集团有限公司、光明食品（集团）有限公司、锦江国际（集团）有限公司、上海益民商业集团股份有限公司、上海九百（集团）有限公司、上海豫园（集团）有限公司、上海中华药业有限公司、上海老凤祥有限公司、上海雷允上药业西区有限公司及上海杏花楼（集团）股份有限公司等各行业老字号领军企业。

本届展会共吸引了逾 3 万人次观众参观，展会现场食品饮料、轻工百货、服装鞋

老凤祥展区吸引了很多消费者驻足细看

帽、家居用品等众多老字号产品深受消费者喜爱,现场销售金额累计达465万元。

博览会特设的品牌创新服务专区吸引了来自电商、品牌金融、创意包装、产品检验、供应链管理、物流等方面的企业,也受到了参展老字号企业一致好评,为后续合作奠定了良好的基础。本届博览会充分拥抱互联网,利用京东直播平台、微信KOL、网络主播等多方资源与年轻群体互动,并取得了良好的效果,直接传播超过10万人次。

本届展会组织"品牌推介""评选发布""互动传播""展商交流"四大板块的多场活动。同时举行"匠心、匠品"为主题的最受消费者喜爱品牌评选活动及颁奖。

本届展会还精心策划组织一场"'国家宝藏'寻宝互动活动",活动以老字号企业产品互动体验为核心,邀请亲子家庭根据寻宝地图,在展会现场通过亲子互动体验的方式,在游玩的同时了解老字号、认同老字号、感受老字号企业的生机与活力。为期两天的活动每天都吸引超过100户亲子家庭参与,更受到展商、观众及亲子家庭的一致好评。

2017中国(上海)国际技术进出口交易会南欧(希腊)展

2017年9月9—17日,中国(上海)国际技术进出口交易会(简称上交会)南欧展在希腊第二大城市萨洛尼卡展览中心隆重开幕。2017年举办第八十二届萨洛尼卡国际博览会(简称萨博会),是希腊乃至南欧地区最大的商贸展会,吸引了希腊及东南欧地区主要商业企业参展和数以万计的观众参观。

2017年恰逢中希两国建交45周年,中希文化交流10周年,中国政府受希腊政府邀请,作为第八十二届萨博会主宾国,上交会南欧展(希腊)整体纳入主宾国框架,成为中国馆重要的组成部分,并举办展览展示、外交外事、经贸论坛和企业对接等多层次多样化的活动。本届萨博会汇聚100余家中国品牌企业参展,

上交会南欧展的观众在展台前认真地观看宣传片

展区总面积近6000平方米，集中展示了中国在智能制造、机械设备、人工智能、绿色环保等领域的先进技术和创新成果。

2017年9月8日，上交会组委会在希腊萨洛尼卡举办“2017上交会南欧展上海之夜”招待酒会，邀请希腊政府和企业以轻松的方式进行交流沟通。希腊经济部副部长斯蒂尔吉斯·皮特修拉斯、希腊企业局主席斯泰尔科斯、中希企业联合会主席布莱达斯等外方嘉宾莅临酒会，中国驻希腊大使邹肖力率使馆经商处、政务处、科技处等馆员参加并致辞，见证中希企业联合会与上海市国际技术促进中心友好协议签约，并与150名中外嘉宾在上海之夜活动中进行了探讨与交流。

在9天的展会期间，上交会组委会及东浩兰生（集团）有限公司共同组织的24家参展企业硕果累累，共与180家企业达成合作协议。其中，代表企业如：上海仪电集团此次携带的智慧城市系统吸引各方关注，集照明、广播、充电和网络于一体的智慧路灯，受到希腊政府部门关注，希腊方面将与该集团建立紧密联系，要求针对希腊岛屿众多的特点开发太阳能路灯杆等新产品。上海电气集团与外方就海上陆地风机项目达成预计3500万欧元合作意向，及其他设备需求意向订单。上海逸思医疗科技有限公司的腔镜吻合器签订数家意向订单并接洽许多希腊科研院所、医疗机构的同行现场参观。参观者表示，这是他们目前了解到的产品设计和质量都非常上乘的一款腔镜吻合器。上海福升威尔集团的工业计算机与10多家外方签订意向订单，并计划赞助希腊近期的一个工业自动化论坛。

上海彩虹鱼公司的深海探测船舶深受希腊政府部门和观众喜爱，希腊总理齐普拉斯在巡馆时表示，希腊海岛众多，深海探测会有很大收获，因为希腊海底有很多宝藏。展会现场，上海彩虹鱼的旅游观光潜艇探海先锋猎鹰3号引起希腊20多家旅游公司的高度关注。作为回馈，由上交会代表中国将猎鹰3号潜艇赠送给希腊齐普拉斯总理，希腊总理深表谢意，并表示将此礼品放在其办公室展示。

首次参展的上海游钛网络科技公司的VR产品受到希腊民众欢迎，希腊总理也亲自试戴VR眼镜感受深海探测的魔力。该公司还与希腊一个岛屿旅游开发公司建立了合作意向，为该岛屿的景点进行VR眼镜开发，让旅行者更能多样性体验海岛风情。

作为第二次赴海外参展，上交会南欧展（希腊）又一次引起了全场轰动。上交会南欧（希腊）展已经为企业成功打开南欧市场的主通道。

“一带一路”名品展

由上海市国际贸易促进委员会、上海国际商会主办的“2017‘一带一路’名品展”于2017年12月10日在上海展览中心圆满落幕，获得各界高度赞誉。本届展会旨在积极推进“一带一路”国际合作，满足人民日益增长的美好生活需要，搭建一个交流中外优秀文化、展示地域优质产品、促进贸易投资合作的国际平台。本届展会以“品质生活　缤纷体验”为主题，吸引了来自28个国家和地区的160余家企业参展，展出规模近10000平方米，聚集观众近20000人。中外展商携当地最具特色的名优产品、技术与文化齐聚亮相，主要包括食品饮料、护肤美妆、手工艺品、家居装饰、珠宝玉石、服饰饰品、生活方式、旅游文化、招商引资等。

本届展会特点：

一、全球名品，精彩纷呈

位于东一馆的国家展厅汇聚了来自五大洲的特色名品及精彩文化。伊朗展区展示了拥有260年制作经验的手工波斯地毯，高超的手工艺制作让画毯栩栩如生，受到中国客户的喜爱，也让伊朗参展商从展会对中国巨大的市场及消费能力感到无比震惊，获得了难得的贸易合作机会。斯里兰卡展区弥漫着锡兰红茶的香味，展期火爆的展厅氛围，让锡兰商感受到了上海市民的热情和喜爱，将考虑与跨境电商合作在上海开设网店。俄罗斯展团带来的俄罗斯冰激凌、饼干、膨化食品等得到不错的

“一带一路”名品展现场

观众反馈，展会期间俄展团与30多家贸易机构建立联系。并拟在上海开设展示厅，陈列具有俄罗斯特色的产品，向更多的中国消费者展示俄罗斯的商品和文化。来自多米尼加的最高级别的雪茄师在现场演示雪茄制作，吸引了大批人的驻足观看。哈萨克斯坦展商展会期间结识了京东、苏宁云商等国内知名的电商平台，洽谈开设网店，引进更多哈萨克斯坦的有机绿色产品。展会最火爆的波兰展区，“活宝石”琥珀和蜜蜡成为明星展品，许多观众现场学习了不少品鉴知识。毛里求斯展区现场品尝的特色朗姆酒成为“网红”商品，如此高的消费热情让他们欣喜不已，相信在中国的探路之旅一定会有非常好的发展前景。此外，尼泊尔展区陈列的精致唐卡、印尼展区的麝香猫咖啡、捷克展区的蜂蜜蛋糕、厄瓜多尔展区的玫瑰等，也都让观众足不出“沪”，零距离感受了不同国家、不同文化、不同生活方式带来的惊喜与碰撞。

二、国内名品，演绎经典

位于中央大厅的企业馆内中国名品荟萃。来自鄂尔多斯、湖州、以及香港和台湾地区的企业展出了最具地域特色的多元产品和民俗风情；国内企业如光明集团及旗下糖酒集团、益民集团、良友集团、光明乳业、梅林股份，上海市供销合作总社携旗下众多上海老字号品牌同台亮相，他们既是贸易商又是参展商，在同一展示平台上与各国展商进行洽谈，寻求交流与合作。

三、精彩活动，轮番上演

展会期间，举办了12场论坛推介，内容涵盖经贸投资、文化旅游、民族风情演绎等。原汁原味的波斯音乐和舞蹈、印尼咖啡的现场杯测、韩国平昌冬奥会的精彩推介、舌尖上的俄罗斯美食、难得一见的泰拳拜师礼文化、克罗地亚国家级舞蹈赛事的魅力，以及令人仿佛梦回大汉的薰香及茶道表演，让展会现场的大舞台每天都上演着来自全世界的精彩艺术，展现着“一带一路”沿线乃至全球的最新经济、社会发展面貌以及由此孕育出的绝佳投资商机。主办方在现场组织的近50场贸易配对中，邀请到百联集团、大润发、欧尚、麦德龙等大型商超，以及京东、苏宁云商、1号店等主流电商采购团队；更有展台内各类乐活体验、品鉴互动节目。

“一带一路”名品展着眼全球布局，展品足迹遍布五洲，旨在助力发掘“一带一路”商业契机。展会不单纯满足于为展商提供订单的贸易平台，更将凭借丰富的展品演绎、精彩的同期活动、多元的宣传推广，以及营造良好的观展体验、打造深层的文化内涵，积极响应“一带一路”倡议，不仅为满足广大中国消费者体验美好生活提供助推动力，也将为各国名优品牌打开中国和国际市场提供一个完善、便利、满意的当代丝绸之路驿站。

二、现代服务业集聚区

虹桥涉外商务区

虹桥涉外商务区，是上海首个涉外商务区，是上海最国际化、最开放、最便捷的核心商务区，每年举办大型展览数百场。商务区是上海最大的外籍人士聚集区，聚集了上海约50%的外交官官邸、三分之一的领事馆。在上海的外籍人士中，有三分之一的人入驻、生活在该区。商务区还是国内外大型企业基地及总部，英特尔、3M、壳牌、BMW、丰田、克莱斯勒、三星等500强外企云集于此。

虹桥涉外商务区，是全国最早建设的涉外

虹桥商务区着力打造长三角联动发展新引擎

CBD区域之一。定位于以展览展示为龙头、以外贸中心为特征、以现代服务业为核心的新兴商贸区。依托长三角战略规划,依托大虹桥区域发展,充分发挥世界级虹桥交通枢纽的推动力,虹桥涉外贸易中心正在成为拉动上海未来经济增长的新引擎。

经过20多年的开发建设,虹桥涉外商务区已初步形成了现代服务业的集聚。以世界贸易商城、国际展览中心为主体的展览展示区营造了国际一流的会展贸易氛围,构筑了中外客商发展事业的理想平台,成为人流、物流、信息流的集散地,成为上海国际商贸的中心之一。

虹桥涉外商务区的两大展览、展销场馆,每年都举办各类展览会。在会展活动的辐射和带动下,目前入驻商务区的中外客商和贸易机构已达2000多家,其中贸易企业或机构占50%左右。在商务活动的带动下,商务区办公楼的出租率和酒店客房率长期保持在较高水平,各配套产业效益显著。

虹桥涉外贸易中心占地3.15平方公里,功能定位突出了"国际、商贸、文化"的特征。已建成的商务办公、商场及高级公寓等各类设施建筑总面积达250多万平方米。其核心区——虹桥经济技术开发区,是国内唯一一个以涉外商贸为主要功能的开发区,是外资最密集的国家级开发区,有外资企业和办事机构1900多家。虹桥涉外贸易中心是一个跨国采购中心的集聚地,吸引了沃尔玛全球采办、家乐福全球采购亚洲总部、TESCO德斯高,英国最大零售商,中国采购公司等著名的跨国采购巨头入驻虹桥世贸商城。

截至2017年,虹桥涉外商务区已形成大交通、大会展、大商务三大态势。

大交通。虹桥综合交通枢纽自2010年投入运营,便一直发挥着长三角交通中枢的作用。虹桥高铁站高铁两小时几乎跑遍长三角都市圈;地铁2号线、10号线、17号线等,将大量人群输送到上海的各个区域,平均每天有百万以上的人流奔波在虹桥枢纽站。

大会展。被昵称为"四叶草"的国家会展中心,已成功举办1000多万平方米的展览,接待专业客商近1000万人次,带动上海年展览面积实现两位数增长。能产生强大互动共赢效应的会展经济被称为"城市面包",具有宽阔的产业链、辐射效应十分明显。

大商务。自2015年商务区各开发地块渐次竣工,商务区招商作用日益彰显。至今已有百余家跨国公司总部、区域总部以及知名上市企业落户虹桥。头脑总部在虹桥商务区、加工工厂在长三角的1小时产业圈正在加快形成。如阿里巴巴在虹桥的传富地块即将竣工运营,届时阿里在上海、在长三角的一系列相关企业,以及相关产业链和上下游产业也将进一步向虹桥集聚。

大连路总部研发集聚区

大连路总部研发集聚区定位于以知识创新为特色,以知识杨浦为载体,以现代服务业为主导功能的跨国企业总部研发集聚区,以提升功能、畅享交通、集聚商务、塑造地标、注重生态、引领生活为主导目标,形成"一核三轴两片区"的整体结构。占地面积约1.4平方公里。其核心范围为:西起大连路,东至通北路,南至平凉路,北抵周家嘴路,"十一五"期间核心区域的建筑总面积就已达到140万平方米,其中商业商务面积约70万平方米,一期项目用地面积约20公顷。"十二五"期间还将大幅扩容。

大连路总部研发集聚区核心区域分为中部、南部、北部三大地块,由"唐山路—荆州路—昆明路—通北路—霍山路—荆州路—平凉路—通北路—杨树浦路—大连路"构成,占

大连路总部研发集聚区

地面积约 0.55 平方公里。这里最终将建成跨国公司和国内行业龙头企业地区总部、研发中心、营销中心汇集的总部研发集聚区,并与陆家嘴核心 CBD,外滩中央 CBD 和北外滩 CBD 相辅相成,实现功能互动。同时,它将与江湾—五角场现代服务业集聚区相互配套,具有总部基地、高级商务、高档零售、特色休闲等多重功能。

中部会展商贸中心区。以大连路—昆明路—辽阳路—霍山路—大连路总部研发集聚区为界,以荆州路和长阳路口为中心点,占本区域总面积约 1/3,建筑面积约 24 万平方米。以荆州路和长阳路口为中心点,占本区域总面积约 1/3,建筑面积约 24 万平方米。以荆州路和长阳路为轴线,建设会展中心的展馆设施和相应商务办公楼(包括星级酒店),现已建成:西门子总部、德国大陆集团亚洲总部和中国研发中心、北美广场以及荣广商务中心。东侧即辽阳路以东到通北路,建设以绿地带衔接东面居住区;西侧即大连路、长阳路口地铁站口,配套建设轨道交通站点商业以及极具历史与教育意义的国歌广场,台湾广场的建设也将启动,它包括的项目有台湾大厦、台湾饭店(酒店公寓)、阿里山公寓等。

南部商务聚集区。霍山路以南到平凉路地块,周边均为交通快速干道,将建设集中的现代商务楼宇。以集聚进口食品、汽车等与新兴消费品相关的贸易商、采购商、代理商,集聚长三角地区民营企业、外省市机构上海办事处、东盟地区交流合作基地等为特色,辐射虹口和浦东新区。这里建成后将是杨浦区现代商务集聚的最精华地区。

北部商业购物区。昆明路以北到周家嘴(唐山路)路地块,以宝地广场为核心,用地面积 3 万平方米,是商务商住混合区,以品牌零售、高档餐饮、文化休闲等业态为主。它集商业、办公、酒店、会展等功能为一体,是大连路总部研发集聚区的重要组成部分。为中部和南部会展区、商务区相配套,辐射北面以宝地东花园、海上海新城、上海大花园为主和东面以金上海家园、合生高尔夫、现代星洲城为首的大批中高档居住区。

西门子上海中心、德国大众集团亚洲总部和中国研发中心,加拿大 COTT 国际公司等跨国公司已先后在区域内落户,并启动项目建设,总部研发机构集聚发展态初步形成。

上海国际汽车城现代服务业集聚区

上海国际汽车城现代服务业集聚区位于嘉定区,分核心区和辐射区两部分。核心区面积约 20 公顷,总建筑面积 50 万平方米,以轨道交通 11 号线墨玉路站交通枢纽为中心,整合周边区域汽车贸易、博览、研发等特色资源,重点打造集商务办公、科普教育、文化休闲、餐饮娱乐为一体,辐射长三角的商务商业大平台。辐射区占地 33.33 公顷,由俱乐部街区(零部件交易功能)和汽车贸易区(贸易展示功能)、汽车世界(高科技娱乐互动功能)组成,3 个功能区形成联动开发、错位发展的形态。

上海国际汽车城是上海汽车产业集聚区,上海先进制造业基地,占地面积 108 平方公里(基建面积 60 平方公里,绿化面积 48 平方公里),被外国誉为“亚洲第一汽车城”,是在“上海大众”建设近 20 年的基础上,于 2001 年 9 月开工兴建的,总投资 500 亿元。汽车类企业已达 110 多家;外商投资企业占 60% 以上。世界著名企业有上海大众、德尔福、天合汽车、宝钢阿赛洛、延锋伟世通等。其产业定位是一座集聚汽车制造、研发、教育、贸易、会展、旅游、运动等多功能的综合性现代新城,它的功能定位决定它必须加快发展现代服务业,实现二产、三产的均衡发展。2006 年,国际汽车城被批准为国家级现代服务业集聚区——上海国家汽车及零部件出口基地。上海国际汽车城继汽车会展中心、汽车博物馆后,又推出了“进口车展销中心”。这一标志性功能区的开

上海国际汽车城研发科技港

业，使国际汽车城展现现代服务业集聚区的功能更完善。这家展销中心聚集了目前最主流的进口车，上海国际汽车城将其打造成上海及华东地区进口车主要交易集聚地。国际汽车城还与几家国际品牌协商，这几家公司的研发中心将有望进驻国际汽车城，2 年内研发区初具规模，最终将该区域发展成“中国汽车研发的硅谷”。

随着人民币汇率的上升和进口车关税的逐步下调，进口高档汽车的价格逐步回调，国内消费者对进口高档汽车的热情再次被点燃。上海国际汽车城通过建造规模型的进口车专业展馆，形成高档进口车销售与服务的平台，服务广大用户。该中心云集奔驰、宝马、林肯、标致、萨博、斯巴鲁、现代、起亚等品牌，在那里，可以真正实现买进口车“跑百街，不如走一街”的一站式购车驿站。

上海国际汽车城进口车展销中心还与上海国际汽车城内的国产整车交易、二手车交易、汽车美容用品和汽车零配件全球采购多种业态一起，共同打造和完善汽车城汽车售后服务体系。通过各经营商不断改进与提升市场经营管理技术和理念，共同促进汽车城现代服务业水平的提高，逐步将上海国际汽车城建设成为上海及华东地区进口车主要交易集聚地。

2012 年 5 月，上海国际汽车城举行研发科技港开工暨首批入驻企业签约仪式，标志着汽车城已进入以创新驱动产业结构调整、促进产业能级提升、实现经济发展转型、加快产城融合的新阶段，项目建成后将成为中国首个国际顶尖汽车研发设计类企业的集聚高地。科技港项目以中小型研发机构作为主要招商对象，为其提供研发、试制、展示、商务、生活等全方位的硬件设施及高标准的人文服务。上海国际汽车城研发科技港占地面积 186 亩，总投资约 15 亿元，港区计划建造 120 幢 300 ~ 2000 平方米的独立楼宇，可容纳 150 家左右汽车研发设计企业入驻，已有意大利宾尼法利纳、加拿大凯史乐等 17 家国内外知名研发企业签约入驻。

位于上海国际汽车城的上海汽车博物馆是中国首家专业汽车博物馆，于 2007 年 1 月 17 日向公众开放。展馆展区面积逾 1 万平方米，内设历史馆、珍藏馆、探索馆以及临展区等 4 个功能不同的展示区域，20 多个品牌的近百辆经典古董车陈列其中，向观众呈现汽车百年发展的若干精彩历史。

周边的汽车博览公园、安亭老镇和高尔夫球场也成为休闲度假的理想去处，体现了汽车城核心区的研发、贸易、博览与旅游休闲的多功能一体化设计初衷，从而组成人、车、自然和谐的购车环境。

长风生态商务区

长风生态商务区位于普陀区南部，东起长风公园，西至真北路中环线，南临苏州河，岸线长达 2. 7 公里，北以金沙江路为界，可规划开发的土地面积 2. 2 平方公里，规划总建筑面积约 290 万平方米。其中，办公楼和商业娱乐设施 200 万平方米，酒店式公寓、高尚住宅 70 余万平方米，社区中心、学校、幼儿园、医院、体育馆等各种配套设施 20 余万平方米。截至 2012 年底，建成 108 万平方米商务办公楼。该商务区是市首批重点推进现代服务业集聚区中唯一以“生态”为主题的集聚区，绿化占地面积合计 100 万平方米。累计入驻企业超过 400 家，实现年税收总额 20. 73 亿元。

2008 年，该商务区进入全面开发建设阶段。国盛中心商场一期和 2 幢公寓式办公楼结构封顶；万豪和国丰 2 个五星级酒店和国浩大厦完成桩基，进行主体施工；长风国际大厦已建 16 层，米高梅娱乐中心项目完成基础工程；由上海市外经贸委投资(集团)有限公司、上海跨国采购中心和长风生态商务区联合投资的上海跨国采购中心基地及中环商务交通枢纽、赢华国际商务广场、中科研发大厦等相继开工,开工总面积达170万平方米。入驻企业有世界500强企业法国索迪斯公司、国电集团华东总部和知名企业美国国际香料公司(IFF)、香港中信资本、德国麒麟基金、美国第二大网络公司博通公司、维氏钢刀、劲霸男装等以及境内外上市公司兴达国际、安防科技等。全年,各开发企业上缴税金2.3亿元,比上年增长194%。

苏州河沿河绿地和市政道路设施建设全面推进,其中二号绿地景观灯光建成,威宁路桥9月开工建设,丹巴路110千伏电站建成投入使用,大渡河路110千伏电站土建完成。

在重点发展总部经济的同时,长风生态商务区的文化设施建设大规模展开。商务区分别同上海电影集团与上海美术电影制片厂签订合作协议,共同筹建"海上动漫艺术展示馆",合作筹拍以苏州河为题材、反映上海百年巨变的电视连续剧及系列影视纪录片《苏州河的传说》。国际影星成龙到长风启动"成龙电影艺术馆"筹建仪式,这是国内唯一一座为华人国际影星而建的电影艺术馆,也是全球唯一以"成龙"命名的专题电影艺术馆。

在地块中部规划建设园林式的长风教卫园区。园区位于泸定路西侧,南面是云岭路绿带,西侧是纵向绿带和小区中心花园。规划占地面积65000平方米,近100亩。建筑面积47000平方米,平均容积率0.72。长风教卫园区包括:华师大实验学校(九年一贯制)、幼儿园和老年护理院、现代化的体育馆等。

根据普陀区建设"科创驱动转型实践区、宜居宜创宜业生态区"的战略目标和"一轴两翼"规划布局,将长风生态商务区"东扩、西进、北拓",东至曹杨路、西至真北路祁连山南路、南临苏州河、北至武宁路,实现总面积10平方公里的一体化联动,并在其中打造"上海科技金融产业园"。建成后将形成"科技金融产业""互联网+产业""智能科技产业""国际教育产业"四大产业集聚区。

同时,长风生态商务区还以云岭东路为试点,打造兼顾功能性与休闲性的慢行环境。城市休闲绿道将以光复西路、枣阳路为核心,同时配合长风公园、苏州河滨河绿地,塑造上海中心城区的又一休憩健身标杆地。

长风生态商务区经多年开发建设,显现了四大特色:

优美的水绿生态环境。长风生态商务区新建公共绿地700多亩,沿苏州河2.7公里黄金水岸,规划建设80~130米宽的绿色长廊,木渎港西侧北至同普路全部为大型公共绿地,云岭路北侧是一条长2公里、宽50米的绿带。新建公共绿地、开发地块配建绿地和原有绿地合计达2000多亩,为上海中心城区所罕见。长风公园银锄湖将与苏州河水连通。

地下空间合理开发利用。结合轨道交通建设,对地下空间进行整体规划,合理开发利用,金沙江路真北路(地铁13号线站点)和大渡河路云岭路口(地铁15号线站点)规划建设两个地下综合体;在核心区域1、2号地块结合商业、娱乐等项目建设地下商业设施和步行系统;在苏州河沿岸结合商务办公、会展中心等项目,建设相互贯通的地下停车系统。

先进的信息网络系统。超前规划建设信息网络系统,为投资商和居住区提供先进、高效的信息化平台。长风生态商务区是一个高度信息化、数字化的商务中心和生活社区。

鲜明的历史文化特色。苏州河是中国近现代民族工业的发祥地之一。结合公共绿地的建设,兴建苏州河民族工业文化公园,筹建一批专题博物馆,承续苏州河民族工业的历史文脉。结合公共绿地建设、利用保留的老工业建筑建设10家左右,体现苏州河地区民族工业文化主题的专题博物馆、展示馆。在上海火柴厂原址,以"点亮城市、点燃生活"为主题的商标火花馆,有"火花大王"之称的知名收藏家樊瑀,决定将其50年悉心收藏的500万枚火花藏品永久提供给长风商标火花馆展出,为开馆创造条件。以“老渡口，新码头”为主题包括游艇码头、游艇游船展示馆的游艇游船文化服务区建成。

奉贤南桥中小企业总部商务区

南桥中小企业总部商务区位于上海奉贤区南桥新城核心区域，东至金海公路，南至G1501高速公路，西至S4高速公路，北至南奉公路，规划面积1.47平方公里，规划建筑面积为256万平方米，其中商业和商务建筑面积172.58万平方米，住宅建筑面积83.47万平方米。南桥中小企业总部商务区将凭借上海国际化大都市在人才、信息、资金、管理、服务等方面的战略资源，紧紧抓住上海后世博发展机遇，打造成为杭州湾北岸商务集聚区，服务于长三角及全国中小企业，形成“总部商务特色鲜明、生产服务功能突出、商务旅游休闲集中”的现代服务业集聚区，成为长三角特别是其南翼中小企业借力上海的新平台，成为吸引长三角地区以及国内外企业总部入驻的最佳商务发展空间。

商务区已有南方国际商业广场、银河丽湾、绿地领御、卓越世纪中心、中企联合大厦等大型商业综合体相继入驻，已建成总建筑面积约114万平方米。集聚区的形态和功能已逐渐显现，引进中小企业总部，包括企业运营管理中心、研发中心、数据运作中心、资金结算中心、营销中心、采购中心等入驻。

上海南桥国际商业广场建筑面积10万平方米，该商场是专为连锁加盟企业的产品展示和旗舰店直营而设计。周边业态有众多星级宾馆、中小企业总部大厦、百联东方商厦、南方国际写字楼、绿地望海CBD、银河丽湾（易居中国代理）、绿天商城、好美家、银行等都支撑商务集聚与发展。

南桥中小企业总部商务区已开设上海郊区首家创业投资引导基金——红土创投融资平台、作为南桥新城现代服务业重要板块的上海奉贤金融后台服务基地、各大银行和各担保机构、小额贷款公司等非银行金融机构，将为商务区建设与发展提供强有力的金融支持。

在商务区内规划建设“北岸商务谷”，重点面向企业总部或区域性地区总部，包括行业龙头企业和上市公司。开发模式上，采用“定制式总部基地”的方式。集聚区在保证项目开发品质和企业自己持有一定比例物业的前提下，统一开发地下空间，提高土地利用率，降低企业入驻门槛。对需要配套工业用地的企业，集聚区将在周边工业开发区中协调提供生产发展用地。

集聚区设立招商服务中心，为落户企业提供咨询、企业登记、税务登记、年检等“一条龙”专业服务。集聚区所在奉贤区相继出台旨在促进总部商务区发展的相关政策，为中小企业入驻提供更灵活的财税政策，有效降低了企业的商务成本。

北外滩航运服务集聚区

北外滩航运服务集聚区东起大连路、秦皇岛路，南临黄浦江和苏州河，西抵河南北路，北至海宁路、吴淞路、四平路、临平路、公平路、周家嘴路。核心区域及周边产业集聚区地域面积达4.7平方公里。集聚区可开发建筑体量超过350万平方米。到2012年底，北外滩开发建设累计竣工面积125.5万平方米，在建面积94.3万平方米。北外滩航运和金融服务集聚区在功能上划分为三大片区：航运和金融服务区、历史风貌区、现代生活区。

航运服务业：积极突破船舶管理公司行业准入政策，吸引国际知名船舶管理公司落户；继续吸引航运经纪公司落户；进一步支持上海国际航运仲裁院发展，积极吸引海事法律相关机构落户北外滩；进一步支持上海国际航运研究中心等研究机构发展；进一步支持船舶交易市场和船舶交易信息平台发挥功能性作用。

金融服务业：加大金融要素集聚，重点引进证券、基金、投资管理等非银行类金融企业，大力吸引金融功能性机构落户北外滩；尝试发展船舶融资、航运保险业务，吸引船舶融资公司落户。

邮轮服务业：积极推进国际知名邮轮公司在北外滩设立独资船务公司或船公司；进一步吸引国际邮轮供应、邮轮旅行社等邮轮产业配套公司落户；积极推动上海港国客中心从功能性码头向综合服务性码头的转型。

集聚区认真总结北外滩开发建设十年经验，科学统筹，注重实效，加快在建工程建设，完善综合配套，使北外滩功能、形态、产业发展取得新进展。

楼宇建设和商务配套不断完善，重点商务楼宇项目有序推进。白玉兰广场主楼地上结构施工至7层，酒店结构封顶，裙房开挖。上海国际航运和金融服务中心西块14、15号楼竣工，西块港池区域除船闸外完成施工，中块规划设计方案公示，东块开工建设。浦江国际金融广场主楼结构封顶，主、辅楼开始幕墙施工和装修。鹏欣悦榕酒店（新外滩花苑E楼）竣工开业。东大名路1060号地块（绿地浦创国际广场）办理前期手续。城市景观环境有效改善，公平路以西段的滨江绿地和公共空间（包括国客段和置阳段绿地在内）的整体绿地空间的公共设施初步完善，正式全面对外开放。

航运、金融要素进一步集聚，金融业态不断丰富。2012年引进金融企业185家，总数达300余家。新增航运企业340家，总数达3530家，实现三级税收15.74亿元，航运集聚影响力进一步扩大。北外滩财富与文化论坛、中国海员大会、第二届北外滩邮轮文化节、亚洲邮轮大会、上海航运交易论坛等会议论坛在北外滩成功举行。

依托170多年的航运历史积淀，北外滩聚集了国内外众多航运企业及机构的总部。2012年，国家交通运输部授予北外滩“航运服务总部基地”称号。中国远洋与中国海运正式宣布合并成立中国远洋海运集团有限公司，总部落户上海，核心运营板块，包括集装箱运输、能源运输以及大陆的码头运输板块总部均落户北外滩区域，集团旗下两大上市公司——中国远洋以及中海发展都在北外滩经营，旗下国内最大的内贸集装箱运输公司也在北外滩经营发展。此外，北外滩除上海港务集团、瑞宁航运、民生轮船、国电海运等内资总部型港航企业之外，也聚集了地中海航运、太平船务、赫伯罗特、罗宾逊物流、皇家加勒比邮轮等著名外资航运类企业的中国区总部。资产管理规模全球第一的互保机构——中国船东互保协会在北外滩设立国内首家国际保赔管理公司，填补了上海国际航运中心在保赔领域的空白。

经过近二十年的磨砺发展，航运服务业已成为虹口区的一张名片。虹口区在上海国际航运中心建设中的重要地位已获广泛认可，北外滩在全国航运界也树立了一定的影响力。航运服务业对区域社会经济发展的贡献令人瞩目。以2016年上半年数据为例，1—6月，虹口区航运服务类企业已达到4199户，航运服务业实现的财力占全区区级财力的比重超过三分之一，支柱产业地位明显。

进入“十三五”，集聚区主动融入“一带一路”国家战略，全面对接中国（上海）自由贸易试验区建设，依托虹口南部地区城市功能的发展，创造与国际接轨的航运服务业发展环境。坚持传承与创新并举，坚持总部与高端引领。做强传统航运服务业，拓展内涵、集聚总部，创新发展航运电商平台等新业态，不断提升基础航运服务产业能级；做实高端航运服务业，在航运金融、航运信息咨询领域实现重点突破；做精邮轮、游艇、游船三游产业和船员服务，打造北外滩特色航运品牌。到“十三五”末，北外滩区域将打造成为具有国际影响力的航运品牌，成为中国大陆区域最有活力、最有特色的国际航运商务区。

区航运服务业将重点形成“一线两圈四中心”功能布局。“一线”为北外滩临江沿线；“两圈”为霍山路圈和密云路圈；“四中心”为国际航运交流服务中心、国际航运人才服务中心、国际航运金融服务中心、国际航运创新企业服务中心。

北外滩临江沿线为航运服务总部基地核心区域，以邮轮游艇游船元素为特色，与金融、文化、商旅、体育等充分融合，展现中央活动区的繁荣繁华。

霍山路圈依托周边历史文化资源、重点航运机构及标志性载体，打造国内外航运界的交流沟通平台和航运信息数据中心。已聚集了30家航运功能性机构，是全国航运功能要素最为聚集的区域之一。

密云路圈以国家级船员评估示范中心项目为核心，大力发展船员权益保障、人才服务外包等功能，并在周边配套商务、办公设施，形成船员服务一站式功能区，打造上海船员服务高地。

国际航运交流服务中心，将依托上海北外滩航运中心项目，进一步汇集航运相关的功能性机构、商务交流、信息数据、讲座论坛等。

国际航运人才服务中心，充分发挥虹口区航运产业链条完整、航运企业总部集聚、功能性机构众多、对外交流频繁的优势，汇集航运各个领域、各个层次的人才，配套完善各项人才服务，打造上海航运人才成长、交流、发展的舞台。

国际航运金融服务中心，将形成以船东互保、航运衍生品交易、航运产业基金、船舶融资租赁等为特色的航运金融产业中心。

国际航运创新企业服务中心，将打造上海航运科技创新基地，配套专项政策，引导并培育一批具有行业龙头地位的航运电商、科技创新企业，在航运科创领域形成示范及引领效

北外滩航运服务集聚区远眺

应。北外滩临江沿线为航运服务总部基地核心区域，以邮轮游艇游船元素为特色，与金融、文化、商旅、体育等充分融合，展现中央活动区的繁荣繁华。

南京西路专业服务商务区

南京西路专业服务商务区是以静安南京路为主轴的带状街区，东起成都北路，西至镇宁路，北至北京西路—愚园路，南至威海路—延安路，区域面积1.8平方公里。南京西路专业服务商务区规划建筑面积420万平方米。静安南京路由东向西规划为五个功能区：石门路地区——文化传媒、公共活动和综合服务区，规划面积50公顷，标志性建筑有上海电视台、广电大厦等，以国际国内文化传媒机构为主体，建设上海浦西传媒、影视、广告产业中心；梅泰恒地区——商务办公、时尚休闲、品牌购物中心区，规划面积30公顷，标志性建筑有梅龙镇广场、中信泰富广场、恒隆广场。以三大广场为核心，形成国际品牌服饰和商务办公制高点；展览中心地区——商务办公、会展、酒店服务区，规划面积40公顷，标志性建筑有上海商城、嘉里中心、上海展览中心，规划建设中的香格里拉酒店等；静安寺地区——旅游购物、办公酒店、公共活动及换乘枢纽，规划面积40公顷，标志性建筑有久百城市广场、城市航站楼，建设中的汇德丰广场、越洋广场；协和城地区——主题休闲娱乐式商、办、住综合区，规划面积20公顷，标志性建筑以规划建设中的协和世界广场为中心。

南京西路专业服务商务区配套完善，交通便利，静安区按照国际通行的HOPSCA原则对静安南京路地区办公楼、购物商场、宾馆、停车场、文化娱乐设施和公寓进行整体布局，并不断完善基础设施建设，建成覆盖全街区的停车诱导系统，区域内公共停车位约有5500个。

上海南京西路4种商业形态700米街上的商业风云

并结合静安寺公共交通枢纽建设，积极推动静安寺地区地下空间综合开发。

区域内集聚了上千个国际国内知名品牌，进入上海的世界一线和顶级品牌90%以上在静安南京路开设了旗舰店、专卖店。集聚区内休闲、娱乐和餐饮等配套丰富，有陕西北路老字号特色街、吴江路休闲街、威海路文化传媒街、“梅泰恒”后街和铜仁路餐饮休闲街等6条特色专业街。针对集聚区内白领人士的物质文化生活需求，打造“白领驿家”这一服务和凝聚白领的平台，推出了一系列服务项目。加强戏剧文化与商业商务的有效互动，推进“现代戏剧谷”建设，成功推出春夏、秋冬两个演出季。集聚区内有众多的金融机构和餐饮服务，还有众多的高星级宾馆、健身娱乐和教育服务机构。

南京西路专业服务商务区的最大特点是，国际化程度高，世界性品牌多，具有以下特点：

1. 高端商业与高端商务功能相互融合、相互促进：静安南京路地区商业与商务的总体配比比较合理，定位也比较协调统一。据上海市商业经济研究中心的研究，静安南京路地区商业商务的融合度在上海的主要商圈中排名最前。

2. 优势产业不断集聚，逐步形成专业服务产业高地：静安南京路地区成为上海现代服务机构最为集中的地区之一。信息服务业、广告服务业、法律咨询服务业、会计及审计服务业、金融及保险服务业、投资管理及咨询服务业、研发和设计服务业等专业服务业在全市居于优势地位。

3. “楼宇经济”和“总部经济”形成特色：大体量的商业商务楼宇集聚了众多的优质商务资源，确立了静安南京路高端商业商务的地位。静安南京路地区成为上海跨国公司地区总部最为集中的区域。这些跨国公司地区总部和专业服务业企业的高度集聚也使得静安区“楼宇经济”特色更加鲜明。2011年，南京西路专业服务商务区总营业收入约1054亿元，产生税收111亿元，税收过亿的楼宇达到15幢，其中恒隆广场全年税收近30亿元，短短几年就实现了从“亿元楼”到“月亿楼”再到首幢“月双亿楼”的跨越。主要商业商务楼宇入驻率均在90%以上。区域内容纳的约1200个品牌中有近500个国际品牌，通用电气、欧莱雅、智威汤逊、星空传媒、英国石油等世界一流跨国公司中国区总部，兰蔻全球第一概念店、Zara品牌店、LV旗舰店等都云集于此。世界500强中也有10多家已入驻南京路。外资企业对全区财政贡献率近50%。

南京西路专业服务商务区还以建设特色商业街为抓手，加快南京西路周边的支马路建设，完善现代服务业集聚区的相关服务业配套设施建设。结合与国际商贸业和现代服务业先进水平之间的对标研究，坚持“两高”（高品位的商业商务区、高品质的生活居住区），着力提升本区域相关产业的营销和管理水平，进一步增强本区域商贸业的竞争力。

太平桥国际商务集聚区

太平桥国际商务集聚区位于卢湾区淮海中路南侧，占地52公顷，有23个街坊，原是上海较典型的石库门建筑旧区。1999年，香港瑞安集团和上海复兴建设发展有限公司合资开发该地区的部分地块，建设上海新天地。建设以中西融合、新旧结合为基调，将上海传统的石库门里弄与充满现代感的新建筑融为一体，形成传统生活文化和新纪元生活文化交融的都市旅游景区，既是历史文化风情体验地，又是专业服务业发达地。以太平湖为中心，西南面是新天地休闲旅游区，南面为高档住宅区，北面是商业贸易区，东面是建设中的高档商务区。以淮海路、太平桥地区为核心区，形成区域内咨询、广告、金融等行业企业集聚群。

太平桥国际商务集聚区夜景

还将建立时尚顶级服饰品牌专卖店旗舰中心、国际时装设计培训中心，并将建设 3 ~4 个大小不同的类似美国百老汇的剧场。其间的东台路，也将改造成为具有国际水平的文化街，引进高档次的古董店、书廊和国际拍卖中心。

服务外包企业集聚堪称太平桥商务区的一大特色。作为现代服务业主要抓手与突破口的服务外包，在这里具备良好的产业基础，国际外包专业协会 2006 年全球 100 强中，身处淮海中路太平桥商务区的就占五席。全球最大的信息技术服务外包公司 IBM、全球最大的企业管理咨询服务外包公司麦肯锡、最大的会计事务服务外包公司普华永道等都集聚在此。商务楼的入住率达 98% 以上，入驻的世界 500 强企业有 10 余家。服务型企业有普华永道会计事务所、贝恩、博斯艾伦、美国联邦航空、汉莎航空等，高科技企业有甲骨文 IT 公司、苹果电脑公司等，制造业类企业有索尼公司等。

经多年开发建设的太平桥商务区，可见外形自然流畅的太平湖上，清晰地倒映着一幢幢挺拔的现代化楼宇。站在这个几年前还是旧区改造对象的人工湖上放眼北岸：随着企业天地等大型商务楼的投入使用，一个深入淮海路商业街腹地、具有良好生态环境、跨国公司地区总部集中、国际著名品牌云集、适合国际一流人才生活和经商的现代服务业集聚区，已经悄然形成。以新天地为核心区域的太平桥现代服务业集聚区，4 年前还只是淮海路商业街的一个“休闲港湾”，中外宾客纷至沓来，曾经仅仅是为了泡吧聊天，感受浓郁的休闲气息和石库门的文化氛围。然而，就是以打造“新天地”服务品牌为抓手，通过提升区域休闲服务业能级，增强综合服务功能，太平桥已经在集聚现代服务业业态的过程中，逐步提高着区域的综合竞争力。

太平桥商务区商业和休闲娱乐业也较发达。共有 6688 平方米商业面积，零售占 62%，主要商铺有宝姿、BMW 精品店等；餐饮占 9%，主要商铺有普罗旺斯的树、茶语轩；健身美容占 29%，主要有 Y+Yoga。专营休闲娱乐的新天地建筑面积 54170 平方米，共有租户 73 家，其中餐饮 46 家，零售 18 家，服务等 9 家。

第七编

专 记

著名商圈
上海特色商业街
商贸协会选登
商贸法律、法规

一、著名商圈

浦东保税区迪士尼商圈

上海迪士尼总体项目包括一座主题公园、两家酒店、一家零售和餐饮综合体以及一个湖泊,是继上海世博会之后的又一重大建设项目,项目直接投资额约245亿元,间接拉动的投资规模或为千亿级。上海迪士尼乐园建成,可为当地创造5万个新职位。每年带来的服务业产值将达500亿元,餐饮酒店、商业零售、交通运输行业将直接从中受益。上海迪士尼开业后游客规模能达到1000万人次,开业初期将为上海带来300万~500万人次的新增游客,约占上海全年接待游客规模的2%~4%,有助于刺激本土文化产业和旅游产业加速发展。

环迪士尼商圈以主题公园为核心,向南、

上海迪士尼乐园主题零售店

向东沿城际快速干道，规划主题明确的功能性商业设施，包括奥特莱斯、精品酒店等大型项目。“甜心糖果”代表着米妮童年的家。采用安妮女王式风格设计的糖果店是为了庆贺迪士尼第一对情侣——米奇和米妮。游客会在店内看到讲述这对情侣恋爱故事的壁画和甜蜜场景。店内布满了鲜花、爱心、以及灵感来自米妮经典的红白相间波点裙等的设计元素，在这里游客们可以找到以广受欢迎的迪士尼朋友为灵感制作的手工糖果。从铅玻璃窗户到高耸的拱门，“皇家宴会厅”的每一处细节都设计独到，在童话场景里奉上故事里的美食。所有游客都能像王子和公主般尽享以皇室标准提供的丰盛佳肴。一些深受喜爱的迪士尼明星还将为游客亲笔签名。餐厅所有房间都以迪士尼公主为主题，融入童话故事元素，让游客的每一餐都充满幸福感。

古北商圈

古北商圈是上海比较集中的甲级写字楼区域，也是上海第一个规模化、集约化开发建设的高标准国际社区，上海涉外人士居住最为集中的区域。古北商圈位于虹桥路以南，古北路两侧，南界徐虹铁路支线，东起姚虹路，西至虹许路，占地 136.6 公顷。距虹桥机场 5 公里，距市中心人民广场 7 公里，与虹桥新区相互依托，交通便利，环境幽静。

古北商圈的建设，吸收国外先进经验，并力求展现中华民族优秀建筑传统。横贯东西的主干道为新区主轴线，各小区中心设南北向副轴线，轴线交叉处布置若干广场，轴线两侧对称布置建筑群体；组团街坊内也有轴线，轴线上空间视野贯通，并采用过街楼、拱门等手法延伸透视。中国四合院式的建筑平面布局方法也得到运用和发展。在建筑形态处理上，采用古典三段论式、巴黎凯旋门式、古罗马圆柱式等表现手法与近代建筑处理手法结合，突现出欧陆风格的韵味和艺术特色。古北一期的整个建筑，很好地代表了古北商圈过去 10 ~ 20 年的发展和繁荣。

钻石公寓，是古北最早的一批外销房，历史悠久，居住人群境外人士占了很大的比例。周围各种餐饮数不胜数，中西餐，韩、日料理一应俱全。

宝石公寓，建成于 1992 年，这些房都是多层，居住时有种怀旧的感觉，居住在这样的环境里时常会使您回忆起往日的思绪。宝石公寓也是古北最先开发的外销房，随着该板块生活配套的日益完善，一直受到欧美地区租赁客户的喜爱。

翡翠公寓，也是古北最早的一批外销房，历史悠久，环境幽雅，空气清新。具有独特的日式 4 层建筑，外墙的颜色比较好，在古北地区算是比较幽静的一个小区。

明珠大楼，是现代化高级办公楼及商住两用楼，竣工于 1998 年 3 月。该小区地段好，居住人群多为境内外成功人士。

名都城，属于涉外住宅，小区绿化率高达 70%，这在上海的公寓楼中是绝无仅有的。小区配套齐全，游泳池、会所、银行、美容室、健身房、邮局一应俱全，是真正繁华中的宁静。

广场大厦，处于国际化成熟社区的古北黄金地段，生活交通便利，周边配套设施齐全，避风塘、星巴克等娱乐餐饮，耀中国际学校、建青实验学校，各大银行及外资银行等一应俱全。

中山公园龙之梦商圈

中山公园龙之梦商圈目前的定位是快时尚、大众亲民综合性购物中心。中山公园商圈客流基础庞大,客流数量与质量,在上海仅次于四大核心商圈南京西路商圈、人民广场商圈、陆家嘴商圈、徐家汇商圈。中山公园龙之梦作为该商圈目前体量最大、业态最丰富的商业体,满足了这些顾客在工作日以及周末的社交、购物、消遣娱乐的部分需求。

中山公园龙之梦属于快时尚型购物中心,从业态组合和所拥有的品牌来看,与闵行区的上海仲盛广场、浦东的正大广场、宝山的万达广场,有50%左右的重叠率。一楼以H&M、Sephora、C&A、CK Jeans、Guess、Folli Follie、Starbucks、Charles & Keith为代表。这些品牌在该商场的业绩,处于全国店铺排名中等偏上水平。

通过对商圈客户群,龙之梦业绩表现,竞争性项目,以及龙之梦存在的主要问题的综合分析,龙之梦瞄准中产阶级的家庭型顾客进行升级。

一是打造一个中产阶级需要的、高品质、生活方式化的Mall。首先是提升所有品牌和服务的品质;其次,是要引进更多的家庭型、趣味性业态和主力租户,比如玩具反斗城、书店、保龄球吧、儿童教育、稻香/迎喜皇宫等大型餐饮等。

二是增加趣味性、创新性的元素。借鉴大悦城的服务方向,Joy City在北京、天津、上海的项目不断推陈出新,推出不同风格的文化艺术主题展览(几米漫画展、泰迪熊展),还打造了创新生活方式的主题空间“悦界”、骑鹅公社、粮食局等。

三是升级硬件、改善服务。改造硬件提升购物环境,留住中高端顾客。同时在硬件上优化商业平面动线,增加垂直动线。将停车场的分区设计进行改造,增进日常管理,在保安、保洁方面改进,致力于给消费者提供舒适的购物环境。

上海中山公园龙之梦商圈外景

新天地商圈

上海新天地商圈位于淮海中路南侧，占地面积3万平方米，建筑面积6万平方米。新天地是一个以石库门建筑为主体，有着欧式风情的休闲和娱乐总汇，汇集了各式的酒吧、餐厅和夜总会，是上海新建景观之一。

新天地因其历史文化的轮廓和内部空间的现代化，以及国际性的经营内容，使中老年人走进新天地感到它很怀旧，年青人走进新天地感到它很时尚，外国人走进新天地感到它很“中国”，很快成为沪上休闲文化有品位的消费场所。新天地改造从它脚手架拆落的那一刻起，各路明星、艺术家、企业家、银行家、驻沪外交官纷至沓来，流连忘返。国际模特儿大赛、时装表演、文化策展活动、知名影星的电影新闻发布会等时尚文化活动，纷纷选择在上海新天地登场亮相，一举奠定了沪上乃至全国时尚地标的地位。

新天地时尚购物中心在2010年建成开业，创意引入国内外前沿新锐设计师品牌，将时尚、流行与复古有机交融在一起，搭建一个国际交流和聚会胜地，从而推动上海新天地的升级、革新和发展。

上海新天地的高端住宅板块——翠湖天地，自2002年诞生之日起，从一期雅苑、二期御苑、三期嘉苑到如今四期隽荟，每一次产品无不成为被争相模仿的对象，更一次次刷新着豪宅市场记录，引领着豪宅市场的发展。

上海新天地商圈无限极荟的入驻，对商圈有着推动再升级的重大意义。与新天地现有的南里北里、瑞安广场、新天地时尚购物中心等载体不同，无限极荟以精英白领阶层的生活、心理需求为导向，引入众多有着“创新性、体验性、时尚性”属性的一系列知名生活方式品牌，极大地丰富了新天地商圈的现有业态。

上海新天地一角

新天地"水眼"太平湖边，可以边用餐边观赏湖景的是湖庭，装修以白色为基调色，给人的感觉很典雅，餐厅的摆设、字画也都很特别，三楼可以观赏湖景，让每一位餐客都有贵宾般的感受。

新天地的泰国餐厅，环境优美，很有泰国氛围，还可观赏极具泰国特色的佛像浮雕，作为上海最有历史的泰国菜餐厅，值得一去。

兴业路上的本地牌子"Cigar、Jazz、Wine"是最老的爵士酒吧之一，环境优雅舒适，还有国外驻场乐队；二楼的VIP区专为雪茄爱好者设计，缀满蜡烛和小鲜花的空间里弥漫着雪茄的味道。

新天地商圈在不断革新演变中趋于成熟，对中外客商不断发挥出越来越大的吸引力。

不夜城商圈

新客站不夜城商圈，是上海市级商业中心之一。以铁路上海站为中心，规划面积1.24平方公里。辐射的商圈人口却高达80余万人，加上铁路上海站、长途汽车站每天60万人次的过往旅客，使这里成为众人瞩目的黄金宝地。建设初期定位为"购物天堂"，随着各地商业的发展和外来游客购物方式的变化，不夜城一个崭新的构思——"创造美食、旅游世界"计划顺势出台。

不夜城地区是上海宾馆业三大集聚地之一，拥有三星级宾馆11家，这些宾馆内几乎都有饭店。不夜城以开放的姿态吸引各国、各地的人们来办餐饮业。如今，这里营业面积在1000平方米以上的大中型饭店已达到20余家，从京帮的全聚德到本帮的庐峰饭店，各种帮派齐全。此外还有茶菜、西菜、清真、点心宴等，中西快餐、风味小吃店更是数不胜数。

不夜城的旅游功能得到了深化，先后建起

上海新客站不夜城商圈

了旅游车辆集散中心、旅游街市、旅游咨询服务中心。已开的通往宁波、温州、南京等12条旅游景点专线，每月迎送游客达10万人次以上；中心旁边的旅游集市引进了8家旅行社和湖州、诸暨、宜兴、浦江4家外省市旅游景点的服务窗口，建立了订房中心、票务销售中心、旅游纪念品专营等11家特色店。

美食、旅游双轮驱动，带动不夜城商圈的商业、娱乐、休闲、房产等行业，使其再度成为大上海商业格局中一颗亮眼的“明星”。目前，不夜城板块正在被打造成以轨道交通为基础、商业商务为支撑、文化旅游为特色、生态景观为经典的商圈。

不夜城板块集铁路、轨道交通、高架道路、地面道路于一体，上海火车站、中山路长途汽车站、上海长途客车总站、恒丰路长途汽车站、虬江路长途汽车站等是上海与外地城市连接的主要媒介；轨道1、3、4、8、10、12号线贯穿而过；更有929、942、962、928、912、955、837、845、823、862、706、573等40余条公交线路于不夜城始发或穿过，交通四通八达。

商业方面，板块内有嘉里不夜城、大悦城、七浦路商业街等集中商业，可很好地满足居民和游客购物、休闲、娱乐等需求，以批发为主的七浦路商业街，商品物美价廉，让板块内消费更加多元化。

豫园商圈

闻名遐迩的豫园旅游商城，是集人文景观、明清建筑和特色商品于一体的商业中心和旅游胜地。

拥有700多年历史的豫园地区，被称为“上海的根”，集邑庙、园林、建筑、商铺、美食、旅游为一体，已经成为到上海观光的国内外游

上海豫园商城夜景

客常去的游览胜地。每年游客量达3700万人次。园旁有城隍庙和商业街等游客景点，附近有众多著名食店，包括以小笼包著名的南翔馒头店、绿波廊及上海老饭店等。

其区域内的豫园旅游商城，经发展已被列为上海十大新景观之一。1987年12月，豫园商城被批准为上海商业系统第一家股票上市的股份制公司，1992年5月扩建为豫园旅游商城，建成豫园商厦、华宝楼、天裕楼等大型仿古商业楼宇，经营面积从1.8万平方米扩大到7.5万平方米。经营业务除继续发扬小商品、小吃等特色外，并形成黄金饰品、珠宝玉器、古玩书画、工艺摆件等新的经营特色，1995年销售20.36亿元，在全国大型商业企业中排名第三。

具有明清市井建筑风格的豫园旅游商城是商业旅游区的主体。在这里，人们可以买到精美的手工艺品、金银珠宝首饰、各种特色小商品、服装衣饰；可以品尝到老城隍庙特色小点心和风味小吃，有"购物天堂""小吃王国"的美称。与商城相连的是有400多年历史的豫园，它被冠以"秀甲江南"的美誉，为上海著名的旅游景点。与商城紧依的有深远影响的上海老城隍庙，前来参观瞻仰、朝拜烧香者络绎不绝。与商城相邻的佛教寺庙沉香阁，是国务院批准的对外开放寺庙之一，是上海著名的比丘尼寺院。在商城与豫园之间环抱着荷花池、九曲桥、湖心亭，购物、游览的人群，川流不息，终日不断。这些具有上海传统文化气息的景观，使豫园商业旅游区成为来沪旅游者必到之地。改革开放以来，曾先后接待英国女王、瑞典国王、西班牙首相等贵宾和大批海内外游人。

豫园地区被誉为中国黄金珠宝第一城，其中豫园商城和老凤祥分别拥有沪上珠宝业四大品牌的各两个，"老庙"和"亚一"是豫园两个拳头品牌，而老凤祥则拥有"老凤祥"与"城隍庙"这两个品牌。"老庙"和"亚一"这两个品牌在全国已开设门店1800余家。今后，这里将打造成上海国际黄金珠宝商贸功能区。建成后不仅将有珠宝创意设计中心、精品拍卖中心、珠宝文化展示中心，还会设立珠宝玉石交易中心、黄金文化博物馆等。今后还将引进多个国际一线珠宝大牌入驻豫园。

浦东新上海商业城商圈

浦东新上海商业城商圈是目前亚洲最大的零售商店所在地。该位置堪称上海浦东商业区黄金路段中的"钻石眼"：东有碧云、汤臣等上海至尊别墅区，南有"世博会"规划区，西有世贸滨江、仁恒滨江等高贵社区，北有东方明珠、金茂大厦和证券大厦等上海标志性建筑，可谓云集了中国顶级的建筑楼宇。自1991年底奠基，1992年6月开工建设，1996年建设大体结束。商圈内包括第一八佰伴、华润时代广场、三鑫世界商厦、华诚商厦、福兴大厦、福使达大厦、银峰商厦、新亚汤臣大酒店、鑫联广场、银河大厦、胜康斯米克大厦、胜康廖氏大厦、乐凯大厦、良友大厦、内外联大厦、远东商厦、联合广场、华申大厦、新大陆广场等19幢单体楼宇及商厦。新上海商业城的发展目标是：以区内外中、高档消费群体为主，集购物、餐饮、娱乐、休闲、旅游观光和商务活动为一体，逐步建成环境优雅、服务一流，具有现代化、多元化、时尚性、综合性的上海著名的商业中心和浦东最有代表性的中心商业区之一，从而逐步成为上海的"购物天堂"之一。

上海第一八佰伴有限公司 是中国第一家中外合资大型商业零售企业。作为上海的一个大型实体商业，当前面临电商冲击，他们主动砍去不符合消费趋势的品牌，把腾出的面积大幅增加到包括VIP免费洗衣、生鲜到家、家居全屋定制等特色服务中，以长期留住顾客。在地下一楼，增添一个叫I wash的项目，

上海浦东第一八佰伴外景

客人到八佰伴购物，可先把衣服拿去洗护，离开时即可洗整烫好带走，会员免费。商场每双层就有一间母婴室，在八楼儿童用品楼层，设儿童迷你卫生间，都受到家长们的青睐。

华润时代广场 总建筑面积 98807 平方米。由甲级写字楼，购物中心，娱乐新天地三大部分组成。阿尔卡特朗讯亚太区总部、世界最大钢铁集团阿赛洛米塔尔中国总部等一流企业入驻其中，确保了楼内优质的客户群体，吸引了诸多国际顶级品牌第一次入驻浦东。其中有 DUNHILL、ESCADA、LAUREL、ICEBERG、VERRI 等世界经典时尚品牌。

中融国际商城的商场 总面积约 4 万余平方米，拥有沪上大型 KTV 上海歌城、胭脂堂化妆品专卖、FOXTOWN 世界品牌服饰折扣中心、永乐生活家电旗舰店、思妍丽美容医学整形中心等极具特色的专业性品牌商户。同时商城设有地面及地下超大两层专用停车场提供超过 192 个泊车位。

静安南京路智慧商圈

静安南京路智慧商圈，是沪上乃至中国首屈一指的时尚地标，是上海高端品牌密集度最高的商圈之一，既是全球消费品牌集聚高地、国际高端品牌进入中国市场的首选地之一，也是国内知名品牌、中华老字号品牌的集聚高地。2017 福布斯静安南京路论坛分别从商圈的消费贡献度、品牌聚集度、时尚引领度、消费创新度和消费便利度 5 个维度进行了客观分析得出了这一结论：“静安南京路商圈已经初步成为精品云集享誉世界、服务创新引领全球、消费环境优质舒适、监管模式接轨国际的上海‘国际消费城市示范区’”。

南京路智慧商圈，是上海第一个正式投入运用的智慧商圈。上海数据交易中心的大屏幕，可实时显示全天 24 小时南京西路商圈的人流热力图。每时每刻，商圈中有多少顾客，他们是男是女，从哪里来，年龄几何，甚至是“剁手”的能力都一目了然。这些人群的消费数据则是通过与银联以及第三方支付企业获取。通过这些数据来判断他的消费能力。受此启发，南京西路商圈不少商家已经建立起了自己的客户大数据。目前，智慧商圈已经可以为南京西路沿线商家提供他们需要的数据，帮助商家改善经营。对品牌商来讲，大数据则可

上海首个智慧商圈——静安南京路智慧商圈

以为他们选址开店提供科学依据，实现客户数据、商铺品牌信息、促销信息等与数据交易中心共享。不久，智慧商圈客户端上线后，当消费者打开这个 APP，很快就会收到与其消费层次、消费习惯相匹配的推送信息。“你买了一个包包，我会告诉你，买了这个包包以后，可能还需要一套服装跟你配，那么这个服装在什么位置，我可以推送给你。你买了服装以后，我可以告诉你，现在吃饭时间到了，旁边有一家川菜馆你是不是可以试一下，因为通过大数据的运算，我们已经知道这位消费者平时是喜欢吃川菜还是淮扬菜，抑或是上海菜。通过这些精准的营销推送，来带动我们整个商圈的销售。”

2017 年，静安南京路智慧商圈已入驻了 1800 个国内外的品牌。其中，包括占 63% 的国际品牌，以及 37% 中国设计师品牌，还包括了有悠久传统文化积淀的中华老字号品牌。静安南京路在国际消费城市的建设中，加速消费升级，消费的创新度较高，如，在业态的创新方面，全球最大的星巴克咖啡烘焙店将入驻在静安商圈就是很好的证明。静安南京路智慧商圈的这个方向，也体现了上海整个城市在消费升级中的趋势。

二、上海特色商业街

南京路步行街

南京路步行街位于上海市黄浦区，西起西藏中路，东至河南中路。南京路步行街已设想多年，但由于南京路当时是上海市主要交通干道，周围没有相应的道路可取代其交通功能而未能实现。直至1997—1998年，先后完成九江路—河南路—西藏路和天津路—四川路—浙江路—黄河路口的拓宽工程，南京路步行街才得以实现。

南京路步行街一期工程东起河南中路，西至西藏中路，全长1033米，路幅宽18～28米，总用地约3万平方米。南京路在100多年的发展过程中，造就了各种风格的建筑，而且建筑物高低错落，建筑界面凹凸不齐，广告招牌大小不一、形式各异，由于道路拓宽，还留下一

上海南京东路步行街

段骑楼。但正是这种无序中的有序,为南京路带来了其特有的生动场景。因此,在步行街设计中保持和发挥了这种特色,步行街的路面铺设、家具小品布置应简洁有序,使无序和有序有机地结合。

南京路步行街有几个亮点:

一是"金带"。幅宽4.2米的"金带"贯穿于整条步行街,是步行街的灵魂。"金带"上集中布置城市公共设施,如坐椅、购物亭、问讯亭、广告牌、雕塑小品、路灯、废物箱、花坛、电话亭等。"金带"位于道路中心线偏北1.3米处,处于阳光的照射面,强烈地标志步行街的休憩空间,反映步行街的静态特征。而两侧步行区平坦开阔,无任何障碍物,直接通向商店,反映了步行街的动态特征。另外,"金带"采用抛光印度红花岗岩,夜幕降临,"金带"折射出两侧的霓虹灯光,流光溢彩。

二是世纪广场。位于南京路以南、湖北路以东、九江路以北、福建路以西,用地面积为8404平方米。广场西侧近400平方米绿地,花坛西侧耸立着一座高3.08米的东方宝鼎,东侧安置了一座时鸣钟,到正点,时钟会响起中国民歌的旋律。东侧还设有LED大屏幕、旱喷泉、停车场等设施。世纪广场,既丰富了城市景观,又为游人提供了开阔的绿化休闲场所;也是演出、商品展示、大型活动的理想场所。

三是绿化。南京路步行街通过"点、线、面"结合,营造精致的绿化景观,最大限度地改善步行街的生态环境。点:在贵州路、金华路、浙江路、福建路、河南路口,种植五棵巨型香樟树,为步行街的空间创造韵律感,又对游人起到提示路口的作用。"线":"金带"上布置有32个方形花坛,种植四季草花;11个圆形花坛,植有树龄达百年以上的构骨树;在河南路、福建路、浙江路口的"金带"端头,安放五组各15棵盆栽造型树。步行街上保留了原有的24棵悬铃木行道树。"面":即世纪广场和河南路广场中的大片绿地。世纪广场的绿化突出了"把大树引入都市"和回归大自然的主题,集中绿地呈阶梯式,流线型的花岗岩条石将绿地分成高、中、低三层,最高处种植50棵香樟,中间种有黄杨、大桂花树等灌木,下层是绿色植被和草花勾勒的花带。河南路广场绿化是一个占地达600平方米的立体花坛,绿色珊瑚树、四季草花、形成层次分明、色彩艳丽的景观绿地。

南京路步行街建成后,百年南京路焕发出青春。每天游客如织,商店营业额不断攀高。

迪士尼小镇

迪士尼小镇是上海迪士尼度假区内的大型购物餐饮娱乐区,这一面积超过46000平方米的迪士尼小镇向公众免费开放。这里包括五个区域:小镇市集、百食香街、百老汇大道、百老汇广场和迪士尼小镇湖畔。

迪士尼小镇毗邻上海迪士尼乐园,是国际化的迷人街区,让人流连忘返。

小镇市集位于迪士尼小镇的中心区域,布满了精选的特色商店。为游客带来丰富的世界级迪士尼购物体验:3000平方米的迪士尼世界商店外观,为怀旧风格的圆形火车调车库,象征着旅行和探险;迪士尼世界商店内中央离地约2.5米的标志性投影球,展示迪士尼的精彩电影片段,让游客们畅想寰宇的神奇故事;在特色商店区,"D潮流"将带来最潮的城市时尚,"D科技"提供的快速打印技术让游客们可以发挥自己的艺术才华,设计个性化的电子产品配饰。游客们可在随处可见的休憩区域放松身心并享受街边音乐娱乐演出。

百食香街在中式风情之余充满了异国情调。当游客漫步在狭窄的鹅卵石街道上,或是置身于小小的庭院之中,都仿佛回到了美好的

上海迪士尼度假区

旧时光。包括丰富多样的亚洲风味在内的世界各地美食将展现不同文化与民族之间的相互交融。开放式的厨房和露天餐饮区将营造一种温馨轻松、宾至如归的感觉。

连着百老汇大道的百老汇广场，是一个富有浪漫气息的剧院区域。华特迪士尼大剧院是一座世界级的全新百老汇风格剧院，坐落于百老汇广场，可容纳 1200 名观众。而华特迪士尼大剧院将成为“迪士尼小镇”的标志性建筑，并为上海带来世界级的戏剧盛宴，让游客们的休闲度假体验更丰富多元。

迪士尼小镇湖畔的设计灵感源自上海的航海历史，同时汲取现代度假区的风格，呈现出清新的蓝、白、金交融的色调。临湖有多家造型别致、充满现代感的餐馆与商店，游客在享受高品质的餐饮和购物体验的同时，还可在此欣赏令人陶醉的湖光和落日美景。

福州路文化街

福州路位于人民广场以东，东起外滩，西至西藏中路，全长 1453 米，该路于 1864 年筑完全程，人们习惯称之为“四马路”。1846 年，一批由国人创办或从境外流入的书店在这条路上相继开业，福州路由此成为上海区域文化的源头，文化街的成长与发展也印证着中华文化的发展和进步。1897 年，商务印书馆的开业，标志着中国近代出版业的崛起。不久，随着专门介绍西方社会科学、自然科学等书店的大量涌现，福州路文化街初具规模。经过解放以来几十年的建设，福州路上有众多的文化办公用品店，如上海书城、上海古籍书店、上海科技书店、上海外文书店、汇丰纸行、上海音乐书店、上海文化商厦、美丽华文具公司、长征测绘

上海书城外景

仪器商店、杨振华笔庄、上海美术用品商店等。这里不仅有众多著名书店，还有很多旧书店、二手书店，是名符其实响誉全球的“中华文化第一街”。

福州路文化街共有逾百户各类商业网点，其中有中国科技图书公司、外文书店、古籍书店、上海音乐书店等著名的专业书店。上海书城是上海最大的综合书市，经营着全国800多家出版机构的15万种图书、音像制品和电子出版物。古籍书店附近的沿街橱窗还时常有当代艺术家和艺术学校学生的各类书画作品展出。

东台路古玩街

东台路最早名安纳金路，1943年改现名。解放后直至20世纪80年代，东台路沿路均为住宅。1985年5月，东台路旁的浏河路被辟为综合市场，经营服装、小百货。东台路受其影响，形成花鸟市场。1986年春，隔着西藏南路对面的会稽路自发形成了上海最早的地摊文物市场。1988年，在市有关部门引导下，将会稽市场上的古玩个体商贩引进逐渐冷落的东台路花鸟市场，并在此创立了“浏河路旧工艺品市场”。

早期，一些茶客将自己随身携带的佩件或小件古玩在茶馆内相互鉴赏、交换，后又有古玩商插足，与茶客看货议价，逐步形成古玩市场。

古玩市场包含东台路和浏河路，呈十字形，范围不是很大，200余米的小路上分布了大大小小210多个摊位（包括浏河路）。这里店铺的商品都不标写价目，买卖双方都是凭自己的眼力相互讨价还价。

作为市区一条集旅游、观光、购物为一体的特色街，东台路古玩市场每天都会吸引大批游人。走进市场，可以见到制作精致的器具、

东台路古玩街外景

文房四宝、书画等工艺品，还有鸟笼、服饰、钱币、老式电风扇、打火机、三寸金莲、纪念像章等，真可谓无奇不有。尽管有些并无多少收藏价值，但那些古玩本身就是特定历史的印记，让赏玩它们的人有了别样的亲切感。

这条古玩小街有一个特色：那就是店后店、铺中铺。只要仔细观察就能发现，不少新奇工艺品小店铺的后面，还有一些古色古香的真正古玩店铺，业主很低调，但他们才是真正的古玩行家。这种经营模式既做了游客生意，又做了玩家买卖，一举两得。东台路久经风雨，打造了一批行内高手，有“鸟笼大王”王荷忠，“三寸金莲”杨韶荣，字画专家董杨金，“铜器手炉”魏天麟，“雕花木器”老金头，“瓷器大王”高阿申，杂件“统制”马元修、袁金等。他们都是国内业界响当当的人物。因此，东台路声名鹊起，逐渐成了一条在海内外具有较高知名度的旧工艺品特色街。国内古玩界素有“北(北京)有琉璃厂，南(上海)有东台路”之说。两地南北相映，形成了国内最大的两个专业市场。

张家浜创意街

创意街位于浦东锦秀路上，最早名为逸飞创意街，由艺术家陈逸飞生前总策划的上海浦东张家浜创意街，设计定位为“以文化创意为特征的主体街”。张家浜创意街是浦东新区第一条创意产业街，凭借现代、时尚、创新、大视觉的特色，形成有影响力的、标志性的、休闲娱乐型商业街区，营造了上海著名的休闲文化创意街。

张家浜创意街以创意经济为催动背景，总占地面积 2 万多平方米，全长约 800 米，与上海科技馆隔岸相望，分为地上与地下两部分，总建筑面积约 2 万平方米。和浦西借助旧仓

張家浜創意街

Originality Street

张家浜创意街外景

库、旧厂房改建的创意园区不同，张家浜创意街是全市36个创意产业园区中比较少见的“全新打造”，800米的依水建筑有三大标志性建筑：造型宛如“飞来石”的视觉创意博览中心，鲜红如焰的“天堂火”主题餐饮中心，以及作为艺术装饰品和作为奢侈品销售中心的“琉璃水坊”。为了不煞亲水风景，邻水创意屋的高度都定为两层楼，大多数建筑呈不规则的立方体，每幢楼的建筑风格都不同。看上去就像简易木板房，外面涂着不同的颜色。整条街上一座座小屋连成一片，大多数建筑呈现出“不规则的立方体”，看上去也像是一块块不同怪状的“积木”。屋外玻璃窗的分布位置和大小也不同，错落中又有规律。将水上游览、精品购物、影视会议、艺术创作、艺术展览、健身美容、特色餐饮、幼儿教育等各类载体加以系统组合，推出各类丰富多彩的主题活动，创意街上现已开设德式酒吧、星巴克咖啡馆、戴维营专业男式SPA、棒约翰披萨、烧烤等160多家商铺，为本地市民和外地游客提供一个休闲、购物的好去处。

七宝小吃一条街

七宝镇，位于上海市西南部，是一座既有江南水乡自然风光，又有悠久人文内涵的历史古镇。镇上的小吃一条街，名点纷呈，闻名遐迩。

老街汤团：汤团店门口架着两口大锅，面上热腾腾地浮着圆溜汤团，有鲜肉、豆沙、芝麻等馅料，鲜香糯软，一进口就令人叫好，一年三百六十五天店门口天天要排队。

卤味扎肉：扎肉也是古镇的特色，用荷叶包了肉放进自家做的卤汁里久煮，去掉肥腻，看上去黑黑土土，吃来清香入味，典型的农家菜风味。鸭颈、鸭膀、鸭肫、各种豆制品等，每

上海七宝老街风景

样都带着淋漓尽致的酱油光泽。田螺塞肉和蛤蜊塞肉也是同样的诱人美食，吃时透着海鲜和肉质的两重鲜美。

七宝方糕和海棠糕：是两种有名的传统土产小吃。方糕是糯米做的外皮，有豆沙、枣泥、绿豆蓉、松仁肉桂馅儿，甜度适中，口感细腻。海棠糕：糖水浇灌着刚刚出炉的海棠糕，虽其貌不扬，焦焦黄黄，但香味绝对勾人食欲。

鸭脚宝：鸭脚外面包了一层用细鸭肠做的绳状物，当中包裹着几块腊鸭肉，挺有嚼头，味道鲜美。

其他如街上的白切羊肉、千里香臭豆腐、七宝糟肉、年糕团、黄豆酥等，也都是引人馋涎欲滴的美味，吸引着七宝镇上每天的如织人流。

三、商贸协会选登

上海市蛋品行业协会

上海市蛋品行业协会,成立于1995年5月,为本市蛋品生产、加工、流通及行业企事业单位自愿组成的跨部门、跨所有制的非营利的行业性社会团体法人。行业主管部门是上海市商务委员会。

协会的主要工作:(1)紧密围绕上海市政府经济工作任务,结合实际情况,配合政府政策,积极开展工作。做到与时俱进,开拓创新,与企业同呼吸、共命运。(2)协助企业进行行业规范、诚信运作,维护市场经济秩序,促进市场有序发展。推进企业之间协作关系,实现资源有效整合,大力拓展企业之间的合作模式。(3)建立协会蛋品价格手机信息平台,为广大会员提供及时的蛋品价格信息。广大会员也可以利用手机平台及时向协会反映各种情况等。(4)以全面提高蛋品质量为目的,促进蛋品行业和蛋品市场稳定健康发展。帮助、完善、提高企业品牌。做好企业的售后服务工作。(5)协会创办《上海蛋品》报为会员提供及时、准确的信息,沟通政府相关机构,传导和反馈企业诉求和市场动态。

2017年蛋品行业遇到前所未有的价格低潮,市场产品鱼龙混杂,养殖企业亏损倒闭。协会为增强市场信心,及时举办《全国蛋品行业高级别经济对话(上海论坛)》,使会员单位认识到,上海蛋品的每年销售量在48万吨以上,作为蛋品销售最大的区域,高价冲突、低价对抗早已不合时宜,同舟共济、合作共赢才是时代要求。“海纳百川,追求卓越,开明睿智,大气谦和”这是上海的精神,也是行业协会为大家服务的要求。

上海市蛋品行业协会主要职能是稳定市场繁荣,帮助企业牵线搭桥,推动产销双方在众多领域开展合作,促进产业、人文交流更加密切,特别是产销各方在价格、质量、品牌等热点问题上保持有效沟通和协调,畅通政府与企业交往的渠道。虽然行业会遇到困难和挑战,但协会砥砺前行,为蛋品行业健康、稳定、有序的发展贡献自己的智慧和力量。

上海市蛋品行业协会:秘书长　马国贤

协会地址:上海市浦东大道1608号高恒大厦2420室

邮编:200135

电话:63298150

传真:63298150

电子信箱:shanghaidanpin@126.com

上海钻石行业协会

上海钻石行业协会成立于2001年,是为本市从事钻石饰品,钻石工具生产、经营、加工、贸易以及相关学校、检测鉴定机构的企事业单位自愿组成的跨部门、跨所有制、非营利的、具有法人资格的社会团体。协会的工作:行业协调,制定行规行约、标准、规划,信息交流,培训,咨询,鉴定,展销等服务。协会的宗旨:在政府的领导下,遵守国家的法律、法规和政策,发挥在钻石行业中的服务、自律、代表、协调的功能,传达国家关于钻石行业的各项方针、政策,促进企业在国内外市场的竞争力和知名度。协会会长是老凤祥副总经理张盛康,秘书长是毛祖履。现有会员单位50余家。

2017年协会以党的十九大精神和习近平新时代中国特色社会主义思想为指引,在全体理事和会员单位的共同努力下,紧紧围绕协会章程和宗旨,以服务会员单位、加强会员单位联络、促进行业诚信自律为主线开展工作。各项工作基本完成并取得了一定的成效。

一、共商对策,共谋发展

近年来由于受到世界经济大环境的不利影响,我国商品流通市场跌宕起伏,尤其是珠宝行业销售滞缓,面临着寒冬的考验。如何把握市场走势,促使企业把销售搞上去。2017年3月29日协会召开四届四次理事会就当前经济形势,共商对策共谋发展。有理事单位提出,传统销售与"互联网+"有机结合是提升品牌效应、促进产品销售新的增长点,给与会单位很大启发。

二、加强行业自律,维护行业形象

近几年来,在行业中有关CVD合成钻石流入市场的情况时有发生,有关检测部门也发出过预警要求协会予以重视。为了让企业能识别人造合成钻石和天然钻石之分,2017年8月19日,协会会同易钻网,邀请我国著名宝石鉴定专家、上海同济大学亓利剑教授主讲《国内外CVD合成钻石的现状与检测技术问题及对策》。通过亓教授深入浅出的演讲,提高了大家对天然钻石和合成钻石的了解与识别,并认识到要以什么样的设备和技术来识别天然钻石和合成钻石,是我们行业面临思考的问题。目前在行业内已有为老凤祥等少量单位添置可以鉴别CVD合成钻石的设备。通过设备,对进来的每一粒成品裸钻进行真假钻石识别,为企业在销售中把好关,为企业的名誉起到了保驾护航作用,也是对行业自律启到了典范榜样。

三、互联网+珠宝

协会于4月中旬在浙江湖州召开互联网+珠宝推介会及信息员会议。互联网+如何运用和发展到我们珠宝行业,这是会议研讨的目的。联系到我们钻石行业内的企业,特别在近十年来通过互联网+珠宝发展较好的如钻石小鸟、珂兰钻石等经验,为我们钻石行业的发展,起到了促进作用。

四、积极参与行业规范的修订

根据新《消费者保护法》和新《消费者保护条例》的实施细则,为了维护消费者和经营者的合法权益,规范贵金属饰品和镶嵌类饰品生产经营企业的经营行为,明确消费者、生产者对饰品的售后责任和义务,协会积极参与由上海市消保委黄金珠宝专业委员会主导,黄金、珠宝、钻石三个协会于2005年制定的《上海市镶嵌类饰品消费争议解决办法》《上海市黄金及其他贵金属饰品消费争议解决办法》两个办法进行重新修订。新修订的两个办法于2017年11月1日起正式实施。为消费者和经营者在解决镶嵌类饰品和贵金属饰品类的消费争议时有章可循、有法可依,规范了市场经营行为,明确了经营者、消费者合法权益和义务。完善和规范行业经营行为,为行业健康可持续发展奠定可靠依据。

五、办好《协会简讯双月刊》和微信群

2017 年协会认真办好《协会简讯双月刊》，收集大量时效性与适用性都比较强的信息，传递比较全面、及时、准确的国内外市场动态和相关行业信息，尤其注重专题分析预测，宣传企业在“创新驱动发展，经济转型升级”中取得的经验，激发和提升企业市场竞争力。使《协会简讯双月刊》成为协会会员掌握市场行情的有效窗口。同时，利用微信群，加强与会员单位的沟通和联系，完善协会与会员单位的信息互动。

地址：漕溪路 270 号 1 号楼 412 室
邮编：200235
电话：64758734
邮箱：Zsxh64758734@163.com

上海市国际货运代理行业协会

上海市国际货运代理行业协会成立于 1992 年 7 月，是本市国际货运代理企业自愿组建的非营利的行业性社团法人。

协会现有会员单位 500 家，具有较广泛的行业代表性和影响力。协会以促进行业健康发展为己任，努力增强服务功能，拓展服务领域，提高服务水平。多年来，协会代表行业向政府及相关部门反映行业意见与建议，维护行业整体利益；积极推进上海国际货运代理行业诚信体系建设，开展企业信用等级评估活动，倡导行业诚信；认真组织各类专业培训，不断提高从业人员的业务素质；举办各类讲座，组织考察交流活动，并为会员企业提供专业咨询服务；制订合同示范文本，发布行业信息，主办《信息交流》、网站 www.siffa.org 以及协会微信公众号，向会员提供信息服务。

2017 年协会主要工作：

一、开展对外合作交流

2017 年协会以合作交流为载体，一方面积极与全国各省市兄弟协会密切交流，另一方面积极参与各类国际国内合作活动。协会协助举办中外货代企业业务洽谈会，并多次组织会员单位参加考察交流活动，与各类境外驻沪商务机构合作举办业务交流会，扎实有序开展各项对外合作交流。通过会议、论坛、考察等各种形式，协助会员单位在我国经济结构调整、“一带一路”国家倡议、中西部发展战略实施等直接关联到物流市场布局的领域，寻找商业发展机会，为会员单位业务发展、市场拓展等方面提供更多的业务交流平台。

1. 2017 年 3 月，协会组织部分会员单位参加“苏州新区——洋山直达集装箱航班说明会”，对该特定需求的班轮航线的运营与发展进行了业务交流。

2. 2017 年 5 月，协会组织部分会员单位参加由上海市政府多家委办指导和 12 家行业协会联合举办的 2017 上海物流日活动暨物流业“创优降本”主题论坛，对接物流与制造业、提供理论与实践的最佳结合、推动物流业的创新和实现可持续发展。

3. 2017 年 9 月，协会协办安特卫普港上海介绍会。

4. 协会根据会员单位业务发展的需要，积极与成都市人民政府物流办，武汉市货运协会，南京航运交易中心联系，就两地物流合作交流事项达成共识，并分别在 2017 年 3 月下旬、6 月上旬、11 月下旬组织部分会员单位，赴重庆、成都、武汉和南京与当地物流企业进行业务交流活动，重点深入了解蓉——新欧铁路运输运行状况，实地考察位于成都市青白江区的成都国际铁路港，听取武汉和南京航运市场管理与发展环境的情况报告。

二、代表行业反映诉求

2017 年协会在做好反映行业诉求方面

下功夫，积极跟踪行业新业态的发展趋势，特别是有关电子商务与物流、跨境电子商务、海关 AEO 等课题，主动掌握政策动态，关注行业发展趋势，及时向会员单位发布信息。

协会多次代表行业参加市政府有关部门召开的行业情况交流会，积极发挥行业协会的桥梁纽带作用。协会充分利用各种机会，大力呼吁政府有关部门对国际物流行业发展中的系统性风险引起高度重视，特别是针对物流产业链中某些环节采取强制交易的方式收取不合理费用，包括会员单位普遍关心的提取空箱困难、坏污箱清洗维修成本居高不下、部分航线运价涉嫌价格联盟等问题，严重影响了国际物流市场的经营秩序，违背了市场公平交易的基本原则。虽然国际货代行业不是直接的利益攸关方，但不合理的收费行为与价格，不利于国际贸易市场的良性发展，协会建议政府有关部门要加强监管。

三、组织会员开展培训

为满足会员单位开展业务培训的需求，协会继续举办政策、业务、法律知识等专题讲座。协会先后举办“国际货运代理案例评析”“2017 年度上海市服务贸易发展专项资金申报政策宣讲会”“日本海关安全申报(AFR)新规则说明会”等专题讲座 5 次，会员单位报名踊跃，反响热烈，深受欢迎，会员单位参加讲座人数共计 520 人次。协会与上海物流职业技能培训学校合作组织物流服务师(国际货代)三级证书培训。协会在上海商学院继续教育学院进行“国际货运代理证书延期登记、培训”的工作。

四、积极推进行业自律

2017 年协会继续开展行业信用等级评估活动，通过协会微信公众号、网站发布活动通知，有序组织专项培训，协助会员单位做好资料申报准备。协会主动与政府管理部门建立信用信息共享以及互认联动制度，并积极探索行业信用等级评估标准在海关 AEO 国际认证中的关联影响，多角度、全方位地宣传诚信建设对企业发展的积极作用，增强会员企业的荣誉感，引领行业企业加强内部管理，不断推进行业自律工作。2017 年协会开展的行业信用等级评估活动，会员单位实际参加评估的企业有 29 家，其中达到 AAA 级的有 25 家、AA 级 3 家、A 级 1 家。

五、增强服务行业能力

2017 年协会继续加强信息服务工作，印发《信息交流》共 12 期，编辑出版 2017 年《会员名录》一期。协会秘书处配合市商务委认真负责地做好货代企业备案登记工作，2017 年全年完成新企业备案 1380 家，企业备案表变更 560 家。协会 2017 年新发展会员单位 33 家。

协会于 2017 年 2 月正式试运行“上海市国际货运代理行业协会”微信公众号，及时发布行业动态信息、协会活动通知、刊登新入会会员单位的企业信息，受到广大会员单位的热烈欢迎，成为努力为会员单位提供便捷服务的又一项有效的工作举措。

协会组织会员单位开展 2017 年度上海市服务贸易发展专项资金的申报培训和报送工作，秘书处共汇总了 28 家会员单位的申报材料，递交政府有关部门审核，最终有 21 家会员单位得到专项资金的支持。

会长：王林(中国外运华东有限公司董事长兼总经理)

秘书长：李林海

协会地址：上海市虹口区甘河路 8 号明道大厦 17 楼 B 座

邮编：200437

电话：021—65604048

传真：021—65602133

网址：www. siffa. org

电子邮箱：siffa@ online. sh. cn

上海市茶叶行业协会

上海市茶叶行业协会成立于2005年1月，为本市茶叶行业企事业自愿组成的跨部门、跨所有制的非营利行业性社会团体法人。截至2017年底，协会注册资金为10万元人民币，业务主管单位是上海市商务委员会。

协会的宗旨和业务范围是：以提升行业素质、规范茶叶市场、维护消费者利益为工作重点，通过制定并实施行规行约、参与政府技术监管机关制定茶叶地方标准、建立茶叶质量安全二级网络、邀请社会著名人士担任行风督导员等措施，促进行业经营诚信、行风自律。积极开展宣传、会展、交流和培训，引领会员茶商坚持诚信经营，向广大消费者供应质优价惠的茶品，指导消费者健康饮茶，共同振兴和繁荣茶叶市场，大力弘扬茶文化。截至2010年底，上海市茶叶行业协会拥有各种所有制会员单位121家，包括茶叶进出口企业、茶叶专业连锁企业、茶具茶器专业销售企业、茶叶批发市场（茶城）、茶楼以及包装设计等相关企业。

2017年协会的主要工作：

1. 迎难而上，成功办好春秋两季的上海国际茶博会。2017年协会春秋两季的茶博会，面临的同质化竞争十分激烈。面对困难，协会充分运用各方资源，加大招商力度，并引进了“川货全国行·上海站”活动，吸引了四川省商务厅组织的近百家来自四川全省17个产茶市（州）的茶叶企业参加，使春季茶博会做到展区总体面积没有减少，成交额与上届基本持平，其中国外展商、采购商比上届增加了10%以上，整个展会参展商满意度达到90%以上。下半年于11月初举行的茶博会秋季展，协会通过宣传和走访，吸引了福建寿宁县和贵州都匀等茶产区组团参展。展会期间，举办了多场品牌茶推介会、品鉴会和茶文化活动，提升了展会的人气，实现了预期目标。

2. 创新思维，成功举办黑茶擂台赛。近几年来，上海黑茶市场得到了较快的发展，为了助推黑茶品牌的市场影响力，市茶协借助2017上海茶博会的平台，组织举办“2017白沙溪·大师杯黑茶擂台赛”。这次黑茶擂台赛，与以往市茶协组织的斗茶大赛相比，有三个显著的特点：一是动员和组织产地生产商与销地代理商共同参与。协会秘书处深入湖南安化和陕西咸阳等黑茶产区，动员产地茶企报名参赛，使这次擂台赛成为上海和产地茶企共同参与的斗茶盛会。二是组织大众评审员参与大赛审评。为了更好地体现大赛的公开、公正和公平，协会组织了一支有近百人参加的有一定茶叶知识基础的大众茶叶审评员队伍，并对他们进行了赛前专业培训。在这次黑茶擂台赛上，有50名大众审评员参与评比打分，与专家评审组共同评出优胜者，充分体现了擂台赛的专业性和群众性相结合，更好地凸显了大赛的公开、公正和公平。三是融入社会公益活动，把获奖茶品进行义卖，所获款项全部捐献给上海市慈善机构。

3. 服务会员茶企，加强产销对接，推进帮困扶贫。2017年，协会先后组团赴浙江金华、云南临沧、四川雅安、贵州遵义、湖北宜昌、福建寿宁、福安等产地参加各类茶业博览会，“产业扶贫、项目路演对接会”和藏茶节等活动，开展考察和产销对接，从而实现了既为会员茶企服务、又促进政府对口帮困扶贫工作的落实，深受各产地政府和茶企的欢迎和好评。

4. 拓展对外交流，积极探索跨区域和跨界合作之路。加强合作交流，是拓宽茶叶销售渠道、提升产供销能级、优化市场的重要途径。2017年，市茶协积极探索和寻求跨地域乃至跨界合作之路。一是借举行上海国际茶博会的契机，及时召开“长三角茶业合作（上海）组织圆桌会议”，加强了与周边产茶省的联系、交流和合作。二是应斯里兰卡驻沪总领事馆的诚挚邀请,组织部分会员茶企出席由该领事馆举办的2017年“全球茶欢会”。另外,协会还努力加强与国外茶企茶商的合作,组织部分会员参加由韩国农水产食品流通公社主办、市茶协协办、市商委支持的“韩国特色茶饮”活动,双方还签署了合作协议。三是以弘扬、提升茶文化和开展公益活动的形式,引导会员深入社区街道,宣传茶知识,展示茶文化,拉近茶商与消费者的距离,增加亲和力,培育潜在客户。在2017年“3·15”消费者权益日之际,市茶协组织会员单位参加市商联会的设展,为消费者咨询服务。2017年6月10日,在我国第一个“文化与自然遗产日”来临之际,与市“非遗”办公室联手,在市群众艺术馆成功主办“品茶悟道”中国传统茶文化展示公益活动,其丰富多彩的茶艺表演和茶文化展示,引发众多市民的热烈反响,增强了市茶协的社会影响力。

5. 认真做好4A级行业组织复评工作。协会于2013年被评为市4A级行业组织。截至2017年已近5年,须申报复评。这次复评,要求高,难度大,工作任务繁重,根据市社团局下达的《上海市社会组织规范化建设评估工作要求》,协会秘书处从年初起,即开始积极准备,整理文档资料,完善组织架构和各项规章制度,其中包括设立协会监事会,健全监督机制;建立协会临时党支部,加强党在社会团体中的核心作用;制定10项涉及全行业的规章制度,新增8项涉及协会加强秘书处管理的规章制度,并根据新的评审要求,对协会的各类文档资料重新进行了整理和归档。经过逐条对照评审条件,逐项打分自评,协会申报5A级。经市社团局组织的专家评审组对协会的严格测评,认为协会离5A级仍有一定差距,但可达到4A级标准。2017年1月,市社团局正式通知协会,批准协会继续为4A级行业协会。

6. 健全财务管理,落实税务改制。行业协会属于非营利性社会组织,按照《章程》规定开展业务活动。近年来,市税务部门要求除会费外,其他收入按规定依法纳税。2017年下半年,协会为落实税务部门对行业协会纳税的规定,对财务管理和纳税制度进行了调整,并积极推进税制的实施,分管财务的同志多次往返于税务、银行、社团局、软件公司等部门,并克服种种困难,于2017年12月完成了税务登记,办妥了小规模纳税人(微小企业)的相关手续,使协会的财务和纳税制度更加完善和符合要求。

7. 加大宣传报道,及时上报信息。2017年,协会充分运用《上海茶业信息》报和茶叶官网两大宣传阵地,及时报道协会的重大活动,展示会员单位的风采,尤其对新会员进行专访式的宣传介绍,增加了在茶界的影响。其次是加大对外宣传报道的力度。如在举办春秋两季茶博会和开展黑茶擂台赛等活动时,主动联系包括电视台和各大日报在内的社会媒体进行新闻采访,刊发了多篇报道,提升和扩大协会的社会影响力。同时,协会及时向市工经联、商联会等部门上报信息和稿件,得到了高度重视。其中《上海工经联》期刊先后两次大篇幅介绍了市茶协工作的专访;《上海商联》会刊先后刊发协会重要活动及加强党支部建设共6篇报道。协会负责宣传报道的同志再次被市商联会评为2017年度优秀通讯员。

8. 积极发展新会员。大力发展新会员,不断壮大会员茶企队伍,是协会存在和发展的基础。2017年,协会进一步转变观念,加快发展新会员的步伐,坚持做到力度不减,工作不松,成熟一个,发展一个,确保会员质量。据统计,截至12月底,新发展会员21家,其中不少为信誉好、实力较强、有较好的经营业绩和一定知名度的企业,使协会的整体素质得到了进一步提升。

地址:上海市浦东新区东昌路600号东昌大楼218室

邮编:200120

电话:58430629

传真:58430795

E-mail:teashai5@sind.com

上海古玩经营协会

2006年11月,鉴于上海古玩业的蓬勃发展趋势,为了更好地规范市场,促进古玩行业健康有序发展,在原上海市副市长庄晓天和原上海市市长曹荻秋夫人石斌等老领导的关心支持下,在市经委、市社团局的具体帮助下,在上海商界同仁协会内设立古玩商分会,填补了上海古玩市场没有社团机构的空白。分会成立以来,努力培育古玩市场,积极倡导诚信经营,规范交易行为,培养专门人才,开展调查研究,为政府主管部门出谋划策,并拓展与全国各地尤其是长三角地区的合作交流(每年举办国际古玩艺术品博览会,每年一届古玩高峰论坛等),切实发挥了促进古玩市场健康有序发展的龙头作用。积累了丰富的工作经验,提高了管理能力,聚集了上海地区41家主要古玩市场和经营单位,牢固树立了上海古玩业的独有形象和品牌,社会影响力和经济效益十分明显。

为了更好地贯彻和落实国家的有关方针政策,适应上海古玩业的发展态势,在上海商界同仁协会古玩商分会基础上,于2011年8月正式成立了上海古玩经营协会,系唯一的一级专业协会,由上海市商务委员会主管。成立古玩经营协会,目的是更好地协助政府部门规范市场行为,制定交易规则,深化学术研究与信息交流,探索古玩市场发展模式,建立健全诚信经营机制,提供咨询、合作、协调、培训等服务,举办高质量的展览展示会和博览会,推动海外、国内和长三角地区古玩业合作与交流,进一步促进上海古玩业发展。

上海古玩经营协会的宗旨:遵守我国的宪法和所有相关的法律、法规以及政策、条例;遵守社会道德风尚;引导和教育会员爱国、敬业、守法,为古玩市场的规范与发展做出贡献。

上海古玩经营协会的主要任务:(1)积极协助政府和有关部门规范古玩经营的市场行为,制订符合实际的古玩经营方面的管理规定;(2)加强调查研究,及时了解和掌握市场动态及需求;(3)加强古玩经营方面的学术研究与信息交流;(4)积极探索古玩市场发展模式并努力实践;(5)倡导诚信服务,建立健全诚信经营机制,促进古玩市场的和谐与繁荣;(6)提供咨询、合作、协调等综合服务;(7)设立培训机构,提供各种培训服务,提高从业人员的整体素质;(8)组织、举办高质量的展览、展示会和每年一届的国际古玩艺术品博览会;(9)加强宣传力度,推动与海内外古玩经营业的沟通、了解与多方面的合作;(10)立足上海,加强与长三角经济区古玩艺术品行业的交流与合作。

地址:上海市大木桥路88号云洲古玩城六楼601室

邮编:200032

电话:64176136

邮箱:shgwjyxh@126.com

四、商贸法律、法规

（一）国家商贸法律、法规

国家新颁布商贸法律、法规目录

法律、法规目录	发布机关	发布日期	实施日期
国务院国有资产监督管理委员会关于公布《中央企业境外投资监督管理办法》的令	国务院国有资产监督管理委员会	2017.1.7	2017.1.7
国家外汇管理局关于便利银行开展贸易单证审核有关工作的通知	国家外汇管理局	2017.4.4	2017.5.1
关于简并增值税税率有关政策的通知	财政部、税务总局	2017.5.3	2017.7.1
国务院办公厅关于加快推进“多证合一”改革的指导意见	国务院办公厅	2017.5.5	
中华人民共和国国务院公布《关于修改〈医疗器械监督管理条例〉的决定》的令	国务院	2017.5.19	2017.5.19
国务院办公厅关于印发2017年全国打击侵犯知识产权和制售假冒伪劣商品工作要点的通知	国务院办公厅	2017.5.31	
国务院办公厅关于印发自由贸易试验区外商投资准入特别管理措施（负面清单）（2017年版）的通知	国务院办公厅	2017.6.5	2017.7.10
关于印发《国有企业境外投资财务管理办法》的通知	财政部	2017.6.12	2017.8.1
商务部关于进一步加强外商投资信息报告制度和信息公示平台建设有关工作的通知	商务部	2017.6.21	
国务院办公厅关于印发禁止洋垃圾入境推进固体废物进口管理制度改革实施方案的通知	国务院办公厅	2017.7.27	
国家外汇管理局综合司关于银行卡境外交易外汇管理系统上线有关工作的通知	国家外汇管理局	2017.8.3	
海关总署关于发布《中华人民共和国海关监管区管理暂行办法》的令	海关总署	2017.8.8	2017.11.1

（续表）

法律、法规目录	发布机关	发布日期	实施日期
关于运用政府和社会资本合作模式支持养老服务业发展的实施意见	财政部	2017.8.14	
国务院关于促进外资增长若干措施的通知	国务院	2017.8.16	
国务院办公厅关于进一步推进物流降本增效促进实体经济发展的意见	国务院办公厅	2017.8.17	
国务院办公厅转发国家发展改革委商务部人民银行外交部关于进一步引导和规范境外投资方向指导意见的通知	国务院办公厅转发国家发展改革委商务部人民银行外交部	2017.8.18	2017.1.7
财政部关于印发《资产评估基本准则》的通知	财政部	2017.8.23	2017.10.1
商务部办公厅关于进一步做好鼓励类外商投资企业进口设备减免税有关工作的通知	商务部办公厅	2017.9.6	2017.9.6
海关总署关于优化汇总征税制度的公告	海关总署	2017.9.20	2017.9.21
国务院关于完善进出口商品质量安全风险预警和快速反应监管体系切实保护消费者权益的意见	国务院办公厅	2017.9.27	
商务部办公厅、海关总署办公厅、质检总局办公厅关于做好对外承包工程资格审批取消后有关政策衔接工作的通知	商务部办公厅、海关总署办公厅、质检总局办公厅	2017.9.27	
商务部等五部门关于促进外贸综合服务企业健康发展有关工作的通知	商务部等五部门	2017.9.28	
国家工商行政管理总局关于公布拍卖监督管理办法的令	国家工商行政管理总局	2017.9.30	2017.11.1
国务院办公厅关于积极推进供应链创新与应用的指导意见	国务院办公厅	2017.10.13	
关于将技术先进型服务企业所得税政策推广至全国实施的通知	财政部、税务总局、商务部、科技部、国家发展改革委	2017.11.2	2018.1.1
中华人民共和国反不正当竞争法	全国人民代表大会	2017.11.4	2018.1.1
国家质量监督检验检疫总局关于公布《出口食品生产企业备案管理规定》的令	国家质量监督检验检疫总局	2017.11.14	2018.1.1
工商总局关于深化商标注册便利化改革切实提高商标注册效率的意见	工商总局	2017.11.23	
商务部办公厅关于做好对外承包工程项目备案管理的通知	商务部办公厅	2017.12.2	2017.12.1
国家发展和改革委员会、商务部、中国人民银行等关于发布《民营企业境外投资经营行为规范》的通知	国家发展和改革委员会、商务部、中国人民银行	2017.12.6	
海关总署关于公布《中华人民共和国海关暂时进出境货物管理办法》的令	海关总署	2017.12.8	2018.2.1
海关总署关于推广减免税申请无纸化及取消减免税备案的公告	海关总署	2017.12.10	2017.12.15

（续表）

法律、法规目录	发布机关	发布日期	实施日期
国务院关税税则委员会关于2018年关税调整方案的通知	国务院关税税则委员会	2017.12.12	2018.1.1
商务部、公安部、交通运输部、国家邮政局、供销合作总社关于印发《城乡高效配送专项行动计划(2017－2020年)》的通知	商务部、公安部、交通运输部、国家邮政局、供销合作总社	2017.12.19	
国家食品药品监督管理总局关于公布《医疗器械网络销售监督管理办法》的令	国家食品药品监督管理总局	2017.12.20	2018.3.1
关于境外投资者以分配利润直接投资暂不征收预提所得税政策问题的通知	财政部、税务总局、国家发展改革委、商务部	2017.12.21	2017.1.1
关于印发《国际金融组织和外国政府贷款赠款项目采购管理工作指南》和《国际金融组织和外国政府贷款赠款项目采购代理机构选聘指南》的通知	财政部办公厅	2017.12.22	2017.12.22
关于调整重大技术装备进口税收政策有关目录的通知	财政部、发展改革委、工业和信息化部、海关总署、税务总局、能源局	2017.12、22	2018.1.1
商务部、海关总署公布2018年出口许可证管理货物目录	商务部、海关总署	2017.12.22	2018.1.1
海关总署关于进一步推进优惠贸易协定货物申报无纸化的公告	海关总署	2017.12.25	2018.1.1
海关总署关于2018年关税调整方案公告	海关总署	2017.12.25	2018.1.1
海关总署关于公布《中华人民共和国海关预裁定管理暂行办法》的令	海关总署	2017.12.26	2018.2.1
中华人民共和国国家发展和改革委员会关于公布《企业境外投资管理办法》的令	中华人民共和国国家发展和改革委员会	2017.12.26	2018.3.1
关于完善企业境外所得税收抵免政策问题的通知	财政部、税务总局	2017.12.28	2017.1.1
关于境外投资者以分配利润直接投资暂不征收预提所得税政策问题的通知	商务部外国投资管理司	2017.12.29	2017.1.1
国家外汇管理局关于规范银行卡境外大额提取现金交易的通知	国家外汇管理局	2017.12.30	2018.1.1
商务部关于《公布2018年货物出口许可证发证目录》的公告	商务部	2017.12.31	2018.1.1
商务部关于《公布2018年货物进口许可证发证目录》的公告	商务部	2017.12.31	2018.1.1
发改委、商务部等28部门关于加强对外经济合作领域信用体系建设的指导意见	发改委、商务部等28个部门	2018.1.2	
中华人民共和国国家发展和改革委员会发布关于《企业投资项目事中事后监管办法》的令	中华人民共和国国家发展和改革委员会	2018.1.4	2018.2.4

（续表）

法律、法规目录	发布机关	发布日期	实施日期
关于完善启运港退税政策的通知	财政部、海关总署、税务总局	2018.1.8	2018.1.8
务部、人民银行、国资委、银监会、证监会、保监会、外汇局关于印发《对外投资备案（核准）报告暂行办法》的通知	商务部、人民银行、国资委、银监会、证监会、保监会、外汇局	2018.1.18	2018.1.18
海关总署关于实施贸易救济措施货物进口报关单自动计税有关事项的公告	海关总署	2018.1.18	2018.1.18
国务院关于上海市进一步推进“证照分离”改革试点工作方案的批复	国务院	2018.1.31	
中国保监会、国家外汇管理局关于规范保险机构开展内保外贷业务有关事项的通知	中国保监会、国家外汇管理局	2018.2.13	2018.2.13
工商总局等十一部门关于印发《整治虚假违法广告部际联席会议2018年工作要点》的通知	工商总局等11个部门	2018.2.26	
海关总署关于以企业为单元加工贸易监管模式改革扩大试点的公告	海关总署	2018.2.26	2018.3.5
商务部办公厅、工商总局办公厅关于实行外商投资企业商务备案与工商登记“单一窗口、单一表格”受理有关工作的通知	商务部办公厅、工商总局办公厅	2018.2.28	
中华人民共和国国务院关于公布《快递暂行条例》的令	国务院	2018.3.2	2018.5.1
海关总署关于公布《中华人民共和国海关企业信用管理办法》的令	海关总署	2018.3.3	2018.5.1
国家外汇管理局关于融资租赁业务外汇管理有关问题的通知	国家外汇管理局	2018.3.23	2018.3.23
海关总署关于启用保税核注清单的公告	海关总署	2018.3.26	2018.7.1
质检总局关于发布《缺陷进口消费品召回工作细则》的公告	质检总局	2018.3.28	2018.3.28
财政部办公厅、中宣部办公厅、商务部办公厅关于申报2018年度文化产业发展专项资金（重大项目方面）转移支付项目的通知	财政部办公厅、中宣部办公厅、商务部办公厅	2018.4.3	
国家市场监督管理总局关于进一步加强直销监督管理工作的意见	国家市场监督管理总局	2018.4.8	
中共中央、国务院关于支持海南全面深化改革开放的指导意见	中共中央、国务院	2018.4.11	

（二）上海商贸法律、法规

上海新颁布商贸法律、法规目录

法律、法规名称	发布机关	发布日期	实施日期
上海市商务委员会、中国（上海）自由贸易试验区管委会关于印发《中国（上海）自由贸易试验区贸易调整援助试点办法》的函	上海市商务委员会、中国（上海）自由贸易试验区管委会	2017.6.13	2017.7.15
关于印发《中国（上海）自由贸易试验区推荐外籍高层次人才申请在华永久居留的认定管理办法（试行）》的通知	浦东新区人力资源和社会保障局	2017.6.19	
上海市政府关于修改《上海市流动户外广告设置管理规定》《上海市户外广告设施管理办法》的决定	上海市政府	2017.7.13	2017.7.13
上海市食品药品监督管理局关于印发《上海市第二类医疗器械优先审批程序》的通知	上海市食品药品监督管理局	2017.7.26	2017.9.1
上海市食品药品监督管理局、上海市卫生和计划生育委员会关于重新发布《上海市药品不良反应报告和监测管理实施办法》的通知	上海市食品药品监督管理局、上海市卫生和计划生育委员会	2017.8.22	2017.8.22
上海市食品药品监督管理局关于印发《上海市食品贮存、运输服务经营者备案管理办法（试行）》的通知	上海市食品药品监督管理局	2017.10.30	2017.11.30
上海市人民政府办公厅关于印发《浦东新区“证照分离”改革试点深化实施方案》的通知	上海市人民政府办公厅	2017.11.1	2017.11.1
上海市食品药品监督管理局、上海市通信管理局关于印发《上海市网络餐饮服务监督管理办法》的通知	上海市食品药品监督管理局、上海市通信管理局	2017.11.2	2017.12.15
上海市食品药品监督管理局关于重新发布《上海市药品零售企业违法违规行为记分管理办法》的通知	上海市食品药品监督管理局	2017.11.20	2017.11.20
上海市政府关于公布上海市市场监督管理投诉举报处理程序规定的令	上海市政府	2017.12.31	2018.3.15
上海市食品药品监督管理局关于印发《上海市食品药品监督管理局监管信息公开管理办法》的通知	上海市食品药品监督管理局	2018.1.8	2018.2.8
上海市政府关于公布上海市政府采购实施办法的令	上海市政府	2018.1.22	2018.3.1
上海市食品药品监督管理局关于印发《上海市食品药品生产经营者信用信息管理规定》的通知	上海市食品药品监督管理局	2018.1.25	2018.3.1
上海市人民政府关于印发上海市服务业发展引导资金使用和管理办法的通知	上海市人民政府	2018.1.31	2018.2.1

上海商贸年鉴支持单位

SHANGHAI COMMERCE YEARBOOK SUPPORTERS

上海市方达律师事务所

上海北蔡资产管理有限公司

地素时尚股份有限公司

三菱电机上海机电电梯有限公司

上海柯渡医学科技股份有限公司

上海外联发商务咨询有限公司

上海华天房地产发展有限公司（虹桥南丰城）

上汽大通汽车有限公司

浙江民泰商业银行股份有限公司上海分行

三井化学（中国）管理有限公司

云健康基因科技（上海）有限公司

上海新世界集团假日酒店管理有限公司

东芝开利空调销售（上海）有限公司

上海统超物流有限公司

上海蔬康网络科技有限公司

上海新天地广场有限公司

上海华氏大药房有限公司

安吉租赁有限公司

中船动力研究所有限公司

上海永冠众诚新材料科技（集团）股份有限公司

排名不分先后

上海商贸年鉴支持单位

SHANGHAI COMMERCE YEARBOOK SUPPORTERS

上海吴淞口国际邮轮港发展有限公司

通联支付网络服务股份有限公司上海分公司

上海西门子医疗器械有限公司

上海百联杨浦滨江购物中心有限公司

上海静捷蔬菜专业合作社

集荟商业管理（上海）有限公司

上海新世界淮海物业发展有限公司

上海电气风电集团有限公司

上海机场（集团）有限公司

上海晨冠乳业有限公司

上海众人网络安全技术有限公司

上海银星汽车维修有限公司

格瑞夫（上海）包装有限公司

巴斯夫催化剂（上海）有限公司

上海煦新企业管理有限公司（奉贤宝龙广场）

昌硕科技（上海）有限公司

上海耀华称重系统有限公司

和通汽车投资有限公司

上海嘉宝安石置业有限公司（大融城）

德高广告（上海）有限公司

排名不分先后

上海商贸年鉴支持单位

SHANGHAI COMMERCE YEARBOOK SUPPORTERS

统一超商（上海）便利有限公司

江铜国际贸易有限公司

上海中石化三井化工有限公司

上海百联南桥购物中心有限公司

格朗吉斯铝业（上海）有限公司

养乐多（中国）投资有限公司

安利捷（中国）投资有限公司

东方国际集团上海家纺有限公司

无印良品（上海）商业有限公司

上海华盛建设集团贸易有限公司

上海领鲜物流有限公司

思亲肤化妆品贸易（上海）有限公司

上海奥特莱斯品牌直销广场有限公司

上海市外高桥国际贸易营运中心有限公司

上海老凤祥有限公司

香港太古地产有限公司上海代表处

上海美设国际货运有限公司

上海飞牛集达电子商务有限公司

排名不分先后

Excellent 优秀

上汽大众汽车有限公司

英运物流（上海）有限公司

捷普科技（上海）有限公司

上海加美实业有限公司

松下电器（中国）有限公司上海分公司

统一企业（中国）投资有限公司

安莉芳（上海）有限公司

上海梅龙镇广场有限公司

液化空气（中国）投资有限公司

远东国际租赁有限公司

普华永道中天会计事务所（特殊普通合伙）

上海市宝山区顾村工业公司

金佰利（中国）有限公司

汉堡王（中国）投资有限公司

排名不分先后

企业风采

Enterprises Style

上海正欧实业有限公司

上海新世界股份有限公司

上海豫园旅游商城股份有限公司

上海石油交易中心有限公司

上海通安房地产开发有限公司

上海思华科技股份有限公司

如新（中国）日用保健品有限公司

华领医药技术（上海）有限公司

连卡佛百货商贸（上海）有限公司

上海绿地商业（集团）有限公司

上海交大电梯与控制设备有限公司

硕腾（上海）企业管理有限公司

上海港汇房地产开发有限公司

上海市金茂律师事务所

排名不分先后

Excellent 优秀

福斯润滑油（中国）有限公司

上海临港普洛斯国际物流发展有限公司

宝钢资源控股（上海）有限公司

公安部第三研究所

东方美谷企业集团股份有限公司

上海优宁维生物科技股份有限公司

上海大唐融资租赁有限公司

上海来伊份股份有限公司

上海紫尊农业科技股份有限公司

上海长泰商业经营管理有限公司

上海云城融资租赁有限公司

安迪苏生命科学制品（上海）有限公司

上海新力机器厂有限公司

上海市基础工程集团有限公司

排名不分先后

企业风采

Enterprises Style

蒂森克虏伯电梯（上海）有限公司

上海恒邦房地产开发有限公司

新奥能源动力科技（上海）有限公司

上海浦东发展银行股份有限公司上海分行

上海安吉星信息服务有限公司

巴斯夫中国有限公司

上海大博文鞋业有限公司

希思黎（上海）化妆品商贸有限公司

上海豫园（集团）有限公司

上海古林国际印务有限公司

远纺工业（上海）有限公司

上海华泰软件工程有限公司

排名不分先后

NYPRO

A JABIL COMPANY

捷普是一家面向全球电子设备技术公司提供完备的电子设计，生产以及产品制造服务的电子设备解决方案企业。它于1966年在密歇根州成立。捷普是全球第三大电子制造服务供应商。

我们通过在全球范围内提供完备的电子产品供应链管理来帮助促进电子产品更快的走向市场以及使成本控制更加的有效。捷普在全球四大洲拥有90家工厂，超过180, 000名员工以及30.5百万平方英尺的生产区域，同时捷普在广泛的领域里为客户提供全面的，个性化，针对性的解决方案。在2013年，公司销售额达到183亿美金。

捷普亚洲总部-捷普科技（上海）有限公司成立于2002年9月2日，坐落于上海市漕河泾开发区，目前是研发的亚洲区总部，也是捷普亚洲区的医疗产品生产基地。现工厂占地面积155,000平方英尺。捷普科技（上海）有限公司始终倡导授权、团队合作、充分沟通的工作理念，并且为员工提供良好的职业发展机会。为打造全球一流的EMS企业，我们始终坚持质量是永远第一位，客户满意是工作的第一目标。

耐普罗在中国上海的制造工厂为多种行业提供专业的可配置产品的解决方案。独特的业务模式使我们在目标行业中与客户成为真正的合作伙伴，这些行业包括：医疗、分析仪器、网络、国防和航空航天、计算和存储以及工业控制。我们高度熟练并经验丰富的劳动力能够提供卓越的响应速度效率和质量。

耐普罗医疗在行业领域中提供了最广阔的设计和制造能力。

拥有40年的经验，我们高度专业化的团队通过发展和制造成品药物输送设备、一次性用品、医疗电子及机械和系统解决方案，满足了复杂的医疗和医药市场的需求，也使一些世界领导品牌实现了他们的市场潜力。耐普罗所传达的创新、专业以及让人安心的概念，帮助我们的客户构建的产品能够维持或改善人们的生活。

为高复杂产品提供端对端的解决方案

耐普罗上海制造工厂战略定位为服务于高复杂产品及组件，为其提供扩展端对端制造和后期制造方案。在竞争日益激烈的全球市场中，我们提供：

设计与开发
- 产品设计服务包含从概念到详细的设计阶段
- 可制造性和可测试性设计
- 测试流程的设计与开发

原型设计和新产品导入服务

我们提供的新产品导入服务通过卓越的质量和工程支持，能够促进产品更快的进入市场。其优点包括：
- 丰富的经验—体现在监管要求、技术和产品的复杂性
- 灵活的解决方案—针对客户的需求
- 无缝过渡到生产—提升速度和知识转移

复杂产品制造
- 印刷电路板组装与测试（PCBA&T）
- 机电系统组装
- 背板组件

系统集成
- 机箱建造，设备建造，定制生产/按单配置（BTO / CTO），直接实现（DF）
- 先进技术及全球测试
- 印刷电路板组装及机电关键部件管理
- 附件整合，BTO / CTO，DF

物流服务
- 供应链设计与管理
- 售后服务
- 定制生产/按单配置
- 直接实现

单一联络点

以客户为中心是耐普罗的核心价值。公司为每个客户都设定一个联系人，并有一个支持团队在本地和全球范围内以确保最佳表现。我们有得天独厚的优势为客户提供高技能、积极向上及经验丰富的员工队伍、灵活适应性、加速进入市场、材料用杠杆以及全球供应链的合作伙件。我们并承诺于不断开发人力资源和升级设备及工艺。
- 协作关系
- 灵活性
- 主动沟通
- 客户特定的解决方案
- 本地为中心的业务
- 一个单一的联络点专用资源

认证与经验
市场经验和应用

拥有超过20万平方尺的生产区域及10年以上的专业经验，我们的关注一直是战略性发展许多高要求和监管行业所需要的专业知识。耐普罗不同于任何其他制造服务公司表现在：
- 在全球所有耐普罗公司运行一个单一的全球企业资源规划系统（SAP）
- 持续监控和调整我们全球的覆盖区域，以满足市场需求和我们客户的需求
- 提供一个全球性的IT部署流程

非凡的能力　设计到制造的完美协同

Extraordinary Capabilities

Synergy of Design Through Manufacturing

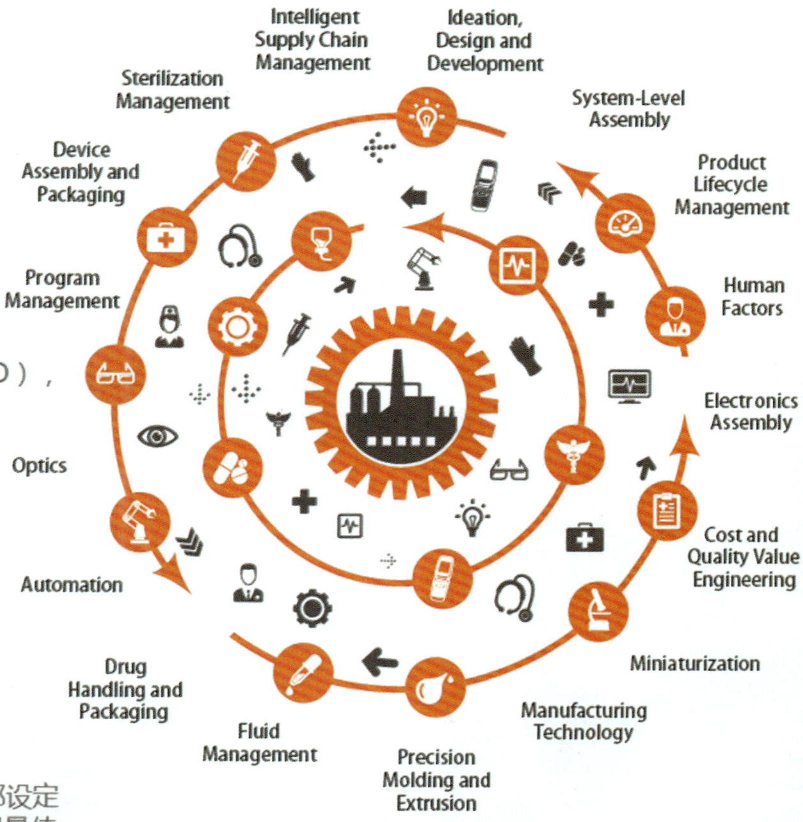

认证
- 中国国家药监局
- 环境：ISO 14001:2004
- 防静电S20：20
- ISO 13485
- TL9000
- OHSAS 18001
- 美国FDA
- 法规认证UL，CSA，TUV
- AS9100

健康·余暇·品位
给 生 活 更 多 惊 喜

Embry Form
安莉芳
www.embrygroup.com

安莉芳控股有限公司简介
Embry Holdings Limited

安莉芳控股有限公司(「安莉芳控股」)连同其附属公司(「安莉芳」或「集团」)是中国主要的内衣品牌及零售企业。自1975年创办于中国香港,经过四十多年的经营,安莉芳已经发展成为一家现代大型企业。

本着"扎根中国香港、北望神州、放眼世界"的业务发展方向，集团将总部设于中国香港，自置写字楼面积达5,000平方米，更分别在1987年于深圳成立安莉芳（中国）服装有限公司，1993年成立安莉芳（常州）服装有限公司，并将生产线设于两地。21世纪，在改革开放的第三个十年，安莉芳借势国家渤海湾大经济圈的发展战略，选址山东省明水经济开发区，建立了绿色生态工业园。2010年，安莉芳上海总部大厦正式落成启用。

集团聘用员工近8,000人，致力提升产品质素，加强服务水准。除了不断招聘经验丰富的技术人员外，更不断投资增置最新的生产和信息设备，成绩骄人。自九十年代初期进军国内市场以来，集团业务发展迅猛，品牌影响力日益强大。

迄今为止，安莉芳的零售业务遍及中国包括港澳地区在内逾300个城市，拥有逾1,900个零售点。安莉芳不仅是女性内衣的零售商，更成功地建立了高质素、多元化的“EMBRY FORM安莉芳”、“FANDECIE芬狄诗”、“COMFIT”、“LIZA CHENG”、“E-BRA”、“IVU”、“IADORE安朵”、“LUCIE'S WORLD露西的世界”八大内衣品牌系列。

现时，集团旗下的产品种类包括胸围、内裤、睡衣、泳衣、棉毛衣、束衣、运动内衣、袜裤和孕妇哺乳内衣等，深受各界人士欢迎。

液化空气中国大事记

1916年

首次进入中国

1990年

液化空气上海有限公司成立，标志着电子气和通用工业业务模式启动

1995年

工程与制造中心在杭州成立（空分工程）

2003年

上海化学工业区工业气体有限公司（SCIPIG）成立（亚洲最大的工业气体生产基地之一），标志着大工业业务模式启动

2007-2013年

腾飞计划，在中国业务飞速发展

2014-至今

卓越计划，在中国可持续发展

2016年

上海研发与技术中心启用，为在中国的创新及可持续发展提供强有力的支持

2017年

数字化运营中心揭幕，公司进一步迈向数字化、前瞻性的运营模式

液化空气始终致力于推动全球的可持续发展

2016 年液化空气集团启动企业可持续发展计划，致力于以下 3 个方面：

清洁工业解决方案、清洁交通解决方案、社区共建与发展

液化空气中国除了强调通过创新产品和解决方案提倡环保及以客户为中心的理念之外，也非常重视企业社会责任。公司推广名为“液空关爱计划”的一系列企业可持续发展项目，包括“道路安全讲座”，“马拉松急救志愿者”项目，年度植树活动“绿色行动”，以及捐赠再生电脑的“液空电脑教室”项目等。

作为全球领先的专业服务机构，普华永道积极配合国家的发展，支持“一带一路”倡议。我们的全球网络覆盖157个国家和地区，在57个“一带一路”沿线的国家和地区设有成员机构。

中欧及东欧

阿尔巴尼亚　白俄罗斯　波斯尼亚　保加利亚　塞尔维亚
克罗地亚　捷克共和国　爱沙尼亚　匈牙利　斯洛伐克
拉脱维亚　立陶宛　马其顿　摩尔多瓦　斯洛文尼亚
黑山　波兰　罗马尼亚　俄罗斯　乌克兰

中亚及西亚

亚美尼亚　阿塞拜疆　吉尔吉斯斯坦　塔吉克斯坦
格鲁吉亚　哈萨克斯坦　土库曼斯坦　乌兹别克斯坦

东北亚

中国（含：香港、台湾和澳门）
蒙古
韩国

中东及非洲

巴林　埃塞俄比亚　约旦
以色列　科威特　沙特阿拉伯
阿曼　卡塔尔　巴勒斯坦
南非　土耳其　阿联酋
也门　伊拉克　叙利亚
埃及　黎巴嫩

东南亚及大洋洲

文莱　柬埔寨　印度尼西亚
越南　缅甸　新西兰
新加坡　泰国　东帝汶
老挝　菲律宾　马来西亚

南亚

阿富汗　孟加拉国　不丹　印度　马尔代夫
尼泊尔　巴基斯坦　斯里兰卡　伊朗

欲知更多信息，请联系

黄耀和
普华永道一带一路业务主管合伙人
企业融资与并购部中国区主管合伙人
+86 (21) 2323 2609
gabriel.wong@cn.pwc.com

Kimberly-Clark
金佰利

- 全球健康卫生护理领域的领导者
- 2016年营业额逾180亿美元
- 全球员工近42,000人
- 在35个国家设有生产设施，产品销往超过175个国家和地区
- 每天全球近四分之一的人口在使用金佰利的产品
- 1983年以来，曾连续被《财富》杂志评为最值得敬佩的公司之一
- 曾连续五年荣登道琼斯全球可持续发展指数的个人护理用品行业可持续发展指数榜首

舒洁 Kleenex

好奇 HUGGIES

Kotex 高洁丝

得伴 Depend

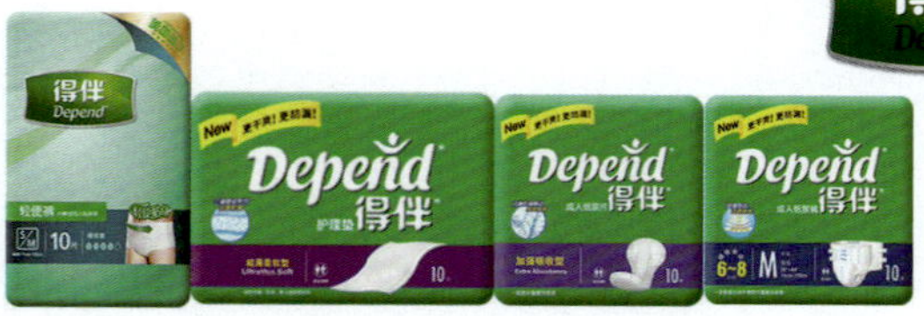

Kimberly-Clark PROFESSIONAL

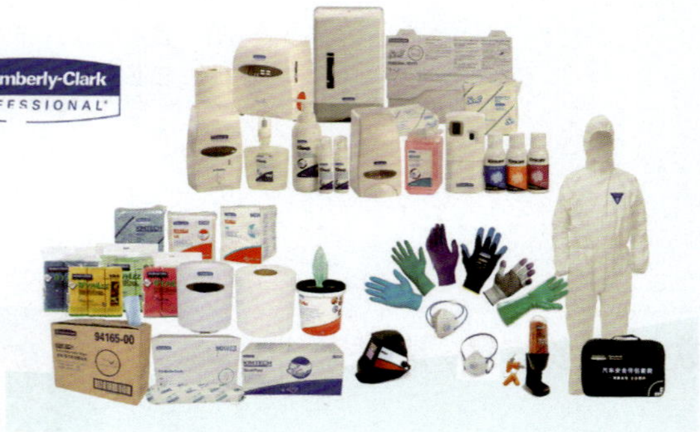

如需更多资料，敬请浏览公司网

德国邮政敦豪

Deutsche Post	DHL		
邮递/电子商务 -包裹	快递	全球货运、空运	供应链
• 在德国，每个工作日都需寄送约 6360 万封信件，拥有 27000 个包裹寄送点 • DHL 占整个德国的包裹市场份额的 43%	• 跨越国界的快递服务 • 业务遍布220多个国家和地区，服务于 270多万位客户 • 超过1,700个物流设施 • 30,500 台交通工具 • 96,000名员工	• 航空和海运货物服务市场领军者 • 专注于工业项目和首尾相连的供应链解决方案 • 欧洲主要道路货运转运公司之一 • 强大的客户基础（福布斯 500 强中 50% 以上的公司 ）	• 合同物流 • 仓库面积 2500万平方米 • 2,700 个网点 • 企业信息解决方案全球主要供应商 • 业务遍布全球 50 多个国家
181.6亿 欧元	150.4亿 欧元	144.8亿 欧元	141.5亿 欧元

敦豪供应链全球规模&覆盖面

敦豪供应链 DHL SUPPLY CHAIN

- 全球排名第一的合同物流服务商
- 在50多个国家拥有事业规模
- 全球大约有14.8万名员工
- 2,600 个物流中心、仓库和中转中心
- 全球拥有大约1,370万平方米的仓储面积
- 专精于多种关键产业，其中包括零售，快消，科技，医药&健康，汽车，制造业等

德国邮政敦豪是世界最大的物流公司，
2017年全球营业额达到604亿欧元，
在全球范围内有约51万雇员

多式供应链解决方案

生产&原材料

出口、进口作业

DHL supply Chain在中国被认可的专业性

用30多个城市，90多个站点的分拨网络，来服务全国200多个客户。

5,500+
员工

98
站点遍布30多城市

行业专家

- ❖汽车
- ❖零售
- ❖消费品
- ❖ 生命科技和医疗事业
- ❖ 工业制造业
- ❖ 科技

200
辆自有车辆
3,000+
代理车辆

+1,000,000
平方米

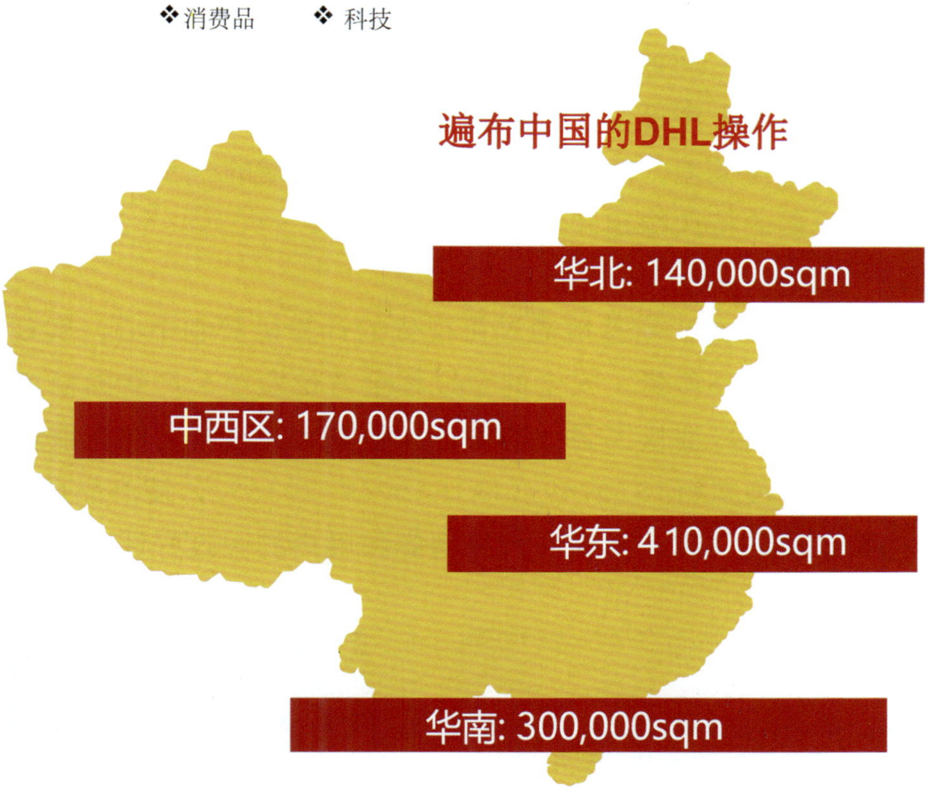

DHL EXPRESS

润滑油行业十大品牌

Top 10 Brands Of Lubricants

Jama®

加|美|润|滑|油

加美现代化生产基地

2017年，加美润滑油在华东的核心区域的上海，投资建成了第2个实体产业——现代化智能化生产基地。这个深受众多客户仰慕的智能化生产基地，采用全新的进口全自动的润滑油生产设备，大幅领先众多的润滑油生产与加工企业。不仅有效降低了人工操作的失误与偏差，向无人化车间迈出了关键的一步，而且实现了加美润滑油的量产与稳产、质量的持久稳定和产量的稳步提升。

不仅如此，新基地通过可视化的计算机管制中心，实现制造基地的无死角监控，把可以影响产品质量、安全的全过程全方位监控。产量的稳定，质量的可靠，为加美润滑油的市场供应提供了强大的保证。新基地通过全面的智能化DOE实验设计、SPC统计制程控制和全面执行TS16949（IATF16949:2016），使产品质量、品种升级和服务市场的能力有了质的飞越，受到广大经销商和用户的一致好评。

- 节能环保
- 低碳理念
- 长效保护引擎

绿色润滑科技

瓷氟技术 - *Porcelain & Fluorine*

加美在中国拥有2个生产基地、2个产品研发中心、1个中心实验室、1个科技智能控制中心、30余家营销公司，以及遍及全国的经销商网络和销售团队。

招商热线：400-6222-335　客服与技术支持：400-6666-18

统一企业®

统一企业于1967年在中国台湾台南成立，由最初的食品制造本业开始，生产及销售面粉、油脂及方便面等产品，一路发展至今，包括食品、连锁便利、贸易、食用油、马口铁、物流、生物科技等产业领域，涵盖如贸易、证券、休闲、零售百货等包括了多项民生相关的消费品及服务产业，已成为一个多元化、国际化经营的综合生活产业集团。事业版图已扩充至祖国大陆、越南、印度尼西亚、菲律宾以及泰国等地。

1992年，统一企业集团开始在祖国大陆投资设厂。1998年，统一企业（中国）投资有限公司在上海成立，统筹管理所属各子公司生产和销售的方便面、饮料、包装水、乳品等产品。统一企业一直秉持“三好一公道”的经营理念，致力于提供品质安全的产品，让消费者吃得放心、吃得健康，在全国创立了众多饮料和方便面知名品牌，如统一冰红茶，统一绿茶，统一鲜橙多，阿萨姆奶茶、统一冰糖雪梨、海之言、小茗同学、如饮、雅哈、水趣多、爱夸、统一老坛酸菜牛肉面、统一卤肉面、满汉宴、满汉大餐、汤达人、都会小馆、相拌一城、小浣熊、冠军榜、统一100、来一桶等，深受广大消费者的喜爱。

保障食品安全是企业的生存之本，更是企业肩负的社会责任。不论是原物料还是产品，大陆统一企业持续推动食品安全的有效管理，并成立了通过中国合格评定国家认可委员会（CNAS）认可的食品安全检测中心。公司内部一直坚持对所有原材料进行严格质检，并不断加强对产业链上下游的控制，确保产品质量安全。

统一企业在经营事业的同时，也善尽社会公民的责任，参与祖国大陆的社会公益活动。2008年第二十九届奥林匹克运动会在北京隆重举行，统一企业积极参与奥运，成为奥运有史以来唯一的方便面赞助商。我们捐助奥运希望工程、希望小学等，同时也积极捐赠救助汶川地震、青海玉树地震、甘肃舟曲泥石流、雅安地震、定西地震、昭通地震等。

统一企业一直秉持公司“三好一公道”的经营理念，致力于提供品质安全，以及深受消费者喜爱的产品。统一企业，以成为全球最大的食品公司之一作为21世纪的战略目标，掌握时代脉搏，全心尽力演奏出一首永为大家喜爱的食品交响乐，传播健康与快乐，与消费者携手共创美好的生活。

开创健康快乐的明天

统一企业（中国）投资有限公司

UNI-PRESIDENT ENTERPRISES (CHINA) INVESTMENT CO.,LTD.

梅龙镇广场

位于上海市南京西路1038号，处于上海商圈的黄金地带，为沪上时尚人士购物休闲的首选地之一。梅龙镇广场以“现代经典设计概念”为建筑特色融汇典雅瑰丽的欧陆设计风格，为上海现代建筑艺术的典范。加上独特的空间设计，巨大的中厅从底层一直延伸到第七层，使来宾顿然产生一种辉煌堂皇的感觉，也吸引了国际品牌在这里举办大型活动，如服装秀、新品发布等，印证了梅龙镇的时尚魅力。一直以来， 梅龙镇以经典不朽的风格配时尚前瞻的态度，不断迎来世界各地的国际知名品牌，无不让人体会时尚新动态，更设上海及各国美食，知名的伊势丹百货、超市和环艺电影院，你尽情享受一站式的购物乐趣。来梅龙镇看看戏，品尝美食，逛逛时尚优品，不就是一种享受吗？爱上生活，爱上梅龙镇。

Located at the prosperous commercial hub of 1038 Nanjing West Road Shanghai, Westgate Mall is one of the best shopping meccas fo Shanghai' s fashion goers. Designed with unique neo-classical European architectural style, Westgate Mall also boasts a seventh floor hug atrium which is ideal for leisure shopping and launch of mega promotional events such as fashion shows, grand product launches etc. Westgat Mall' s settings and tenant mix have not only attracted international fashion brand names, also, popular restaurants which serve Shanghai an western cuisines, the renowned Isetan Department Store, supermarket and UA Cinemas, all you need to enjoy one-stop shopping pleasure Come for the movies, enjoy in a café, get inspired by fashion brands, Westgate Mall is your ultimate shopping destination.

Westgate Mall
梅 龙 镇 广 场

地址：南京西路1038号 No. 1038 Nanjing Rd West
电话（Tel）：(021)62187878 传真（Fax）：(021)62186967
www.westgatemall.com.cn

上海机器人产业园

园区简介

顾村工业园区是1994年经宝山区人民政府批准设立的区级工业园区，2006年经上海市人民政府批准整合升级为市级工业园区，列入上海市104产业园区。2012年经上海市经信委批准成立上海机器人产业园。园区总占地面积3.09平方公里，其中建设用地2830亩。2012年园区在全市中小型园区综合考评中位列第六名。

园区地理位置极佳，区位优势突出。东临南北高架、南靠S20外环高速、西邻上海市最大的郊野公园——顾村公园。外环线、郊环线、沪太路主干道和轨道交通1、7号线使园区连接上海主要港口、机场的距离均在半小时内，是离市中心最近的上海市‘104’区块。

目前园区入驻规模企业65家，机器人及配套企业11家。上海发那科机器人有限公司、上海鑫燕隆汽车流水线制造有限公司、上海法维莱交通车辆设备有限公司、上海复旦智能监控成套设备有限公司、上海小贝自动化设备有限公司、德欧机械设备（上海）有限公司等先后落户园区。园区将逐步形成机器人产业、智能装备制造业和高端生产性服务业集群式发展。

园区发展方向

围绕上海市“十二五”时期“创新驱动，转型发展”的工作主线，宝山区将“建设全市加快经济发展方式转变的示范区、推动城市转型发展的最佳实践区”，作为“十二五”时期区域发展的总体目标。根据镇“十二五”规划发展要求，考虑园区发展，立足“调结构、促转型”的思路，培育符合城市功能和要求相适应的产业，园区将形成三大产业集群式发展：

- 机器人产业链为核心的产业，主要包括汽车、电子、钢铁、航空航天等行业为主的机器人和以家庭机器人、医疗机器人等为主的服务机器人研发，关键核心部件制造、机器人应用开发与组装、机器人上下游应用产业、机器人技术培训等。
- 相关智能装备制造业，主要包括高端智能数控机床，智能仪器仪表电子等设备，关键零部件、元器件等。
- 高端生产性服务业，主要包括发展科技体验、展示交易、科研教育、高端论坛等配套产业。
- 机器人产业是未来成长性最好的行业之一，行业发展前景无可限量，而作为一个新兴产业，机器人产业目前在我国尚处于起步阶段，我们将通过建设上海机器人产业园这一机器人产业的聚集区，积极探索推动传统工业园区向高新技术、先进制造业和高端服务业转型发展，努力构建符合园区实际和可持续发展的现代产业体系，最终实现产业与城市化的融合发展！

BURGER KING
汉堡王
明星皇堡
真正火烤
100%牛肉
很有料！

NU SKIN
DISCOVER THE BEST YOU™

NU SKIN 如新
30有诚
用心创造微笑

如新（中国）日用保健品有限公司

Nu Skin 如新集团于1984年创立于美国犹他州普罗沃市，并于1996年在纽约证券交易所挂牌上市，业务遍及全球近50个市场，是一家深耕于个人保养品和营养补充品领域的跨国企业。2014年4月，投资近5亿元人民币的如新大中华创新总部园区在上海落成，园区建筑面积达34,000平方米，可支持未来销售业绩的成长。由于其优异的环保设计，于2014年8月荣获由美国绿色建筑协会颁发的LEED金奖认证。

Nu Skin 三十余年致力研发个人营养品和营养补充品，成就全球领导品牌。我们凭借领先科研实力-ageLOC科技，洞悉基因表达，探究青春奥秘；6S品质措施质量保证，不断推出开创性优异产品。

Nu Skin 积极承担社会责任，持续行善。「受饥儿滋养计划」已捐赠超过5.5亿份蜜儿餐给世界各地饥饿及营养不良的儿童；「NU SKIN 如新中华儿童心脏病基金」已成功在大中华区募集善款超过1亿元人民币，共救治7,383名贫困先心病患儿；「乐善汇」已组织超过39,410人次志愿者帮助陪伴87,501位受助人，贡献志愿时间148,513小时。

Nu Skin 迄今旗下共囊括55项国际企业大奖，在2010年入选福布斯「100家最值得信赖企业榜（中型企业类）」前五名，并凭借在产品创新、社会责任、环境保护等方面的不懈努力，四度荣膺美国企业大奖。同时，如新中国更以在慈善事业中的突出贡献，分别在2008、2011、2012年及2016年四度获得由中华人民共和国民政部颁发的「中华慈善奖」，同时自2010年至2018年连续九度荣膺「中国慈善排行榜十大慈善企业奖」。

Lane Crawford

国际 品牌

著名精品百货公司连卡佛于2013年10月开设了其迄今在中国最大的旗舰店，为消费者在上海提供一个奢侈时尚和生活方式终点站。

上海旗舰店位于淮海中路99号的上海时代广场，面积达150,000平方英尺（约14,000平方米），合共四层。旗舰店将汇聚500多个国际品牌，当中包括女装、美容、珠宝首饰、男装以及生活方式等商品组合。这是在大中华地区最丰富的国际奢侈品和设计师品牌组合。

该旗舰店的投资额约为四亿人民币，是连卡佛在大中华地区的第八家门店，也是连卡佛迄今为止最大的门店。

上海旗舰店是连卡佛与国际知名建筑事务所Yabu Pushelberg合作设计的。Yabu Pushelberg与连卡佛合作设计过四家门店。上海旗舰店采用了现代画廊的设计方法，使得全店能有一个充满活力的、启发性的和不断变化的整体环境。

上海旗舰店将面积超过20,000平方英尺（约1,800平方米）的空间辟为美容、时尚以及生活方式的个性化服务区域。65位个人形象顾问和礼宾人员将在这些奢华和私密的服务区域为顾客打造独特的、个性化的购物体验。

作为连卡佛线上线下无缝商业策略的一部分，上海旗舰店和连卡佛网上商店将完全联通，为顾客提供店内和在家购物的无缝体验。顾客可以在连卡佛网上订购商品，然后在上海旗舰店内的“网上购物礼宾部”取货或退货。这样的服务在中国市场上也是首例。

另外还有约3,000平方英尺（约278平方米）的是名为The Hub的特色空间，专门展示创意作品。The Hub旨在通过在店中心展出新兴设计师和艺术家的作品，来支持他们的成长和发展。

奢华

时尚

上海交大电梯与控制设备有限公司

上海交大电梯与控制设备有限公司，是在上海市原主管局为破除垄断前提下推荐，于1989年开始由上海交通大学院、系联合，承接上海华亭集团各宾馆进口电梯的维修保养，并于1993年4月经上海交通大学同意控股成立的合资企业。上海市核发质资质编号为沪011号。

公司与交大合作完成了上海市职业培训指导中心电子电工及电梯技师考核鉴定的系统集成。1994年公司研发的电梯控制系统获得了上海市优秀发明选拔赛三等奖；2003年率先在维保行业内开展了质量体系认证工作；2004年在国家对电梯行业进行许可认定中，被认定为电梯维保A级、电梯改造B级资质，同时还认定许可停车设备维保B级资质。

20多年来，公司圆满完成了上海承办的东亚运动会、APEC会议、上海合作组织会议、奥运项目、世博会等重大会议活动中相关电梯运行的保障工作，被华亭宾馆称赞为“诚意服务、电梯博士”。是主管部门和行业里的放心单位；是上海市政府采购网的合格供应商可承接项目修理、改造及维修保养工作；是徐汇区特种设备应急管理协作单位。

公司致力于全面质量管理，注重全员综合素质的提高，以诚信和优质的技术，服务于社会。公司对各类（B、C级）电梯的改造，其配置合理，节能效果明显。公司自2011年起，连续5年在上海市主管部门的检查考核中名列前茅。

以诚取信、服务社会

港汇恒隆广场

Grand Gateway 66 港汇恒隆广场

国际化购物中心、双塔写字楼、涉外服务式公寓

港汇恒隆广场（Grand Gateway 66），坐落于上海最繁华的商业中心——徐家汇商圈，统合大型购物中心，甲级写字楼，及高档涉外酒店式公寓。自1999年开幕至今，历经15年的发展与积累，港汇恒隆广场现已成为上海滩无可取代的时尚地标之一。

港汇恒隆广场汇聚各大品类的知名品牌，近年更是相继引进GUCCI、LOEWE、CHAUMET、Tiffany & Co.、BOTTEGA VENETA、Jimmy Choo等一线品牌，不断致力于打造更奢华的购物殿堂。5楼、6楼及1楼汇聚了极食、美心、翠园、天泰、金牛苑、苏浙汇、鼎泰丰等十余家特色餐厅，满足了消费者对不同美食的喜爱与追求。

经典的建筑设计及人性化的服务设施，也令港汇恒隆广场当之无愧地成为上海滩Shopping Mall中的典范。中庭挑高35米的玻璃穹顶，加之两翼跨越整个商场的玻璃采光顶，使得整个商场空间均可利用天然光源，顾客可于通透明亮的环境下尽享购物休闲意趣。商场服务台，近百部升降梯和手扶梯，提供母婴哺乳室的盥洗室，及逾千个泊位的大型地下停车场等服务设施，令顾客尽享贴心舒适的至尊购物体验。

新世界城

“新世界城”位于南京路步行街起点，新世界1915年落成开业时名为“新世界游乐场”，是上世纪上海最早的钢筋水泥结构的商业楼之一。1958年合并组成新世界百货商场。1988年公司抓住良机，凸现先发效应，成为南京路上第一家股份制企业；1992年完善现代企业制度，又率先成为上海商业最早的上市公司之一；1993年公司抓住南京路大调整、大改造的契机，在黄金地段造起了钻石楼宇“新世界城”，并一跃成为全国商业十强。2003年，围绕上海“十一•五”发展规划和建设“经典黄浦”的发展目标，新世界人又开始精心规划、打造南京路上规模最大、功能最全、环境最佳的现代化购物中心。2005年5月扩建后的“新世界城”总建筑面积达21万平方米，集聚了一大批在国内、亚洲甚至世界独具特色的知名品牌。

目前，“新世界城”拥有劳力士手表、周生生珠宝、COACH包袋、雅诗兰黛化妆品、BOSS男装等国际一线品牌；有全球第六家、大陆地区第一家的英国杜莎夫人蜡像馆、上海第一家室内真冰溜冰场“新世界真冰溜冰场”等著名娱乐品牌；还陆续调整引进了赤坂亭、小辉哥、西堤牛排、天家等诸多高端流行餐饮品牌。这些商品、娱乐、餐饮品牌的调整引进，使现代百货、旅游休闲和娱乐综合消费相融，形成了“新世界城”独特的竞争优势，成为南京路、上海乃至中国现代商业的新亮点。近年来，公司还荣获了“全国文明单位”、“全国质量奖”、“全国诚信单位”、“全国质量工作先进集体”、“全国百城万店无假货先进集体”、“全国首批金鼎百货店”等近两百项国家级和市级先进称号。

—— 企业注册 —— 贸易撮合 —— 财会配套 —— 仓储物流 —— 电子商务 —— 信息咨询 —— 企业融资 ——

—— 电子商务服务 —— 金融服务 —— 产业服务 —— 物流服务 —— 资讯服务 ——

上海石油化工交易中心（以下简称“交易中心”），前身是上海南郊石油化工交易中心。公司成立于2008年12月15日，是一家为全国石油化工企业在奉贤落户提供企业注册、贸易撮合、财会配套、仓储物流、电子商务、信息咨询、企业融资等多种服务于一体的平台型企业。

交易中心经过近十年的持续运作，不断拓宽服务面，延伸服务链，在全国范围内已形成了一定的影响力和辐射面。截止目前，交易中心已集聚来自全国各地的石油化工企业800余家，其中外省市企业占90%以上。2017年总交易额达1851亿元。

2014年，韩正同志在视察交易中心时提出，希望交易中心持续发力，打造代表中国的石化价格指数。目前交易中心已与多个省市同步开启了“中央仓+云物流”的现代化仓储物流管理体系。2017年起，交易中心着手在全国范围内构建供应链生态圈。依托“中央仓+云物流”的现代化仓储物流管理体系，同行业巨头及各地政府紧密对接，带动金融资源，通过打通供应链各环节，进一步推动能源互联网+模式，扩大交易中心整体辐射面。

2014年6月4日，平台承建的南郊能源大厦被认定为“上海石油化工贸易服务功能区”，成为市政府确立的39个现代服务业综合试点支持项目之一，也是国家财政部、商务部认可的具有示范引领作用的重大现代服务业试点项目。功能区建成后，将构建五位一体的服务功能，即：电子商务服务、金融服务、产业服务、物流服务和资讯服务。为全国的行业企业提供高规格、全方位的专业服务，力争成为具有上海国际贸易中心水准的行业服务功能区。

上海思华科技股份有限公司

上海思华科技股份有限公司于2000年在上海成立，是一家长期专注于互动媒体平台解决方案的设计、开发、实施和技术服务的高新技术企业。公司现有员工300多人，总部位于上海张江，并在北京、杭州、广州、成都、西安、南京、济南、沈阳设有营销和技术服务中心。

思华科技是上海市高新技术企业和软件企业，是国家发展和改革委员会、工业和信息化部、商务部、国家税务总局联合审核认定的2010年国家规划布局内重点软件企业。

思华科技汇聚了来自海内外和全球知名企业的技术及管理精英，构建了一支结构合理、专业能力强、具有团队协作精神的产品研发和技术服务队伍。公司目前拥有200多人的技术团队，78.9%为本科以上学历。核心研发和技术人员有着雄厚的技术实力，具有良好的知识背景、创新的方案整合能力、扎实的研发和技术服务技能以及丰富的内容运营产品研发经验。

思华科技始终以行业技术发展趋势和客户需求为导向，持续不断推出新技术和新产品，经过十几年的不断技术研发和积累，在互动媒体平台领域，已经拥有68项软件著作权、22项经登记的软件产品，以及6项技术发明专利。

思华科技是国内少数能够提供跨广电和通信运营商互动媒体平台解决方案的供应商之一，公司的互动媒体平台解决方案是广电运营商、通信运营商和其他行业用户开展以互动电视、互联网电视、IPTV、手机电视为主的互动媒体业务所必需的业务运营平台软件，在国内众多通信运营商和广电运营商得到应用，获得广泛好评。

思华科技凭借持续专注的行业经验积累，持续创新的软件产品和全面的平台解决方案，已与华数集团、东方有线、陕西广电网络、重庆广电、河北广电、广东有线、天威视讯、中国电信、中国联通、中国移动等众多行业领先的广电运营商和大型通信运营商建立了长期稳定的合作关系，并建立了良好的品牌知名度。公司亦多次受邀参与国家新闻出版广电总局以及核心客户的技术规范和标准制订，公司产品的技术水平和研发能力得到了业界的充分认可。

绿地商业集团

绿地商业集团是世界企业500强、中国综合性地产领军企业绿地集团旗下的核心成员企业，主营商业地产运营管理业务和零售业务（进口商品直销）。

商业集团在“四海、八方、人和”三大产品系列基础上，积极推动绿地品牌的“全国化布局、产业化发展”，着力培育的“绿地中心”、“绿地缤纷城”等主打品牌进入成熟期，旗下重点直管项目如北京大兴缤纷城、北京房山缤纷城、上海卢湾海外滩、南昌绿地中心、上海徐汇绿地缤纷城等业已成为城区甚至城市的商业标杆，领衔区域商贸经济的转型发展。

商业集团是绿地集团大消费战略的主要实施者。重点关注因中国庞大人口基数而产生的中产阶级的消费和服务需求，并积极开展全球化战略布局，以“嫁接海外资源、服务中国市场”为原则进军零售业，依靠海外资源配置优势，通过“自产 + 直销 + 直采”模式快速开设零售实体门店，建立海外直采网络和跨境电商平台，全力打造零售全产业链布局。

实体门店绿地全球商品直销中心(G-super)快速布局。2016年新开18家，门店总数达到41家，分布于北京、上海、南京、杭州、苏州、济南、郑州、成都、长沙、无锡、常州等全国近18个一二线城市，其中上海门店15家。

海外直采资源不断累积。绿地先后在美国、英国、澳洲、韩国、加拿大设立了五大海外商品直采中心，建立了商品货源直采渠道；与美国、澳大利亚、加拿大、新西兰、匈牙利、智利等多国政府机构及行业协会达成合作意向，锁定了优质商品资源，形成了涵盖肉类、油类、海鲜、水果等18大类250种商品的直采商品布局。

跨境电商快速推进。绿地与青浦区合作设立绿地青浦跨境贸易基地，形成政府平台与政策优势、企业资源与运营优势叠加，在业务模式上顺应国家跨境电商政策重点对 B2B 业务环节的先行先试，通过聚集国内一批成长型电商，全力打造国内具有一定规模的跨境电商保税平台。

电子消费品产业创新。绿地收购良玉实现业务协同，与进口商品业态产生双轮驱动、协同互补的叠加效应。通过产业创新，进入物联网智能家居领域，体现电子产品高附加值。良玉公司主营电子设备、数码产品的零售和批发，并提供相关技术及研发服务，持有苹果、微软、索尼、华为等主流电子产品的品牌代理权，在华东地区开设有二十余家门店，年销售规模超过10亿元。

关注福斯中国
微信公众号
高效的金属加工厂
Efficient metalworking
最节能的汽油机和
蒸汽涡轮机
Energy-optimized
gas and steam
turbines
沼气厂
Biogas plants
低能耗引擎和变速箱
Low-consumption
engines and gearboxes
环保的农林业
Environmentally
friendly forestry
and agriculture
风力场
Wind farms
Technology
that pays back
LUBRICANTS.
TECHNOLOGY.
PEOPLE.
FUCHS
德国福斯润滑油
福斯润滑油（中国）有限公司
上海市嘉定区南翔高科技园区嘉绣路888号
电话：+86 21 3912 2000
www.fuchs.com.cn

宝钢资源（国际）有限公司

宝钢资源（国际）有限公司是中国宝武钢铁集团有限公司的全资子公司，成立于2006年7月，主要从事钢铁冶金原燃料的贸易、物流及投资运营，经营品种涵盖铁矿石、煤炭、合金、有色金属、废钢、辅料等钢铁冶金主要原燃料，在上海、中国香港、澳大利亚、新加坡、南非、印尼等多地拥有办事机构和业务团队，与超过100家境外供应商、40余家境外客户保持长期合作关系。截至2017年末，公司总资产达280亿元人民币，年贸易量6000多万吨。

贸易经营板块是宝钢资源的核心业务之一，宝钢资源始终致力于构筑资源贸易价值链。

- 在铁矿石贸易领域，围绕各类进口铁矿石（粉矿、块矿、球团矿）及辅料等经营品种，年贸易量近3000万吨，公司与澳大利亚、巴西、南非等主要供应商保持长期战略合作关系，为客户提供各种优质的铁矿石产品和专业的配矿等增值服务。
- 煤炭贸易领域，经营品种涵盖炼焦煤、喷吹煤、动力煤、块煤和冶金焦，年贸易规模达千万吨以上，具有稳定的国、内外煤炭资源供应渠道，为客户提供港口仓储、物流配送等优质服务。
- 合金贸易领域，在镍（红土镍矿、镍铁），铬（铬矿、铬铁），锰（锰矿、锰合金），钛（钛矿、海绵钛）等品种经营方面异军突起，镍矿、锰矿、铬矿贸易量均位居业内前三强。公司与印尼、菲律宾、南非、澳大利亚、土耳其、巴西、印度等主流供应商保持长期战略合作关系，与国内多家知名合金厂商保持长期战略合作，为客户提供一站式资源保障服务。

- 有色金属贸易领域，主要涉足铜、镍、铅、锌、锡、铝、锂、钴及矿产品，年贸易额达50亿元人民币。公司与国内及俄罗斯、南非、智利、印度、韩国等主要供应商和客户建立了长期协议合作关系，提供代理采购、销售寄售、JIT及时送货服务等全方位增值服务。
- 金属再生资源贸易领域，经营品种包括工业下脚料纯净废钢、汽车板切片、品种废钢、合金废钢、不锈钢废钢、拆船废钢、拆车废钢等，具有较强的优质废钢铁资源获取能力和客户技术服务能力。

物流航运板块是宝钢资源的另一核心优势。公司拥有远洋及沿海运力共18艘，总载重吨达174万吨，具有雄厚的技术经验优势和较强的物流服务能力，与中国远洋海运集团、日本邮船株式会社等公司保持长期合作关系，为客户提供专业、快捷的航运服务。

此外，宝钢资源还致力于聚焦优质稀缺资源，在铁矿石、煤炭、合金、物流业务等多个领域，通过项目投资、风险勘探、矿权运作、产融结合等方式，共同构筑资源产业合作平台。

“让世界矿产资源产业因宝钢资源而不同”，是宝钢资源执着追求的“资源梦”。朝着新一轮战略发展目标，宝钢资源将继续保持行业前瞻性和市场敏锐度，通过与供应商、客户和各类合作伙伴的协同共赢，努力为社会创造更大的价值。

东方美谷企业
集团股份有限公司

东方美谷集团全称东方美谷企业集团股份有限公司，是奉贤区第一家区属一级国有股份公司，注册资本6亿元。

集团作为推动“东方美谷”发展的市场化主体，以“产业投资，专业招商”为主要业务，并以“产业集群，企业上市”为发展目标，致力于全面整合资源，拓展东方美谷美丽健康产业的承载空间，提升产业发展品质，加快产业发展速度，丰富产业发展内涵，并对美丽健康全产业链相关优质资产开展收购兼并和股权投资，打造全区美丽健康产业的投资管理平台，推动奉贤区美丽健康产业集群集聚发展。

集团通过投资、收购全区乃至全市范围内104板块适合产业开发的土地和拟实施产业结构调整的土地，与当地政府进行合作开发，打造以实现美丽健康产业集群发展为目标，运用专业化、现代化、国际化的招商思路和手段，吸引、培育一批行业顶尖、具有国际影响力的美丽健康产业企业和机构落户，形成国内规模最大的美丽健康产业集群和具有行业引领作用的发展高地。

东方美谷集团将围绕东方美谷“五大平台”和“八大中心”，构建产业支撑体系。

五大平台——产业发展平台、产业资源平台、产业孵化平台、产业服务平台、产业政策平台。

八大中心——研发中心、设计中心、检测中心、展示中心、营销中心、体验中心、服务中心、指导中心。

上海大唐融资租赁有限公司

SHANGHAI DATANG FINANCIAL LEASING CO.,LTD.

上海大唐融资租赁有限公司（简称“上海大唐租赁”）是中国大唐集团公司旗下中外合资的融资租赁公司，于2015年3月31日在中国（上海）自由贸易试验区注册成立，注册资本金达10亿元人民币。公司通过融资租赁和商业保理等主营业务，为中国大唐集团公司战略发展服务。

上海大唐租赁坚持“根植上海、服务集团，发挥优势、创造价值”的经营理念，大力实践“务实、奉献、创新、奋进”的大唐精神，充分发挥上海金融中心的独特优势，充分利用自贸区各项政策，构建与上海各大金融机构的融资体系，建立和创新集“融资”、“融物”、“财务”服务为一体的经营模式，引进和锻造高素质的金融专业人才队伍。公司成立以来，在上海各大金融机构支持下，在中国大唐集团公司的部署下，取得了健康快速发展。公司广泛加强与上海市及自贸区政府、人民银行、融资租赁同业交流，在业界树立了较高的知名度和影响力。

上海大唐租赁将以专业化的服务，务实创新的精神，为客户提供富有竞争力和特色化的综合金融服务，努力争创国内一流融资租赁企业，为国家融资租赁行业发展贡献力量。

上海紫尊农业科技股份有限公司

企业文化

一分耕耘，一份收获，团队合作，共铸辉煌

讲实效，精管理，创效益，做中国领先农业企业！

企业领导

李琦，董事长，中共党员，曾在中共上海市和区县农委任职，长期工作于农业种植业和养殖业企业，对国内农业生产的现状、发展瓶颈和未来前景有深入的了解，积累了丰富的实战经验，具备长远的战略发展眼光。

近年来，李董事长在中国新农村建设事业、创建全产业链农业科技企业等方面做了很多市场调研和前瞻规划。现已通过引进高端科技人才，携手中科院、农科院和其他科研院所，建立智慧农业实验基地等方式，正带领上海紫尊农业科技股份有限公司全体同仁，不断探索中国新农村建设的创新道路。

公司现为

上海市商务委员会所辖

上海市商业企业管理协会副会长单位

上海紫尊农业科技股份有限公司是经上海市工商局审批，于2017年1月4日登记成立的混合所有制企业。公司首期注册资本金为人民币5000万元，公司法人代表为李琦先生。

公司经营业务紧密围绕农业科技创新，将有机蔬菜种植、水产家禽养殖和文化观光休闲三大业务板块有机结合，致力于提高上海市民的生活和健康水平，服务于国家城乡一体化发展战略和新农村建设的可持续发展长远目标。

公司的发展目标是，最终形成一个由种植和养殖业务的第一产业，未来延伸的农产品深度加工第二产业，以及农业文化观光第三产业组成的全产业链业务形态。公司将从营运战略规划的顶层设计开始，利用第三产业来支持和拓展第一产业和第二产业的业务，形成一二三产业合理均衡全面发展，有效控制和分散市场经营风险，走出一条农业综合性企业可持续发展的创新之路，成为上海市乃至华东地区领先的高端农业科技创新型全产业链综合企业。

公司目前已与中科院江苏分院、浙江清华长三角研究院和浙江工业大学等科研院校建立了农业科技长期合作规划；组成了以李伟博士、叶雅各教授等一批智慧农业和高新科技方面的专家团队。公司目前已在浙江岱山创建智慧农业示范基地；在镇江扬中市与镇江电站辅机厂有限公司创建高科技产品研发基地以及其他一系列合作开发项目。

上海云城融资租赁有限公司，是上海市松江区国资委下属企业，位于松江区茸梅路555号。2014年，由上海松江国有资产投资经营管理（集团）有限公司出资创立，注册资本4亿元，2015年初获得国家商务部和国家税务总局批准，成为全国第十三批内资融资租赁试点企业，是上海市首家由区级国资投资设立的融资租赁企业，也是松江区目前唯一一家内资融资租赁企业。2017年，公司被推选为上海市租赁行业协会副会长单位及其装备制造专业委员会主任委员，同时荣获上海市融资租赁行业“2017年度优秀企业”称号。

云城租赁，专门从事融资租赁业务，为企业提供融资租赁、贸易融资、商业保理等多元化的融资解决方案。公司聚焦服务中小微实体企业，业务覆盖制造业、清洁能源、机械设备、节能环保、教育医疗等各个领域。

云城租赁，可以在企业形成相关资产之前进行配套融资，可以根据企业的发展阶段资金需求规模、资金用途、还款来源和担保措施等不同情况，有针对性地为企业提供融资方案。公司立志成为金融资本与产业资本有效对接的渠道建设者，努力发展为一家支持实体、服务优良、风险可控、有创新力和影响力的融资租赁公司。

融资租赁

融资租赁是由租赁公司按承租方要求出资购买设备，在较长的合同期内租赁给承租方使用，物权在合同到期后再转让给承租方的债权融资业务，其目的是融资，其形式为租赁。融资租赁兼具融资和融物的属性。同时，针对融资租赁行业，国家配套了一系列特殊的税收政策，如利息差额征收增值税、进项税抵扣、承租方计提折旧、按合同期限加速折旧等，有效地降低了企业的融资成本。充分利用融资租赁这一工具，能够帮助企业拓宽融资渠道、盘活存量资产、促进产品销售、技术改造和产业升级，能够有效解决中小微企业“融资难、融资贵”的问题。

业务模式

云城租赁，成立3年多，立足松江，面向全国，着力提高金融服务水平，创新金融服务产品，不断实践着自身所肩负的使命和责任。公司通过一个又一个具体项目的落地，为广大中小微企业切实解决了诸多资金难题，并得到了越来越多的企业认可。目前，公司已累计投放超过45亿元资金，服务350多家中小微实体企业的发展。随着业务布局的稳步扩大，范围涉及上海、北京、重庆、浙江、江苏、安徽、山东、湖南、湖北、江西、河南、河北、山西、四川、广西、内蒙古等多个省市，初步形成了影响面渐广、辐射力渐强的业务版图。

公司融资租赁业务主要分为三种模式：

直租业务： 根据承租企业的需求，租赁公司向制造商购买设备，并将其出租给承租企业使用，按月收取租金。租赁期满，设备归承租企业所有。

售后回租： 承租企业将拥有的设备出售给租赁公司，再以融资租赁方式租入该设备，按月支付租金。租赁公司享有设备的所有权，但设备的使用权归承租企业。

商业保理： 以应收账款合法、有效转让为前提的融资服务。有融资需求的企业可以将真实、有效的销售合同所产生的应收账款转让或质押给保理公司，保理公司为其提供融资服务。

标准化产品

公司业务发展正处在一个升级阶段，以为企业量身定做融资方案为基础，逐渐向标准化产品迈进，目前已有三款产品推向市场并得到认可：

1、“快易租”：主要针对“新三板”企业的标准化产品。对基础层和创新层的优质企业，根据企业平均信用成本，以单笔500万元快速融资为主要模式，实行标准量化指标审核，流程简化，办理快捷。

2、“云能租”：主要针对分布式光伏电站的标准化产品。公司与项目建设方、电站维护方、用电方形成合作共同体，利用资源优势互补，共同完成电站建设，共享电站收益。

3、“云微租”：主要针对小微企业的标准化产品。我们根据企业的经营和信用状况，标准量化准入门槛，单笔融资额度100万元，成本合理，10个工作日放款。

聚焦合作

云城租赁，在稳健发展过程中严格管控风险，坚持“实质性风险第一”的原则，对系统性风险、流动性风险、道德性风险、原则性的合规性风险等重点领域，逐步建立了全员、全流程、全要素、全方位、多层次的风险管理体系。在向前行进的过程中，云城租赁始终坚持朝着正确方向，走合作大道。公司通过一个融资租赁项目，努力建立并维护合作生态链能够健康持续运转。而形成这一合作生态链需要四个基本条件：共同的目标、相似的理念、互补的资源、均衡的利益。前三个是生态链形成的前提，第四个是生态闭环持续运转的内生动力。由此，云城租赁确定了内部收益率的上限，摒弃急功近利，杜绝竭泽而渔，为社会增量做“加法”，成为有格局、普惠天下的善良资本。

共同的目标、相似的理念、互补的资源、均衡的利益

上海新力机器厂

上海新力机器厂是上海市高新技术企业，隶属于中国航天科技集团公司第八研究院，是中国航天系统内唯一的高端智能装备和锻压钣金成型装备制造企业，立足整个制造业，以客户需求为牵引，打造高端智能装备方案解决商和系统集成商以及为客户提供全产业链和全生命周期的完整解决方案。同时，结合“互联网+”和《中国制造2025》国家战略，积极开展智能制造的研究和实践，为迎接“工业4.0”时代做准备。在此背景下，上海新力机器厂依托航天平台，以个性化定制对接海量用户，致力于高档数控机床和金属增材制造技术的研发、建立智能制造创新中心、搭建符合中国制造业发展实际的智能制造系统平台，为客户提供智能设计、智能管理、智能应用、智能物流等服务，为中国制造业提供坚强的智力支持，努力将该公司打造为高端智能装备方案解决商与系统集成商，为客户提供高附加值的服务和全生命周期的完整生产系统。公司以创新、高品质的理念，经过多年的技术开发与沉淀，开发了VMW系列立式五轴联动加工中心、SMU系列万能铣床、VMF增材-减材复合制造一体机、龙门系列加工中心（包括非金属复合材料）等多款高端智能数控机床（图1-4），并掌握了电主轴、回转工作台等核心部件的关键技术，为后续产品的研制奠定了坚实的基础。

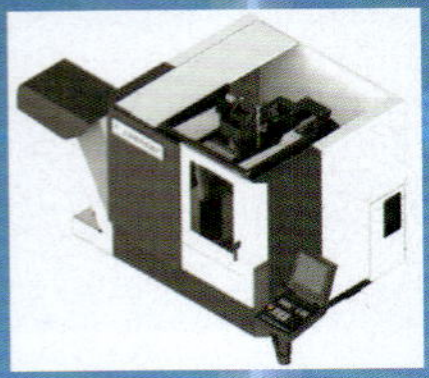

图1 SMU50万能铣床

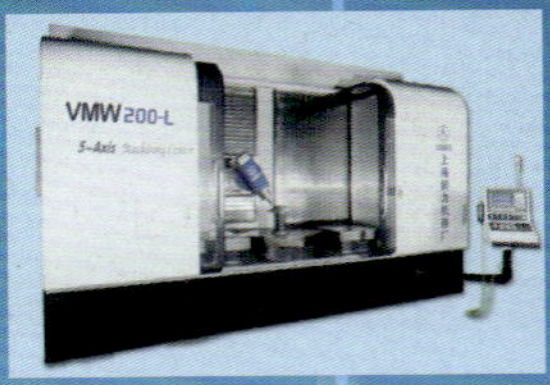

图2 VMW立式五轴联动加工中心

图3 增材-减材复合制造一体机

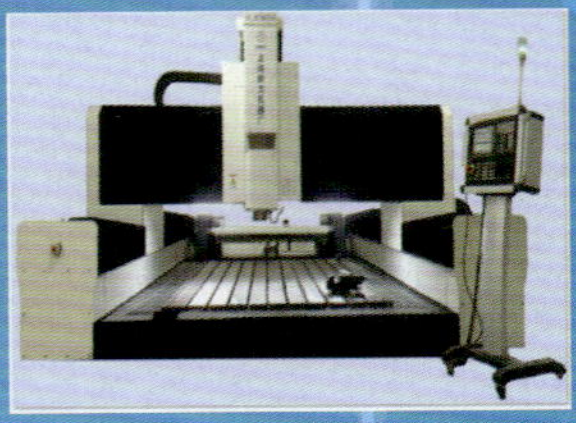

图4 SL系列龙门加工中心

智能化制造已经成为未来制造业技术发展的必然趋势，以智能制造为核心的新工业革命再度成为国际社会关注的焦点，上海新力机器厂围绕智能制造系统平台建设，以智能化装备为载体，充分利用系统大数据，搭建智慧工厂平台，提供智能制造解决方案和服务。目前，系统应用的三大领域：智能装备、智能生产线、智能远程维护，包含四大功能模块：实时工况、健康预警、能力评估、远程诊断。(图5、6是我公司为某客户提供的智能系统平台与自动化流水线解决方案)

图5 某客户智能系统平台解决方案

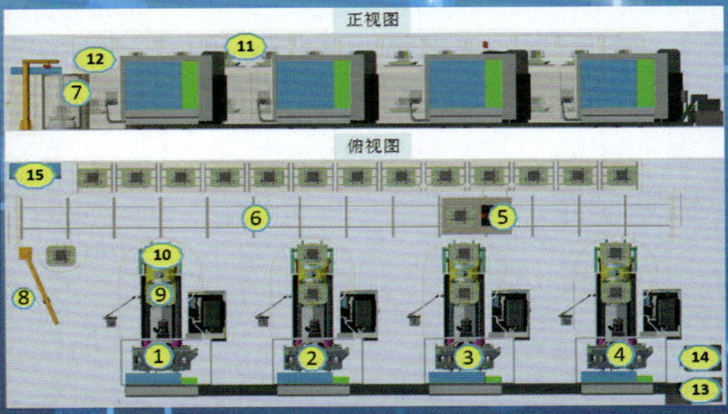

图6 某客户自动化流水线解决方案

公安部第三研究所

公安部第三研究所创建于1978年，是公安部直属科研单位，肩负着科技强警重任，为公安一线提供技术支撑与服务。所本部位于上海市岳阳路76号，在浦东张江高科技园区及北京市区分别设有研究基地、业务机构。现有干部职工2210余人，其中科研人员1500余人，具有博士、硕士研究生以上学历人员720余人。

本所主要研究领域包括信息网络安全、物联网、特种通讯、禁毒、反恐防爆、图像处理和传输以及社会公共安全防范技术等。拥有博士后科研工作站、国家反计算机入侵和防病毒研究中心、信息网络安全公安部重点实验室、电子数据司法鉴定实验室等一批国家级、部级专业技术实验室。先后承担了国家科技支撑计划、“863”、高新技术产业化项目和发改委、科技部、公安部、上海市等国家级、省部级重要课题的研究任务，在网络身份认证（eID）、视频结构化描述（VSD）、射频识别（RFID）、警用数字化单兵（PDD）等领域取得显著成绩，多次获得国家级、省部级科学技术奖励。自1995年至今，连续被上海市科委认定为高新技术单位。2005年通过了ISO9001质量管理体系认证。

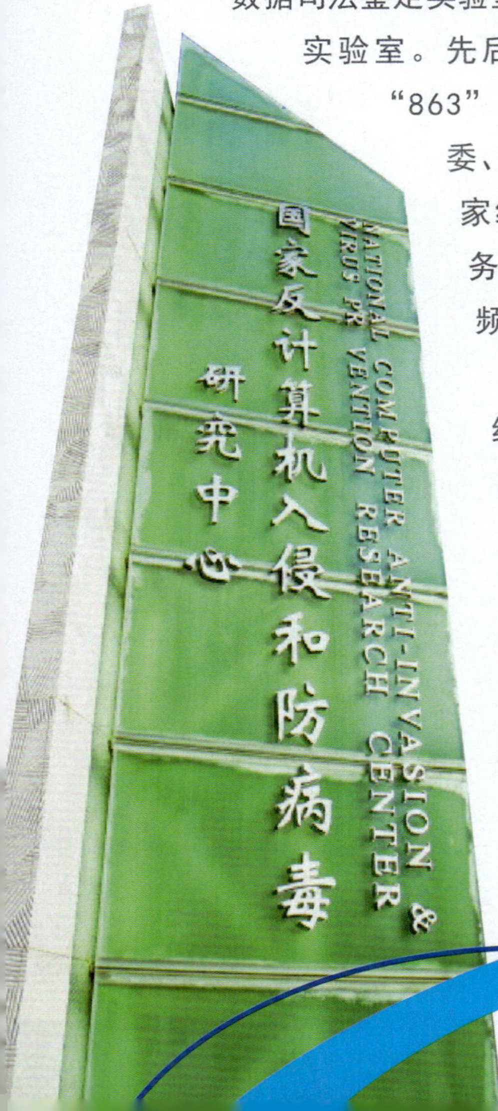

本所将以建设公安科技领域具有全国领先水平的科研机构为战略目标，以服务公安实战为使命，以**“敢为人先，引领发展，科技强警，励志报国”**的核心价值观为引领，坚持与时俱进、开拓创新，热情服务，不断破解公安实战中的关键技术难题，为科技强警做出新的贡献。

上海优宁维生物科技股份有限公司

上海优宁维生物科技股份有限公司（简称：优宁维，官方网站：www.univ-bio.com）是国内专业、全面的抗体供应商和抗体专家，专注于为生命科学、生物医药、医疗诊断、分析检测等领域科研工作者提供一站式抗体相关的产品及实验技术外包服务。

2004年底公司成立于复旦科技园，总部位于上海，自有1600㎡总部办公大楼和2500㎡科研大楼。目前在全国有19个办事处，覆盖30多个城市。2017年公司全新的抗体电商网站正式上线，为客户提供全方位的线上线下一站式抗体专家服务。2015~2017年，公司荣获上海市“专精特新”中小企业、上海名牌（服务类）和2017年度上海杨浦区双创小巨人等称号。目前公司80%员工拥有本科及以上学历，其中硕士博士占10%。

2015年11月，公司完成股份制改革，更名为上海优宁维生物科技股份有限公司，并于2016年5月13日正式在全国中小企业股份转让系统（新三板）挂牌，证券代码：837209。

优宁维自成立以来，一直秉承向正，向善，向上的价值观，踏实努力提供专业、全面、安全的产品及服务，我们致力于做靠谱放心的专业服务商和科研助手，助力您的科研成就。

选择优宁维，就是选择放心！

主要产品线：

抗体(60万种)
流式试剂(5万种)
组化试剂(5万种)
生化试剂(60万种)
实验服务(WB/IP/Co-IP、ELISA、IHC/TUNEL/IF、FCM HTRF...)
细胞分选和试剂
细胞因子和蛋白
ELISA试剂盒
抗体芯片
蛋白质芯片
多因子检测(CBA、Luminex、MSD...)
激酶/多肽
科学仪器

获得的荣誉

01

2016年度上海名牌（服务类）

02

2017上海杨浦区双创小巨人企业

03

上海市“专精特新”中小企业”

美味·新鲜

我要来伊份!

来伊份

上世纪90年代，来伊份创始人施永雷 · 郁瑞芬夫妇在上海市徐汇区开出了第一家休闲食品零售门店，随后创立了“来伊份”品牌，并开创了中国休闲食品连锁经营的商业模式。十多年来，来伊份一直专注于为消费者提供美味、健康的休闲食品和便捷、愉悦的一站式购物体验。同时以供应链整合优势、强大的信息系统、全渠道销售网络建设，改变了中国休闲食品行业小而散、品质低的状况，并成为休闲食品连锁经营行业的先行者和领导者。

2016年10月12日，来伊份在上海证券交易所主板上市，成为主板零食第一股。来伊份致力于打造“产品品质----良心价值链和企业经营----良性价值链”核心价值链，不断推动休闲食品行业的专业分工与良性、健康发展。

目前，来伊份品牌旗下拥有近2500家门店，覆盖17个省（直辖市），以自有APP商城为核心的线上线下融合全渠道销售网络，以及遍布五大洲250多家供应商的全球供应链。产品覆盖坚果、肉制品、果脯果干、糕点、时蔬类、豆制品、　水产品、巧克力糖果/果冻、膨化等休闲食品九大品类、1000多种产品，员工人数近万名，全渠道会员人数超2100万。

展望未来，来伊份将继续向全国扩展，并以消费者为导向，强化品牌运营，优化供应链管理，推动智慧零售建设，推进线下连锁门店+线上+移动APP一体化新零售发展，通过产融结合，实现内生式与外延式的复合增长。

高端商业核心

文化　旅游　商業中心

长泰广场
CHAMTIME

长泰广场位于浦东核心地段，占地面积8.3万多平方米，总可租建筑面积约319081平方米，规划设计单位为国际顶级的建筑师事务所，美国捷得国际建筑师事务所（THE JERDE PARTNERSHIP）。长泰广场已成为上海浦东又一新兴商业核心，辐射碧云国际社区、联洋国际社区、龙东别墅区、东郊高尚别墅区、张江高科技园区等著名板块。

随着国务院批复同意"大浦东"政策的消息落地，在原先的陆家嘴、外高桥、金桥、张江四大国家级开发区之外，新浦东又拥有了洋山保税区、临港新城等国家重点产业集聚区;在"两大中心"等诸多重大目标聚焦下，大浦东已成为上海乃至全国未来经济发展的重点。长泰广场以"大浦东"的高视野应势而生。

长泰广场地处张江核心区，将随着张江的发展，不断创造新的价值。张江到2010年，核心区初步建成世界一流科技园区;到2015年，形成具有国际竞争能力，四大世界级的产业群，成为中国重要的高科技中心;到2020年，进一步提升能级，建成具有世界竞争力的科学城。

长泰广场作为浦东的高端商业核心，将不仅填补张江高端商业核心的空白，更成为浦东乃至整个上海重要的商业核心。从无到有，从有到优，面对长泰广场的未来，要真正成为一个文化、旅游、商业中心，需要以丰富的业态品牌资源为载体，以公益文娱活动促进品位提升，以互动体验场景集聚目标客群，进一步推动张江地区产城融合。

借此，暨2017年11月18日长泰广场三周年之际，长泰盛大推出了《印象长泰·寻梦幻海》多媒体灯光秀。它旨在运用高科技声光电等技术手段，打造神奇梦幻的体验之旅。

愈发成熟的长泰广场，前行的脚步愈发稳健。张江地区产城融合之路也因为长泰广场而越走越宽。长泰的未来必将更加精彩夺目，值得我们拭目以待。

上海市基础工程集团

上海市基础工程集团有限公司创始于1919年，是具有近百年历史的深基础、大型桥梁、各类隧道和管道等工程专业施工企业，长期参与各地城市基础设施、火电核电、水厂等专业领域工程建设，先后参建了上海、南京、深圳、广州、沈阳、天津、福州等地轨道交通工程项目，以及大型越江隧道等各地重大工程，所承建的上海南浦大桥主桥、杨浦大桥主桥、卢浦大桥主桥、东海大桥主桥和江苏江阴长江公路大桥主桥等9项工程先后获得国家建筑工程鲁班奖，东海大桥等8项工程获得国家优质工程金质奖，一批科研项目分获国家级和省（部）级科技进步奖（其中国家科技进步一等奖4项，二等奖3项）。

公司立足于擅长的专业施工领域，坚持“做专做强”发展理念，以服务业主为先导，为建设成为拥有较强施工总承包能力和一流专业承包能力，具有独特专业品牌、技术特长、文化特色的专家型施工企业和广为赞誉的建筑全生命周期服务商而不懈努力。

地址：上海市江西中路406号　　邮编：200002
电话：（021）63292888（总机）　　传真：（021）63233908
网址：www.sfeg.cc　　电子邮箱：master@sfec.sh.cn

蒂森克虏伯电梯（上海）有限公司

[携手共赢]　[敬业担当]　[持续创新]　[诚信正直]

蒂森克虏伯电梯（上海）有限公司是由全球驰名的工业巨头蒂森克虏伯集团于1996年在上海松江佘山工业区勋业路2号投资的全球主要电梯制造基地与研发中心。公司专业从事各类电梯的研发、生产、销售及售后服务，注册资金1394万美元，现有员工约900名，主要生产场地3万多平方米，年生产能力2万台各型电梯及2万台电梯配套部件。目前公司主要产品包括有机房电梯、无机房电梯、永磁同步无齿轮曳引机等电梯产品系列。工厂全套引进蒂森克虏伯德国工厂的先进电梯技术和制造工艺，采用先进进口设备和集团PS精益系统，进行专业的现代化生产和管理，公司自开始运营以来的20年间,一直保持良好的发展势头。公司先后被评为"信用管理AA 企业"、"中国质量诚信企业"、"高新技术企业"、"上海市制造业企业100强"、"上海外商投资先进技术企业"、"上海松江先进制造业质量安全示范园区重点企业"、"松江区先进企业"、"松江区经济贡献奖"、"松江区税收贡献奖"、"区重点骨干企业"、"佘山镇特别贡献奖"等。

蒂森克虏伯电梯的理念：［携手共赢］、［敬业担当］、［持续创新］、［诚信正直］。企业在百年发展历史中，积淀了深厚的文化底蕴，牢固树立了坚定的信念和价值观，形成了开放性、相互欣赏和尊重的文化体系，渗透于员工日常工作的每个环节，更融入每位员工的血液。企业一直秉持使全体员工深入践行蒂森克虏伯的集团使命和理念，积极弘扬和传承企业文化，并切实抓好企业文化实践和发展的工作。

恒隆广场 · 上海

恒隆广场以 Home to Luxury 为定位，引领高端时尚潮流，是新一代高净值人群娱乐消闲的必到之所。项目位于上海市静安区最知名的商业购物区——南京西路1266号，总楼面面积超过270,000平方米。自2001年开业以来，一直是屹立上海市的瞩目地标，更曾被评为中国商业发展最成功的项目之一。

恒隆广场是上海人所熟知的奢侈品高地，五层高的购物商场云集了世界100多个知名奢侈品牌，租户名单仿如一本“品牌名人录”，而年轻潮流品牌和高端餐饮食肆的不断入驻更是为恒隆广场注入了新的活力。恒隆广场也一直致力于引领高端生活方式，为宾客创造更优质的多元化体验，此前就在消费者活动方面荣获了2017亚洲—太平洋史蒂夫奖，是名副其实汇聚时尚潮流和品味生活的 Home to Luxury。

恒隆广场办公楼被誉为知名国际甲级商厦，两幢分别楼高66层及48层的办公楼总楼面面积达160,000平方米，深受跨国公司、资讯科技及时装企业欢迎。此外，恒隆广场设有占地近60,000平方米的停车场，提供800多个地下停车位，供租户和顾客使用。

配合资产优化计划的完工，商场环境及设施的大幅度升级，加上重整租户组合策略及定位，恒隆广场未来将透过一系列市场推广策略、贵宾计划及尊尚服务等，在其市场龙头地位之上再创新的里程。

请关注
PLAZA 66 官方微信

微博：@上海恒隆广场
网址：www.plaza66.com
电话：2225 1800

新奥动力

新奥动力隶属于新奥集团，核心企业新奥能源动力科技（上海）有限公司（原上海泛智能源装备有限公司）成立于2013年10月，承担了国家973科技专项及上海市重大科技攻关专项。作为新奥集团微小型燃气轮机研发基地，专注于微小型燃气轮机的研制，致力于填补国内微小型燃气轮机产业化的空白。

——事业愿景——

成为国际领先的微小型燃气轮机供应商，
为分布式能源系统提供核心动力

目前，公司已成功研制出具有完全自主知识产权的100千瓦微燃机（ENN100），产品性能处于国内领先水平，核心零部件100%国产化，与国外同类产品相比具有更高性价比，已经进入市场应用阶段，填补了国内微燃机产业化的空白。同时也在开展系列化微燃机的研发，其中，300千瓦机型（ENN300）正在进行整机性能调试，有望在2018年底投放市场；600千瓦燃机（ENN600）也已完成产品初步设计。

公司现有员工约200人，其中研发人员80余人，70%以上具有硕士及以上学历，多数毕业于国内知名高校，囊括了气动、燃烧、结构、辅机、控制、工艺等学科专业技术人才；同时，形成了一支工种齐全、作业高效、技能娴熟的燃机工匠队伍。此外，还拥有一支实力强大的燃机研发顾问团队，成员来自于国内外知名科研院所、高校和知名企业，均为业内顶尖专家；同时与多家国内外科研院所及机构开展产学研合作。公司建成了包括整机试车台、核心部件试验台以及用于开发先进技术的空气轴承试验台在内的研发测试平台、全三维数值仿真实验室等，已具备从设计、核心零部件加工、部件试验到样机装配、整机调试和产品定型的微小型燃气轮机全周期研发能力。

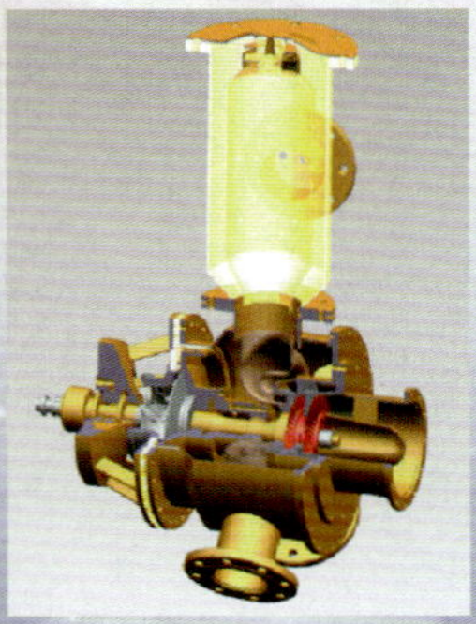

ENN100微型燃气轮机核心机

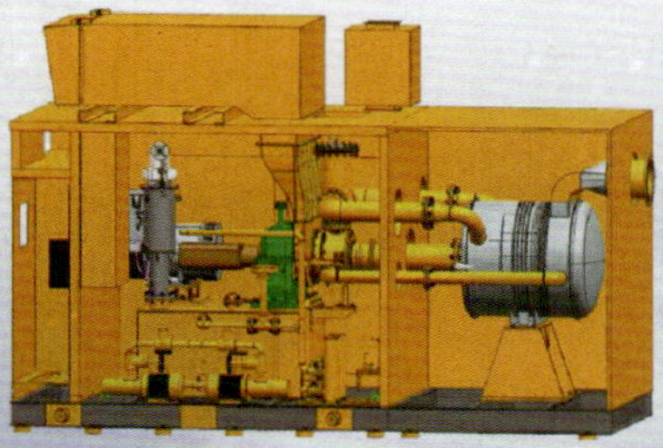

ENN100微型燃气轮机发电机组

ENN100微型燃气轮机发电机组
热电联供项目现场

浦发银行小微金融业务发展介绍

小微企业是国民经济的生力军，在支持经济增长，缓解就业压力，改善经济结构上发挥着重要的作用。早在建行之初，浦发银行就高度重视小微金融服务，将支持小微企业发展定位成一项长期的战略性事业。

2005年6月，浦发银行设立中小客户部专司中小微金融业务；2009年9月，经过中国银监会批准，浦发银行“中小企业业务经营中心”挂牌成立，该机构是上海市场上最早设立的中小企业专营机构，实现了浦发银行中小企业业务管理的专业化和独立化；2012年12月，浦发银行再次明确将中小微业务作为全行五大重点战略突破领域之一；2014年2月，浦发银行在战略上更加专注于小微金融服务，将小微企业业务与个人经营性贷款业务整合，建立小企业金融服务中心，从管理架构、产品模式、审批流程、考核政策等方面进行了融合，服务对象进一步下沉，明确了以小微企业和个人经营者为浦发银行小微金融的重点服务对象，体现了浦发银行支持小微、真正服务实体经济的决心和力度。

金融服务创新方面，自2009年起，秉承“笃守诚信、创造卓越”的经营理念，浦发银行积极探索金融创新，以专营机构为载体，以解决中小企业融资难问题为宗旨，积极打造“科技金融”品牌，奠定了浦发银行在科技型中小企业领域的领先地位；2012年初，浦发银行再推创举，针对小微企业推出“五宝一厂”体系，包括投贷宝、银元宝、银通宝、银链宝、微小宝五大专属系列产品及信贷工厂专门业务系统；2014年，机构整合后，浦发银行在原有开发模式的基础上，进一步创新升级，结合电商金融、互联网融资的发展趋势，全新推出了“银商宝”（替代原“银通宝”）、“银链宝”、“银元宝”三类实体批量开发方案，以及“电商通”和“网贷通”两类线上批量平台，形成了具有浦发小微特色的“三宝两通”批量开发模式。在搭建批量模式的基础上，浦发银行小微特色产品持续丰富，对于高成长型小微客户，建立“千人千户”培育计划，提供定制化金融服务；对于小微集群客户，通过“三宝两通”业务模式，提供批量化金融服务；对于小微一般客户，则通过“4+1”小微金融特色产品体系提供标准化金融服务，浦发银行小微金融产品借款主体涵盖了小微企业或者企业主、主要经营者等个人，更贴合小微企业以及企业主的经营特点和实际需求。

浦发银行小微金融一贯秉持“积小善而臻大成”的经营理念，积极探索小微金融创新。未来浦发银行将结合移动金融的领先优势和互联网融资的发展趋势，继续保持对小微金融的全心投入，时刻活跃在服务小微实体经济的第一线。

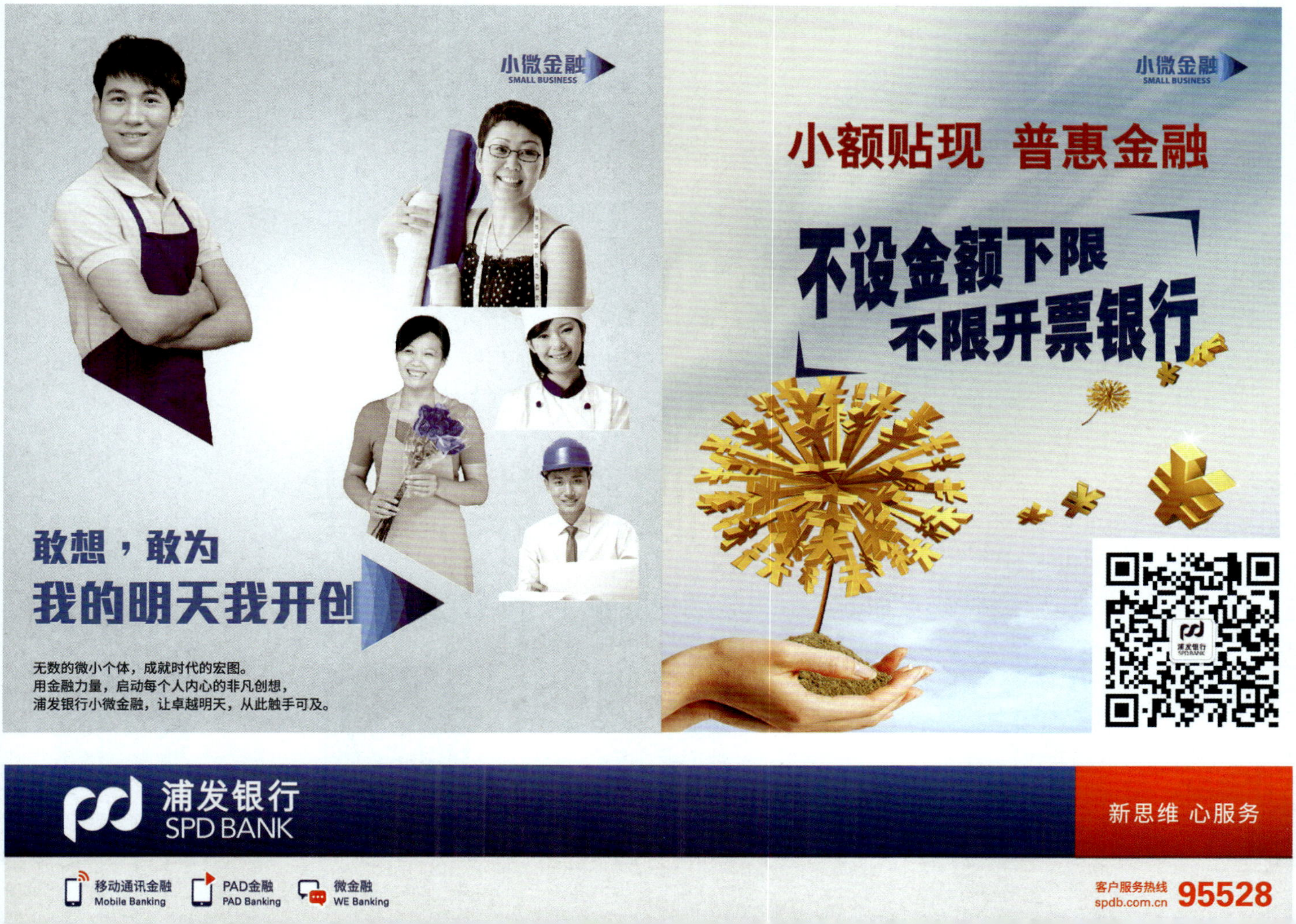

你的憧憬
激励我们不断创新
我们的突破创新
让城市高效节能，
让空气更加洁净，
让电动交通获得持久动力。
在巴斯夫，科学让我们乐见未来。
探索巴斯夫的创新故事，
wecreatechemistry.com
BASF
We create chemistry

华泰软件工程

上海华泰软件工程有限公司创立于1993年，是一家外商独资的技术创新型软件服务提供商。公司成立以来，秉承“以核心技术为先导，以客户满意为目标”的宗旨，以按时交付高质量的项目与服务为目标，先后与北美、欧洲、亚洲等地的多家世界知名企业建立了长期合作伙伴关系。公司成立至今先后被国家四部委认定为国家重点软件企业、被认定为上海市高新技术企业、软件企业、软件过程改进优秀企业、技术先进性软件服务企业。目前，我们在上海和西安拥有近三百人的软件技术工程团队和市场销售运营团队，公司在上海和西安设有事业部，行业、区域、渠道营销中心及研究机构外，同时在深圳、美国硅谷设置分支机构，可向全球各地的客户提供管理咨询，软件产品、软件定制化开发和行业解决方案。

依托二十年的软件行业服务经验，我们积累了丰富的电子商务项目的管理实施经验和雄厚的技术实力，我们为传统企业转战电子商务提供咨询服务和软件IT产品，帮助企业快速的搭建稳定的电子商务销售平台，建立强有力的供应链保障系统（包括CRM、仓储、物流、配送等技术系统和服务），提供整合电子商务的各种分销渠道解决方案，在咨询和实施过程中为传统企业建立标准和规范的电子商务营销运营体系。

半导体测试

依托与惠普、安捷伦、惠瑞捷与爱德万超过十年的测试机台软件研发和测试机台应用程序开发的专业经验，Huatek可以针对不同客户的需求，提供基于V93000测试机台的半导体测试软件解决方案服务。我们的服务主要包括基于V93000测试机台的应用程序开发、测试与维护，测试用例的开发。

开发和维护客户生产相关的程序应用

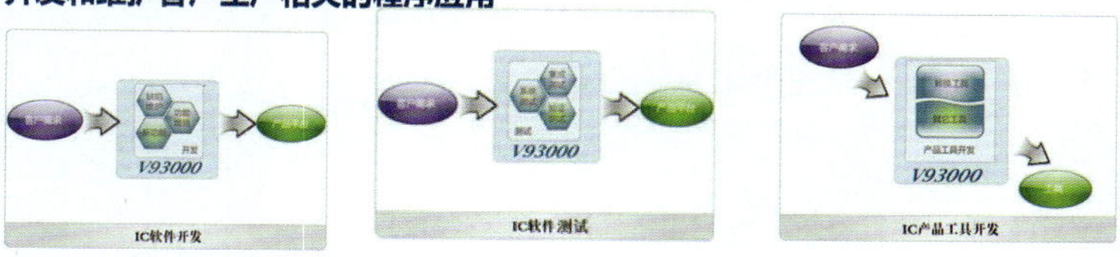

基于V93000多年的研发经验，Huatek可以根据客户的需求，对半导体设备程序进行新功能的开发，原有功能的增强以及缺陷的维护，进而提高客户的机台使用效率，产能以及优化良率。

半导体设备与程序的软件测试

Huatek可以为客户提供基于V93000机台的软件产品测试服务，以及其他与半导体相关软件产品的测试服务，包括项目测试、集成测试、系统测试和验证测试等，以帮助客户缩短产品研发周期，加快产品上线时间。

产品工具的程序开发

Huatek可以为客户提供基于V93000机台的全方位软件工具支持，包括:开发机台配置和测试程序，同时还可开发相关辅助工具，如机台配置程序和测试程序的分析工具，不同测试平台的数据转换工具，以及辅助工厂管理的相关软件工具。

嵌入式开发服务

凭借在C/C++语言上丰富的人才积累和多年的项目经验，Huatek可以为客户完成各种电子设备的嵌入式软件系统的咨询、开发与维护等服务。目前实施的项目有：商业POS机软件、银行POS机软件、自助缴费机软件、银行取款机软件、通讯语音卡软件、嵌入式输入法等等。

展商速递 —— ***2017 郑州运动及户外用品展***

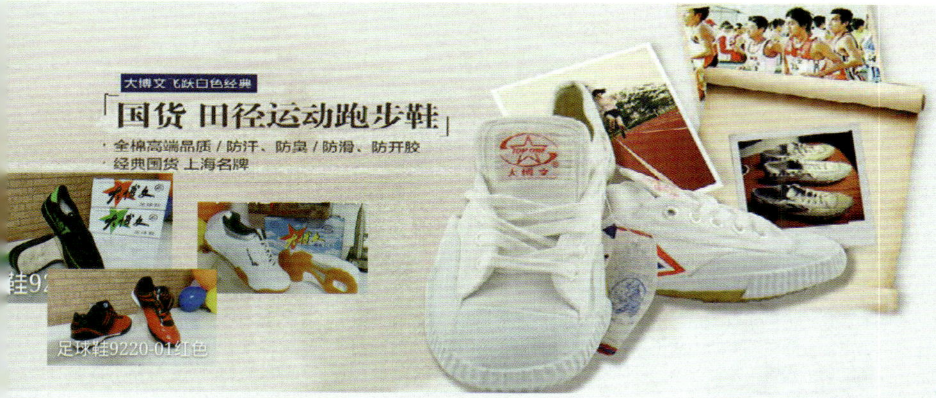

上海大博文鞋业有限公司是经上海市工商行政管理局浦东分局批准注册企业。

公司成立于一九九三年十二月。是由上海兰生股份有限公司和上海大孚橡胶总厂（前称上海胶鞋一厂）组建。隶属上海国资委东浩兰生集团下属企业。公司主要生产橡胶布面、皮面运动鞋、休闲鞋、冷粘鞋。产品曾获上海市名牌产品称号。公司传承了上海大孚橡胶总厂近百年胶鞋生产经验，拥有一支集研发、品管、生产、管理的胶鞋人才队伍。

公司拥有先进的胶鞋生产设备及检测设备。公司拥有经国家商标总局批准注册的“大博文”、“TOP ONE”商标，享有“飞跃牌”商标使用权。同时公司承接外贸、匡威、Levi’s等国际品牌的研发和生产制造。

公司生产的“大博文”、“TOP ONE”牌田径鞋、乒乓鞋、马拉松鞋、足球鞋等运动、休闲鞋在国内、国外享有较高知名度，深受广大消费者喜爱。

公司秉承：体育运动是民生健康之本，大博文是民生健康之基，大博文努力塑造时尚、健身、运动新形象。

公司愿与全国各地及海内外经销商等竭诚合作，共同为“大博文”、“TOP ONE”民族品牌不断创新和发展！

运动 时尚 健身 潮流

- 技术上：我们不断地超越自我
- 质量上：我们不断地追求完美
- 价格上：我们保证物有所值
- 服务上：我们保证快捷周到

地址：上海市青浦区新胜路238号（原上海浦东三林路95号）邮编：201712　电话：021-51991686 51991682　传真：021-59228585

上海豫园（集团）有限公司

SHANGHAI YUYUAN (GROUP) CO.,LTD

上海豫园（集团）有限公司成立于1997年，并于2002年5月与西门集团合并重组，是黄浦区区属国有商业企业集团。集团主要从事投资和国内外贸易，经营项目涉及小额贷款、典当拍卖、餐饮宾馆、黄金珠宝交易、进出口贸易、南北货、服饰、纺织品、紧固件以及真空包装机和灯具制造等行业。经过二十多年来持续不断的发展，目前，集团拥有下属企业36家，拥有大富贵、全泰、老同盛、宝大祥、协大祥、信大祥和五华7个中华老字号品牌和南市螺丝、海鲸、银星三个上海老字号品牌。2017年集团完成主营业务收入8.61亿元，实现利润1.05亿元。

豫园集团按照区属竞争力企业的发展要求和产业定位，坚持市场为导向，以核心产业的发展为重点，一起也经济效益最大化为主要目标，集中优质支援发展优势行业和重点企业，力争推进核心产业先发优势，兼顾社会效益，努力打造为区域内最具活动和影响力的企业。

① **核心主业稳步发展。**大富贵始终坚持大众化小吃连锁经营规模拓展，积极做深品牌，做长产业链，向大餐饮、大食品方向发展。充分利用上海市早餐联盟盟主单位的优势，结合城区商务商业发展和居民生活服务的需求，优化布点，拓展规模。不断谋求企业品牌发展模式新突破，加强与新零售业态合作，打造大富贵品牌战略，目前拥有门店31家。新金融服务业发展稳定，上海黄浦豫园小额贷款股份有限公司和天成典当行严控业务风险，强化管理和服务，对接各类社会平台，积极拓展新业务。国泰拍卖行强化司法拍卖辅助功能建设，争取各类社会标的，做好区域内公车拍卖。新金融服务业的平稳发展，缓解了区域内中小企业融资难等问题，为促进区域经济发展提供重要的类金融服务。

② **平台建设规模提升。**南螺紧固件平台利用全国紧固件行业协会会长单位优势，根据国家发展战略和产业规划的实施布局，以非标紧固件作为核心竞争力。紧紧围绕"一带一路"战略，推进紧固件商务信息平台建设，抓好自营和第三方合作平台建设，加强对各大搜索引擎网络推广，通过对后台数据定性定量分析，不断提高企业科学化决策效率和水平。黄金珠宝藏品交易平台发展规模不断壮大，打造贵金属产融结合的现代经济体系发展理念，开展贵金属租赁业务，服务实体经济，2017年黄金现货交易量达到1.3亿元。继续探索豫园银楼专柜模式可持续发展道路。

③ **老字号品牌创新转型发展。**老字号品牌不断创新转型发展，集团7家中华老字号和3家上海老字号品牌，不断深入挖掘品牌价值，科学化调整经营分配机制，提升适应老字号企业的服务特色，培育传统商贸老字号核心产品，锻造企业核心竞争力。集团所属其他传统企业十六铺、综贸、外贸、包机、苏州商厦、豫新、永联等在坚持创新转型中稳步向前发展。

豫园集团将在深入学习贯彻十九大会议精神的基础上，不忘初心，牢记使命，牢牢把握习近平新时代中国特色社会主义思想主线，在十九大治国理政的新理念、新思想、新战略的科学指引下，牢牢把握聚重点、求创新、抓落实、补短板工作主基调，以主营业务发展为重点，进一步发挥自身优势，锐意进取，狠抓落实，不断扩大市场拓展，为区域经济社会发展做出自身贡献。

第八编

商贸统计

对外贸易往来的国家和地区

上海与“一带一路”沿线国家进出口贸易

商业、服务业

上海关区及市区进出口贸易

一、对外贸易往来的国家和地区

2017年,上海全面贯彻落实党的十八大、十八届历次全会和十九大精神,认真学习贯彻习近平新时代中国特色社会主义思想,坚持稳中求进工作总基调,贯彻新发展理念,以供给侧结构性改革为主线,推动结构优化、动力转换和质量提升,全市对外贸易继续保持平稳发展态势。

2017年上海市货物进出口总额32237.82亿元,比上年增长12.5%,增速同比提高9.8个百分点。其中,进口19117.51亿元,增长15.4%;出口13120.31亿元,增长8.4%。按贸易方式分,一般贸易进出口16331.00亿元,增长15.6%;加工贸易进出口7503.56亿元,增长9.1%。按经济类型分,国有企业进出口4607.87亿元,增长2.3%;外商投资企业进出口21480.81亿元,增长13.6%;民营企业进出口5937.62亿元,增长19.4%。全年全市外商直接投资实际到位金额170.08亿美元,比上年下降8.1%。

2017年上海对外贸易往来国家(地区)一览表

金额:万美元

国别(地区)			进出口		出口额		进口额	
			金额	比上年(±%)	金额	比上年(±%)	金额	比上年(±%)
亚洲	中国	香港	1836072	-17.43	1796351	-1.03	39720	-90.28
		澳门	5691	-45.28	5374	-46.61	317	-5.58
		台湾	2485807	69.24	692390	7.49	1793416	12.86
	东亚	日本	5225130	7.69	1934942	0.76	3290188	12.24
		韩国	2496439	5.44	634120	-13.67	1862318	14.03
	东盟		6257491	17.52	2353981	7.39	3903510	24.62
	中东		—	—	—	—	—	—
非洲			817951	11.50	380887	4.30	437064	18.64
欧洲	欧盟		10077600	16.38	3438506	13.96	6639074	17.68
	俄罗斯		441632	18.30	239849	45.60	201783	-3.25
美洲	美国		7701100	6.89	4645750	3.44	3055350	12.60
	加拿大		525656	6.43	256342	28.18	269314	-8.37
	拉丁美洲		2424050	24.09	919046	23.55	1505000	24.42

（续表）

国别（地区）		进出口		出口额		进口额	
		金额	比上年（±%）	金额	比上年（±%）	金额	比上年（±%）
大洋洲	澳大利亚	1834010	22.18	529536	8.04	1304480	29.03
	新西兰	238766	16.87	59452	16.22	179314	17.09

2013—2017 年上海与中国香港贸易情况表

年份	进出口		出口		进口	
	金额（万美元）	比上年（±%）	金额（万美元）	比上年（±%）	金额（万美元）	比上年（±%）
2013	1749382	3.99	1676986	5.01	72397	-15.23
2014	1925436	10.06	1846457	10.11	78979	9.09
2015	2146910	11.50	1934340	4.76	212578	169.16
2016	2222600	3.75	1813960	-6.00	408637	92.22
2017	1836072	-17.43	1796351	-1.03	39720	-90.28

2013—2017 年上海与中国澳门贸易情况表

年份	进出口		出口		进口	
	金额（万美元）	比上年（±%）	金额（万美元）	比上年（±%）	金额（万美元）	比上年（±%）
2013	5038	-39.87	4237	-43.56	801	-8.14
2014	7821	55.24	7208	70.12	613	-23.48
2015	14237	82.04	13600	88.68	636	3.83
2016	10401	-26.85	10065	-25.90	336	-47.16
2017	5691	-45.28	5374	-46.61	317	-5.58

2013—2017 年上海与中国台湾贸易情况表

年份	进出口		出口		进口	
	金额（万美元）	比上年（±%）	金额（万美元）	比上年（±%）	金额（万美元）	比上年（±%）
2013	2201649	8.85	579084	1.58	1622565	11.70
2014	2315757	5.18	668217	15.39	1647540	1.54
2015	2168750	-6.35	612301	-8.37	1556450	-5.53
2016	2232730	3.05	644102	5.26	1588630	2.18
2017	2485807	69.24	692390	7.49	1793416	12.86

2013—2017 年上海与日本贸易情况表

年份	进出口		出口		进口	
	金额（万美元）	比上年（±%）	金额（万美元）	比上年（±%）	金额（万美元）	比上年（±%）
2013	5508159	-3.89	2490852	-0.21	3017307	-6.73
2014	5448775	-1.08	2331280	-6.41	3117495	3.32

（续表）

年份	进出口		出口		进口	
	金额（万美元）	比上年（±%）	金额（万美元）	比上年（±%）	金额（万美元）	比上年（±%）
2015	4986090	-8.49	2132220	-8.54	2853870	-8.46
2016	4851890	-2.20	1920680	-9.07	2931210	2.89
2017	5225130	7.69	1934942	0.76	3290188	12.24

2013—2017 年上海与韩国贸易情况表

年份	进出口		出口		进口	
	金额（万美元）	比上年（±%）	金额（万美元）	比上年（±%）	金额（万美元）	比上年（±%）
2013	2390184	-2.26	621203	-10.56	1768982	1.04
2014	2624618	9.81	716236	15.30	1908382	7.88
2015	2868290	9.28	847982	18.39	2020310	5.87
2016	2367320	-17.39	734451	-13.20	1633170	-19.15
2017	2496439	5.44	634120	-13.67	1862318	14.03

2013—2017 年上海与东盟贸易情况表

年份	进出口		出口		进口	
	金额（万美元）	比上年（±%）	金额（万美元）	比上年（±%）	金额（万美元）	比上年（±%）
2013	5392717	-5.43	2140240	2.32	3252477	-9.93
2014	5379677	-0.24	2341681	9.41	3037996	-6.59
2015	5339950	-0.74	2202980	-5.92	3136970	3.26
2016	5324140	-0.16	2192050	-0.06	3132090	-0.23
2017	6257491	17.52	2353981	7.39	3903510	24.62

2013—2017 年上海与中东贸易情况表

年份	进出口		出口		进口	
	金额（万美元）	比上年（±%）	金额（万美元）	比上年（±%）	金额（万美元）	比上年（±%）
2013	1194701	4.18	754926	3.31	439775	5.71
2014	1159711	1.38	728183	2.35	431528	-0.23
2015	—	—	—	—	—	—
2016	—	—	—	—	—	—
2017	—	—	—	—	—	—

2013—2017 年上海与非洲贸易情况表

年份	进出口		出口		进口	
	金额(万美元)	比上年(±%)	金额(万美元)	比上年(±%)	金额(万美元)	比上年(±%)
2013	854201	14.41	498268	13.87	355933	15.18
2014	874773	2.42	448466	-9.98	426307	19.77
2015	772632	-11.69	417953	-6.82	354679	-16.80
2016	733927	-4.87	365203	-12.58	368724	4.22
2017	817951	11.50	380887	4.30	437064	18.64

2013—2017 年上海与欧盟(28 国)贸易情况表

年份	进出口		出口		进口	
	金额(万美元)	比上年(±%)	金额(万美元)	比上年(±%)	金额(万美元)	比上年(±%)
2013	9158193	1.55	3619396	-7.45	5538797	8.44
2014	10370735	13.24	3884079	7.31	6486656	17.11
2015	9276670	-10.61	3622310	-6.83	5654360	-12.87
2016	8658010	-6.33	3017010	-16.10	5641000	-0.10
2017	10077600	16.38	3438506	13.96	6639074	17.68

2013—2017 年上海与俄罗斯贸易情况表

年份	进出口		出口		进口	
	金额(万美元)	比上年(±%)	金额(万美元)	比上年(±%)	金额(万美元)	比上年(±%)
2013	458104	-13.04	298966	-8.37	159138	-20.62
2014	496350	8.35	301718	0.92	194632	22.30
2015	452097	-8.92	170823	-43.38	281275	44.52
2016	373141	-17.45	164659	-3.59	208482	-25.87
2017	441632	18.30	239849	45.60	201783	-3.25

2013—2017 年上海与美国贸易情况表

年份	进出口		出口		进口	
	金额(万美元)	比上年(±%)	金额(万美元)	比上年(±%)	金额(万美元)	比上年(±%)
2013	7339830	4.59	5064995	0.98	2274835	13.63
2014	7639797	4.09	4984520	-1.59	2655277	16.72
2015	7411020	-3.00	4557890	-8.56	2853140	7.45
2016	7204020	-1.84	4491630	-0.66	2712390	-3.73
2017	7701100	6.89	4645750	3.44	3055350	12.60

2013—2017 年上海与加拿大贸易情况表

年份	进出口		出口		进口	
	金额(万美元)	比上年(±%)	金额(万美元)	比上年(±%)	金额(万美元)	比上年(±%)
2013	569189	4.80	297254	-3.22	271935	15.25
2014	540785	-4.99	282270	-5.04	258516	-4.93
2015	498837	-7.76	209919	-25.63	288918	11.76
2016	493865	-0.94	199989	-4.70	293876	1.80
2017	525656	6.43	256342	28.18	269314	-8.37

2013—2017 年上海与拉丁美洲贸易情况表

年份	进出口		出口		进口	
	金额(万美元)	比上年(±%)	金额(万美元)	比上年(±%)	金额(万美元)	比上年(±%)
2013	2277017	-11.22	1009836	-5.22	1267182	-15.49
2014	2407811	5.74	997587	-1.21	1410225	11.29
2015	2143030	-11.00	831160	-16.68	1311870	-6.97
2016	1953350	-8.74	743848	-10.36	1209510	-7.72
2017	2424050	24.09	919046	23.55	1505000	24.42

2013—2017 年上海与澳大利亚贸易情况表

年份	进出口		出口		进口	
	金额(万美元)	比上年(±%)	金额(万美元)	比上年(±%)	金额(万美元)	比上年(±%)
2013	1425327	10.08	582237	0.41	843090	17.92
2014	1646343	15.51	582694	0.08	1063650	26.16
2015	1634740	-0.71	501821	-13.88	1132920	6.51
2016	1501110	-7.95	490142	-1.51	1010970	-10.77
2017	1834010	22.18	529536	8.04	1304480	29.03

2013—2017 年上海与新西兰贸易情况表

年份	进出口		出口		进口	
	金额(万美元)	比上年(±%)	金额(万美元)	比上年(±%)	金额(万美元)	比上年(±%)
2013	211837	30.39	48746	3.30	163091	41.48
2014	227140	7.22	54487	11.78	172653	5.86
2015	164900	-27.40	46803	-14.10	118096	-31.60
2016	204250	23.91	51152	9.26	153099	29.72
2017	238766	16.87	59452	16.22	179314	17.09

资料来源:上海海关。

说明:2016 年数据海关略有修正,2017 年比上年百分比数据以修正值计算。

二、上海与"一带一路"沿线国家进出口贸易

(一) 中国、蒙古、东盟 12 国

2016—2017 年上海与中国进口贸易情况表

年份	进出口		出口		进口	
	金额(万美元)	比上年(±%)	金额(万美元)	比上年(±%)	金额(万美元)	比上年(±%)
2016	1067050	-12.53	—	—	1054750	-13.54
2017	1144490	7.19	—	—	1144490	8.44

说明:根据 2006 年 3 月 1 日起施行的《中华人民共和国海关统计条例》中第九条,如果货物的原产国是中国,那么进口该货物的原产国为中国,也就是国货复进口。

2016—2017 年上海与蒙古国进出口贸易情况表

年份	进出口		出口		进口	
	金额(万美元)	比上年(±%)	金额(万美元)	比上年(±%)	金额(万美元)	比上年(±%)
2016	7633	-25.81	4692	-40.39	2941	21.69
2017	7051	-7.62	6751	43.87	300	-89.79

2016—2017 年上海与新加坡进出口贸易情况表

年份	进出口		出口		进口	
	金额(万美元)	比上年(±%)	金额(万美元)	比上年(±%)	金额(万美元)	比上年(±%)
2016	1250630	-1.82	662471	69.23	588154	1.15
2017	1632680	30.51	734370	10.84	898307	52.64

2016—2017 年上海与马来西亚进出口贸易情况表

年份	进出口		出口		进口	
	金额(万美元)	比上年(±%)	金额(万美元)	比上年(±%)	金额(万美元)	比上年(±%)
2016	1377250	-6.41	354834	-0.7881	1022420	-8.22
2017	1505120	9.29	368376	3.83	1136740	11.18

2016—2017 年上海与印度尼西亚进出口贸易情况表

年份	进出口		出口		进口	
	金额(万美元)	比上年(±%)	金额(万美元)	比上年(±%)	金额(万美元)	比上年(±%)
2016	610346	18.41	270738	-0.29	339609	39.21
2017	679079	11.26	270945	0.07	408134	20.18

2016—2017 年上海与缅甸进出口贸易情况表

年份	进出口		出口		进口	
	金额(万美元)	比上年(±%)	金额(万美元)	比上年(±%)	金额(万美元)	比上年(±%)
2016	43554	-3.35	36181	-5.97	7373	11.90
2017	46083	5.79	38888	7.46	7195	-2.42

2016—2017 年上海与泰国进出口贸易情况表

年份	进出口		出口		进口	
	金额(万美元)	比上年(±%)	金额(万美元)	比上年(±%)	金额(万美元)	比上年(±%)
2016	813541	2.20	359879	3.04	453662	1.54
2017	904819	11.23	366187	1.77	538632	18.73

2016—2017 年上海与老挝进出口贸易情况表

年份	进出口		出口		进口	
	金额(万美元)	比上年(±%)	金额(万美元)	比上年(±%)	金额(万美元)	比上年(±%)
2016	6788	-67.89	2206	-9.32	4582	-75.50
2017	9283	36.75	3055	38.48	6228	35.92

2016—2017 年上海与柬埔寨进出口贸易情况表

年份	进出口		出口		进口	
	金额(万美元)	比上年(±%)	金额(万美元)	比上年(±%)	金额(万美元)	比上年(±%)
2016	52746	7.27	33146	13.47	19601	-1.79
2017	59783	13.34	34861	5.17	24922	27.15

2016—2017 年上海与越南进出口贸易情况表

年份	进出口		出口		进口	
	金额（万美元）	比上年（±%）	金额（万美元）	比上年（±%）	金额（万美元）	比上年（±%）
2016	766668	5.98	312050	4.75	454618	6.84
2017	923353	20.43	341122	9.31	582232	28.07

2016—2017 年上海与文莱进出口贸易情况表

年份	进出口		出口		进口	
	金额（万美元）	比上年（±%）	金额（万美元）	比上年（±%）	金额（万美元）	比上年（±%）
2016	7527	266.12	2900	104.59	4627	624.79
2017	9161	21.72	7742	166.99	1419	-69.33

2016—2017 年上海与菲律宾进出口贸易情况表

年份	进出口		出口		进口	
	金额（万美元）	比上年（±%）	金额（万美元）	比上年（±%）	金额（万美元）	比上年（±%）
2016	395091	-9.15	157647	2.93	237444	-15.71
2017	488133	23.55	188436	19.53	299697	26.23

（二）西亚 18 国

2016—2017 年上海与伊朗进出口贸易情况表

年份	进出口		出口		进口	
	金额（万美元）	比上年（±%）	金额（万美元）	比上年（±%）	金额（万美元）	比上年（±%）
2016	120424	-15.16	89201	-10.07	31223	-26.96
2017	150693	25.15	107106	20.09	43587	39.60

2016—2017 年上海与伊拉克进出口贸易情况表

年份	进出口		出口		进口	
	金额（万美元）	比上年（±%）	金额（万美元）	比上年（±%）	金额（万美元）	比上年（±%）
2016	13003	-9.16	12990	-9.23	13	405.50
2017	16076	23.63	16072	23.73	4	-70.77

2016—2017 年上海与土耳其进出口贸易情况表

年份	进出口		出口		进口	
	金额（万美元）	比上年（±%）	金额（万美元）	比上年（±%）	金额（万美元）	比上年（±%）
2016	160726	-11.69	106086	-21.50	54640	16.61
2017	173972	8.24	110210	3.88	63762	16.70

2016—2017 年上海与叙利亚进出口贸易情况表

年份	进出口		出口		进口	
	金额（万美元）	比上年（±%）	金额（万美元）	比上年（±%）	金额（万美元）	比上年（±%）
2016	2000	-19.49	1914	-18.29	86	-39.37
2017	3474	73.71	3460	80.77	14	-84.12

2016—2017 年上海与约旦进出口贸易情况表

年份	进出口		出口		进口	
	金额（万美元）	比上年（±%）	金额（万美元）	比上年（±%）	金额（万美元）	比上年（±%）
2016	9405	1.61	7350	-11.20	2056	109.84
2017	10318	9.71	6747	-8.20	3571	73.73

2016—2017 年上海与黎巴嫩进出口贸易情况表

年份	进出口		出口		进口	
	金额（万美元）	比上年（±%）	金额（万美元）	比上年（±%）	金额（万美元）	比上年（±%）
2016	5781	-8.93	5746	-8.89	35	-15.55
2017	11853	105.04	11796	105.29	57	63.76

2016—2017 年上海与以色列进出口贸易情况表

年份	进出口		出口		进口	
	金额（万美元）	比上年（±%）	金额（万美元）	比上年（±%）	金额（万美元）	比上年（±%）
2016	114378	-1.64	35272	-20.53	79106	10.03
2017	113281	-1.01	37774	7.08	75508	-4.62

2016—2017 年上海与巴勒斯坦进出口贸易情况表

年份	进出口		出口		进口	
	金额（万美元）	比上年（±%）	金额（万美元）	比上年（±%）	金额（万美元）	比上年（±%）
2016	109	-27.88	109	-28.07	0	773.79
2017	161	47.54	160	47.36	1	112.00

2016—2017 年上海与沙特阿拉伯进出口贸易情况表

年份	进出口		出口		进口	
	金额(万美元)	比上年(±%)	金额(万美元)	比上年(±%)	金额(万美元)	比上年(±%)
2016	133822	-12.83	80829	-6.00	52994	-21.53
2017	178556	33.47	89248	10.42	89308	68.66

2016—2017 年上海与也门进出口贸易情况表

年份	进出口		出口		进口	
	金额(万美元)	比上年(±%)	金额(万美元)	比上年(±%)	金额(万美元)	比上年(±%)
2016	3153	-4.70	3114	-4.31	39	-28.07
2017	2839	-9.95	2819	-9.49	20	-47.23

2016—2017 年上海与阿曼进出口贸易情况表

年份	进出口		出口		进口	
	金额(万美元)	比上年(±%)	金额(万美元)	比上年(±%)	金额(万美元)	比上年(±%)
2016	16835	8.57	13957	17.96	2878	-21.68
2017	10504	-37.61	8204	-41.22	2301	-20.07

2016—2017 年上海与阿联酋进出口贸易情况表

年份	进出口		出口		进口	
	金额(万美元)	比上年(±%)	金额(万美元)	比上年(±%)	金额(万美元)	比上年(±%)
2016	269691	-2.56	184210	1.51	85480	-10.32
2017	255986	-5.10	157233	-14.67	98754	15.54

2016—2017 年上海与卡塔尔进出口贸易情况表

年份	进出口		出口		进口	
	金额(万美元)	比上年(±%)	金额(万美元)	比上年(±%)	金额(万美元)	比上年(±%)
2016	19821	-40.51	7375	-66.36	12446	9.22
2017	34718	75.13	10510	42.44	24208	94.50

2016—2017 年上海与科威特进出口贸易情况表

年份	进出口		出口		进口	
	金额(万美元)	比上年(±%)	金额(万美元)	比上年(±%)	金额(万美元)	比上年(±%)
2016	26472	15.44	16394	-11.90	10078	133.11
2017	24392	-7.85	19926	21.54	4466	-55.68

2016—2017 年上海与巴林进出口贸易情况表

年份	进出口		出口		进口	
	金额(万美元)	比上年(±%)	金额(万美元)	比上年(±%)	金额(万美元)	比上年(±%)
2016	5903	-37.68	4831	-48.79	1072	2699.03
2017	7422	25.75	5638	16.72	1784	66.44

2016—2017 年上海与希腊进出口贸易情况表

年份	进出口		出口		进口	
	金额(万美元)	比上年(±%)	金额(万美元)	比上年(±%)	金额(万美元)	比上年(±%)
2016	32136	86.91	24873	130.98	7263	13.04
2017	29618	-7.84	19403	-21.99	10215	40.64

2016—2017 年上海与塞浦路斯进出口贸易情况表

年份	进出口		出口		进口	
	金额(万美元)	比上年(±%)	金额(万美元)	比上年(±%)	金额(万美元)	比上年(±%)
2016	1759	-47.24	1467	-54.04	292	106.91
2017	7461	324.13	6974	375.24	487	66.91

2016—2017 年上海与埃及进出口贸易情况表

年份	进出口		出口		进口	
	金额(万美元)	比上年(±%)	金额(万美元)	比上年(±%)	金额(万美元)	比上年(±%)
2016	49324	3.59	39887	-2.63	9436	41.88
2017	39924	-19.06	27445	-31.19	12479	32.23

（三）南亚 8 国

2016—2017 年上海与印度进出口贸易情况表

年份	进出口		出口		进口	
	金额(万美元)	比上年(±%)	金额(万美元)	比上年(±%)	金额(万美元)	比上年(±%)
2016	737409	-6.43	462118	-8.14	275292	-3.40
2017	871585	18.13	496010	7.23	375575	36.44

2016—2017 年上海与巴基斯坦进出口贸易情况表

年份	进出口		出口		进口	
	金额(万美元)	比上年(±%)	金额(万美元)	比上年(±%)	金额(万美元)	比上年(±%)
2016	90149	3.93	77815	12.62	12334	-30.09
2017	90253	0.11	77379	-0.56	12873	4.35

2016—2017 年上海与孟加拉国进出口贸易情况表

年份	进出口		出口		进口	
	金额(万美元)	比上年(±%)	金额(万美元)	比上年(±%)	金额(万美元)	比上年(±%)
2016	137379	8.68	94263	8.70	43134	8.62
2017	131041	-4.63	88844	-5.76	42198	-2.17

2016—2017 年上海与阿富汗进出口贸易情况表

年份	进出口		出口		进口	
	金额(万美元)	比上年(±%)	金额(万美元)	比上年(±%)	金额(万美元)	比上年(±%)
2016	1047	23.63	1042	25.19	5	-65.07
2017	662	-36.83	639	-38.71	23	346.33

2016—2017 年上海与斯里兰卡进出口贸易情况表

年份	进出口		出口		进口	
	金额(万美元)	比上年(±%)	金额(万美元)	比上年(±%)	金额(万美元)	比上年(±%)
2016	26858	-3.22	19539	-12.32	7319	33.85
2017	29590	10.17	21275	8.89	8314	13.60

2016—2017 年上海与马尔代夫进出口贸易情况表

年份	进出口		出口		进口	
	金额(万美元)	比上年(±%)	金额(万美元)	比上年(±%)	金额(万美元)	比上年(±%)
2016	1013	125.90	1011	131.61	2	-86.81
2017	1516	49.69	1512	49.48	4	186.30

2016—2017 年上海与尼泊尔进出口贸易情况表

年份	进出口		出口		进口	
	金额(万美元)	比上年(±%)	金额(万美元)	比上年(±%)	金额(万美元)	比上年(±%)
2016	1862	-1.38	1667	-0.61	195	-7.45
2017	3383	81.65	3150	88.97	233	19.17

2016—2017 年上海与不丹进出口贸易情况表

年份	进出口		出口		进口	
	金额(万美元)	比上年(±%)	金额(万美元)	比上年(±%)	金额(万美元)	比上年(±%)
2016	52	-35.63	52	7.41	0	-99.16
2017	46	-11.23	46	-11.45	0	30.69

(四) 中亚 5 国

2016—2017 年上海与哈萨克斯坦进出口贸易情况表

年份	进出口		出口		进口	
	金额(万美元)	比上年(±%)	金额(万美元)	比上年(±%)	金额(万美元)	比上年(±%)
2016	43391	-40.28	11481	-22.02	31910	-44.92
2017	37385	-13.84	12371	7.75	25015	-21.61

2016—2017 年上海与乌兹别克斯坦进出口贸易情况表

年份	进出口		出口		进口	
	金额(万美元)	比上年(±%)	金额(万美元)	比上年(±%)	金额(万美元)	比上年(±%)
2016	18557	87.00	6886	-20.92	11671	860.17
2017	15774	-15.00	9261	34.48	6513	-44.19

2016—2017 年上海与土库曼斯坦进出口贸易情况表

年份	进出口		出口		进口	
	金额(万美元)	比上年(±%)	金额(万美元)	比上年(±%)	金额(万美元)	比上年(±%)
2016	1250	-42.08	864	-48.49	385	-19.62
2017	1132	-9.42	871	0.77	261	-32.28

2016—2017 年上海与塔吉克斯坦进出口贸易情况表

年份	进出口		出口		进口	
	金额(万美元)	比上年(±%)	金额(万美元)	比上年(±%)	金额(万美元)	比上年(±%)
2016	863	-27.36	860	-12.81	3	-98.39
2017	1270	47.12	1267	47.39	2	-24.26

2016—2017 年上海与吉尔吉斯斯坦进出口贸易情况表

年份	进出口		出口		进口	
	金额(万美元)	比上年(±%)	金额(万美元)	比上年(±%)	金额(万美元)	比上年(±%)
2016	1665	-25.84	1663	-25.87	1	50.96
2017	1855	11.43	1852	11.35	3	119.51

(五) 独联体 7 国

2016—2017 年上海与俄罗斯进出口贸易情况表

年份	进出口		出口		进口	
	金额(万美元)	比上年(±%)	金额(万美元)	比上年(±%)	金额(万美元)	比上年(±%)
2016	373141	-17.45	164659	-3.59	208482	-25.87
2017	441632	18.30	239849	45.60	201783	-3.25

2016—2017 年上海与乌克兰进出口贸易情况表

年份	进出口		出口		进口	
	金额(万美元)	比上年(±%)	金额(万美元)	比上年(±%)	金额(万美元)	比上年(±%)
2016	45191	19.05	17975	14.33	27216	22.39
2017	50522	11.80	23965	33.32	26557	-2.42

2016—2017 年上海与白俄罗斯进出口贸易情况表

年份	进出口		出口		进口	
	金额(万美元)	比上年(±%)	金额(万美元)	比上年(±%)	金额(万美元)	比上年(±%)
2016	6422	73.17	5641	121.70	781	-32.91
2017	9656	50.38	8494	50.59	1163	48.88

2016—2017 年上海与格鲁吉亚进出口贸易情况表

年份	进出口		出口		进口	
	金额(万美元)	比上年(±%)	金额(万美元)	比上年(±%)	金额(万美元)	比上年(±%)
2016	3256	-17.42	2596	-21.42	661	3.22
2017	4816	47.87	3024	16.47	1792	171.27

2016—2017 年上海与阿塞拜疆进出口贸易情况表

年份	进出口		出口		进口	
	金额(万美元)	比上年(±%)	金额(万美元)	比上年(±%)	金额(万美元)	比上年(±%)
2016	1746	-35.67	1583	-16.94	164	-79.75
2017	2946	68.71	2859	80.68	87	-46.86

2016—2017 年上海与亚美尼亚进出口贸易情况表

年份	进出口		出口		进口	
	金额(万美元)	比上年(±%)	金额(万美元)	比上年(±%)	金额(万美元)	比上年(±%)
2016	1070	-5.78	325	23.08	745	-14.53
2017	1662	55.27	559	72.00	1102	47.96

2016—2017 年上海与摩尔多瓦进出口贸易情况表

年份	进出口		出口		进口	
	金额(万美元)	比上年(±%)	金额(万美元)	比上年(±%)	金额(万美元)	比上年(±%)
2016	1339	-9.80	336	-1.32	1003	-12.33
2017	1763	31.70	470	39.98	1293	28.92

(六) 中东欧 16 国

2016—2017 年上海与波兰进出口贸易情况表

年份	进出口		出口		进口	
	金额(万美元)	比上年(±%)	金额(万美元)	比上年(±%)	金额(万美元)	比上年(±%)
2016	166476	-13.00	98541	2.85	67935	-28.90
2017	187717	12.76	100860	2.35	86857	27.85

2016—2017 年上海与立陶宛进出口贸易情况表

年份	进出口		出口		进口	
	金额(万美元)	比上年(±%)	金额(万美元)	比上年(±%)	金额(万美元)	比上年(±%)
2016	13415	-2.47	6509	-3.87	6906	-1.11
2017	15289	13.97	6621	1.72	8668	25.51

2016—2017 年上海与爱沙尼亚进出口贸易情况表

年份	进出口		出口		进口	
	金额(万美元)	比上年(±%)	金额(万美元)	比上年(±%)	金额(万美元)	比上年(±%)
2016	14560	13.95	9277	11.77	5283	18.00
2017	14622	43.56	7556	-18.55	7066	33.77

2016—2017 年上海与拉脱维亚进出口贸易情况表

年份	进出口		出口		进口	
	金额(万美元)	比上年(±%)	金额(万美元)	比上年(±%)	金额(万美元)	比上年(±%)
2016	9543	28.05	6820	28.58	2722	26.75
2017	10211	7.01	7167	5.08	3044	11.84

2016—2017 年上海与捷克进出口贸易情况表

年份	进出口		出口		进口	
	金额(万美元)	比上年(±%)	金额(万美元)	比上年(±%)	金额(万美元)	比上年(±%)
2016	170646	-24.57	111575	-32.91	59071	-1.41
2017	222225	30.22	155675	39.51	66550	12.66

2016—2017 年上海与斯洛伐克进出口贸易情况表

年份	进出口		出口		进口	
	金额(万美元)	比上年(±%)	金额(万美元)	比上年(±%)	金额(万美元)	比上年(±%)
2016	50037	29.73	20425	39.93	29612	23.53
2017	61481	22.87	29853	46.16	31627	6.81

2016—2017 年上海与匈牙利进出口贸易情况表

年份	进出口		出口		进口	
	金额(万美元)	比上年(±%)	金额(万美元)	比上年(±%)	金额(万美元)	比上年(±%)
2016	75339	10.99	20300	9.45	55039	11.57
2017	86889	15.33	21133	4.09	65756	19.47

2016—2017 年上海与斯洛文尼亚进出口贸易情况表

年份	进出口		出口		进口	
	金额(万美元)	比上年(±%)	金额(万美元)	比上年(±%)	金额(万美元)	比上年(±%)
2016	18884	25.76	12611	35.80	6273	9.48
2017	19839	5.06	12370	-1.91	7469	19.06

2016—2017 年上海与克罗地亚进出口贸易情况表

年份	进出口		出口		进口	
	金额(万美元)	比上年(±%)	金额(万美元)	比上年(±%)	金额(万美元)	比上年(±%)
2016	7906	44.43	3404	-7.64	4502	151.74
2017	7876	-0.74	4539	32.22	3338	-25.87

2016—2017 年上海与波黑进出口贸易情况表

年份	进出口		出口		进口	
	金额(万美元)	比上年(±%)	金额(万美元)	比上年(±%)	金额(万美元)	比上年(±%)
2016	2523	-31.91	283	-7.64	2240	-34.10
2017	3068	21.58	404	42.66	2664	18.92

2016—2017 年上海与黑山进出口贸易情况表

年份	进出口		出口		进口	
	金额(万美元)	比上年(±%)	金额(万美元)	比上年(±%)	金额(万美元)	比上年(±%)
2016	370	-68.93	312	-72.84	58	38.26
2017	700	88.82	333	6.40	367	533.40

2016—2017 年上海与塞尔维亚进出口贸易情况表

年份	进出口		出口		进口	
	金额(万美元)	比上年(±%)	金额(万美元)	比上年(±%)	金额(万美元)	比上年(±%)
2016	5346	32.59	1536	28.30	3810	34.40
2017	5963	11.53	2102	36.84	3861	1.33

2016—2017 年上海与阿尔巴尼亚进出口贸易情况表

年份	进出口		出口		进口	
	金额(万美元)	比上年(±%)	金额(万美元)	比上年(±%)	金额(万美元)	比上年(±%)
2016	2153	-1.04	874	-3.89	1279	1.01
2017	2351	9.28	967	10.64	13.84	8.35

2016—2017 年上海与罗马尼亚进出口贸易情况表

年份	进出口		出口		进口	
	金额(万美元)	比上年(±%)	金额(万美元)	比上年(±%)	金额(万美元)	比上年(±%)
2016	67941	4.98	21574	-0.46	46367	7.71
2017	78450	15.46	22849	5.90	55601	19.91

2016—2017 年上海与保加利亚进出口贸易情况表

年份	进出口		出口		进口	
	金额(万美元)	比上年(±%)	金额(万美元)	比上年(±%)	金额(万美元)	比上年(±%)
2016	20601	-32.76	6138	6.09	14463	-41.80
2017	24187	17.41	7078	15.33	17109	18.29

2016—2017 年上海与马其顿进出口贸易情况表

年份	进出口		出口		进口	
	金额(万美元)	比上年(±%)	金额(万美元)	比上年(±%)	金额(万美元)	比上年(±%)
2016	766	-4.47	204	7.57	562	-8.19
2017	1580	106.38	302	48.31	1278	127.40

三、商业、服务业

2017年，上海按照当好全国改革开放排头兵、创新发展先行者的要求，主动适应经济发展新常态，着力推进创新驱动发展、经济转型升级。内贸实现了平稳增长的态势。

全年全市商品销售总额113125.26亿元，比上年增长12.0%，增速同比提高4.1个百分点；社会消费品零售总额11830.27亿元，增长8.1%，增速同比提高0.1个百分点。分行业看，批发和零售业零售额10804.87亿元，比上年增长8.1%，增速同比回落0.3个百分点；住宿和餐饮业零售额1025.40亿元，增长7.9%，增速提高3.2个百分点。分商品类别看，通讯器材类、化妆品类和体育娱乐用品类零售额增长较快，分别增长50.7%、23.6%和23.2%。全年无店铺零售业态零售额1814.29亿元，比上年增长9.4%。其中，网上商店零售额1437.49亿元，增长9.6%，占社会消费品零售总额的比重为12.2%，比上年提高0.8个百分点。

2013—2017年上海社会消费品零售总额情况表

单位：亿元

年份	社会消费品零售总额	按商品用途分			
		食品类	衣着类	用品类	燃料类
2013	8556.96	1962.39	1147.71	4752.34	694.52
2014	9303.49	2065.56	1313.05	5210.09	714.79
2015	10131.50	2248.70	1531.97	5769.28	581.55
2016	10946.57	2399.22	1776.87	6205.12	565.36
2017	11830.27	2485.79	2165.34	6450.15	728.99

2017 年上海社会消费品零售总额商品类别占比示意图

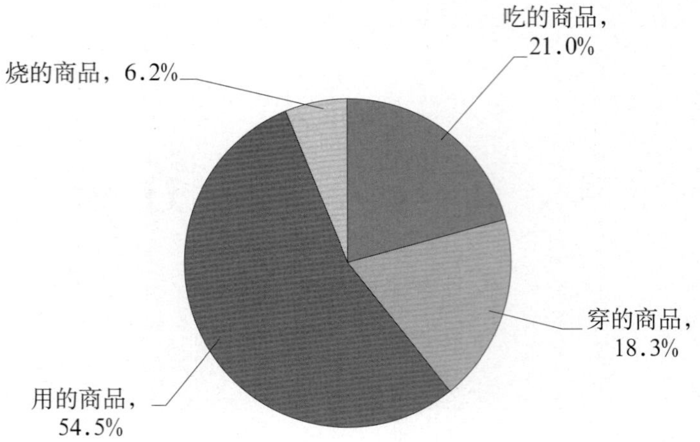

2013—2017 年上海社会消费品零售总额增长情况示意图

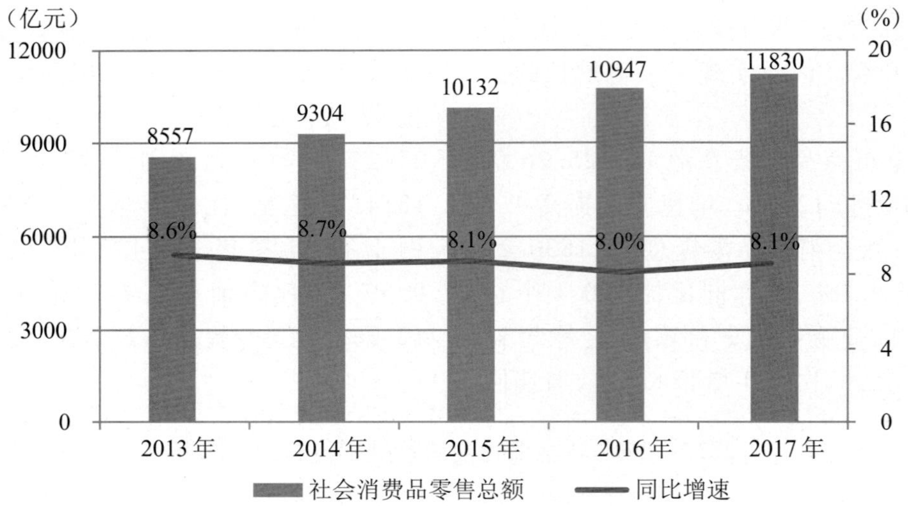

2017 年上海各区社会消费品零售总额情况表

	总量(亿元)	总量排名	增幅(%)	增幅排名
浦东新区	2201.34	1	8.1	7
闵行区	942.14	3	5.6	9
嘉定区	1044.13	2	5.5	10
宝山区	666.67	7	3.8	14
金山区	456.15	13	10.2	2
松江区	587.47	9	9.1	3
青浦区	564.00	10	4.7	12
奉贤区	535.13	11	9.1	4
崇明区	116.88	16	9.0	5
黄浦区	814.07	4	1.9	16

（续表）

	总量(亿元)	总量排名	增幅(%)	增幅排名
徐汇区	666.74	6	5.0	11
长宁区	316.88	14	7.3	8
静安区	720.37	5	15.6	1
普陀区	606.04	8	3.6	15
虹口区	309.26	15	4.2	13
杨浦区	474.65	12	8.0	6

2017 年上海社会消费品零售总额及其增长速度表

指　标	绝对值	比上年增长(%)
社会消费品零售总额	11830.27	8.1
批发零售贸易业	10804.87	8.1
住宿餐饮业	1025.40	7.9
国　有	75.73	6.6
私　营	2236.84	6.7
股份有限公司	1246.79	8.2
港澳台商投资	2178.65	14.4
外商投资	2379.04	14.8
无店铺零售额	1814.29	9.4
网上商店零售额	1437.49	9.6

2017 年上海居民消费价格指数表

指　标	指数(以上年价格为 100)
居民消费价格指数	101.7
食品烟酒	101.2
衣　着	100.5
居　住	101.7
生活用品及服务	101.5
交通和通信	100.7
教育文化和娱乐	100.9
医疗保健	106.6
其他用品和服务	102.6

2017 年上海旅游设施情况表

指　标	单位	绝对值
星级宾馆	家	229
五星级	家	72
四星级	家	67
旅行社	家	1578
经营出境旅游业务的旅行社	家	222
A 级旅游景区(点)	个	99
5A 级景区(点)	个	3
4A 级景区(点)	个	50
红色旅游基地	个	34
全国红色旅游基地	个	9
旅游咨询服务中心	个	53
旅游集散中心站点	个	4

2013—2017 年上海国际旅游入境人数增速图

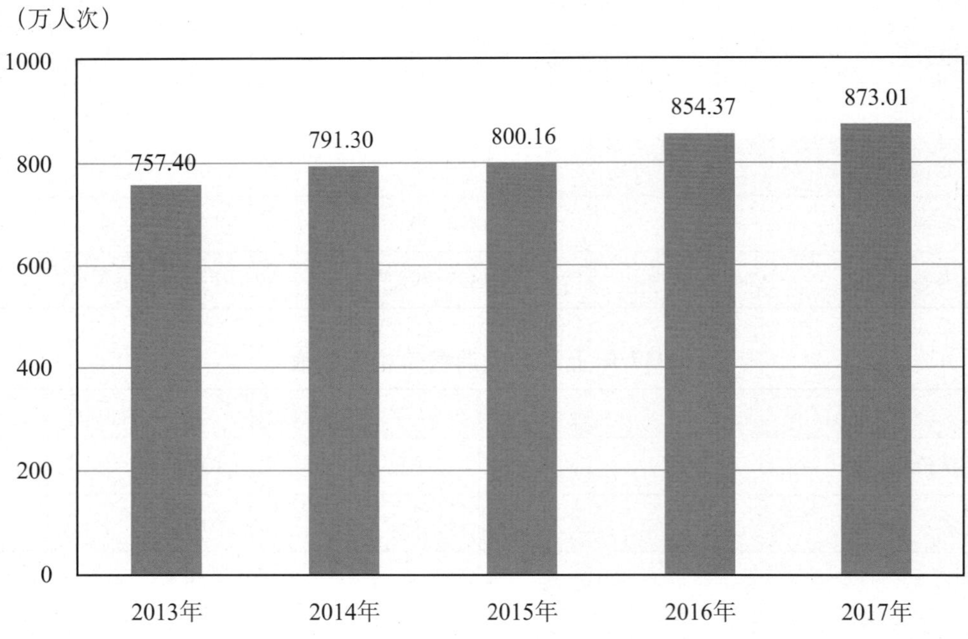

2016—2017 年国际会展情况表

指标	2016 年	2017 年
举办国际会展次数(次)	287	293
国际会展展出总面积(万平方米)	1228	1329

资料来源:上海市统计局。

四、上海关区及市区进出口贸易

2014—2017 年按国别(地区)分的上海关区出口总额情况表

单位:亿美元

国别(地区)	2014 年	2015 年	2016 年	2017 年
总　计	5232.12	5005.80	4798.74	5116.76
亚　洲	2196.84	2145.10	2080.64	2191.83
中国香港	259.82	260.67	249.00	252.50
中国台湾	150.85	137.00	139.29	149.05
日　本	526.67	474.49	435.14	435.00
韩　国	191.83	212.30	203.74	198.77
新加坡	119.58	117.74	104.80	113.33
马来西亚	91.68	78.47	78.97	85.31
泰　国	93.13	99.26	100.48	109.65
菲律宾	47.19	49.70	44.95	51.96
巴基斯坦	28.69	32.55	46.09	49.13
科威特	5.73	5.48	5.66	7.05
沙特阿拉伯	32.94	34.23	27.58	26.88
阿拉伯联合酋长国	54.21	49.20	45.34	42.10
非　洲	178.39	168.00	144.26	155.40
埃　及	15.08	16.43	18.63	19.68
苏　丹	3.04	3.20	2.41	2.69
欧　洲	1134.42	1033.36	973.63	1073.72
德　国	197.06	186.34	174.65	184.21
法　国	81.86	75.35	71.91	79.06
意大利	91.32	84.83	79.83	86.88
荷　兰	173.80	167.30	135.51	177.77

（续表）

国别(地区)	2014 年	2015 年	2016 年	2017 年
英　国	141.10	142.14	125.96	128.61
瑞　典	21.28	19.52	18.25	19.77
俄罗斯	88.47	55.68	51.14	65.50
美　洲	1574.53	1510.83	1457.21	1591.58
美　国	1152.02	1127.24	1114.53	1199.32
加拿大	84.63	75.11	70.52	82.46
巴　西	96.42	76.11	61.60	75.74
智　利	27.78	25.89	26.17	28.16
大洋洲	—	—	143.00	154.07
澳大利亚	126.26	118.27	115.08	129.06
新西兰	14.58	13.51	14.37	15.87
大洋洲其他国家(地区)	—	—	0.01	—
其　他	—	—	—	—

2014—2017 年按国别(地区)分的上海关区进口总额情况表

单位:亿美元

国别(地区)	2014 年	2015 年	2016 年	2017 年
总　计	3402.43	3182.06	3127.25	3647.91
亚　洲	1691.70	1599.12	1538.44	1843.72
中国香港	14.88	8.97	23.97	10.02
中国台湾	245.69	225.94	230.80	265.40
日　本	447.71	293.87	406.59	460.95
韩　国	336.61	346.03	295.48	391.91
新加坡	69.77	73.92	69.92	106.57
马来西亚	124.64	120.27	110.83	123.89
泰　国	64.28	62.99	64.38	74.20
菲律宾	37.84	33.81	31.03	34.87
巴基斯坦	4.85	3.81	3.06	3.51
科威特	0.71	0.47	0.58	0.35
沙特阿拉伯	16.21	14.08	10.47	13.50
阿拉伯联合酋长国	5.32	5.38	4.82	5.70
非　洲	53.62	37.10	34.89	42.07
埃　及	0.96	0.94	0.91	1.52
南　非	19.17	14.04	14.13	0.06
欧　洲	994.57	924.89	972.25	1081.72

（续表）

国别(地区)	2014 年	2015 年	2016 年	2017 年
德　国	347.93	297.18	304.92	350.45
法　国	89.53	80.22	75.76	86.59
意大利	79.69	70.69	73.87	99.30
荷　兰	22.80	24.85	28.50	27.11
英　国	86.32	70.31	60.41	61.48
瑞　典	36.14	34.62	33.61	42.42
俄罗斯	26.07	34.56	31.32	29.76
美　洲	545.25	508.98	490.57	561.83
美　国	341.86	344.59	327.66	377.16
加拿大	27.82	25.09	30.73	28.81
巴　西	23.52	21.62	24.10	24.02
智　利	78.95	57.45	54.65	66.20
大洋洲	—	—	90.58	118.01
澳大利亚	97.03	96.07	74.34	96.02
新西兰	18.94	14.40	15.86	21.33
大洋洲其他国家(地区)	—	—	—	—
其　他	1.06	0.74	—	—

2013—2017 年上海关区出口总额分类情况表

单位:亿美元

年份	关区出口总额	其中				
		一般贸易	来料加工装配贸易	进料加工贸易	对外承包工程货物	出料加工贸易
2013	4991.29	2857.73	130.46	1642.18	80.16	0.11
2014	5232.12	3112.37	126.18	1601.78	85.04	0.05
2015	5005.80	3016.20	133.26	1497.66	67.43	0.04
2016	4798.74	2978.08	132.05	1307.63	73.73	0.07
2017	5166.76	3256.88	135.63	1385.12	84.12	0.03

2013—2017 年上海关区进口总额分类情况表

单位:亿美元

年份	关区进口总额	其中				
		一般贸易	来料加工装配贸易	进料加工贸易	对外商投资企业进口设备	租赁贸易
2013	3130.08	1628.68	135.19	524.14	23.58	23.68
2014	3402.43	1777.08	164.31	568.61	26.63	40.52

（续表）

年份	关区进口总额	其中				
		一般贸易	来料加工装配贸易	进料加工贸易	对外商投资企业进口设备	租赁贸易
2015	3182.06	1616.79	155.92	502.04	13.89	23.12
2016	3127.25	1674.22	141.84	452.20	9.00	2.87
2017	3647.91	2002.06	93.30	594.74	8.79	1.94

说明:海关关区资料来源为上海海关。

2013—2017 年上海市进出口总额情况表

年份	进出口总额（亿美元）	进口总额（亿美元）	出口总额（亿美元）	进出口差额（亿美元）
2013	4414.33	2371.89	2042.44	-329.45
2014	4666.22	2563.45	2102.78	-460.67
2015	4517.33	2547.64	1969.69	-577.95
2016	4338.05	2503.38	1834.67	-668.71
2017	4761.23	2824.42	1936.81	-887.61

资料来源:上海市统计局。

2013—2017 年上海外贸进出口贸易额及其增长速度情况表

年份	进出口总额		出口额		进口额	
	金额（亿美元）	比上年（±%）	金额（亿美元）	比上年（±%）	金额（亿美元）	比上年（±%）
2013	4414.33	1.07	2042.44	-1.24	2371.89	3.15
2014	4666.22	5.71	2102.78	2.95	2563.45	8.08
2015	4517.33	-3.19	1969.69	-6.33	2547.64	-6.17
2016	4338.05	-3.97	1834.67	-6.86	2503.38	-1.74
2017	4761.23	9.75	1936.81	5.57	2824.42	12.81

资料来源:上海市统计局。

2016—2017 年上海与世界各地进出口贸易往来情况表

单位:万美元

国别（地区）	2016 年				2017 年			
	进出口	进口	出口	进出口差额	进出口	进口	出口	进出口差额
总　值	43380500	25033800	18346700	-6687100	47612300	28244200	19368100	-8876100
亚　洲	20052900	11467500	8585460	-2882040	21649800	12913900	8735890	-4178010
中国香港	2222600	408637	1813960	1405323	1836070	39720	1796350	1756630
印　度	737409	275292	462118	196826	871585	375575	496010	120435

（续表）

国别（地区）	2016 年				2017 年			
	进出口	进口	出口	进出口差额	进出口	进口	出口	进出口差额
日　本	4851890	2931210	1920680	-1010530	5225130	3290190	1934940	-1355250
韩　国	2367620	1633170	734451	-898719	2496440	1862320	634120	-1228200
中　国	1067050	1054750	12295	-1042455	1144490	0	1144490	1144490
中国台湾	2232730	1588630	644102	-944528	2485810	1793420	692390	-1101030
东　盟	5324140	3132090	2192050	-940040	6257490	3903510	2353980	-1549530
马来西亚	1377250	1022420	354834	-667586	1505120	1136740	368376	-768364
新加坡	1250630	588154	662471	74317	1632680	898307	734370	-163937
泰　国	813541	453662	359879	-93783	904819	538632	366187	-172445
非　洲	733927	368724	365203	-3521	817951	437064	380887	-56177
欧　洲	11086500	7799860	3286680	-4513180	12329900	8559050	3770810	-4788240
英　国	1017260	580364	436895	-143469	1069040	621827	447212	-174615
德　国	2929880	2339980	589900	-1750080	3317320	2681050	636263	-2044787
法　国	847173	629435	217738	-411697	936092	713272	222820	-490452
意大利	815433	573324	242109	-331215	1057440	792284	265154	-527130
荷　兰	811778	207072	604705	397633	1176540	241378	935157	693779
拉丁美洲	1953350	1209510	743848	-465662	2424050	1505000	919046	-585954
巴　西	605196	446063	159132	-286931	920552	720038	200514	-519524
智　利	417580	355240	62341	-292899	411025	331552	79473	-252079
北美洲	7698690	3006870	4691820	1684950	8227630	3325310	4902320	1577010
美　国	7204020	2712390	4491630	1779240	7701100	3055350	4645750	1590400
大洋洲	1851200	1177510	673696	-503814	2157420	1499400	658016	-841384
澳大利亚	1501110	1010970	490142	-520828	1834010	1304480	529536	-774944

2014—2017 年上海外贸出口贸易方式情况表

贸易方式	2014 年		2015 年		2016 年		2017 年	
	出口额（万美元）	占比（%）	出口额（万美元）	占比（%）	出口额（万美元）	占比（%）	出口额（万美元）	占比（%）
总　值	21027758	100.00	19696900	100.00	18346700	100.00	19368100	100.00
一般贸易	8797282	41.84	8389790	42.60	7972460	43.46	8524810	44.02
国家间、国际组织无偿援助和赠送的物资	2660	0.01	1760	0.01	2519	0.01	1072	—
华侨、港澳台同胞、外籍华人捐赠物资	—	—	16	—	—	—	—	—

（续表）

贸易方式	2014 年		2015 年		2016 年		2017 年	
	出口额（万美元）	占比（%）	出口额（万美元）	占比（%）	出口额（万美元）	占比（%）	出口额（万美元）	占比（%）
补偿贸易	—	—	—	—	—	—	—	—
来料加工装配贸易	376298	1.79	371939	1.90	332239	1.81	512481	2.65
进料加工贸易	8822530	41.96	8053980	40.89	7010910	38.21	7402130	38.22
寄售代销贸易	—	—	—	—	—	—	—	—
边境小额贸易（边民互市贸易除外）	2	—	—	—	—	—	8	—
来料加工装配进口的设备	—	—	—	—	—	—	—	—
对外承包工程货物	90311	0.43	63601	0.32	85062	0.46	80566	0.42
租赁贸易	430	—	3657	0.19	1610	0.01	667	—
外商投资企业作为投资进口的设备、物品	—	—	—	—	—	—	—	—
出料加工贸易	524	—	409	—	669	—	314	—
易货贸易	7	—	0	0.00	0	0.00	—	—
保税监管场所进出境货物	376054	1.79	326886	1.66	261810	1.43	264233	1.36
海关特殊监管区域物流货物	2558778	12.17	2482200	12.60	2632620	14.35	2509100	12.96
其他	2883	0.01	2659	0.14	46805	0.26	72694	0.38

2014—2017 年上海外贸出口市场构成情况表

国别（地区）	2014 年		2015 年		2016 年		2017 年	
	出口额（万美元）	占比（%）	出口额（万美元）	占比（%）	出口额（万美元）	占比（%）	出口额（万美元）	占比（%）
总　值	21027758	100.00	19696900	100.00	18346700	100.00	19368100	100.00
亚　洲	9345263	44.44	9113280	46.27	8585460	46.80	8735890	45.11
中国香港	1846457	8.78	1934340	9.82	1813960	9.89	1796350	9.28
印　度	475128	2.26	503084	2.55	462118	2.52	496010	2.56
日　本	2331280	11.09	2132220	10.83	1920680	10.47	1934940	9.99
韩　国	716236	3.41	847982	4.30	734451	4.00	634120	3.27
中国台湾	668217	3.18	612301	3.11	644102	3.51	692390	3.58
东　盟	2341681	11.14	2202980	11.18	2192050	11.95	2353980	12.15

（续表）

国别（地区）	2014年		2015年		2016年		2017年	
	出口额（万美元）	占比（%）	出口额（万美元）	占比（%）	出口额（万美元）	占比（%）	出口额（万美元）	占比（%）
马来西亚	442698	2.11	357797	1.82	354834	1.93	368376	1.90
新加坡	786425	3.74	701671	3.56	662471	3.61	734370	3.79
泰　国	332427	1.58	349253	1.77	359879	1.96	366187	1.89
非　洲	448563	2.13	417953	2.12	365203	1.99	380887	1.97
欧　洲	4286628	20.39	3876090	19.68	3286680	17.91	3770810	19.47
英　国	518052	2.46	564534	2.87	436895	2.38	447212	2.31
德　国	739308	3.52	695176	3.53	589900	3.22	636263	3.29
法　国	278098	1.32	246397	1.25	217738	1.19	222820	1.15
意大利	298669	1.42	273986	1.39	242109	1.32	265154	1.37
荷　兰	924894	4.40	906938	4.60	604705	3.30	935157	4.83
拉丁美洲	997587	4.74	831160	4.22	743848	4.05	919046	4.75
巴　西	255904	1.22	189798	0.96	159132	0.87	200514	1.04
智　利	69847	0.33	62691	0.32	62341	0.34	79473	0.41
北美洲	5269046	25.06	4768540	24.21	4691820	25.57	4902320	25.31
美　国	4984520	23.70	4557890	23.14	4491630	24.48	4645750	23.99
大洋洲	680671	3.24	689871	3.50	673696	3.67	658016	3.40
澳大利亚	582694	2.77	501821	2.55	490142	2.67	529536	2.73

2014—2017年上海外贸进口市场构成情况表

国别（地区）	2014年		2015年		2016年		2017年	
	进口额（万美元）	占比（%）	进口额（万美元）	占比（%）	进口额（万美元）	占比（%）	进口额（万美元）	占比（%）
总　值	25634468	100.00	25476400	100.00	25033800	100.00	28244200	100.00
亚　洲	11967576	46.69	11851400	46.52	11467500	45.81	12913900	45.72
中国香港	78979	0.31	212578	0.83	408637	1.63	39720	0.14
印　度	338795	1.32	284926	1.12	275292	1.10	375575	1.33
日　本	3117495	12.16	2853870	11.20	2931210	11.71	3290190	11.65
韩　国	1908382	7.44	2020310	7.93	1633170	6.52	1862320	6.59
中　国	1236021	4.82	1313510	5.16	1054750	4.21		
中国台湾	1647540	6.43	1556450	6.11	1588630	6.35	1793420	6.35
东　盟	3037996	11.85	3136970	12.31	3132090	12.51	3903510	13.82
马来西亚	1119330	4.37	1113790	4.37	1022420	4.08	1136740	4.03

（续表）

国别（地区）	2014 年		2015 年		2016 年		2017 年	
	进口额（万美元）	占比（%）	进口额（万美元）	占比（%）	进口额（万美元）	占比（%）	进口额（万美元）	占比（%）
新加坡	492103	1.92	579542	2.28	588154	2.35	898307	3.18
泰　国	462258	1.80	447097	1.76	453662	1.81	538632	1.91
非　洲	426310	1.66	344679	1.35	368724	1.47	437064	1.55
欧　洲	7666056	29.91	7551280	29.64	7799860	31.16	8559050	30.30
英　国	945679	3.69	643841	2.53	580364	2.32	621827	2.20
德　国	2493945	9.73	2247210	8.82	2339980	9.35	2681050	9.49
法　国	749384	2.92	692095	2.72	629435	2.51	713272	2.53
意大利	603495	2.35	551350	2.16	573324	2.29	792284	2.81
荷　兰	169139	0.66	205021	0.81	207072	0.83	241378	0.86
拉丁美洲	1410225	5.50	1311870	5.15	1209510	4.83	1505000	5.33
巴　西	359416	1.40	433113	1.70	446063	1.78	720038	2.55
智　利	484143	1.89	415567	1.63	355240	1.42	331552	1.17
北美洲	2914402	11.37	3142480	12.34	3006870	12.01	3325310	11.77
美　国	2655277	10.36	2853140	11.20	2712390	10.84	3055350	10.82
大洋洲	1241693	4.84	1259110	4.94	1177510	4.70	1499400	5.31
澳大利亚	1063650	4.15	1132920	4.45	1010970	4.04	1304480	4.62

说明：1. 根据 2006 年 3 月 1 日起施行的《中华人民共和国海关统计条例》中第九条，如果货物的原产国是中国，那么进口该货物的原产国统计就列名为中国，也就是国货复进口。

2. 以上进出口资料来源除已注明来自上海市统计局外，余均来自上海海关。

第九编

商贸便览

上海商贸资料

中国商贸资料

一、上海商贸资料

2017 年中国·上海商贸情况对照表

类别	项目	单位	中国		上海	
			数量	比上年(±%)	数量	比上年(±%)
国内生产总值	国内生产总值	亿元	827122.00	6.90	30133.86	6.90
	其中:第一产业增加值	亿元	65468.00	3.90	98.99	-9.50
	第二产业增加值	亿元	334623.00	6.10	9251.40	5.80
	第三产业增加值	亿元	427032.00	8.00	20783.47	7.50
	其中:商业增加值	亿元	—	—	—	—
国内贸易	商品销售总额	万亿元	32.66	10.20	11.31	12.00
	社会消费品零售总额	亿元	366262.00	10.20	11830.27	8.10
	电子商务消费额	亿元	—	—	—	—
	其中:B2B	亿元	—	—	—	—
	网上购物	亿元	—	—	1437.49	9.60
货物贸易	进出口总额	亿元	277923.00	14.20	32237.82	12.50
	其中:出口额	亿元	153321.00	10.80	13120.31	8.40
	进口额	亿元	124602.00	18.70	19117.51	15.40
服务贸易	进出口总额	亿元	46991.10	6.80	46991.10	6.80
	其中:出口额	亿元	15406.10	10.60	—	—
	进口额	亿元	31584.30	5.10	—	—
利用外资	新批外资项目	个	35652.00	27.80	3950.00	-23.40
	合同利用外资	亿美元	—	—	401.94	-21.20
	实际利用外资	亿美元	1310.00	7.90	170.08	-8.10
	累计实际利用外资	亿美元	—	—	—	—
总部经济	累计:在沪跨国公司地区总部	家	—	—	625.00	7.80
	投资性公司	家	—	—	345.00	4.60
	研发中心	家	—	—	426.00	3.70

（续表）

类别	项目	单位	中国		上海	
			数量	比上年(±%)	数量	比上年(±%)
对外投资	新批对外投资项目	个	35652.00	27.80	608.00	-57.30
	投资总额	亿美元	1201.00	-29.40	—	—
	其中:中方投资总额	亿美元	—	—	110.80	-70.30
对外经济合作	新签对外承包工程合同额	亿美元	—	—	108.50	-8.40
	完成营业额	亿美元	1686.00	5.80	99.30	49.20
	派出劳务人员	万人次	52.00	5.70	1.89	23.80
	年末在外人员	万人	—	—	—	—

2013—2017 年上海市生产总值及其增长速度图

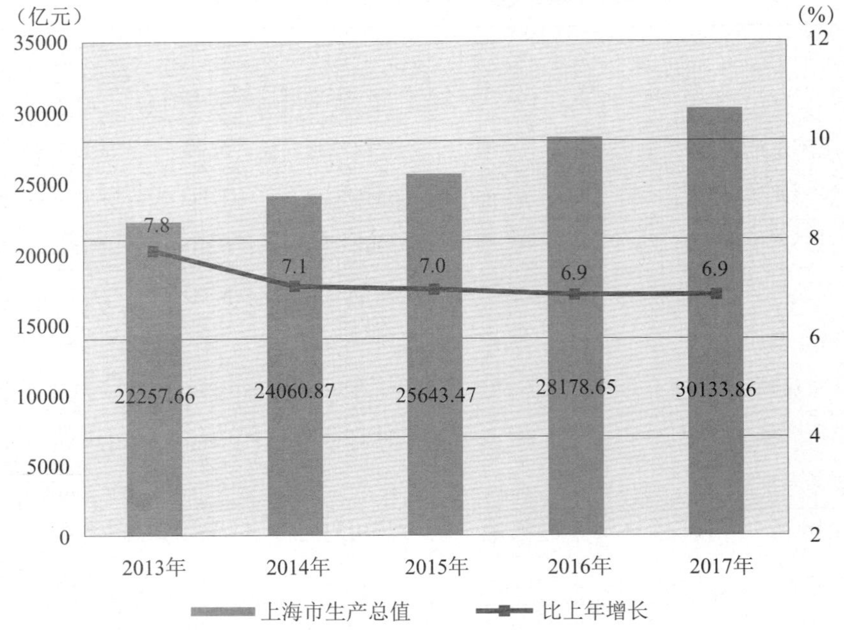

2013—2017 年上海社会消费品零售总额增长情况图

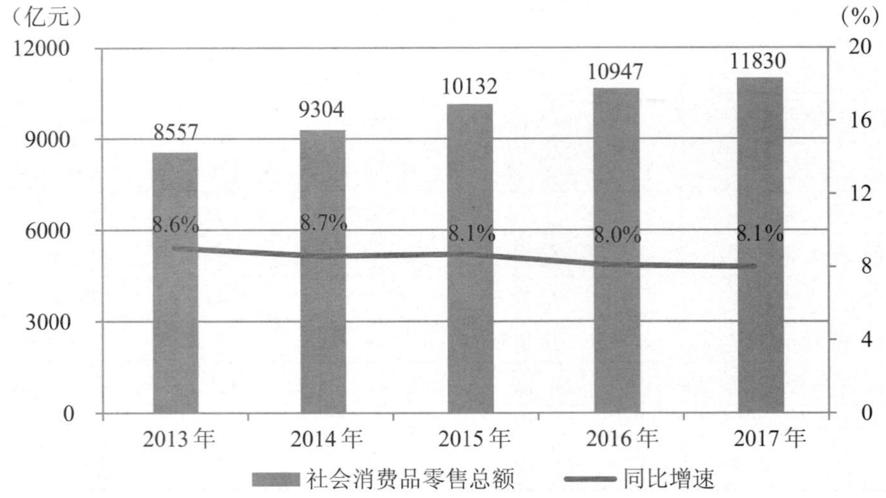

2017 年中国（上海）自由贸易试验区主要经济指标及其增长速度表

指标	单位	绝对值	比上年（±%）
一般公共预算收入	亿元	578.48	8.60
外商直接投资实际到位金额	亿美元	70.15	13.50
全社会固定资产投资总额	亿元	680.31	12.40
规模以上工业总产值	亿元	4924.95	14.80
社会消费品零售额	亿元	1494.62	7.00
商品销售额	亿元	37042.67	10.20
服务业营业收入	亿元	5157.74	14.30
外贸进出口总额	亿元	13500.00	14.70
出口额	亿元	4053.10	3.00
期末监管类金融机构数	个	849.00	4.20
新兴金融机构数	个	4630.00	-0.50

2017 年上海市进出口贸易往来前 20 位国家（地区）一览表

排序	国别（地区）	进出口额（万美元）	比上年（±%）	排序	国别（地区）	进出口额（万美元）	比上年（±%）
1	美　国	7701100	-6.89	11	荷　兰	1176540	44.93
2	日　本	5225130	-7.69	12	中　国	1144490	7.19
3	德　国	3317320	13.20	13	英　国	1069040	5.10
4	韩　国	2496440	5.44	14	意大利	1057440	29.68
5	中国台湾	2485810	11.31	15	法　国	936092	10.48
6	中国香港	1836070	-17.43	16	越　南	923353	20.43
7	澳大利亚	1834010	22.18	17	巴　西	920552	50.10
8	新加坡	1632680	30.51	18	泰　国	904819	11.23
9	瑞　士	626680	-12.27	19	印　度	871585	18.13
10	马来西亚	1505120	11.26	20	智　利	411025	-1.60

历届中国华东进出口商品交易会一览表

届次	年份	展馆（万平方米）	摊位（个）	参展省市（个）	参展企业（家）	到会外商（人次）	国别（地）（个）	总成交额（万美元）
1	1991	22.10	1050	7	607	6018	71	102261
2	1992	2.90	1450	7	700	6341	78	133247
3	1993	3.50	1750	15	1000	6741	84	164784
4	1994	3.60	1800	20	1000	7788	90	180508
5	1995	5.10	2500	36	1400	7906	100	214100
6	1996	4.90	2500	37	1500	7543	104	223600

（续表）

届次	年份	展馆（万平方米）	摊位（个）	参展省市（个）	参展企业（家）	到会外商（人次）	国别（地）（个）	总成交额（万美元）
7	1997	6.42	2537	35	1500	7738	125	223144
8	1998	6.38	2625	33	2000	6518	150	195500
9	1999	5.18	2216	32	2000	6108	130	120600
10	2000	4.40	1926	32	1926	7277	120	129500
11	2001	6.12	2807	37	340	10562	126	153200
12	2002	5.76	2850	35	3000	13646	154	168900
13	2003	5.75	2966	35	3000	15749	175	204000
14	2004	8.05	4158	14	3100	18915	—	255900
15	2005	8.05	4158	39	3300	20558	151	297372
16	2006	10.35	5346	39	3540	23660	—	332119
17	2007	10.35	5346	39	3522	18557	117	355300
18	2008	10.35	5346	39	3592	19263	145	367800
19	2009	10.35	5312	39	3500	18229	140	224000
20	2010	10.35	5310	39	3376	19029	123	273300
21	2011	10.35	5310	39	3326	20105	133	283900
22	2012	11.50	5880	39	3420	21124	128	312200
23	2013	11.50	5880	39	3607	20016	115	275900
24	2014	11.50	5780	13	3441	21433	117	275900
25	2015	11.50	5780	13	3378	21200	114	256600
26	2016	11.50	5480	—	3153	21454	114	231000
27	2017	12.09	5670	13	3900	22140	110	231700

2017 年上海企业 100 强名单

排序	企业名称	排序	企业名称
001	上海汽车集团股份有限公司	011	上海建工集团股份有限公司
002	交通银行股份有限公司	012	益海嘉里投资有限公司
003	中国宝武钢铁集团有限公司	013	上海东浩兰生国际服务贸易（集团）有限公司
004	中国太平洋保险（集团）股份有限公司	014	上海烟草集团有限责任公司
005	上海浦东发展银行股份有限公司	015	上海医药集团股份有限公司
006	上海华信国际集团有限公司	016	太平人寿保险有限公司
007	绿地控股集团股份有限公司	017	中国东方航空集团公司
008	中国远洋海运集团有限公司	018	上海电气（集团）总公司
009	光明食品（集团）有限公司	019	上海均和集团有限公司
010	中国建筑第八工程局有限公司	020	国网上海市电力公司

（续表一）

排序	企业名称	排序	企业名称
021	百联集团有限公司	055	红星美凯龙控股集团有限公司
022	中国石化上海石油化工股份有限公司	056	上海龙宇燃油股份有限公司
023	复星国际有限公司	057	大华(集团)有限公司
024	上海银行股份有限公司	058	月星集团有限公司
025	海航科技集团有限公司	059	上海春秋国际旅行社(集团)有限公司
026	上海华谊(集团)公司	060	康德乐(上海)医药有限公司
027	世茂房地产控股有限公司	061	上海机场(集团)有限公司
028	上海城建(集团)公司	062	协鑫集成科技股份有限公司
029	上海纺织(集团)有限公司	063	上海三盛宏业投资(集团)有限责任公司
030	上海永达控股(集团)有限公司	064	致达控股集团有限公司
031	中智上海经济技术合作公司	065	上海苏宁云商销售有限公司
032	上海仪电(集团)有限公司	066	奥盛集团有限公司
033	上海钢联电子商务股份有限公司	067	上海闽路润贸易有限公司
034	老凤祥股份有限公司	068	上海外高桥造船有限公司
035	申能(集团)有限公司	069	源山投资控股有限公司
036	上海国际港务(集团)股份有限公司	070	上海临港经济发展(集团)有限公司
037	中运富通控股集团有限公司	071	上海大名城企业股份有限公司
038	上海农村商业银行股份有限公司	072	上海申华控股股份有限公司
039	海通证券股份有限公司	073	中国建材国际工程集团有限公司
040	上海宝冶集团有限公司	074	上海展志实业集团有限责任公司
041	上海振华重工(集团)股份有限公司	075	上海交运集团股份有限公司
042	环旭电子股份有限公司	076	上海紫江企业集团股份有限公司
043	上海城投(集团)有限公司	077	上海龙旗科技股份有限公司
044	上海均瑶(集团)有限公司	078	上海东方电视购物有限公司
045	中国二十冶集团有限公司	079	上海鑫冶铜业有限公司
046	东方国际(集团)有限公司	080	五冶集团上海有限公司
047	沪东中华造船(集团)有限公司	081	上海华虹(集团)有限公司
048	中铁二十四局集团有限公司	082	上海置信电气股份有限公司
049	中国万向控股有限公司	083	正泰电气股份有限公司
050	中芯国际集成电路制造有限公司	084	中兵(上海)有限责任公司
051	上海东方明珠新媒体股份有限公司	085	舜杰建设(集团)有限公司
052	上海际大投资控股集团有限公司	086	龙盛集团控股(上海)有限公司
053	德邦物流股份有限公司	087	上海家化联合股份有限公司
054	上海胜华电缆(集团)有限公司	088	天喔食品(集团)有限公司

（续表二）

排序	企业名称	排序	企业名称
089	中锐控股集团有限公司	095	上海汉滨实业发展有限公司
090	上海亚泰建设集团有限公司	096	上海晨光文具股份有限公司
091	上海强生控股股份有限公司	097	上海福然德部件加工有限公司
092	科世达(上海)管理有限公司	098	远纺工业(上海)有限公司
093	永乐(中国)电器销售有限公司	099	上海百润企业发展有限公司
094	上海斐讯数据通信技术有限公司	100	华东建筑集团股份有限公司

2017 年上海制造业企业 100 强名单

排序	企业名称	排序	企业名称
001	上海汽车集团股份有限公司	027	上海美特斯邦威服饰股份有限公司
002	中国宝武钢铁集团有限公司	028	正泰电气股份有限公司
003	上海华信国际集团有限公司	029	欧普照明股份有限公司
004	光明食品(集团)有限公司	030	上海家化联合股份有限公司
005	益海嘉里投资有限公司	031	天喔食品(集团)有限公司
006	上海烟草集团有限责任公司	032	科世达(上海)管理有限公司
007	上海医药集团股份有限公司	033	上海斐讯数据通信技术有限公司
008	上海电气(集团)总公司	034	上海晨光文具股份有限公司
009	中国石化上海石油化工股份有限公司	035	远纺工业(上海)有限公司
010	复星国际有限公司	036	思源电气股份有限公司
011	上海华谊(集团)公司	037	阿克苏诺贝尔太古漆油(上海)有限公司
012	上海仪电(集团)有限公司	038	新大洲本田摩托有限公司
013	老凤祥股份有限公司	039	上海菱重增压器有限公司
014	上海振华重工(集团)股份有限公司	040	上海新朋实业股份有限公司
015	环旭电子股份有限公司	041	上海太太乐食品有限公司
016	沪东中华造船(集团)有限公司	042	扬子江药业集团上海海尼药业有限公司
017	中芯国际集成电路制造有限公司	043	上海飞科电器股份有限公司
018	上海胜华电缆(集团)有限公司	044	上海加冷松芝汽车空调股份有限公司
019	协鑫集成科技股份有限公司	045	上海金发科技发展有限公司
020	致达控股集团有限公司	046	上海起帆电缆股份有限公司
021	奥盛集团有限公司	047	上海普利特复合材料股份有限公司
022	上海外高桥造船有限公司	048	太安堂集团有限公司
023	上海紫江企业集团股份有限公司	049	上海万得凯实业有限公司
024	上海鑫冶铜业有限公司	050	亚东石化(上海)有限公司
025	上海华虹(集团)有限公司	051	金安国纪科技股份有限公司
026	上海置信电气股份有限公司	052	伽蓝(集团)股份有限公司

（续表）

排序	企业名称	排序	企业名称
053	上海岱美汽车内饰件股份有限公司	077	上海凯宝药业股份有限公司
054	永大电梯设备(中国)有限公司	078	上海鸣志电器股份有限公司
055	上海界龙集团有限公司	079	柯马(上海)工程有限公司
056	上海凯泉泵业(集团)有限公司	080	上海华峰超纤材料股份有限公司
057	鹏起科技发展股份有限公司	081	上海强凌电子有限公司
058	上海莱士血液制品股份有限公司	082	上海科华生物工程股份有限公司
059	蒂森克房伯电梯(上海)有限公司	083	上海东富龙科技股份有限公司
060	华峰日轻铝业股份有限公司	084	上海森马服饰有限公司
061	上海韦尔半导体股份有限公司	085	上海锦湖日丽塑料有限公司
062	上海申龙客车有限公司	086	上海荣泰健康科技股份有限公司
063	上海高桥电缆集团有限公司	087	上海绿谷制药有限公司
064	上海龙阳精密复合铜管有限公司	088	上海杨铜电气成套有限公司
065	上海东隆羽绒制品有限公司	089	上海良信电器股份有限公司
066	上海恩梯恩精密机电有限公司	090	上海合全药业股份有限公司
067	上海上科电器(集团)有限公司	091	上海连成(集团)有限公司
068	地素时尚股份有限公司	092	华荣科技股份有限公司
069	上海联明投资集团有限公司	093	上海康德莱企业发展集团股份有限公司
070	上海海得控制系统股份有限公司	094	上海汇得科技股份有限公司
071	科大智能科技股份有限公司	095	上海福尔欣线缆有限公司
072	上海保隆汽车科技股份有限公司	096	亚士创能科技(上海)股份有限公司
073	上海南大集团有限公司	097	上海东方泵业(集团)有限公司
074	上海神奇制药投资管理股份有限公司	098	上海飞航电线电缆有限公司
075	上海双鹿上菱企业集团有限公司	099	上海安诺其集团股份有限公司
076	上海明凯投资(集团)有限公司	100	上海南亚覆铜箔板有限公司

2017 年上海服务业企业 100 强名单

排序	企业名称	排序	企业名称
001	交通银行股份有限公司	009	上海均和集团有限公司
002	中国太平洋保险(集团)股份有限公司	010	国网上海市电力公司
003	上海浦东发展银行股份有限公司	011	百联集团有限公司
004	绿地控股集团股份有限公司	012	上海银行股份有限公司
005	中国远洋海运集团有限公司	013	海航科技集团有限公司
006	上海东浩兰生国际服务贸易(集团)有限公司	014	世茂房地产控股有限公司
007	太平人寿保险有限公司	015	上海纺织(集团)有限公司
008	中国东方航空集团公司	016	上海永达控股(集团)有限公司

（续表一）

排序	企业名称	排序	企业名称
017	中智上海经济技术合作公司	051	龙盛集团控股(上海)有限公司
018	上海钢联电子商务股份有限公司	052	中锐控股集团有限公司
019	申能(集团)有限公司	053	上海强生控股股份有限公司
020	上海国际港务(集团)股份有限公司	054	永乐(中国)电器销售有限公司
021	中运富通控股集团有限公司	055	上海汉滨实业发展有限公司
022	上海农村商业银行股份有限公司	056	上海福然德部件加工有限公司
023	海通证券股份有限公司	057	上海百润企业发展有限公司
024	上海城投(集团)有限公司	058	上海大众公用事业(集团)股份有限公司
025	上海均瑶(集团)有限公司	059	上海浦原对外经贸公司
026	东方国际(集团)有限公司	060	中国海诚工程科技股份有限公司
027	中国万向控股有限公司	061	网宿科技股份有限公司
028	上海东方明珠新媒体股份有限公司	062	上海金开利集团有限公司
029	上海际大投资控股集团有限公司	063	上海三湘(集团)有限公司
030	德邦物流股份有限公司	064	上海丝绸集团股份有限公司
031	红星美凯龙控股集团有限公司	065	上海中钢投资集团有限公司
032	上海龙宇燃油股份有限公司	066	上海来伊份股份有限公司
033	大华(集团)有限公司	067	大众交通(集团)股份有限公司
034	月星集团有限公司	068	中国铁路物资华东集团有限公司
035	上海春秋国际旅行社(集团)有限公司	069	富春控股集团有限公司
036	康德乐(上海)医药有限公司	070	上海钢宇实业集团有限公司
037	上海机场(集团)有限公司	071	鹏欣环球资源股份有限公司
038	上海三盛宏业投资(集团)有限责任公司	072	上海淮海商业(集团)有限公司
039	上海苏宁云商销售有限公司	073	上海吉电电子技术有限公司
040	上海闽路润贸易有限公司	074	上海金桥(集团)有限公司
041	源山投资控股有限公司	075	上海嘉宝实业(集团)股份有限公司
042	上海临港经济发展(集团)有限公司	076	东方财富信息股份有限公司
043	上海大名城企业股份有限公司	077	上海富控互动娱乐股份有限公司
044	上海申华控股股份有限公司	078	上海江杰荣泰置业(集团)有限公司
045	中国建材国际工程集团有限公司	079	上海润达医疗科技股份有限公司
046	上海展志实业集团有限责任公司	080	上海汇通能源股份有限公司
047	上海交运集团股份有限公司	081	万达信息股份有限公司
048	上海龙旗科技股份有限公司	082	上海恒升企业(集团)有限公司
049	上海东方电视购物有限公司	083	劲霸男装(上海)有限公司
050	中兵(上海)有限责任公司	084	上海二三四五网络控股集团股份有限公司

（续表二）

排序	企业名称	排序	企业名称
085	上海汉得信息技术股份有限公司	093	上海延华智能科技(集团)股份有限公司
086	上海润欣科技股份有限公司	094	上海巴安水务股份有限公司
087	上海埃圣玛金属科技集团有限公司	095	上海悦腾网络科技有限公司
088	上海怡亚通供应链有限公司	096	上海锦和投资集团有限公司
089	上海东铪商贸有限公司	097	上海旗计智能科技有限公司
090	鼎捷软件股份有限公司	098	上海龙韵广告传播股份有限公司
091	上海大智慧股份有限公司	099	华丽家族股份有限公司
092	上海新文化传媒集团股份有限公司	100	上海恺英网络科技有限公司

2017 年上海民营企业 100 强名单

排序	企业名称	排序	企业名称
001	上海华信国际集团有限公司	025	上海大名城企业股份有限公司
002	上海均和集团有限公司	026	上海展志实业集团有限责任公司
003	复星国际有限公司	027	上海紫江企业集团股份有限公司
004	海航科技集团有限公司	028	上海龙旗科技股份有限公司
005	世茂房地产控股有限公司	029	上海鑫冶铜业有限公司
006	上海永达控股(集团)有限公司	030	上海美特斯邦威服饰股份有限公司
007	上海钢联电子商务股份有限公司	031	正泰电气股份有限公司
008	中运富通控股集团有限公司	032	舜杰建设(集团)有限公司
009	上海均瑶(集团)有限公司	033	龙盛集团控股(上海)有限公司
010	中国万向控股有限公司	034	欧普照明股份有限公司
011	上海际大投资控股集团有限公司	035	上海家化联合股份有限公司
012	德邦物流股份有限公司	036	中锐控股集团有限公司
013	上海胜华电缆(集团)有限公司	037	上海亚泰建设集团有限公司
014	红星美凯龙控股集团有限公司	038	永乐(中国)电器销售有限公司
015	上海龙宇燃油股份有限公司	039	上海斐讯数据通信技术有限公司
016	大华(集团)有限公司	040	上海汉滨实业发展有限公司
017	月星集团有限公司	041	上海晨光文具股份有限公司
018	上海春秋国际旅行社(集团)有限公司	042	上海福然德部件加工有限公司
019	协鑫集成科技股份有限公司	043	上海百润企业发展有限公司
020	上海三盛宏业投资(集团)有限责任公司	044	上海大众公用事业(集团)股份有限公司
021	致达控股集团有限公司	045	网宿科技股份有限公司
022	上海苏宁云商销售有限公司	046	思源电气股份有限公司
023	奥盛集团有限公司	047	上海金开利集团有限公司
024	源山投资控股有限公司	048	上海三湘(集团)有限公司

（续表）

排序	企业名称	排序	企业名称
049	上海海怡建设（集团）有限公司	075	上海莱士血液制品股份有限公司
050	上海新朋实业股份有限公司	076	上海江杰荣泰置业（集团）有限公司
051	扬子江药业集团上海海尼药业有限公司	077	华峰日轻铝业股份有限公司
052	上海中钢投资集团有限公司	078	上海森信建设集团有限公司
053	上海飞科电器股份有限公司	079	上海润达医疗科技股份有限公司
054	上海来伊份股份有限公司	080	上海韦尔半导体股份有限公司
055	上海金发科技发展有限公司	081	上海申龙客车有限公司
056	上海起帆电缆股份有限公司	082	上海汇通能源股份有限公司
057	上海普利特复合材料股份有限公司	083	上海高桥电缆集团有限公司
058	太安堂集团有限公司	084	万达信息股份有限公司
059	上海万得凯实业有限公司	085	上海东隆羽绒制品有限公司
060	大众交通（集团）股份有限公司	086	上海恒升企业（集团）有限公司
061	金安国纪科技股份有限公司	087	劲霸男装（上海）有限公司
062	富春控股集团有限公司	088	上海上科电器（集团）有限公司
063	伽蓝（集团）股份有限公司	089	地素时尚股份有限公司
064	上海岱美汽车内饰件股份有限公司	090	上海联明投资集团有限公司
065	上海钢宇实业集团有限公司	091	上海嘉实（集团）有限公司
066	鹏欣环球资源股份有限公司	092	上海海得控制系统股份有限公司
067	上海界龙集团有限公司	093	上海二三四五网络控股集团股份有限公司
068	上海吉电电子技术有限公司	094	科大智能科技股份有限公司
069	上海凯泉泵业（集团）有限公司	095	上海保隆汽车科技股份有限公司
070	红阳建工集团有限公司	096	上海南大集团有限公司
071	上海嘉宝实业（集团）股份有限公司	097	上海神奇制药投资管理股份有限公司
072	东方财富信息股份有限公司	098	上海双鹿上菱企业集团有限公司
073	上海富控互动娱乐股份有限公司	099	上海明凯投资（集团）有限公司
074	鹏起科技发展股份有限公司	100	上海润欣科技股份有限公司

2017 年“上海市荣誉市民”称号、“白玉兰奖”和“白玉兰纪念奖”名录

为表彰外籍人士对上海市经济建设做出的贡献，上海市政府于 1989 年设立上海市对外表彰系列奖项。其中“上海市荣誉市民”是上海对外表彰的最高荣誉，以下依次为“白玉兰荣誉奖”和“白玉兰纪念奖”。2017 年，共有 63 名外籍人士入选年度上海市对外表彰各奖项。其中，“上海市荣誉市民”2 名，“白玉兰荣誉奖”11 名，“白玉兰纪念奖”50 名。

2017 年“上海市荣誉市民”名录

序号	姓名(中文)	姓(英文)	名(英文)	性别	国籍	单位及职务
1	施学理	Chan	Larry	男	菲律宾	上好佳(中国)有限公司董事长
2	潘大为	Preston	David Garth	男	南　非	勃林格殷格翰大中国区(大陆、香港、台湾)首席执行官

2017 年上海市“白玉兰荣誉奖”获得者名录

序号	姓名(中文)	姓(英文)	名(英文)	性别	国籍	单位及职务
1	安博泰	Aspell	Robert Patrick	男	加拿大	嘉吉投资(中国)有限公司总裁嘉吉农产品供应链北亚区总裁
2	陈金秋	Chen	Jinqiu	男	德　国	赢创特种化学上海(有限)公司总经理
3	席　龙	De Groot	Jeroen Bastiaan	男	荷　兰	锦江麦德龙现购自运有限公司中国总裁
4	安东尼奥·杜雅特	Duarte	Antonio	男	法　国	杜雅特涉外经济创兴文化园区主席(创始人)
5	平井康光	Hirai	Yasuteru	男	日　本	三菱商事(中国)有限公司中国总代表
6	严凯鹏	Kreibaum	Jan	男	德　国	科莱恩化工(中国)有限公司大中华及韩国区总裁
7	柯明思	Macpherson	Kenneth	男	英　国	洲际酒店集团大中华区首席执行官、六洲酒店管理(上海)有限公司法人代表
8	森田嘉一	Morita	Yoshikazu	男	日　本	京都外国语大学理事长、总长,日本私立大学协会副会长
9	谢尔盖·马洛佐夫	Morozov	Sergii	男	乌克兰	上海飞机设计研究院特聘专家
10	白　伦	Pratt JR	Leonard Melvin	男	美　国	看东方(上海)传媒有限公司外语频道新闻部高级专家
11	钱惠康	Tsien	Matthew	男	美　国	通用汽车全球执行副总裁,通用汽车中国公司总裁

2017 年上海市“白玉兰纪念奖”获得者名录

序号	姓名(中文)	姓(英文)	名(英文)	性别	国籍	单位及职务
1	洪伟义	Ang	Wee Gee	男	新加坡	吉宝鸿祥管理(上海)有限公司董事长
2	安　克	Anke	Lars	男	德　国	上海瀚堡商务管理咨询有限公司(汉堡驻上海联络处)首席代表
3	荒金信治	Arakane	Nobuharu	男	日　本	日本别府大学名誉教授
4	葛　特	Arts	Gerton Mathijs	男	荷　兰	飞利浦电子技术(上海)有限公司总经理

（续表）

序号	姓名（中文）	姓（英文）	名（英文）	性别	国籍	单位及职务
5	孔宏德	Corne	Peter Howard	男	英　国	美国德汇律师事务所上海代表处首席代表、上海经贸商事调解中心调解员
6	米克拉·多尔诺夫	Dolhov	Mykola	男	乌克兰	中国商用飞机有限责任公司上海飞机设计研究院特聘专家
7	马瑞龙	Fioranelli	Marcelo	男	巴　西	液化空气（中国）总裁兼首席执行官
8	福斯特	Foerst	Maximilian Josef Helmut	男	德　国	卡尔蔡司（上海）管理有限公司总裁
9	郭伟诚	Gas	Philippe	男	法　国	上海迪士尼项目合作企业总经理
10	劳伦斯·何浦林	Helbling	Lorenz	男	瑞　士	香格纳画廊创始人
11	夏伟豪	Hendriks	Wilhelmus Theodorus Gerardus	男	荷　兰	荷兰合作银行有限公司上海分行中国区首席执行官、上海分行行长
12	贺安德	Hodge	Andrew Rishton	男	英　国	礼来（上海）管理有限公司总裁、总经理
13	贺　隽	Hogg	Christian Lawrence	男	英　国	和记黄埔医药（上海）有限公司董事
14	洪原淑	Hong	Wonsook	女	韩　国	上海市闵行区中医医院临床医师
15	黄晨东	Huang	Chendong	男	美　国	上海蔚来汽车有限公司副总裁
16	伊藤幸孝	Ito	Yukitaka	男	日　本	三井住友海上火灾保险（中国）有限公司董事长兼总经理
17	吉　祥	Jereissati Neto	Jean	男	巴　西	百威英博投资（中国）有限公司北亚区总裁
18	乌拉尼亚·卡塔乌塔	Katavouta	Ourania	女	希　腊	上海外国语大学希腊语专业教师
19	柯迪文	Kothrade	Stephan	男	德　国	巴斯夫（中国）有限公司巴斯夫亚太区总裁大中华区总裁兼董事长
20	迈克尔	Kruppe	Michael	男	德　国	上海新国际博览中心有限公司总经理
21	李刚燮	Lee	Gang-seob	男	韩　国	上海市农业科学院客座研究员
22	李国栋	Li	Kwok Tung Donald	男	英　国	复旦大学上海医学院全科医学系荣誉教授
23	李凯恩	Li	Keynes C	男	美　国	如新（中国）日用保健品有限公司、大中华北京代表处首席代表
24	刘淄楠	Liu	Zinan	男	英　国	皇家加勒比国际游轮中国及北亚区总裁

（续表）

序号	姓名(中文)	姓(英文)	名(英文)	性别	国籍	单位及职务
25	陆嘉德	Lu	Jiade Jay	男	美　国	上海市质子重离子医院常务副院长
26	博　龙	Poylo	Joachim	男	法　国	埃顿服务创始人兼集团总裁
27	李　凯	Redinger	Kyle Wesley	男	美　国	英威达尼龙化工(中国)有限公司中间体业务亚太区副总裁
28	杰　夫	Reimers	Jeffrey Robert	男	澳大利亚	上海大学理学院量子与分子国际研究中心主任
29	斯铂涵	Rinderknech	Stephane, Marie	男	法　国	欧莱雅中国首席执行官
30	罗家顺	Ross	Michael	男	英　国	正大集团副董事长、上海帝泰发展有限公司执行副董事长
31	洛塔尔·施耐德	Schneider	Lothar Herbert	男	德　国	科施博格(中国)投资有限公司总裁兼首席执行官
32	马克·习列	Seeley	Mark Elliot	男	美　国	上海中学英语老师
33	佘薇兰	Severin ep. Martin	Anne	女	法　国	法国德尚律师事务所上海代表处首席代表管理合伙人
34	德里克·迪恩	Shepherd	David Derek	男	英　国	上海芭蕾舞团驻团编导
35	雷蒙德·史蒂文斯	Stevens	Raymond Charles	男	美　国	上海科技大学 iHuman 研究所所长、教授
36	孙　洁	Sun	Jie	女	新加坡	携程旅行网首席执行官
37	贾弗郎哥·泰兰齐	Terenzi	Gian Franco	男	圣马力诺	圣马力诺共和国前执政官、圣中友协主席
38	户田光司	Toda	Koji	男	日　本	石川岛(上海)管理有限公司能源系统工程部总经理
39	伊内斯·托马斯	Tomase	Inese	女	拉脱维亚	拉脱维亚对外友好协会会长
40	蔚　蓝	Vallin	Jean-Michel, Henri, Lucien	男	法　国	佛吉亚(中国)投资有限公司佛吉亚集团执行副总裁
41	埃　森	Vermeulen	Anselmus Antonius Maria	男	荷　兰	东华大学学科带头人
42	魏　磊	Walmesley	Christopher	男	英　国	斯必克(上海)流体技术有限公司亚太区运营副总裁
43	王皓峰	Wang	Haofeng, Jean-Francois	男	法　国	梅里埃诊断产品(上海)有限公司大中华区总经理
44	魏正康	Wei	Zheng Kang	男	新西兰	上海绿环机械有限公司总经理

（续表）

序号	姓名(中文)	姓(英文)	名(英文)	性别	国籍	单位及职务
45	吴雄昂	Wu	Allen Xionang	男	美　国	全球执行副总裁兼 ARM 大中国区总裁
46	徐大全	Xu	Daquan	男	美　国	博世(中国)投资有限公司执行副总裁
47	徐学兵	Xu	Xuebing	男	丹　麦	丰益(上海)生物技术研发中心有限公司总经理
48	于　兵	Yu	Bing	男	荷　兰	上海延华智能科技(集团)股份有限公司总裁
49	朱　琳	Zhu	Lin	女	美　国	上海交响乐团大提琴副首席
50	朱裕华	Zhu	Yuhua	男	意大利	上海法拉利俱乐部主席、上海虹桥中意交流中心执行主席

二、中国商贸资料

（一）

2006—2017 年中国进出口贸易额情况表

年份	进出口总额（亿美元）	比上年（±%）	占世贸总额的比重（%）	位次（名）	出口额（亿美元）	比上年（±%）	进口额（亿美元）	比上年（±%）	顺逆差额（亿美元）
2006	17606.9	23.8	7.20	3	9690.8	27.2	7916.1	19.9	1018.8
2007	21738.0	23.5	8.00	3	12180.0	25.7	9558.0	20.8	2622.0
2008	25616.3	17.8	—	3	14285.5	17.2	11330.8	18.5	2954.7
2009	22072.7	-13.9	—	—	12016.7	-16.0	10056.0	-11.2	1960.7
2010	29728.0	34.7	10.00	2	15779.0	31.3	13948.0	38.7	1831.0
2011	36420.6	22.5	—	2	18986.0	20.3	17434.6	24.9	1551.4
2012	38668.0	6.2	10.50	2	20489.0	7.9	18178.0	4.3	2311.0
2013	41600.0	7.6	10.75	1	22096.0	7.9	19504.0	7.3	2592.0
2014	43030.0	3.4	—	1	23427.0	6.0	19603.0	0.5	3824.0
2015	39569.0	-8.0	—	1	22749.5	-2.9	16819.5	-14.2	5930.0
2016	36849.3	-6.8	—	1	20974.4	-7.7	15874.8	-5.5	5099.6
2017	41044.7	11.4	—	—	22634.9	7.9	18409.8	15.9	4225.1

1998—2017 年中国利用外资情况表

年份	总计		年份	总计	
	项目数（个）	实际利用额（亿美元）		项目数（个）	实际利用额（亿美元）
1998	19846	455.82	2000	22347	493.56
1999	17022	526.60	2001	26139	468.46

（续表）

年份	总计		年份	总计	
	项目数(个)	实际利用额(亿美元)		项目数(个)	实际利用额(亿美元)
2002	34171	527.43	2010	27406	1057.00
2003	48081	535.05	2011	27712	1160.10
2004	43664	606.30	2012	24925	1117.00
2005	44011	603.25	2013	22773	1175.86
2006	41473	630.21	2014	23778	1195.60
2007	37872	747.00	2015	26575	1263.00
2008	27514	923.95	2016	27900	1260.00
2009	23435	900.30	2017	35652	1310.40

2017 年中国对外贸易往来前 5 位国别(地区)情况表

排序	国别(地区)	贸易额(亿美元)	比上年(±%)
1	欧　盟	6169.2	12.8
2	美　国	5837.0	12.3
3	东　盟	5148.2	14.0
4	日　本	3029.8	10.3
5	中国香港	2866.0	-6.1

2017 年中国对主要国家和地区货物进出口额及其增长速度表

国家和地区	出口额(亿元)	比上年(±%)	占比(%)	进口额(亿元)	比上年(±%)	占比(%)
欧　盟	25199	12.6	16.4	16543	20.2	13.3
美　国	29103	14.5	19.0	10430	17.3	8.4
东　盟	18902	11.9	12.3	15942	22.8	12.8
日　本	9301	8.9	6.1	11204	16.3	9.0
中国香港	18899	-0.4	12.3	495	-54.9	0.4
韩　国	6965	12.6	4.5	12013	14.4	9.6
中国台湾	2979	12.2	1.9	10512	14.5	8.4
巴　西	1962	35.2	1.3	3974	31.4	3.2
印　度	4615	19.8	3.0	1107	42.4	0.9
俄罗斯	2906	17.8	1.9	2790	31.0	2.2
南　非	1004	18.4	0.7	1649	12.1	1.3

2013—2017 年国内社会消费品零售总额增长情况图

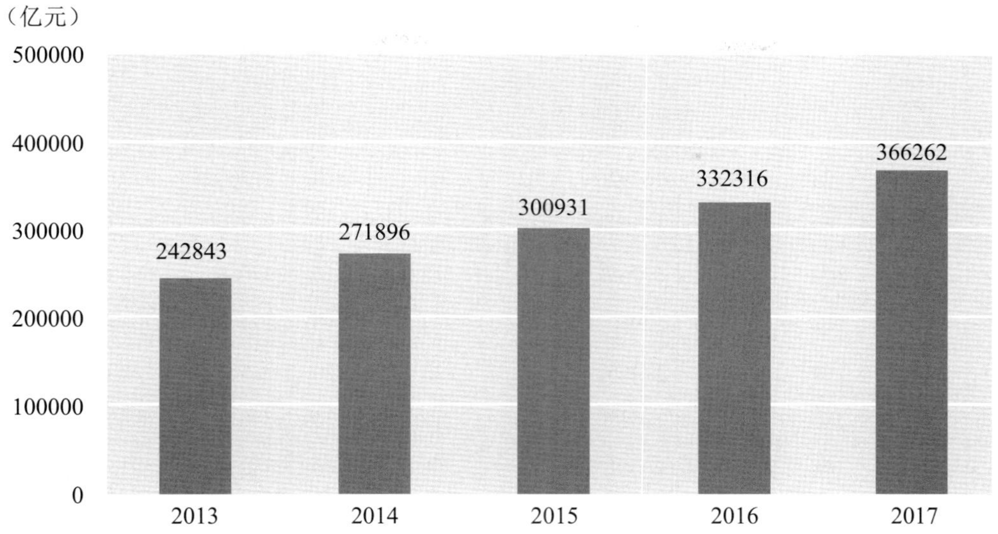

2013—2017 年国内生产总值及其增长速度图

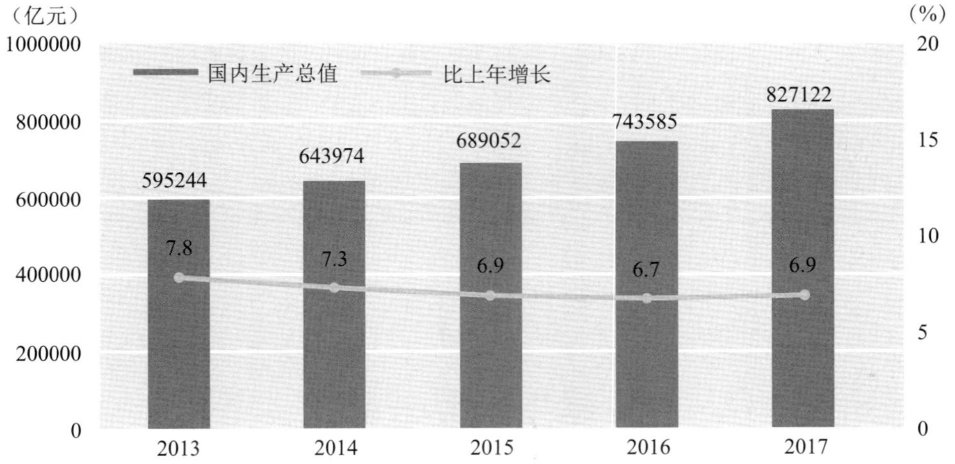

2013—2017 年三次产业增加值占国内生产总值比重图

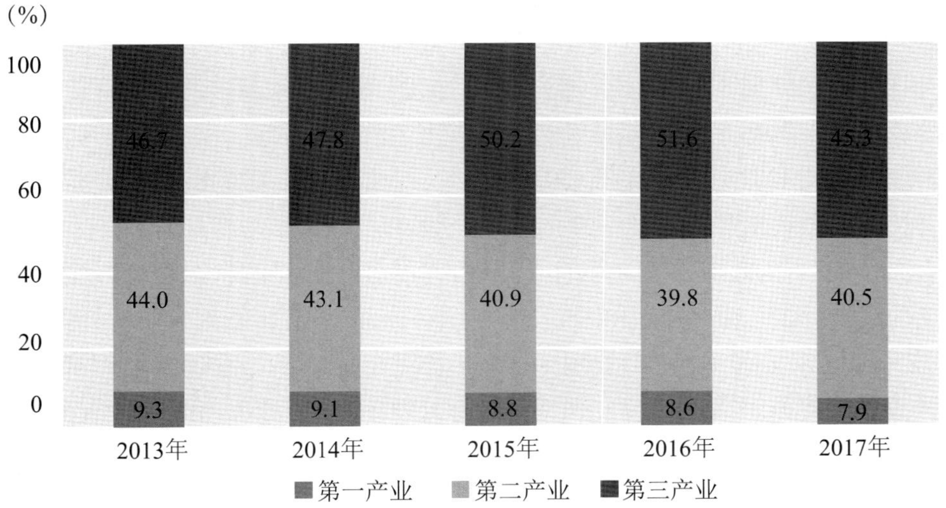

2004—2017 年中国出口商品交易会一览表

年份	届次		到会客商（人）		来自国别和地区（个）		成交额（百万美元）		全年成交额（百万美元）	比上年（±%）
	春季	秋季	春季	秋季	春季	秋季	春季	秋季		
2004	96	96	159717	167926	203	203	24510	27200	51710	107.59
2005	97	98	195464	177000	210	210	29230	29430	56935	10.10
2006	99	100	190011	192691	210	212	32220	34060	66280	16.41
2007	101	102	206749	189500	211	213	36390	37450	73840	11.41
2008	103	104	192013	174562	210	213	38230	31550	75680	2.49
2009	105	106	165436	188170	209	212	26230	34070	60300	-20.32
2010	107	108	203996	200612	212	208	34300	34833	69133	14.65
2011	109	110	207103	209175	209	210	36860	37900	74760	8.14
2012	111	112	210000	188145	213	211	36030	32680	68710	-8.09
2013	113	114	202766	189646	211	212	35540	31690	67230	-2.15
2014	115	116	188119	186104	214	211	31051	29160	60211	-10.44
2015	117	118	184801	177544	216	213	28056	27010	55066	-8.50
2016	119	120	185596	185704	210	213	28084	27890	55974	1.65
2017	121	122	196490	191950	213	213	30020	30160	60180	7.51

（二）

共建“一带一路”

2013 年秋，中国国家主席习近平出访中亚和东南亚国家期间，向世界发出共建“一带一路”的宏伟倡议。4 年来，“一带一路”建设不断推进，成果超出预期。2017 年 5 月，“一带一路”国际合作高峰论坛在北京成功举行，有 29 位外国元首、政府首脑和来自 130 多个国家的约 1500 名各界贵宾，作为正式代表出席论坛。“一带一路”倡议国家合作取得良好的效果，越来越多的国家愿意积极主动地加入到“一带一路”倡议中。

有了这一基础，“一带一路”沿线国家的有关建设不断结出丰硕果实，涌现了一批耀眼的项目，出现了不少有影响中资企业。由此，中国与“一带一路”沿线国家的双边贸易也不断取得新的突破，2017 年达到 7.4 万亿元人民币，比上年增长 17.8%。

“一带一路”建设的推进，改善了当地的基础设施建设，解决了当地人民的就业与民生问题，使得越来越多的沿线国家对中资企业产生了浓厚的兴趣。

全国各有关省市积极参与“一带一路”建设，以广东省参与度最高，列首位；华东地区参与度水平整体较高，四省市均位列前十。我国与“一带一路”沿线国家往来不断加深，双方交流进一步深化，与沿线 53 个国家的 707 个城市分别缔结友好城市，平均每个省市缔结 23 个。

1. “一带一路”沿线的重大项目

中国承建北非最长隧道贯通

甘塔斯隧道项目位于首都阿尔及尔以西

100 公里，是阿尔及利亚北方干线铁路的控制性工程，该隧道设计为分离式双洞单线隧道，左线长 7346 米，右线长 7335 米，共计 14.68 公里。2009 年 7 月 18 日开工，2017 年 10 月 30 日正式贯通。

该隧道围岩主要以被称为“工程师的灾难”的膨胀性的泥灰岩为主，间杂页岩等软岩，总体地质条件较差，增加了施工难度。经过中国铁建广大技术人员的不断攻关，最终解决了强膨胀泥灰岩地质的相关问题。

隧道贯通当天，现场民众载歌载舞，热烈欢呼，很多人热泪盈眶。阿尔及利亚公共工程和交通部部长阿布代勒哈尼·扎拉内致辞说：这条线路建成后，将大大方便沿线居民的出行和货运，阿尔及尔到奥兰的行程将从原来的 4 小时缩短至 2 小时。并对中国铁建中土集团做出的辛苦努力表示敬意。

“一带一路”改变波兰苹果市场布局

2016 年 6 月，习近平主席对波兰进行国事访问期间，波兰总统杜达请习近平主席到特色农产品展架前并当起了“推销员”，希望将波兰苹果销往中国。同年 11 月 23 日，杜达总统和波兰果农的愿望成真，首批出口到中国的波兰苹果运抵成都。此后，波兰苹果陆续登陆重庆、上海、广东等地，打入中国市场，受到中国消费者的青睐。

波兰苹果的中国之旅，是“一带一路”建设给两国民众带来的实实在在的收获之一。它改变了波兰苹果市场布局。

波兰首都华沙以南 30 多公里，有连绵不断的大片苹果园，果园深处，有一家名为拉赛迪的苹果公司。拉赛迪公司是由当地 200 多户果农签约加盟组成的合作社。

他们出口到中国的苹果直径在 13 厘米以上，青红相间，口感脆甜，表里俱佳，都是最好的双色苹果。拉赛迪公司总裁米哈乌·拉豪维奇说，他们的苹果自 2016 年 12 月开始向重庆出口后，最开心的就是公司的签约果农了。

波兰是欧洲第一、世界第三大苹果生产国，年产苹果超过 400 万吨，80% 用来出口，在过去两年里，波兰苹果由于销售不旺，出口量迅速下跌，果农损失惨重。

中国市场的开放，是送给波兰果农最好的礼物。安杰伊·瓦什凯维奇是拉赛迪公司的签约果农，他家每年生产 10 多吨苹果。他说，波兰苹果从施肥、疏花、修剪、采摘都是机械化操作，近两年苹果出口受阻，而波兰国内市场消化能力有限，致使价格压得太低，连成本都收不回来，不少干脆弃收，烂在果园里。现在好了，有了中国这个巨大的市场，波兰果农今后不再发愁啦！

得益于中国提出的“一带一路”倡议，波兰苹果进入中国市场，彻底改变了波兰苹果的市场布局，波兰很多苹果公司正在积极调整销售战略。拉赛迪公司的苹果汁也已卖到了中国。

中企承建越南首条轻轨将于 2018 年正式运营

由中铁六局承建的越南首都河内吉灵至河东城市轻轨项目将于 2018 年正式运营。这条轻轨不仅将成为中国轻轨走进越南的第一条轻轨，也是越南全国的第一条轻轨，是越南民众最为期待的一个轻轨项目。越南民众对这条具有里程碑意义的中国轻轨翘首以待。

吉灵至河东线是河内市轨道交通线网中的一条交通主干线，线路全长 13.02 公里，全线均采用高架方式建造，共设置 12 座车站。项目总投资约 6.5 亿美元，资金主要来源是中国提供的“两优贷款”。项目最大的特点就是全部工程采用中国标准。项目从规划设计、技术标准、施工规范，到工程设备采购、安装施工、工程监理，全部按照中国标准实施。该轻轨项目的建成，对于完善河内城市路网功能、缓解交通压力、拓展城市发展空间以及带动当地经济发展具有十分重要的意义。

吉灵至河东城市轻轨建设项目克服了四个方面的困难：第一，由于两国在设计理念、工作流程、技术成熟度等方面的差异，项目管理程序差异大；第二，全线“高架”，且处于繁忙街道中央，施工难度大；第三，河内雨季时间长，且存在台风、暴雨、高温等恶劣天气，项目受气候条件影响大；第四，当地施工人员采用中国施工工艺，技艺生疏。

至 2017 年 11 月，该线路轨道已经铺设完毕并具备了基本运行条件。在此前提下，项目部开通了临时工程车用于运送项目所需的建筑材料，同时也作为向当地媒体和民众进行展示的一个临时“窗口”。

中巴走廊首台机组正式发电

卡西姆港燃煤电站是“中巴经济走廊”首个落地能源项目。该项目建成后能极大缓解巴基斯坦电力短缺现状，为巴基斯坦经济发展和改善人民生活提供持续的电力能源供应。

卡西姆电站无论是在世界还是在中国，都是极为先进的火电站。该电站位于卡拉奇市东卡西姆港工业园内，是中国电建与卡塔尔王室 QINVEST 公司按照股比 51% ：49% 比例共同投资建设的混合所有制项目，总投资 20.85 亿美元，建设 2 台 660MW 超临界机组，工期为 36 个月。

巴基斯坦能源结构非常不合理，2014 年天然气占 4 成多，燃油占 5 成以上，燃煤只占 0.5%，经济发展和居民生活建立在天然气和燃油为基础的能源，整个国家的生活成本很高。但南非和印度尼西亚是全球煤炭的主要输出国，而且离巴基斯坦最南端的卡拉奇港非常近，在卡拉奇卡西姆港建燃煤电站非常有利。建成后将会创造最大的经济效益，实现多赢局面。

卡西姆燃煤电站设备 99% 以上来自中国，这都是我们国内最好的。机组完全适应巴基斯坦气候炎热的特点，在 31.8℃以上高温条件下，机组依然具有良好性能。并首次在巴基斯坦燃煤电厂采用的海水淡化水源作为全厂的生产、生活用水，首次实现了全厂淡水废水零排放，淡水污水废水全部回收综合利用。

为让卡西姆电站最终要交给巴基斯坦人自己运营管理，中方一直对当地人进行培训。计划 5 年之后，操作岗位中巴人员配备之比，由现在的 1 ∶ 1 变成 2 ∶ 8，也就是 2 个中国人，8 个巴基斯坦人，逐步过渡到以巴基斯坦人为主进行运行管理。”

中乌天然气管道新调控中心项目开工

中乌天然气管道新布哈拉调控中心项目于 2017 年 12 月在乌兹别克斯坦布哈拉市举行开工仪式。这标志着中乌两国在“一带一路”建设中的又一个重点合作项目正式启动。

新布哈拉调控中心项目是中乌天然气管道项目 C 线工程建设的一部分，是管道全线的管理和指挥枢纽，对管道全线进行监视、控制、调度和管理，有效加强中乌天然气管道全线调控和管道运行管理职能。

自 2009 年按期建成 A 线并通气以及随后相继建成 B、C 线并投产以来，中乌天然气管道项目已安全运行超过 2900 天，成功实现了中乌两国政府和石油企业的合作目标，为促进中乌经济合作发挥了巨大作用。

项目总承包商中石油管道局选派一流团队，全力以赴，严格履行合同义务，高标准、高质量完成建设任务。

中企承建埃及新首都中央商务区

2017 年 10 月 11 日，中国建筑股份有限公司（中建股份）与埃及住房部签署了埃及新首都中央商务区项目总承包合同，合同金额 30 亿美元。

埃及新首都项目是埃及政府目前正在实施的头号重点工程，其成功实施将极大缓解开罗的人口及交通压力，打造埃及政府新的政治及金融中心，为埃及吸引外资创造良好环境，有力带动苏伊士运河经济带和红海经济带的开发，助推埃及国家复兴计划的实现。

新首都中央商务区（CBD）项目位于新首都一期核心区，总占地面积约 50.5 万平方米，包括 1 栋 345 米高的非洲第一高楼、12 栋高层商业办公楼、5 栋高层公寓楼和 2 栋高档酒店，共计 20 个高层建筑单体及配套市政工程，总建筑面积约 170 万平方米，合同工期 43 个月。

埃及是“一带一路”倡议的重要支点国家。新首都中央商务区项目的成功承接，是中建股份在“一带一路”沿线国家取得的又一重大经营成果，也是迄今为止中资企业在埃及市场上承接的最大项目，其成功实施将打造中埃两国合作的典范。

中塞经济合作典范：百年钢厂重生

斯梅代雷沃市位于塞尔维亚中部，城市规模不大，有一家塞尔维亚最大但面临生存危机的钢厂——斯梅代雷沃钢厂。2016 年来自中国河钢集团让斯梅代雷沃钢厂发生了历史性变迁。

2002 年，美国钢铁联盟从塞尔维亚政府手中接手了斯梅代雷沃钢厂。但由于国际市场竞争激烈以及经营管理等问题，2012 年，美国钢铁联盟退出这个钢厂，并把钢厂的所有权交还给塞尔维亚政府。为了维持钢厂的运营，塞尔维亚政府不得不每年向钢厂提供补贴，仍然连年亏损，内外交困。2016 年 4 月，中国河钢集团以 4600 万欧元的价格收购了这家“百年钢厂”，改名为河钢塞尔维亚公司。

塞尔维亚是我国“一带一路”倡议重要的沿线国家之一，也是我国企业在“一带一路”框架下走出去的重点方向之一。塞尔维亚政府也正在寻求战略合作伙伴、寻求买家。河钢收购斯梅代雷沃钢厂，实现了企业经济行为与落实国家“一带一路”倡议的高度契合和有机统一。

从 2015 年开始，河钢集团就开始对斯梅代雷沃钢厂进行全方位的细致调研。了解到斯梅代雷沃钢厂长期处于亏损的原因主要在于上下游，也就是原料供给和产品销售渠道的脱节，以及长期产能闲置所造成的管理涣散和生产效率低下。而河钢在欧洲自有的上下游交易平台以及现代化管理经验则可以有效弥补这些短板，保证收购的成功。

河钢集团决定，接收钢厂后保留所有的 5000 多名员工，同时，全面将生产线开动起来。2016 年 5 月，河钢看到欧洲钢铁市场有回暖的趋势，做出了重启已经停产多年的 2 号高炉的决定，恢复双高炉生产。到了 2016 年 7 月，钢材、钢坯、热轧等产品的产量与上一年相比，提高了七成到八成。而与此同时，市场销售也稳中向好，生产多少就能销售多少，真正实现了产销两旺。所以从 2016 年 7 月起，钢厂就大幅度实现了减亏。

收购以后，河钢向斯梅代雷沃钢厂已经派遣了 11 批、累计近 200 人的技术团队，帮助斯梅代雷沃钢厂提升技术，解决在设备、信息化、工艺等多方面存在的问题。截至 2016 年底，河钢斯梅代雷沃钢厂已经开始实现盈利，亏损多年的斯梅代雷沃钢厂已经成为一个正常运营的企业，而且已经开始由政府补贴变成向政府上缴税收。2017 年，河钢斯梅代雷沃钢厂计划将产量提升到 200 万吨，预计产值将达 8 亿美元，实现利润 2000 万美元。

中企助缅甸百年油田重获生机

在缅甸仰光西北的仁安羌油田和稍埠油田，分别是目前缅甸陆上第一大和第三大油田，是缅甸最古老的两大油田。这两个油田在第二次世界大战前因高产而极负盛名，但是战后产量大幅下滑，辉煌不再。

2011 年，中国北方工业公司下属的振华石油控股有限公司（简称振华石油）出资收购法国 Geopetrol 公司 100% 股权，获得仁安羌和稍埠油田提高石油采收率合同 40% 的权益，进行勘探、开发、生产作业。振华石油与合作方印尼 Interra 公司每两年轮换项目国家经理，项目的技术支持则全部由振华石油成都研究中心提供。两个油田的年产量从 2011 年的 11 万吨提高到高峰时期 2014 年的 17. 5 万吨。

离稍埠油田作业井架不远处的一个山脚下，工人们正在钻井平台进行射孔施工，很快一口新井就会在这里诞生。

过去这两个油田可能两三年才钻一口新井，2011 年振华石油进入后一年就钻了 12 口井，2014 年达到了 29 口。钻井速度也创造了油田诞生以来最快纪录，钻一口井只需要 7 天。2014 年缅甸能源部曾经号召其他钻井队向振华石油学习。

振华石油为缅甸百年油田引入了先进的设备和技术，特别是开采伊洛瓦底江下油藏的施工工艺和开采技术。2013 年,项目公司招标引进了 ZJ-750 钻机和定向井钻井设备,2014 年开始大规模实施定向井钻井和横渡伊洛瓦底江钻井,开发了蓝妮哇区块沉睡于江底下的富集油气藏。

两个百年油田由于中国经验、中国技术和中国速度,充盈着新的活力。仁安羌油田和稍埠油田目前年产量占缅甸国内陆上原油总产量的42%,尤其是2014 年产量在26 年后再创新高,产量达到缅甸国内陆上原油产量的45%。

中巴经济走廊最大风电项目竣工投产

自2013 年习近平主席提出"一带一路"倡议后,获得了沿线国家的热烈响应。中国与巴基斯坦迅速达成了建设"中巴经济走廊"的共识,并于2014 年正式进入实际建设阶段。

巴基斯坦当地时间2017 年8 月13 日,中巴重要合作项目竣工和开工揭牌仪式以及双边合作文件签字仪式在伊斯兰堡举行,联合新能源巴基斯坦吉姆普尔风电项目作为中巴经济走廊中竣工项目的代表位列其中。这个巴基斯坦和中巴经济走廊目前最大的风电项目,正是由一家民营企业——中国东方集团投资控股有限公司设计规划并投资建设而成。

多年来,巴基斯坦一直面临能源短缺的问题,尤其是电力短缺已经成为巴基斯坦经济发展的掣肘因素。针对巴基斯坦能源极度短缺的国情,中巴经济走廊在设计之初就确定将能源电力项目作为建设重点和优先方向。

风电项目具有建设周期短、见效快的特点,有助于短期内缓解巴基斯坦的电力紧缺问题,因此,风电正成为中巴能源合作的重要突破口。经过16 个月的建设期,中国东方集团投资控股有限公司联合新能源巴基斯坦吉姆普尔风电项目于2017 年6 月成功竣工投产,正式进入商业运行。

吉姆普尔风电项目位于巴基斯坦卡拉奇市以东北100 里的"风资源走廊"之内,总装机容量为99MW(兆瓦),占地面积约14 平方公里。包括66 座风机,每个风机高达140 米。风机塔身全部在巴基斯坦生产制造,带动了当地的经济发展。

2017 年6 月15 日,吉姆普尔风电完成168 小时试运行,6 月16 日凌晨零点正式进入商业运行,成为中巴经济走廊第一批成功并网的项目之一。项目年发电量可达27478.2 万千瓦时,将惠及当地50 万户家庭用电,有力缓解巴基斯坦当地的电力短缺局面。

中塔共建最大合作项目"中塔工业园"扩建升级

中国、塔吉克斯坦决定建立全面战略伙伴关系的鼓舞下,中国贸促会直属企业中国国际经济合作投资公司与上海海成集团签署战略合作协议,将中国在塔建设的首个工业园区、塔中共建最大合作项目"中塔工业园"扩建升级,建设"塔吉克斯坦北部有色金属产业园区",进一步提升中塔双方在矿业合作领域的广度深度。

"中塔工业园"是2014 年9 月中国国家主席习近平对塔吉克斯坦进行国事访问期间,由习近平主席与塔吉克斯坦总统拉赫蒙共同见证,由上海海成集团与塔吉克斯坦工业和新技术部签署合作备忘录确定的建设项目。园区以塔中矿业的矿山为依托,向矿山上下游延伸产业链。作为中塔工业园的首个入园项目,塔中矿业冶炼厂近期即将竣工,使塔方精炼铅、锌、铜的水平提高了20 倍,填补了塔有色金属冶炼领域的多项空白。

根据塔方发展需要和建议,该合作项目又获得进一步扩建升级。塔中双方将"中塔工业园"提升为"塔吉克斯坦北部有色金属产业园区",园区由现69 公顷的范围进一步扩大,建设一园多区,范围覆盖塔国北部地区,引进有实力的中资企业,共同进行资源综合开发。作为一个综合型产业园区,将形成600 万吨的年采选处理能力,年产铜、铅、锌等金属35 万吨,形成矿山资源开发、矿山服务配套、上下游企业及其他相关企业集群。园区将吸纳塔国近万人的就业,有效推动塔吉克斯坦的工业现代化,促进中塔两国的经贸合作,加速推动"一带一路"倡议在中亚地区的落地。

塔吉克斯坦北部矿产资源储备丰富，全国铅锌矿床90%以上集中在塔北部地区，上海海成集团将积极借助塔北部丰富的矿产资源禀赋，在中国贸促会和中国国际经济合作投资公司的支持下，继续扩大投资，与塔方共建“塔吉克斯坦北部有色金属产业园区”，实现“一带一路”建设同塔吉克斯坦“2030年前国家发展战略”的深度对接。

2. 参与“一带一路”建设的中资企业

“一带一路”建设倡议以来，我国与50多个沿线国家签署了双边投资协定，与50个相关国家签署了避免双重征税协议，并积极商签标准化合作协议、签证便利化协议等各类合作文件，共同为企业开展产能和投资合作营造良好环境。

企业是参与“一带一路”建设的实施主体和中坚力量，我国企业参与“一带一路”建设热情高涨。商务部数据显示，2016年中国企业在“一带一路”沿线国家新签对外承包工程项目合同较上年增加4171份，增长104.5%；新签合同额增加333.9亿美元，增长36.0%。2017年1—7月，中资企业在沿线国家新签对外承包合同2946份，新签合同额780.9亿美元，同比增长32.6%。

国家信息中心综合考虑企业性质、企业规模、参与程度等因素，确定包括跨国企业、《财富》世界500强榜单中的中国大陆企业以及重点民营企业在内的国内204家企业参与测评。对上述企业参与“一带一路”相关的因素进行提取和分析，得出了“一带一路”企业影响力榜单。如下表：

排名	企业名称	排名	企业名称
1	国家电网公司	21	马钢(集团)控股有限公司
2	国家电力投资集团公司	22	海航集团
3	中国石油天然气集团公司	23	比亚迪股份有限公司
4	中国石油化工集团公司	24	绿地控股集团股份有限公司
5	阿里巴巴(中国)有限公司	25	美的集团股份有限公司
6	中国铁道建筑总公司	26	广东粤海控股集团有限公司
7	中国中车股份有限公司	27	河北津西钢铁集团股份有限公司
8	华为技术有限公司	28	联想控股股份有限公司
9	中国银行	29	中天钢铁集团有限公司
10	中国移动通信集团公司	30	河钢集团有限公司
11	碧桂园控股有限公司	31	北京汽车股份有限公司
12	北京建工集团有限责任公司	32	恒大集团
13	北京首都创业集团有限公司	33	东风汽车集团股份有限公司
14	腾讯控股有限公司	34	海信集团有限公司
15	中国华电集团公司	35	万达集团
16	国泰人寿保险股份有限公司	36	中国海洋石油总公司
17	华侨城集团公司	37	中国交通建设集团有限公司
18	交通银行	38	中国化工集团公司
19	中国电力建设集团有限公司	39	上海复星高科技(集团)有限公司
20	光明食品(集团)有限公司	40	中国建设银行

（续表）

排名	企业名称	排名	企业名称
41	上海建工集团股份有限公司	46	京东集团
42	三一集团	47	广州汽车集团股份有限公司
43	广东省航运集团有限公司	48	广州越秀集团有限公司
44	中国农业银行	49	TCL 集团股份有限公司
45	江西铜业集团公司	50	山东如意集团

《"一带一路"大数据报告(2017)》显示，影响力排名前 50 名的企业中，民营企业占 42%，央企和地方国企分别占 36% 和 20%。国家发改委西部开发司巡视员欧晓理指出，在"一带一路"建设上，民企是主力军也是生力军。在不同领域，国企和民企有着各自不同的优势，比如在基础设施建设这种重资产的领域，国企力量有优势，在产业园区的建设等方面，民企的优势更大，民营企业将在政府引导下成为"一带一路"建设的重要力量。

"一带一路"企业影响力排名前 50 企业的性质示意图

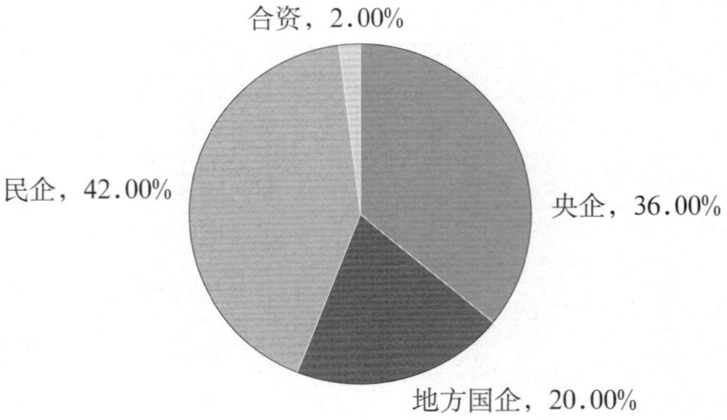

3. 参与"一带一路"建设中资企业的行业分布

根据《"一带一路"大数据报告(2017)》公布的"一带一路"最具影响力的前 50 家企业名单，可以看出，这 50 家企业中涉及制造、建筑、金融这三类的企业影响力较大，同时互联网 IT 类的企业呈异军突起态势。

"一带一路"企业影响力排名前 50 名企业的行业分布示意图

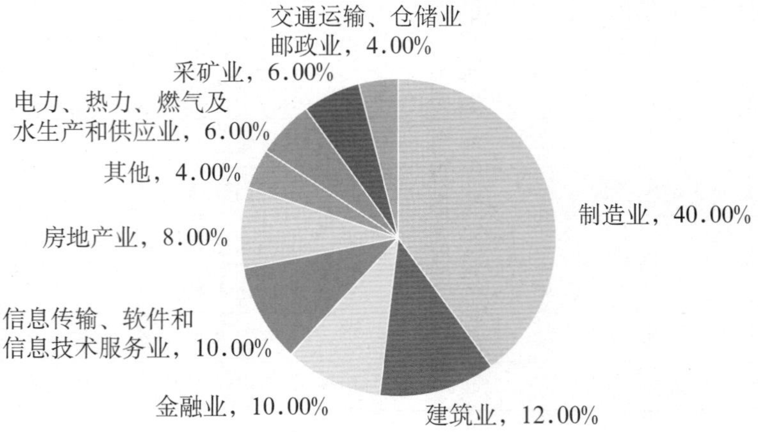

最具影响力的前50家企业名单中，制造业领域的代表性企业有中国中车股份有限公司、中国化工集团公司、东风汽车集团股份有限公司、河钢集团有限公司、江西铜业集团公司等。其中，作为轨道交通装备制造领域龙头企业，中国中车近年来屡获海外大额订单，2016年以来累计合同金额达400亿元。2017年4月，中国中车青岛四方机车车辆股份有限公司参与的中印尼高铁承包商联合体与印尼相关方签订印尼雅万高铁项目总承包合同，合同总金额约324亿元，负责提供350公里高速动车组，总价约25.1亿元。

最具影响力的前50家企业名单中，建筑业领域的代表性企业有中国铁道建筑总公司、中国交通建设集团有限公司、北京建工集团有限责任公司等。2016年，中国企业在“一带一路”沿线国家对外承包工程新签合同额1260.3亿美元，占同期中国对外承包工程新签合同额的51.6%；完成营业额759.7亿美元，占同期总额的47.7%。

最具影响力的前50家企业名单中，金融业领域的代表性企业有中国银行、中国建设银行、交通银行、中国农业银行等。金融业为“一带一路”倡议落地引入源头活水。打通“一带一路”金融大动脉，有利于促进“一带一路”金融需求和金融供给的有效对接，形成稳定、可持续、风险可控的金融保障体系，为“一带一路”倡议落地引入源头活水。目前，中国银行在“一带一路”沿线20个国家设立了海外机构，并与当地500家机构建立了代理行关系。截至2017年3月末，中国银行在“一带一路”沿线共跟进境外重大项目约460个，项目总投资额超过4372亿美元，提供意向性授信支持超过1005亿美元。

互联网企业异军突起，中国创造助力品牌出海拓展。其代表性企业为阿里巴巴（中国）有限公司、华为技术有限公司、腾讯控股有限公司、联想控股股份有限公司、京东集团等这些互联网IT类企业源源不断地将“中国创造”“中国产品”带到沿线各国，助力中国品牌出海拓展，推动沿线国家经济社会发展，同时也获得了较高的社会影响力。

4. 参与“一带一路”建设的各省市

“一带一路”倡议提出后，国内各省区市立足自身优势，抓住对外开放新机遇，积极参与“一带一路”建设，不断深化合作领域，推进全方法对外开放。

至2017年，全国有30省区市已建立“一带一路”管理机构；有31个省区市出台“一带一路”战略对接方案；有24个省区市出台了各类相关政策。各省区市“一带一路”参与度，2016年排名前五名的为广东、浙江、上海、

我国与沿线国家达成的友好城市关系数量前20名国家示意图

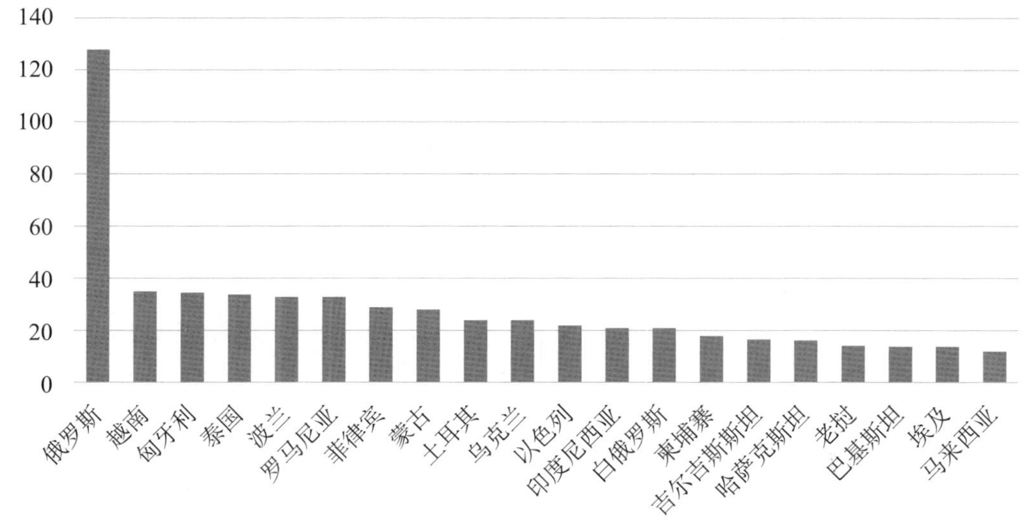

天津和福建。2017 年福建省提升至第二名，同年广西、新疆也进入前十名。从区域看，华东地区遥遥领先，四省市均位列前十。

截至 2017 年 5 月 18 日，我国各地与沿线 53 个国家的城市分别缔结友好城市关系共计 707 个，平均每个省区市缔结 23 个。

其中，广西与沿线国家缔结 59 个友好城市，占据总数的 8.35%，位居全国第一；其次是山东、广东、江苏、新疆。从区域看，华南地区与沿线国家缔结友好城市关系数量最多，总数达 144 个；相比之下，西南地区数量最少，区域内各省区市可借助自身资源优势，与具有共性和互补性的沿线节点城市建立长期、稳定和多层次、宽领域的友好合作关系，全面加强各领域的优势互补和交流合作。

友好城市数量高于平均数的省、自治区、直辖市示意图

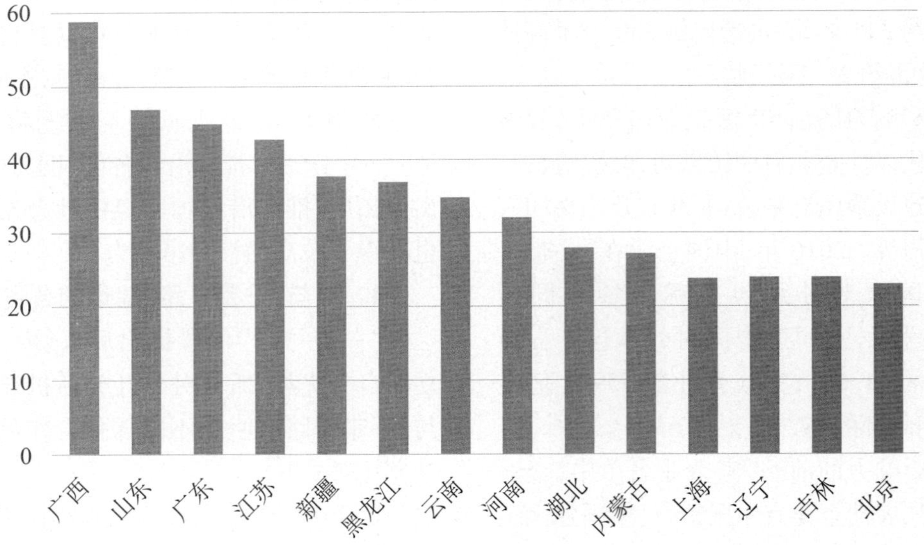

从企业地域分布来看，参与"一带一路"建设的企业地域分布不均衡，影响力较大的企业多位于北京、广东、上海等发达省市，其数量明显多于中、西部地区。

"一带一路"企业影响力排名前 50 名企业的省市分布示意图

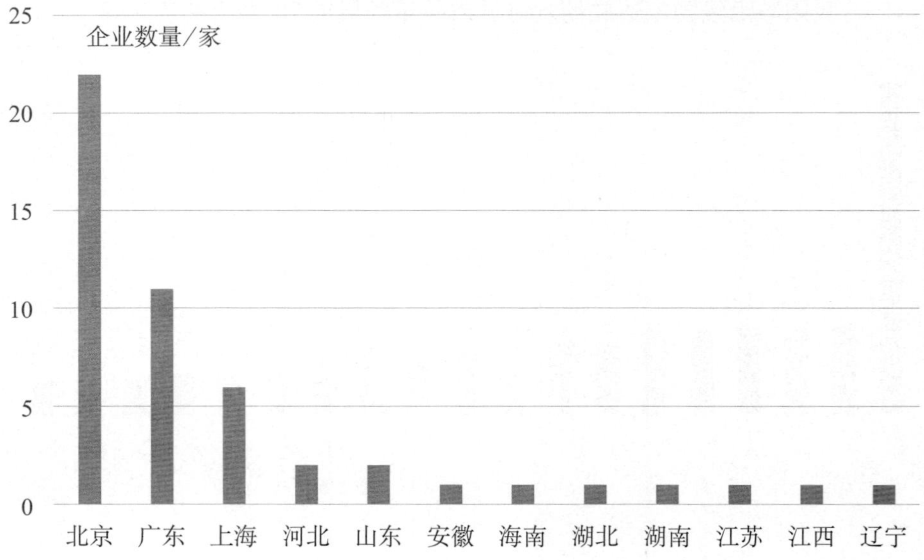

5.“一带一路”建设推进宽领域多层次的人才交流

随着“一带一路”建设的推进,我国与沿线国家的往来不断加深,中外文化交流、人才交流与文化合作也日益加深,使各国人民在共建“一带一路”进程中相逢、相知、相融。

2016 年 4 月,我国提出实施“一带一路”教育行动,充分发挥在“一带一路”人才建设中的重要作用。未来 5 年,每年资助 1 万名沿线国家新生来华学习或研修,并在未来 3 年内每年向沿线国家公派留学生 2500 人。之后教育部先后与甘肃、宁夏、福建、广西、海南、贵州、云南、新疆 8 省签署了“一带一路”教育行动国际合作备忘录。浙江、河北、海南等 10 省市出台了共建“一带一路”教育行动计划及具有本地特点的“一带一路”人才培养计划和方案。

截至 2016 年 12 月,国内 60 多所高校出台教育对外开放规划;8 个“一带一路”沿线国家和地区的 47 所高校成立“一带一路”高校联盟,有 126 个成员;国内有 24 所高校成立专门的“一带一路”研究机构或学院,西安交大发起的丝绸之路大学联盟,已有 35 个国家和地区的 135 所高校参与联盟。我国与沿线高校和学术机构在教育领域的合作与交流得到不断深化。

人才交流进程中,孔子学院已成为人才交流区域的重要平台。截至 2016 年底,我国在沿线 51 个国家共设立 135 所孔子学院和 130 个中小学孔子课堂,2016 年注册学员 46 万人,文化活动受众 270 万人,分别比上年增长 37.3% 和 14%,是全球增长速度最快的地区之一。

人才交流指标得分在平均分以上的国家示意图

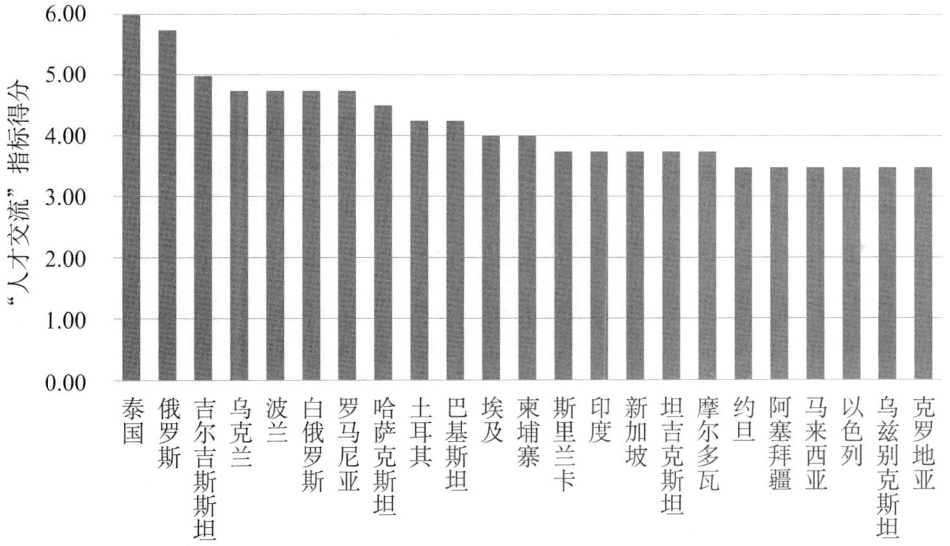

(三)

“一带一路”沿线 65 个国家和地区概况

蒙古: 截至 2013 年,蒙古国国土面积为 156.65 万平方公里,人口为 294 万人。蒙古国经济以畜牧业和采矿业为主,1997 年 1 月加入世界贸易组织。蒙古国出口主要为矿产品、纺织品和畜产品等;进口主要有矿产品、机器设备、食品等。GDP(2013 年)总计:125.45 亿美元;人均 GDP:4418 美元。

伊朗: 总面积为 164.82 万平方公里,约

7847 万人口(2015 年)。伊中两国在经贸合作上,中国是伊朗在亚洲的第一大贸易伙伴,也是世界第三大贸易伙伴。伊朗是亚洲主要经济体之一,经济实力位居亚洲第七位。以石油开采业为主,另外还有炼油、钢铁、电力、纺织、汽车制造、机械制造、食品加工、建材、地毯、家用电器、化工、冶金、造纸、水泥和制糖等,但基础相对薄弱,大部分工业原材料和零配件依赖进口。主要出口商品为油气、金属矿石、皮革、地毯、水果、干果及鱼子酱等,主要进口产品有粮油食品、药品、运输工具、机械设备、牲畜、化工原料、饮料及烟草等。GDP(2013 年)总计:4946.87 亿美元;人均 GDP:6433 美元。

伊拉克:国土面积约 43.7 万平方公里,约 3258 万人口(2014 年 4 月)。伊拉克地理条件得天独厚,石油、天然气资源十分丰富,石油工业是经济主要支柱。主要出口原油、天然气、椰枣、化肥等,进口各种生产资料、粮食等生活必需品。GDP(2015 年估计)总计:2400 亿美元;人均 GDP:6491 美元(2013 年)。

土耳其:国土面积约 78.3562 万平方公里,约 7769.59 万人口(2014 年)。土耳其是北约成员国,又为经济合作与发展组织创始会员国及二十国集团的成员。拥有雄厚的工业基础,为发展中的新兴经济体,亦是全球发展最快的国家之一。土耳其矿物资源丰富,主要有硼、铬、铁、铜、铝矾土及煤等,三氧化二硼和铬矿储量均居世界前列。在生产农产品、纺织品、汽车、船只及其他运输工具、建筑材料和家用电子产品皆居领导地位。农产品和工业产品在主要出口商品中大致各占一半。出口:电力、服装、食品、纺织品、金属制品、运输设备。进口:机械、石油、化学制品、半成品、燃料、运输设备。GDP(2013 年)总计:8221.49 亿美元;人均 GDP:10972 美元。

叙利亚:总面积为 18.518 万平方公里,约 2240 万人口(2012 年 7 月)。经济来源主要是农业、石油、加工业和旅游业,石油正面临枯竭的境况。GDP(2010 年)总计:599.57 亿美元;人均 GDP:2802 美元。

约旦:国土面积 89342 平方公里,其中陆地面积 88802 平方公里,海洋面积 540 平方公里,约 663 万人口(2014 年 7 月)。中方对约主要出口机械设备、电器及电子产品、纺织服装。从约旦主要进口钾肥。约旦是发展中国家,经济基础薄弱,资源较贫乏,可耕地少,依赖进口。国民经济主要支柱为侨汇、外援和旅游。主要进口原油、机械设备、电子电器、钢材、化学制品、粮食、成衣等。主要出口服装、磷酸盐、钾盐、蔬菜、医药制品和化肥等。约旦政府致力于改善投资环境,不断制定和完善投资法规,积极吸引外资,尤其鼓励外商在约旦工业区投资办厂。GDP(2013 年)总计:335.94 亿美元,人均 GDP:5021 美元。

黎巴嫩:面积 10452 平方公里,约 458 万人口(2014 年)。中国对黎主要出口商品是机电类产品、纺织品、电子设备、汽车类、家具等,从黎进口商品主要是废金属等产品。外贸在黎国民经济中占有重要地位,政府实行对外开放与保护民族经济相协调的外贸政策,制定配套措施,提供充分保障,开展经济外交,引进资金。出口商品主要有蔬菜、水果、金属制品、纺织品、化工产品、玻璃制品和水泥等。GDP(2011 年)总计:413 亿美元,人均 GDP:10989 美元。

以色列:总面积为 2.5 万平方公里,约 813 万人口(2014 年 1 月)。以色列是中东地区最为工业化、经济发展程度最高的国家。以色列有着发展成熟的市场经济,但政府也作一定的管理。以色列属于混合型经济,工业化程度较高,以知识密集型产业为主,高附加值农业、生化、电子、军工等部门技术水平较高。GDP(2014 年)总计:3041.94 亿美元;人均 GDP:37043 美元。

巴勒斯坦:实际控制面积约 2500 平方公里,约 510 万人口(2015 年)。目前巴共有各种工业企业 4000 家。巴工业主要是加工业,如制革、塑料、橡胶、化工、食品、石材、大理石和人造石板、制药、造纸、印刷、建筑、纺织、制衣和家具等。农业是巴经济支柱。水果、蔬菜和橄榄(油)是外贸出口的重要部分,占出口产品的25%。GDP(2014年)总计:33.3亿美元;人均GDP:928美元。

沙特阿拉伯:国土面积225万平方公里,约2838万人口(2013年)。沙特阿拉伯是世界上最大的大麦进口国,年均进口约600万吨。水果自给率达到60%。畜牧业主要有绵羊、山羊、骆驼等。主要农产品有:小麦、玉米、椰枣、柑橘、葡萄、石榴等。沙特的谷物自给率比较低,只有20%多,依靠大量进口才能满足需求。沙特阿拉伯的金融体系完善发达。沙特的旅游业也比较发达。沙特政府鼓励私有经济的发展,以减少国家经济对石油出口的依赖,同时为快速增长的人口提供更多的就业机会。沙特阿拉伯也使用大量外籍劳工。经济发展以工业为重点,石油和石化工业是国民经济的命脉,是主要的经济来源。出口主要为石油及其制品,占出口额的90%,是世界上最大的石油输出国,还出口有椰枣、畜产品;输入主要为粮食、糖、茶和纺织品等。GDP(2013年)总计:7452.73亿美元,人均GDP:24847美元。

也门:国土面积55.5万平方公里,约2595.6万人口(2014年)。也门是世界上经济最不发达的国家之一。也门经济发展主要依赖石油出口收入。已探明的石油可采储量约60亿桶,天然气可采储量约5000亿立方米。也门未参加任何石油组织,因而不受国际石油组织配额限制,在生产上较具自主性。GDP(2013年)总计:367.25亿美元,人均GDP:1500美元。

阿曼:面积30.95万平方公里,约395.7万人口。石油、天然气产业是阿曼的支柱产业,油气收入占国家财政收入的75%,占国内生产总值的41%。工业以石油开采为主,如今开始重视天然气工业。实行自由和开放的经济政策,利用石油收入大力发展国民经济,努力吸引外资,引进技术,鼓励私人投资。为逐步改变国民经济对石油的依赖,实现财政收入来源多样化和经济可持续发展,政府大力推动产业多元化、就业阿曼化和经济私有化,增加对基础设施建设的投入,扩大私营资本的参与程度。主要出口石油和天然气,约占国家财政总收入的75%,非石油类出口有铜、化工产品、鱼类、椰枣及水果、蔬菜等。进口机械、运输工具、食品及工业制成品等。GDP(2012年)总计:775.6亿美元,人均GDP:2.88万美元。

阿联酋:总面积为83600平方公里,约840万人口(2014年10月)。阿拉伯联合酋长国的石油和天然气资源非常丰富。截至2014年,已探明石油储量为133.4亿吨,占世界石油总储量的9.5%,居世界第6位;天然气储量为214.4万亿立方英尺(6.06万亿立方米),居世界第5位。1995年,阿拉伯联合酋长国加入世界贸易组织。阿联合酋长国与179个国家和地区有贸易关系。外贸在经济中占有重要位置。阿联合酋长国主要出口石油、天然气、石油化工产品、铝锭和少量土特产品;主要进口粮食、机械和消费品。GDP(2012)总计:3825亿美元,人均GDP:66625美元。

卡塔尔:总面积约11437平方公里,约234.45万人口(2015年)。卡塔尔拥有相当丰富的石油和天然气资源,天然气的总储量为全世界第三名。石油、天然气是卡经济支柱。政府大力投资开发天然气,将其作为经济发展的重中之重,卡是世界第一大液化天然气生产和出口国。此外,卡还将发展非石油、天然气工业作为实现国民收入多元化和摆脱对石油依赖的主要途径,注重吸引外资和技术;鼓励发展农业,免费向农民提供种子、化肥和农业机械,号召植树造林,扩大耕地面积。卡塔尔主要出口产品石油、液化气、凝析油合成氨、尿素、乙烯等,主要进口产品是机械和运输设备、食品、工业原材料及轻工产品、药品等。GDP(2013年)总计:2024.5亿美元,人均GDP:105995美元。

科威特:全国面积17818平方公里,约396.5万人口(2013年)。对外贸易在科威特经济中占有重要地位。出口商品主要有石油和化工产品，石油出口占出口总额的 95%。进口商品有机械、运输设备、工业制品、粮食和食品等。GDP（2011 年）总计：1766.67 亿美元，人均 GDP：47,982 美元。

巴林：国土面积 750 平方公里，约 131.65 万人口（2014 年）。巴林是海湾地区最早开采石油的国家。2010 年巴开始向多元化经济发展，建立了炼油、石化及铝制品工业，大力发展金融业，成为海湾地区银行和金融中心。粮食主要靠进口，本地农产品的供给量仅占巴食品需求总量的 6%。主要农产品有水果、蔬菜、家禽、海产品等。GDP（2013 年）总计：320.79 亿美元，人均 GDP：24617 美元。

希腊：总面积为 131957 平方公里，其中 15% 为岛屿，约有 1500 多个岛屿，约 1079 万人口。希腊属欧盟经济欠发达国家之一，经济基础较薄弱，工业制造业较落后。海运业发达，与旅游、侨汇并列为希外汇收入三大支柱。希腊同 100 多个国家有贸易关系，德国、意大利、英国、保加利亚、俄罗斯和中国为其主要贸易伙伴，欧盟成员国是其最大贸易伙伴。占其进出口总额的 64% 以上，其中德国约占 22%。主要出口商品为食品、烤烟、石油产品、纺织品、橄榄油、水泥等。主要进口商品为原材料、石油及石油产品、天然气、日用品和交通运输设备等。GDP（2013 年）总计：2417 亿美元，人均 GDP：21913 美元。

塞浦路斯：面积 9251 平方公里，约 115.54 万人口（2013 年）。塞浦路斯的法律制度以英国法制为基础，系统为大部分国际金融家所熟悉。该国的立法程序与欧盟的规范接轨，最终在 2004 年加入欧盟。当局移除对外国直接投资的限制，在许多情况下容许外商拥有 100% 股权。塞浦路斯证券交易所开放外国证券投资。主要出口商品为医药用品、柑橘、服装、奶酪、酒类及部分轻工产品和农产品。主要进口矿产品、机械、运输设备、贱金属及其制品、化学工业及相关工业产品等。

埃及的西奈半岛：面积 61000 平方公里，西奈半岛的地下资源丰富，锰矿储量估计有 900 万至 1400 万吨，还有煤、石膏、云母、粘土、铜、磷酸盐、铁和稀有金属钴、铅、锌等。自 1910 年在丹卡赫山发现石油以来，如今许多地方，尤其是沿苏伊士湾海岸一带发现了新油田，成了埃及的重要石油基地。有石油、煤、锰、铁、铜等，所产石油占埃及石油总产量的四分之一。埃及政府把西奈列为优先开发的地区。

印度：面积为 298 万平方公里，人口为 12.73 亿人（2015 年）。印度是世界上发展最快的国家之一，经济增长速度引人瞩目。若以同等购买力来衡量，印度 2011 年国内生产总值 4.457 兆美元，与日本并列世界排行第三，仅次于美国、中国；但是若以美元汇率评估，印度的国内生产总值仅有 1.676 兆美元，世界排行第 11 位，和人口只有 2300 万人的已发展国家澳洲相差无几。印度年成长率为 5.8%，并于 2011—2012 年间达 6.1%。社会财富在印度这样一个发展中国家极度不平衡，全国 10% 的人口掌控全国 33% 的收入。由于印度人口众多，平均国民生产总值很低，2011 年，印度平均国内生产总值（购买力平价）为 3694 美元，列世界的第 129 位；美元汇率则为 1389 美元，为世界第 140 位。1991 年以前，受社会主义计划经济影响，经济政策采行贸易保护主义，印度政府过分干预劳工及金融市场并监管商业活动，由于 1991 年印度经济危机，加上苏联解体，新国大党政府使印度开始实行经济自由化改革，借由外国贸易及直接投资，逐步转型为自由市场，印度的经济规模获得了较快速度的增长。主要出口商品为：制成品主要包括纺织品、珠宝、机械产品、化工产品、皮革、手工艺品等；初级产品主要包括农产品和矿产品；石油类产品主要包括成品油、原油和石油产品等。主要进口商品为：石油产品，电子产品，金银，机械，化工产品。GDP（2013 年）总计：1.877 万亿美元，人均 GDP：1877 美元。

巴基斯坦：全国领土为 880254 平方公里（包括巴控克什米尔地区），人口约 1.97 亿人,是世界第六人口大国。巴基斯坦煤炭资源丰富。根据巴基斯坦地质调查局(GSP)的估算,巴基斯坦的煤炭资源量在1850亿吨左右,其中1840亿吨在信德省,占全国总量的99.5%。巴基斯坦的主要矿藏储备有:天然气4920亿立方米、石油1.84亿桶、煤1850亿吨、铁4.3亿吨、铝土7400万吨,还有大量的铬矿、大理石和宝石。森林覆盖率4.8%。巴基斯坦的经济结构由主要是农业为基础转变为服务业为基础。农业只贡献国内生产总值的20%;而服务业占53%,批发和零售贸易占这个产业的30%。巴基斯坦最大的工业部门是棉纺织业,其他还有毛纺织、制糖、造纸、烟草、制革、机器制造、化肥、水泥、电力、天然气、石油等。巴政府一直努力加速工业化,扩大出口,缩小外贸逆差。与90多个国家和地区有贸易关系。主要进口石油及石油制品、机械和交通设备、钢铁产品、化肥和电器产品等。主要出口大米、棉花、纺织品、皮革制品和地毯等。GDP(2012年)总计:2318.79亿美元,人均GDP:1296美元。

孟加拉国:国土总面积约为14.75万平方公里,总人口1.5805亿多人。孟加拉国是世界上最不发达的国家之一,经济基础薄弱,国民经济主要依靠农业。孟加拉国政府积极推行私有化政策、改善投资环境、吸引外国投资、创建出口加工区。孟加拉国是仅次于印度的世界第二大黄麻生产国,同时也是世界第一大黄麻出口国。GDP(2013年)总计:1410.88亿美元,人均GDP:801.28美元。

阿富汗:总面积为65.23万平方公里,约2650万人口。阿富汗同60多个国家和地区有贸易往来。阿富汗是最落后国家之一。历经30多年战乱,经济破坏殆尽,交通、通讯、工业、教育和农业基础设施遭到的破坏最为严重,生产生活物资短缺,曾有600多万人沦为难民。主要出口商品有天然气、地毯、干鲜果品、羊毛、棉花等。主要进口商品有各种食品、机动车辆、石油产品和纺织品等。GDP(2013年)总计:207.2亿美元,人均GDP:678美元。

斯里兰卡:国土面积为65610平方公里,人口总数为2033万人。斯里兰卡的经济以农业为主,而该国最重要的出口产品是锡兰红茶。该国为世界三大产茶国之一,因此国内经济深受产茶情况的影响。在自由化进程中,增长速度持续加快。斯里兰卡最大优势在于矿业和地理位置,它是一个宝石富集的岛屿,世界前五名的宝石生产大国,被誉为“宝石岛”。所以在经济初期阶段,矿业让它有不少初期发展优势,每年宝石出口可以达5亿美元的出口值,红宝石、蓝宝石及猫眼最出名。实行自由外贸政策,除政府控制石油外,其他商品均可自由进口。主要出口商品有纺织品、服装、茶叶、橡胶、椰子和石油产品。这些年来,出口贸易结构发生根本变化,由过去的农产品为主转变为以工业产品为主。GDP(2013年)总计:672亿美元,人均GDP:3280美元。

马尔代夫:总面积9万平方公里(含领海面积),陆地面积298平方公里,人口约39.35万人。旅游业、船运业和渔业是马尔代夫经济的三大支柱。强调发展国民经济,实行小规模开放型经济政策。坚持在保护环境的基础上,发挥自身资源优势,积极吸收国外资金与援助,加快经济发展。马尔代夫主要出口商品为海产品和成衣,主要进口商品为食品、石油产品、纺织品和生活用品。GDP(2011年)总计:29.31亿美元,人均GDP:6764美元(2013年)。

尼泊尔:总面积147181平方公里,人口总数为2803.7904万人(2015年)。尼泊尔属于农业国,80%国民从事农业生产,农业总产值约占GDP的40%。90年代起,尼泊尔开始实行以市场为导向的自由经济政策,但因政局多变和基础设施薄弱,收效不明显。尼泊尔经济严重依赖外援,预算支出的三分之一来自外国捐赠和贷款。主要进口商品是煤、石油制品、羊毛、药品、机械、电器、化肥等,主要出口商品是蔬菜油、铜线、羊绒制品、地毯、成衣、皮革、农产品、手工艺品等。GDP(2012年)总计:189.63亿美元,人均GDP:623.6美元。

不丹:面积 38394 平方公里,2012 年,人口总数为 73.6453 万人。中国大陆与不丹未建交,中国台湾地区也未与不丹建立官方交往,但关系一直友好(在所有邻国中,不丹是唯一一个未与中国建交的国家)。不丹主要出口产品为电力、化学制品、木材、加工食品、矿产品等。主要进口产品为燃料、谷物、汽车、机械、金属、塑料等。GDP(2014)总计:20.92 亿美元,人均 GDP:2730 美元。

哈萨克斯坦:面积为 272.49 万平方公里,人口有 1695 万人(2014 年 8 月 1 日)。哈萨克斯坦的自然资源非常丰富,截至 2014 年已探明的矿藏有 90 多种。煤、铁、铜、铅、锌产量丰富,被称为'铀库',此外里海地区的油气资源也十分丰富。1984 年产煤 12570 万吨,商品铁矿石 2400 万吨。钨储量占世界第一位,铬和磷矿石占第二位。铜、铅、锌、钼和磷的储量占亚洲第一位。此外,铁、煤、石油、天然气的储量也较丰富。已探明的石油储量达 100 亿吨,煤储量为 39.4 亿吨,天然气储量为 11700 万亿立方米。森林和营造林 2170 万公顷。地表水资源 530 亿立方米。耕地大部种植以春小麦为主的粮食作物,还产棉花、甜菜、烟草等。哈萨克斯坦经济以石油、天然气、采矿、煤炭和农牧业为主,加工工业和轻工业相对落后。大部分日用消费品依靠进口。哈萨克斯坦独立后实施经济改革,分阶段推行市场经济和私有化。主要出口商品:矿产品占 75%(包括石油及石油产品),金属及其制品占 13.1%,化学制品塑料和橡胶占 4.2%,动植物产品和成品粮占 3.4%,机械、设备、交通工具、仪器和仪表占 1.4%,其他占 2.9%。主要进口商品:机械、设备、交通工具、仪器和仪表占 40%,化工产品(包括橡胶和塑料)占 12.9%,矿产品占 12.7%,金属及其制品占 12.3%,动植物产品和成品粮占 9.5%,其他占 12.2%。GDP(2013 年)总计:2248.58 亿美元,人均 GDP:13048 美元。

乌兹别克斯坦:面积为 44.74 万平方公里,有 3007.5 万人口(2013 年 4 月)。乌兹别克斯坦自然资源丰富,是独联体中经济实力较强的国家,经济实力次于俄罗斯,乌克兰,哈萨克斯坦。国民经济支柱产业是"四金":黄金、"白金"(棉花)、"黑金"(石油)、"蓝金"(天然气)。但经济结构单一,加工工业较为落后。农业、畜牧业和采矿业发达,棉花产量占前苏联的 2/3,生丝产量占前苏联生丝产量的 49%,洋麻产量占前苏联的 90% 以上,羊羔皮、蚕茧和黄金产量分别占前苏联的 2/3、1/2 和 1/3。轻工业不发达,62% 的日用品依靠其他共和国提供。矿产资源丰富,矿产资源储量总价值约 3.5 万亿美元。乌兹别克斯坦工业在中亚地区举足轻重,天然气、机械制造、有色金属、黑色金属、轻纺和丝绸等工业都比较发达。出口产品有:天然气、油类、电力、棉花、黄金、能源产品、矿物肥料、黑色金属和有色金属、纺织品、食品、机械、汽车。进口产品有:油类、电力、机器及设备、食品、化学制品、黑色金属和有色金属。GDP(2013 年)总计:567.36 亿美元,人均 GDP:1892 美元。

土库曼斯坦:面积 49.12 万平方公里,约 683.6 万人口(截至 2011 年底)。土库曼斯坦经济结构单一,长期以来一直是苏联的原料供应地,以种植业和畜牧业为主。主要出口产品有:天然气、石油制品、皮棉;主要进口产品有:粮食、肉类、轻工业品。GDP(2013 年)总计:411.42 亿美元,人均 GDP:7853 美元。

塔吉克斯坦:面积为 14.31 万平方公里,全国总人口 816.04 万人。塔经济基础薄弱,结构单一。塔政府决定,自 1997 年 3 月 1 日起,对进入塔境内的商品实行统一关税,税率 10%。对享受塔临时优惠方案的发展中国家,给予进口关税减半待遇,中国可享受关税减半待遇。塔出口商品主要是非贵重金属及其制品,占出口总额的 54.6%;进口以交通工具机械设备、矿产品及化工产品为主,分别占进口总额的 20.8%、22.8% 和 15.4%。GDP(2013 年)总计:85.06 亿美元,人均 GDP:1036 美元。

吉尔吉斯斯坦:面积为 19.99 万平方公

里，总人口593.54万人（2015年）。国民经济以多种所有制为基础，农牧业为主，工业基础薄弱，主要生产原材料。自独立之初，吉就主张对外贸易自由化。任何个人、企业和组织都有权从事进出口贸易业务。吉出口产品主要为贵金属、化学物品和农产品等，主要进口石油产品、二手汽车、服装、化工产品、天然气等。GDP（2011年）总计：72.26亿美元，人均GDP：1264美元。

新加坡：新加坡的土地面积是718.3平方公里，截至2014年6月，新加坡常住总人口临时数字为547万人，其中334万人属于新加坡公民和53万个"永久居民"，新加坡属外贸驱动型经济，以电子、石油化工、金融、航运、服务业为主。GDP（2014年）总计：3080.5亿美元，人均GDP：56319美元。

马来西亚：马来西亚国土面积330257平方公里，总人口2994.9万人。马来西亚是相对开放的以国家利益为导向与新兴工业化市场经济体。马来西亚是一个农业与自然资源出口国，石油是主要的出口，是世界上最大的棕榈油生产商；是世界上最大的磁盘驱动器生产国；胶乳和橡胶工业都是马来西亚的经济强项。主要进口机械运输设备、食品、烟草和燃料等。GDP（2013年）总计：3400.02亿美元，人均GDP：11122美元。

印度尼西亚：印度尼西亚陆地面积约190.4万平方公里，海洋面积约316.6万平方公里（不包括专属经济区）。印尼人口超过2.48亿人（2013年）。印尼是东南亚国家联盟创立国之一，也是东南亚最大经济体及20国集团成员国。印尼的石油、天然气和锡的储量在世界上占有重要地位。印尼镍储量约为560多万吨，居世界前列。金刚石储量约为150万克拉，居亚洲前列。此外，铀、镇、铜、铬、铝矾土、锺等储量也很丰富。外贸在印尼国民经济中占重要地位，政府采取一系列措施鼓励和推动非油气产品出口，简化出口手续，降低关税。GDP（2013年）总计：9104.79亿美元；人均：GDP3500美元。

缅甸：缅甸面积约67.85万平方公里，约5141.9万人口（2014年）。中缅经贸合作取得长足发展，合作领域从原来单纯的贸易和经援扩展到工程承包、投资和多边合作。双边贸易额逐年递增。对缅主要出口成套设备和机电产品、纺织品、摩托车配件和化工产品等，从缅主要进口原木、锯材、农产品和矿产品等。为扩大从缅甸的进口，中国先后两次宣布单方面向缅甸共计220个对华出口产品提供特惠关税待遇。GDP（2013年）总计：594.27亿美元，人均GDP：915美元。

泰国：泰国面积约51.312万平方公里，2014年，总人口6450万人。锡是泰国最重要的矿产，储量150万吨，居世界之首。泰国是一个新兴经济体和被认为是一个新兴工业化国家，对外贸易在国民经济中具有重要地位。主要出口产品有：汽车及零配件、电脑及零配件、集成电路板、电器、初级塑料、化学制品、石化产品、珠宝首饰、成衣、鞋、橡胶、家具、加工海产品及罐头、大米、木薯等。主要进口产品有：机电产品及零配件、工业机械、电子产品零配件、汽车零配件、建筑材料、原油、造纸机械、钢铁、集成电路板、化工产品、电脑设备及零配件、家用电器、珠宝金饰、金属制品、饲料、水果及蔬菜等。GDP（2013年）总计：3872.16亿美元，人均GDP：5673美元。

老挝：老挝国土面积为23.68万平方公里，约680万人口（2014年）。经济以农业为主，工业基础薄弱。1994年4月21日，老挝国会颁布的新修订的外资法规定，政府不干涉外资企业事务，允许外资企业汇出所获利润；外商可在老挝建独资、合资企业，享5年免税优惠。2004年，老挝继续补充和完善外商投资法，放宽矿产业投资政策。GDP（2011年）总计：100.99亿美元，人均GDP：1490美元（2013年）。

柬埔寨：国土面积为18.1万平方公里，约1480万人口（2012年6月）。柬埔寨是传统农业国，贫困人口占总人口28%。柬政府实行对外开放的自由市场经济，推行经济私有化和贸易自由化，把发展经济、消除贫困作为首要任务。2003 年 9 月，柬加入世界贸易组织。主要出口产品为服装、鞋类、橡胶、大米、木薯；主要进口产品为燃油、建材、手机、机械、食品、饮料、药品和化妆品等。GDP（2013 年）总计：432 亿美元，人均 GDP：2776 美元。

越南：陆地面积 329556 平方公里，约 9158.3 万人口（2015 年）。越南属发展中国家。2006 年，越南正式加入 WTO，并成功举办 APEC 领导人非正式会议。2013 年，越南 10 亿美元以上的主要出口商品有 9 种，分别为：煤炭、橡胶、纺织品、石油、水产品、鞋类、大米、木材及木制品、咖啡。4 种传统出口商品煤炭、橡胶、石油、纺织品均在 40 亿美元以上，其中纺织品为 90 亿美元。主要进口商品有：摩托车、机械设备及零件、纺织原料、成品油、钢材、皮革。GDP（2013 年）总计：1705.65 亿美元，人均 GDP：1901 美元。

文莱：总面积为 5765 平方公里，约 39.3 万人口（2013 年）。文莱是东南亚主要产油国和世界主要液化天然气生产国。石油和天然气的生产和出口是国民经济的支柱，文莱主要出口原油、液化天然气、甲醇等，进口机器和运输设备、工业品、食品、化学品等。GDP（2011 年）总计：155.33 亿美元，人均 GDP：48333 美元。

菲律宾：总面积为 29.97 万平方公里，共有大小岛屿 7000 多个，约 1 亿人口（2014 年）。菲律宾宣称奉行独立的外交政策，在平衡、平等、互利、互敬的基础上发展同所有国家的政治经济关系。实行出口导向型经济模式，第三产业在国民经济中地位突出，农业和制造业也占相当比重。GDP（2013 年）总计：2720.17 亿美元，人均 GDP：2794 美元。

俄罗斯：面积 1709.82 万平方公里，总人口 1.431 亿（2012 年 4 月 1 日）。开展全方位外交，以独联体为战略重点，以与西方关系、特别是与欧洲关系为优先，同时加强亚太外交，加大对中、印等亚太大国的借重。其宗旨是积极推动多极化进程，力主重振俄大国地位，突出维护国家利益，着眼点是为俄国内经济复兴创造有利的外部条件。2000 年普京执政至今，俄经济快速回升，连续 8 年保持增长（年均增幅约 6.7%），外贸出口大幅增长，投资环境有所改善，居民收入明显提高。工业主要工业部门有机械、冶金、石油、天然气、煤炭及化工等；轻纺、食品、木材加工业较落后；航空航天、核工业具有世界先进水平。财政金融总体趋好。俄主要出口商品是石油和天然气等矿产品、金属及其制品、化工产品、机械设备和交通工具、宝石及其制品、木材及纸浆等。主要进口商品是机械设备和交通工具、食品和农业原料产品、化工品及橡胶、金属及其制品、纺织服装类商品等。GDP（2014 年）总计：1.81 万亿美元，人均 GDP：13017 美元。

乌克兰：国土面积为 60.37 万平方公里，人口 4555 万人（2013 年 1 月 1 日）。2011 年，乌同 216 个国家和地区有贸易联系，对外商品贸易总额为 1510 亿美元，同比上升 34.7%，其中出口 684 亿美元，同比上升 33%，进口 826 亿美元，同比上升 36%，逆差 142 亿美元。乌主要出口国分别为俄罗斯（28.9%）、土耳其（5.4%）、意大利（4.4%）等，主要进口国为俄罗斯（35.2%）、中国（9.2%）、德国（8.3%）等。主要出口产品为黑色金属及其制品、无机化学材料、化肥、木材、纺织品、铝制品、机车等，主要进口产品有天然气、石油、地面交通设备、纸张、塑料制品、药品、粮食和车床等。GDP（2013 年）总计：1778.4 亿美元，人均 GDP：3911 美元。

白俄罗斯：总面积 20.76 万平方公里，人口 946.81 万人（2014 年）。白俄罗斯工业基础较好。机械制造业、冶金加工业、机床、电子及激光技术比较发达和先进；农业和畜牧业较发达，马铃薯、甜菜和亚麻等产量在独联体国家中居于前列。出口商品结构：矿产品（占出口总额的 37.9%），机械设备和交通运输工具（15.7%），化工产品和橡胶（18.2%），黑色金属及制品（6.9%），食品及农副产品（10.8%），其他（10.5%）。进口商品结构：矿产品(占进口总额的40.3%),机械设备和交通运输工具(22.6%),黑色金属及制品(8.8%),化工产品和橡胶(12.4%),食品及农副产品(8.2%),其他(7.7%)。GDP(2013年)总计:717.44亿美元,人均GDP:7579美元。

格鲁吉亚:国土面积6.97万平方公里,人口总数为448.38万人(2013年1月)。格鲁吉亚致力于建立自由市场经济,接受国际货币基金组织、世界银行和欧美国家指导和援助,大力推进经济改革,进一步降低各种税率及关税,加快结构调整和私有化步伐,改善基础设施和投资环境,增加吸引外资。2012年格对外贸易总额为102.2亿美元,同比增长11%。其中出口23.8亿美元,同比增长9%;进口78.4亿美元,同比增长11%。格前十大贸易伙伴依次是土耳其、阿塞拜疆、乌克兰、中国、德国、俄罗斯、美国、保加利亚、亚美尼亚和意大利。2012年格对华贸易额为5.9亿美元(中国海关统计数字为7.74亿美元),同比增长7.3%,占格对外贸易总额5.8%。GDP(2013年)总计:161.26亿美元,人均GDP:3597美元。

阿塞拜疆:面积8.66万平方公里,全国总人口947.7万人。当局积极实施经济发展多元化战略,大力扶持非石油领域经济发展,促进各领域均衡发展,实施以大规模基础设施和电讯业建设拉动经济的政策,阿经济抵御各种风险的能力增强。主要出口产品有:石油和石油产品、天然气、水果蔬菜、黑色金属及制品、化工产品、烟酒等。主要进口产品有:机械设备、食品、交通工具及配件、黑色金属及制品、木材、药品、家具和日用品等。GDP(2013年)总计:735.61亿美,人均GDP:7913美元。

亚美尼亚:面积为2.98万平方公里,总人口为327.43万人。主要出口产品为宝石及其半加工制品、食品、非贵重金属及其制品、矿产品、纺织品、机械设备等。主要进口产品为矿产品、食品、化工产品等。主要贸易伙伴为俄罗斯、中国、德国、保加利亚、乌克兰、荷兰、比利时、美国、英国、伊朗、阿联酋等。GDP(2013年)总计:104.17亿美元,人均GDP:3447美元。

摩尔多瓦:全国面积为3.38万平方公里,总人口数为355.76万人(2014年)。摩尔多瓦国土面积的80%是黑土高产田,适宜农作物生长,盛产葡萄、食糖、食油和烟草等,曾是前苏联水果和浆果、玉米、向日葵和蔬菜等农作物的生产基地之一。摩尔多瓦的工业基础薄弱。GDP(2013年)总计:79.33亿美元,人均GDP:2229美元。

波兰:全国面积为3.13万平方公里,人口数量为3850.1万人(2012年3月22日)。波兰工业发达,2009年的人均GDP达到11288美元,采矿业以煤及褐煤最重要,煤炭储量居欧洲前列。主要矿产有煤、硫磺、铜、锌、铅、铝、银等。琥珀储量丰富,价值近千亿美元,是世界琥珀生产大国,有几百年开采琥珀的历史。欧盟是波兰的最大贸易伙伴,2003年,波兰与欧盟的贸易额占其外贸总额的64.5%。德国、法国、意大利、荷兰、英国、俄罗斯、中国、捷克、瑞典和比利时是波兰的主要贸易伙伴。GDP(2013年)总计:5175.43亿美元,人均GDP:13432美元。

立陶宛:国土面积为6.53万平方公里,人口约295.82万人(2013年)。工农业比较发达。独立后通过企业私有化走向市场经济,经济形势基本平稳。工业是立陶宛的支柱产业,主要由矿业及采石业、加工制造业以及能源工业三大部门组成。工业门类比较齐全,以食品、木材加工、纺织、化工等为主,机械制造、化工、石油化工、电子工业、金属加工工业等发展迅速,生产的高精度机床、仪表、电子计算机等产品行销全世界80多个国家和地区。主要出口商品是矿产品和纺织品,主要进口商品是矿产品和机电产品。GDP(2013年)总计:459.28亿美元,人均GDP:15526美元。

爱沙尼亚:面积45227平方公里,全国总人口131.2万人。世界银行将爱沙尼亚列为高收入国家。由于其高速增长的经济,爱沙尼亚经常被称作“波罗的海之虎”。主要进口商品类别依次为:机械设备、电子产品及其零部件等占25.6%,矿产品占14.9%,车辆、航空及船舶占12.2%,五金及其制品占9.7%,化工或相关产业产品占6.7%等。主要出口商品类别依次为:机械设备、电子产品及其零部件等占23.9%,矿产品占16.2%,木材及木制品占9.3%,五金及其制品占9.3%,车辆、航空及船舶占6.8%等。GDP(2013年)总计:244.83亿美元,人均GDP:18307美元。

拉脱维亚:全国总面积64589平方公里,截至2013年,拉脱维亚总人口为204万人。拉脱维亚的工业在波罗的海三国居首位,农业居第二位。拉脱维亚主要工业门类:电子产品、机器制造、食品、轻工、纺织、建材、化工、木材加工等。支柱产业有采矿、加工制造及水电气供应等。GDP(2014年)总计:327.64亿美元,人均GDP:16340美元。

捷克:国土面积78866平方公里,人口有1056万人。捷克主要有机械制造,化工,冶金,纺织,制鞋,木材加工,玻璃制造和啤酒酿造等工业部门。捷克实行贸易自由化政策,取消了外贸的国有垄断,放开外贸经营权,取消进出口商品限制。根据捷克《贸易法典》只要在法院和工商局注册的企业,都有外贸经营权。外贸在捷克经济中占有重要位置,国内生产总值80%依靠出口实现。GDP(2014年)总计:2015.47亿美元,人均GDP:19123美元。

斯洛伐克:面积为49037平方公里,全国总人口541.6万人。主要工业部门有钢铁、食品、烟草加工、石化、机械、汽车等。主要农作物有大麦、小麦、玉米、油料作物、马铃薯、甜菜等。畜牧业比较发达。GDP(2014年)总计:990.31亿美元,人均GDP:18067美元。

匈牙利:国土面积为93030平方公里,全国总人口987.9万人。自然资源比较贫乏,主要矿产资源是铝矾土,其蕴藏量居欧洲第三位。此外有少量褐煤、石油、天然气、铀、铁、锰等。匈牙利已进入发达国家行列,工业基础较好。匈根据本国国情,研发和生产一些有自己特长的和知识密集型产品,如计算机、通讯器材、仪器、化工和医药等。匈采取各种措施优化投资环境,是中东欧地区人均吸引外资最多的国家之一。农业基础较好,在国民经济中占重要地位,不仅为国内市场提供丰富的食品,而且为国家挣取大量外汇。主要农产品有小麦、玉米、甜菜、马铃薯等。旅游业比较发达。匈牙利进口的主要产品有:石油、天然气、汽车零部件、计算机设备、汽轮机、测量仪器;出口的产品有:电子产品、机械设备、交通工具(非铁路)以及化工产品等。GDP(2013年)总计:1302.48亿美元,人均GDP:13165美元。

斯洛文尼亚:国土面积20273公里,共有206.29万人口(2013年)。斯洛文尼亚属高等发达国家,有着非常好的工业、科技基础。出口在国民经济中占有重要地位,出口产值占国民生产总值的一半以上。主要贸易对象是欧盟国家,其次为原南地区和中欧自由贸易协定国。主要出口运输车辆、电力设备、机械设备、服装、家具、药品和制药设施、有色金属制品等。主要进口石油制品、生活用品、食品、钢铁、纺织品等。GDP(2013年)总计:468.49亿美元,人均GDP:22711美元。

克罗地亚:总面积56594平方公里,总人口429.1万人(2011年)。为高收入市场经济体。克罗地亚经济以第三产业为主,第二产业为副,旅游业是国家经济的重要组成部分。克罗地亚是原南地区经济较为发达的国家,经济基础良好,旅游、建筑、造船和制药等产业发展水平较高。克罗地亚工业以造船、食品加工、制药、资讯科技、生化、木材加工为主。旅游业发达,是国经济的重要组成部分和外汇收入的主要来源。GDP(2013年)总计:578.59亿美元,人均GDP:13596美元。

波黑:总面积5.12万平方公里,人口总数387.58万人(2013年7月)。波黑在南斯拉夫时期便是联邦内较贫穷的地区之一,独立后又发生了内战,经济受到严重损害。战争结束后至今,波黑经济正在渐渐复苏,同时还要进行从计划经济到市场经济的转型。主要出口商品有铝锭、矿产品、木材、机械产品等。主要进口商品有机械、食品、石油、化工、交通工具等。GDP(2008年)总量184亿美元,人均约0.48万美元。

黑山:面积1.38万平方公里,人口总数62万人(2011年)。黑山制造业薄弱,大量的工业产品、农产品、能源及日用消费品依赖进口。其物价水平偏高,常用物品供应正常,但蔬菜品种较少。黑山出口货品主要是金属,而进口货品主要是粮食、石油和电能。GDP(2014年)总计:42.8亿美元,人均GDP:6881美元。

塞尔维亚:面积为88361平方公里,人口164万人(2011年)。塞尔维亚的经济主要基于各种服务,其中约占63%的国内生产总值。2003年以来,塞对外经贸活动日渐活跃,外贸额稳步上升。主要出口产品为:钢铁、有色金属、水果、蔬菜、服装与其他制成品。主要进口产品为:石油及其制成品、汽车、普通机床、天然气和钢铁等。GDP(2013年)总计:685.90亿美元,人均GDP:8130美元。

阿尔巴尼亚:总面积为28748平方公里,人口363万人(2014年)。工业以食品、轻纺、机械、冶金、动力、建筑材料、化学为主。农作物有小麦、玉米、马铃薯、甜菜等。出口商品主要为纺织、制鞋等来料加工产品及农副产品,进口商品主要为机械设备、矿产品和纺织品等。GDP(2013年)总计:133.56亿美元,人均GDP:4110美元。

罗马尼亚:面积238391平方公里,人口1994万人(2014年12月)。2013年,罗马尼亚经济增长3.5%,增速在欧盟28个成员国中位列第一。经济以工业为主,机械制造、石油化工、石油提炼、电力、钢铁等重要,轻纺工业也较发达。计算机尤为发达。输出主要是石油化工产品、石油装备、拖拉机、卡车和农产品,输入以机器设备和铁矿石、天然橡胶、焦炭、有色金属等工业原料为主。GDP(2013年)总计:1896.48亿美元,人均GDP:8905美元。

保加利亚:国土面积为110910平方公里,2013年,人口为758.86万人。保加利亚传统上是一个农业国,玫瑰、酸奶和葡萄酒历来在国际市场上享有盛名。工业以食品加工业和纺织业为主,旅游业年来也有所发展。保加利亚是中欧自由贸易协定组织的成员。外贸在保经济中占有重要地位,主要进口产品是能源、化工、电子等产品,出口产品主要是轻工产品、化工、食品、机械、有色金属等。GDP(2013年)总计:530.45亿美元,人均GDP:7321美元。

马其顿:国土面积25713平方公里,人口206万人(2014年)。作为非欧盟成员国和制度体系发展相对完善的欧洲国家,马其顿亲欧倾向与全球开放、成长潜力与市场狭小、规则遵守与人为干扰等因素并存交织,对外国投资者来说既有较大的吸引力,也需要面对不利因素。外贸占国内生产总值的60.9%。主要出口产品有:食品、水果蔬菜、烟酒、化工产品、纺织品、铜、锌、铅、电缆、电冰箱等。主要进口产品是:肉类、原油、汽车、成衣等。GDP(2013年)总计:107.74亿美元,人均GDP:5219美元。

图书在版编目（CIP）数据

2018上海商贸年鉴/《上海商贸年鉴》编纂委员会编.--上海：上海科学普及出版社，2018.9
ISBN 978-7-5427-7328-9

Ⅰ. ①2… Ⅱ. ①上… Ⅲ. ①地区贸易经济-上海-2018-年鉴 Ⅳ. ①F727.51-54

中国版本图书馆CIP数据核字(2018)第184829号

2018上海商贸年鉴

《上海商贸年鉴》编纂委员会

责任编辑 吕 岷
美术编辑 姚 毅

出　　版 上海科学普及出版社
地　　址 上海市中山北路832号 （邮编200070）
印　　刷 上海展强印刷有限公司
规　　格 889×1194 1/16
印　　张 18.25
插　　页 44
字　　数 700千字
版　　次 2018年9月第1版
印　　次 2018年9月第1次印刷
书　　号 ISBN 978-7-5427-7328-9
定　　价 350.00元

如有印装质量问题 请与印装单位联系 021-66510725